Xun Zi
(Siun Tseu)

Xun Zi
(Siun Tseu)

introduit et traduit du chinois par
Ivan P. Kamenarović
Préface de Jean-François di Meglio

PATRIMOINES
confucianisme

LES ÉDITIONS DU CERF
29 bd Latour-Maubourg, Paris
1987

Les caractères chinois ont été calligraphiés par M. YEH YAO HWANG.

荀子

PRÉFACE

La traduction que l'on va lire rend pour la première fois accessible au lecteur français un des textes fondamentaux du corpus confucéen et de l'école lettrée chinoise. Au sein de cette lignée, ininterrompue depuis le premier empire chinois, au troisième siècle avant notre ère, jusqu'à nos jours, les évolutions ont été le fruit de dialogues entre différents courants qui perpétuaient les anciennes écoles. Sans Xunzi, il nous était jusqu'ici impossible de déchiffrer complètement ce dialogue : il en est l'un des principaux acteurs, l'une des références maîtresses, avec ses particularités très affirmées (son pragmatisme, son sens de l'État, souvent lus comme du pur cynisme) qui ont en particulier rendu possible l'ultime récupération dont il a été l'objet : sa transfiguration en confucéen acceptable par les exégètes marxisants de la Chine moderne, qui ont fait l'éloge de son « matérialisme » et lui ont consacré plus de recherches qu'à la plupart de ses contemporains.

Le monument si longtemps occulté auquel nous avons enfin accès est aussi l'un des seuls textes de l'Antiquité chinoise (avec le Han Feizi) qui se présente comme un discours construit plutôt que comme la relation d'entretiens entre disciples et maître. La traduction d'Ivan P. Kamenarovič fait mieux que nous faire connaître ce texte, elle le rend proche de nous. Rien ne ressemble moins à du « chinois traduit » que ce texte, or sa pureté n'est pas le résultat d'infidélités ou d'inexactitudes. Ainsi – première réaction familière à tous les sinologues qui ont hanté Xunzi – ce « philosophe » qui débat du juste milieu affirme qu'à notre naissance nous ne sommes pas définitivement façonnés, ce « philosophe » qui semble mettre en évidence une « justice immanente », nous allons croire qu'il a lu Aristote et quelques pages de l'Ancien Testament. Or, ce sont bien sûr les textes anciens de la tradition chinoise que Xunzi a lus : les mots avec lesquels ils sont écrits sont lourds d'une étymologie rarement ignorée par ses lecteurs et riches d'une signification intertextuelle qu'aucun équivalent français n'aura jamais la vocation de rendre.

Ivan P. Kamenarovič le souligne un peu plus loin de façon explicite : ce sont des différences fondamentales qui font qu'un

*lecteur occidental peut parfois se fourvoyer dans un tel texte chinois,
car les deux systèmes sont essentiellement différents. A l'échelon
très humble des mots, beaucoup de fausses pistes s'offrent aussi,
insidieusement : elles peuvent nous induire à confondre les débats,
quelle que soit la précision de la traduction. L'erreur ne résulterait
pas en effet de faux sens du traducteur, mais de l'illusion d'optique
dont serait victime un lecteur pressé de retrouver des pistes
familières. En répétant qu'il ne peut s'agir de « rectifier les termes »
de la traduction, tâchons de prévenir quelques-unes des dérives
possibles, les plus faciles à caractériser.*

*Ainsi lorsque Xunzi, citant le livre des Odes, nous redit que
« toute bonne parole reçoit sa récompense, toute bonne action est
payée de retour [1] », comment ne pas être tenté de voir là une
théorie de la rétribution équitable, « ici-bas » des mérites particuliers ? Cependant, lorsque nous évoquons la « justice immanente »,
nous avons en tête le reflet d'une justice absolue dont les critères
obéissent à un Bien idéal. Ainsi la justice immanente garde-t-elle
toujours, pour un Occidental venant après Platon, un goût de
paradoxe. Pour un Confucéen, la justice est immanente ou n'est
pas, car le monde des hommes est le seul lieu possible de sa
manifestation. Jamais le terme « immanent » ne peut mieux
s'appliquer à une théorie humaine sur la justice. Elle est là,
incontournable, au cœur de situations privilégiées. Elle « émane »
de ces situations que le sage excelle à susciter, à favoriser, et qu'il
recherche. C'est parce que la mise en application de la justice, idée
pure, a quelque chose de terriblement contingent que l'idée de
justice immanente confine au paradoxe : chez Xunzi, elle va de
soi, parce que sa manifestation est quasi automatique, dès que
certaines conditions sont remplies. Souvenons-nous que c'est ce
même Xunzi qui, après avoir fait l'éloge de la compréhension,
déclare que « l'action est supérieure à la compréhension [2] ». C'est
lui aussi qui, à l'état de justice, oppose l'état de désordre. On aura
compris que Xunzi se meut moins dans le monde de la réflexion
morale que dans celui de la « raison pratique » selon le terme de
Li Zehou [3], qui voit là un des domaines privilégiés de la pensée
chinoise. La manifestation de la justice, c'est le résultat de
l'opportunité des conduites de certains hommes. L'opportun est
ainsi le chemin de la justice, ainsi que le suggère une autre phrase
du livre des Odes que rappelle Xunzi, « les mets sont tous excellents,
ils sont tous de la saison [4] ». Juste avant de citer le livre des Odes,
le Shijing, Xunzi s'exprime ainsi : « (Le sage) n'approuve que ce*

---

1. *Xunzi*, chap. « De la prospérité de l'état » (cf. p. 130).
2. *Xunzi*, chap. « Le modèle confucéen » (cf. p. 104).
3. Li Zehou, *Zhongguo gudai sixiang shilun* (« Histoire de la pensée chinoise
classique »), Renmin Chubanshi éd. (Pékin).
4. *Xunzi*, chap. « Contre la négligence » (cf. p. 54).

qui est adéquat [5]. » *Le secret de la vérité morale tient donc à l'art des situations. Si le mot français « adéquat » tire encore un peu du côté de la justice (æquitas), le Chinois dit : « ce qui est de son temps ». On verra que la justice « yi » apparaît dans ce texte surtout sous l'aspect de l'« équité des devoirs rituels » : c'est une justice qui naît du respect de l'opportunité. En termes de justice, nous cultivons la quête de l'idéal, le Chinois aime ce qui est « chez soi ». Cette assimilation de l'adéquat et du juste tient sans doute à deux éléments traditionnels.*

Le premier de ces éléments est le souci de privilégier le « sens profond des choses », ainsi que le dit joliment la traduction française. Pour les Chinois, en effet, chaque chose contient un « sens profond ». Pour le définir, l'écriture utilise un caractère évoquant le jade, 理. Comme le morceau de jade, en effet, toute chose s'organise selon une structure interne à peine visible, mais qu'il faut respecter : de même qu'on n'extrait pas la perfection du jade si on ne respecte pas sa structure veinée, de même on ne saurait parvenir à aucun résultat dans le monde sans respecter le sens profond des choses. Ce « sens profond des choses » existe aussi à l'échelon macrocosmique, et le monde entier devient à la fois cohérent et intelligible à travers cette rationalité particulière. Toute conception a priori de la justice, selon des critères dogmatiques et non empiriques *serait, aux yeux d'un confucéen comme Xunzi, un peu absurde. On ne saurait ainsi que partir de l'opportun pour aller au juste.*

Le deuxième élément traditionnel qui favorise cette assimilation de l'opportun et du juste renvoie aux conceptions métaphysiques de la Chine ancienne. Lorsque Xunzi affirme en effet : « Traitez les vieillards comme il convient que les vieillards soient traités et les gens dans la force de l'âge viendront à vous [6] », *il n'évoque pas une conséquence indirecte de la justice exercée à l'égard des vieillards. Notre théorie de la rétribution « immanente » des mérites suggère souvent l'intervention d'un ciel justicier qui se servirait, ici, des personnes « dans la force de l'âge » comme instruments. Pas de ciel justicier, pour Xunzi, ni d'instrument de justice : « Le ciel ne parle pas* [7]. » *Ce sur quoi Xunzi insiste, c'est sur l'identité des relations entre vieillards et justes et celles qui existent entre les personnes « dans la force de l'âge » et les justes. Le ciel est comme un miroir qui nous renvoie l'image de nos actes. Le poids de nos mérites et le fardeau de nos crimes retombent « naturellement » sur nous. Les extrêmes, jeunes et vieux, sont solidaires parce que les différentes composantes du monde sont connaturelles.*

5. *Xunzi*, chap. « Contre la négligence » (cf. p. 53).
6. *Xunzi*, chap. « Se parfaire soi-même » (cf. p. 50).
7. *Xunzi*, chap. « Contre la négligence » (cf. p. 56).

De même que, dans l'univers déstabilisé en un point infime, des réactions morales en chaîne souvent décrites par les confucéens peuvent aboutir au chaos universel, à l'inverse, l'harmonie rétablie en un coin de l'univers provoquera des cascades de bienfaits. Le monisme organique de la pensée confucéenne se retrouve ainsi dans le rapprochement du juste et de l'efficace.

Le « philosophe » ne se donne pas pour but de faire une critique du savoir de son temps : l'essentiel du legs confucéen est présent dans les pages de Xunzi, tant en ce qui concerne la cosmologie, l'interprétation du monde, que la définition des valeurs morales. Pour Xunzi, le message du penseur concerne les moyens d'accéder au vrai savoir confucéen pour le maîtriser parfaitement. Ces moyens sont avant tout fondés sur le déchiffrement du monde : la réflexion confucéenne est avant tout herméneutique.

Pour déchiffrer le monde, Xunzi propose principalement un outil, mais il n'est pas tout à fait un outil intellectuel : « comprendre », sommes-nous obligés de dire. Mais « comprendre » nous met sur la voie du rationalisme : le caractère chinois 知 peut aussi dire la « clairvoyance » : c'est une aventure individuelle, difficilement échangeable, qui se rapporte à notre conscience morale plus qu'à la clarté de nos concepts. Le 知, on en fait preuve si l'on est moralement irréprochable : de Xunzi on ne peut attendre nul cheminement systématique comparable à des « Méditations » méthodiques et graduées, malgré l'apparence de discours construit qui caractérise le texte. Notons d'ailleurs que l'idéal auquel Xunzi se propose de nous faire accéder a une objectivité : il veut faire de nous des hommes accomplis (junzi), ce qui évoque des images et des situations très détaillées pour lui. Des philosophes chinois contemporains comme Mou Zongsan et Tang Junyi [8] ont souligné cette originalité des systèmes chinois qui, toujours, proposent des modèles objectifs d'idéal plutôt que de rendre les lecteurs simplement aptes à construire subjectivement un modèle idéal.

Il ne saurait y avoir cette universalité de la méthode qu'un penseur occidental classique aurait sans doute privilégiée dans cet esprit; en revanche, ce qui est marquant, c'est l'objectivité des fins à atteindre.

*
* *

---

8. Voir Mou Zongsan, *Zhongguo you mei you zhexue* (« La Chine a-t-elle une philosophie ? »), Institut Xinya éd. (Hong Kong) et Tang Junyi, *Zhongguo wenhua benxing jiazhi* (« Évaluation de l'essence de la culture chinoise »).

Que reste-t-il, après tant de traits si traditionnellement confucéens, du « philosophe » original qu'on entrevoyait ? S'il est vrai, en fait, que Xunzi ne forge pas vraiment d'outils nouveaux, il va faire basculer définitivement toute la construction confucéenne en prenant appui sur un point crucial : le problème du règlement des relations sociales.

A l'image de la solidarité des dix mille êtres dans le Dao (« Tao »), les Chinois aiment à se représenter qu'« entre les quatre mers, tous les hommes sont frères ». C'est en mettant entre parenthèses la fraternité, mais en gardant l'idée de la solidarité infrangible des destins humains que le système légiste voudra gouverner par récompenses et châtiments : les peines ne regardent pas simplement l'individu, mais elles ont une valeur dans la construction de la société idéale. Xunzi annonce ce propos, mais les vrais perpétuateurs de son développement novateur ne seront pas les légistes. Peines et récompenses légistes relèvent en effet d'une gestion conflictuelle de la société. Ce que Xunzi rappelle, c'est qu'il existe un moyen plus paisible d'obtenir un résultat satisfaisant : les Rites, et si l'on compare certains chapitres de Shang Yang [9] *aux développements qui conduisent Xunzi à l'éloge des Rites, on voit que les constats sont identiques.*

Le caractère 禮 *(Li) du rite était déjà au centre d'un grand nombre de textes classiques avant Xunzi, et le « Liji » est l'un des quatre livres que les confucéens vénéreront toujours. Si le « Lilun », le chapitre sur les Rites, n'est qu'une portion du texte de Xunzi, il n'est que de noter la fréquence d'utilisation du mot pour constater que c'est l'un des sujets principaux de sa réflexion.*

Le mot « rite » renvoie sans doute explicitement aux cérémonies religieuses, par la partie gauche du caractère chinois : c'est l'image d'un vase sacrificiel. Mais il est une autre étymologie du mot [10] qui pourrait le rapporter à la notion de moule : le rite serait ce qui donne la mesure, définit le rang, à partir du sens de chaussure (qui s'adapte au pied) que le mot aurait eu à l'origine.

Les différents sens se superposent fréquemment chez Xunzi : la réflexion sur les rites était déjà un pivot de la pensée confucéenne; repensant la notion de rite, Xunzi va rénover le système confucéen tout entier.

Avant tout, Xunzi oppose rites et conflits. Le noble envol de son chapitre sur les Rites nous le dit assez clairement. Ce qui ne peut que faire horreur au moniste irréductible qu'est Xunzi, c'est le divers indompté : ainsi dira-t-il que « si sages et indignes ne sont pas mêlés, les gens de bien accourront » et plus loin que « c'est en classifiant que l'on vient à bout de la diversité (...) si l'on n'en

---

9. SHANG YANG, *Le Livre du Prince*, trad. J. Levi, Flammarion, p. 177.
10. L. VANDERMEERSCH, *Wangdao ou la voie royale*, EFEO, 1980.

*tient pas compte, le monde va en se dégradant ». Les Rites,
classificateurs, ont pour première vocation de rendre possible
l'exercice des vertus (« les gens de bien accourront »). Ainsi, si
l'expression « équité des devoirs rituels » nous a paru bizarre et
trop sophistiquée pour rendre simplement l'idée de justice, on peut
voir, à travers ces propos de Xunzi, l'abîme qu'il y a entre une
notion de justice « rapportée » et la notion d'équité é-manant
naturellement de la pratique des rites. Les Rites sont, au surplus,
ce qui permet aux bienfaits de communiquer entre eux : c'est ainsi
que la rétribution des mérites envers les vieillards s'effectue par
les plus jeunes. Pas de société organisée sans Rites, c'est l'assertion
de Xunzi au premier degré (ce n'est pas par les châtiments que
l'on classifie les gens, ce n'est pas non plus par des lois interchangeables, c'est par des Rites qui ont leur nécessité). Les Rites, qui
en sont encore à ce premier degré, des rites empreints de religiosité,
ne sont-ils pas légèrement détournés de leur objet, une certaine
forme de culte ? Très vite, en fait, on s'aperçoit que le deuxième
degré de la réflexion de Xunzi dénie aux Rites leur dimension
religieuse, culturelle (ils garderont jusqu'au bout, néanmoins, une
dimension « pieuse », au sens fort du terme) : Xunzi insiste sur le
fait que les Rites sont une invention des Anciens Rois. De
comportement sacré, le Rite devient vite un outil pratique de
résolution des conflits.*

Mais il ne s'agit pas d'une pure et simple diminutio capitis. *Le
Rite ne peut pas être une pure invention humaine coupée de la
rationalité profonde des choses. Il trouve du répondant chez nous,
il nourrit, dit Xunzi, certaines fonctions essentielles chez l'homme* [11].
*De la même façon qu'on se purifie « instinctivement » dans certaines
situations, l'absence de Rites serait « instinctivement » perçue
comme un manque, parce que c'est une nourriture qu'on nous
ôterait. C'est là le « troisième degré » de la réflexion que fait
Xunzi sur les Rites. Si, par les Rites, nous avons vu qu'un certain
nombre d'événements heureux devenaient possibles, nous découvrons
maintenant aussi que, dans le cadre de ces événements, essentiellement grâce aux Rites, nous sommes rendus à nous-mêmes, c'est-
à-dire à notre rang d'êtres vivants. On peut même dire que nous
sommes rendus à notre rang d'« êtres-du-Dao » : les éléments
cosmiques n'échappent pas à cette loi des Rites : c'est par eux que
« la lune et le soleil resplendissent* [12] ». *Ici, il faut s'arrêter un
instant pour constater à quel point Xunzi joue de la complicité
indubitable des Rites et de l'écriture, puisque la phrase que l'on
vient de citer s'écrit en chinois, littéralement, « lune/soleil/consti-*

11. *Xunzi*, chap. « Des Rites » (cf. p. 225).
12. *Xunzi*, chap. « Des Rites » (cf. p. 228).

tuer/lune-soleil » (le dernier mot, qui signifie briller, associe les deux premiers).

Naturellement, c'est ici que va naître l'objection de l'homme occidental. Tout parle de formalisme, car on a vu que ces Rites peuvent donner très fortement l'idée qu'ils figent la société : or, c'est ce formalisme qui est utilisé pour rendre l'homme à sa vraie nature. Mais le Rite formalisé à l'extrême n'est supportable pour l'homme occidental que s'il considère que l'important dans le rite, c'est le sens caché derrière les signes, la consécration de l'hostie derrière le latin des paroles du prêtre.

Si le Rite occulte ce pour quoi il a été mis en place, il y a une sorte de scandale pour l'homme occidental. Nous venons de voir que Xunzi, lui, a délibérément fait l'impasse sur l'intention. Mettant en revanche l'accent sur la conformité du Rite avec l'esprit des Rites, c'est-à-dire avec lui-même, c'est-à-dire avec nous-mêmes, il associe, selon la très belle formule de Léon Vandermeersch, « le formalisme et la sincérité [13] ». Les Chinois aiment l'image du gnomon, petit stylet qui, par son ombre portée, marque le temps et représente aussi une mesure du monde. Le Rite est à la fois le gnomon (il donne notre mesure, nous rend à notre place) et ce qui sert à mesurer le gnomon.

Le renversement des perspectives est en particulier possible parce que, comme beaucoup de confucéens [14], Xunzi a mis l'accent sur l'idée que « forme » et « sens » sont toujours liés. Ainsi tels vêtements ne sont pas les signes d'une dignité, mais, dans cette perspective, portent une part de la dignité qu'ils désignent.

Les Rites ne valent donc pas par les signes qu'ils assemblent, mais parce qu'ils ont cette valeur nutritive que Xunzi souligne : accomplir les Rites, les gestes du Rite, c'est exister pleinement, de façon riche. Au contraire, se priver du Rite, c'est se dessécher et couper ses liens avec le Dao et avec les hommes. Ainsi on comprend les propos lyriques de Xunzi : la codification appartient au sacré.

S'il y a du cynisme dans l'exorde du chapitre des Rites, c'est bien du cynisme feint. Si tout, dans la description des Rites, semble justifier l'appellation de matérialisme, c'est parce que toute une part de la pensée confucéenne peut relever de cette appellation.

En effet, si la construction anthropologique qu'élabore Xunzi tranche avec les textes confucianistes, c'est surtout par sa clarté. Il coupe définitivement les liens avec une religion populaire lorsque le système confucéen n'a plus vraiment besoin d'être étayé pour vivre : les Rites deviennent une invention des hommes. Mais si l'entreprise du philosophe a pour objet de remettre l'homme à sa place dans le monde, cette entreprise qui peut passer pour fondée

---

13. L. Vandermeersch, *op. cit.*
14. Cf. *Lunyu, Entretiens de Confucius,* trad. Couvreur, p. 182-183.

sur un matérialisme fonde aussi un humanisme. Réduire les Rites au garde-fou qui empêche les hommes de s'entre-dévorer, et garder les Rites parce qu'ils répondent (seulement) à un besoin organique, peut passer pour du cynisme. Mais les ambiguïtés tombent lorsque l'on reconnaît l'autre dimension que Xunzi attribue aux Rites. Ils sont une nourriture, mais ils sont aussi un élément d'éducation. Sous le vocable « éduquer » du chinois se cache le mot même qui désignait la nourriture. Au cœur même de ce mot qui caractérise si bien l'action des Rites se cache un ultime développement. A travers les Rites, Xunzi finit par donner sa version de l'« humanisation » du monde. Ce terme d'humanisation ne saurait se traduire en chinois que par un mot qui comprendrait le caractère qui signifie « changement », « transformation ». Pour Xunzi, l'homme, comme beaucoup d'éléments de l'univers, connaît ses propres transformations organiques : mais les Rites nous montrent qu'il en est le propre artisan. Les Rites, création humaine, finissent par définir ce par quoi l'humain se crée. Ici, pour finir, interviennent les quatre termes constitutifs de la dernière étape dans la réflexion de Xunzi.

Si les Rites, en effet, sont dits éducatifs [15], c'est parce que grâce aux Rites apparaît quelque chose de nouveau dans le monde : l'ornementation 飾. Rappelons que ce mot désigne aussi le maître : ce jeu de sens sur l'idéogramme va bien dans le sens des Rites qui, en embellissant, nous éduquent. Encore parlons-nous d'éduquer, c'est-à-dire de conduire au loin; c'est une image de rupture qui fonde l'éducation pour nous. Les Chinois, eux, parlent d'éducation fondée sur la nourriture adéquate. Nourrir comme il faut et selon les Rites, c'est cela qui éduque. Ainsi pour les Rites funéraires : sans eux la mort reste sans embellissement. Les Rites qui nourrissent en nous des besoins divers viennent susciter l'embellissement. Ainsi naît la culture rituelle. L'exigence vague que nous avons en nous devient exigence rituelle. Cette exigence rituelle débouche sur la culture rituelle. La culture vient se greffer sans rupture sur la nature [16].

L'enjeu de ce développement de Xunzi, c'est cette culture qui différencie l'homme du reste de l'univers et dont l'apparition est retracée dans un saisissant résumé : « C'est en accordant leur juste place aux sentiments que s'est instaurée la culture rituelle. » Cette culture rituelle, c'est le 文 (Wen) qui est l'un des grands thèmes de la réflexion chinoise. Étymologiquement, c'est un simple trait (une ride sur l'eau, dit le poète). Cela peut être le trait tracé sur la carapace de tortue brûlée par le feu (l'origine des idéogrammes). La traduction la plus générale serait « l'Écrit ». On comprend vite

---

15. *Xunzi,* chap. « Des Rites » (cf. p. 226).
16. *Xunzi,* chap. « Des Rites » (cf. p. 226).

que ce mot est lourd de toute la vénération que la Chine porte aux caractères écrits. L'origine et le statut de « Wen » ont été largement débattus en Chine : pour Xunzi, le Wen est lié aux Rites, qu'il a pratiquement décrits comme une invention humaine. Il rend aux hommes l'invention de la culture.

Ici, les éléments conventionnels cessent d'être statiques. L'humain résulte d'un travail. Nous ne serions pas entièrement dans un système chinois si était absente la notion d'avènement, d'accomplissement, qui évite l'asphyxie à ce monisme radical : c'est ce que traduit le caractère 成 (cheng), l'un des plus utilisés dans le texte. A l'occasion [17], est citée l'une des phrases chinoises les plus connues, « wu wei er cheng » (« ne rien faire et que les choses s'accomplissent »). Cette phrase donne la mesure du « cheng ». Cet accomplissement advient par nécessité, mais à la suite d'un travail interne formidable, le même que celui qui donne vie aux 10 000 êtres. Ce qui permet le passage à l'humain, c'est aussi ce cheng : il s'agit de devenir un « homme accompli » (junzi). Il ne s'agit pas d'une transformation, d'un changement d'état, mais d'un travail de mise à jour. A-t-on assez dit que les Chinois privilégiaient l'être et non l'avoir ! En fait, il s'agit plus d'exister que d'être. Le Rite ne nous fait pas posséder, il nous permet d'exister vraiment. A celui qui existe vraiment, tout est possible.

Le dernier terme en jeu dans l'accomplissement de l'humain, c'est celui qui définit le résultat de ce travail, wei 偽 [18]. C'est, au départ, le caractère qui signifie agir : 为, c'est l'action (sans résultat) du « wu wei er cheng ». Mais à ce caractère de départ, on a ajouté la représentation de l'homme 偽.

Il suffit que l'homme apparaisse aux côtés d'un caractère, et ce caractère désigne une réalité positive. Le « wei » c'est « l'élaboré » que la traduction habituelle par « artificiel » trahirait, c'est ce que l'homme invente (le non-fonctionnel) en plus de ce qui est purement utilitaire, c'est la marque du wen qui rend le monde non seulement vivable mais riche : ainsi Xunzi dit-il « ce qui est élaboré est culture, sens profond des choses, élévation, enrichissement... sans être élaboré, le naturel ne saurait briller de lui-même ».

La place de l'homme dans le monde est redéfinie; qu'il apparaisse, et des caractères fondamentaux sont transformés : la culture naît.

Encore une fois, que de chemin parcouru depuis le Xunzi matérialiste et cynique ! Comme tout Confucéen, Xunzi, il est vrai, a horreur des abstractions : sa langue n'est pas spécifiquement « philosophique », les mots qu'il emploie ont de riches échos. Le Rite que Xunzi nous propose n'est pas non plus un pur concept : nous devons le vivre avec notre corps, avec les gestes qui

17. *Xunzi*, chap. « Du Ciel » (cf. p. 203).
18. *Xunzi*, chap. « De la rectification des noms » (cf. p. 259, n. 1).

l'accompagnent. Avec les gestes du Rite, nous nous réconcilions avec notre nature. Le matérialisme de Xunzi fait cependant figure de « miroir aux alouettes ». Cette pensée débouche sur un humanisme à travers quelques termes clés qui permettent de baliser l'itinéraire. Nous les avons montrés en œuvre sous l'angle des Rites, mais ils jalonnent tout le texte, et chaque sujet de préoccupation des chapitres de Xunzi les reprend : c'est la série répétitive qu'à l'instar du musicien moderne Xunzi a utilisée. Sans cesse de nouvelles phrases se constituent, toutes différentes, mais parentes. Il est grand temps d'écouter cette musique, et son interprète, plutôt que l'exégèse.

Jean-François DI MEGLIO

INTRODUCTION

Depuis qu'à l'aube de l'histoire de la pensée occidentale Héraclite d'Éphèse s'est écrié : « Ἓν πάντα [1] », l'Un n'a jamais cessé de hanter l'Occident. Le fameux « τὸ ἓν λέγεται πολ λαχῶς » d'Aristote [2], aussi longuement médité par Heidegger que le « ἓν πάντα » de l'Éphésien, annonce ouvertement que notre histoire est celle d'un regard sur l'étant (Aristote encore dit bien : « λέγεται δ'ἰσαχῶς τὸ ὄν καὶ τὸ ἕν [3] »), d'une quête de l'Être, de l'Un. La question de l'Être est donc au centre même de notre pensée, de notre histoire, de notre monde. C'est une question fondamentalement grecque, car « le grec, non seulement possède un verbe " être ", ce qui n'est nullement une nécessité de toute langue, mais il fait de ce verbe des emplois tout à fait singuliers [...], ce verbe a reçu une extension plus large que n'importe quel autre [...], on n'en finirait pas d'inventorier cette richesse d'emplois [...]. La structure linguistique du grec prédisposait la notion d'être à une vocation philosophique [4] ». La philosophie, mère de la science, laquelle règne sur la technologie, telle est notre généalogie, tel est le paysage face auquel Heidegger médite que « la langue est la maison de l'Être », que « l'homme est le berger de l'Être », mais aussi qu'« aujourd'hui, du point de vue de l'histoire de l'Être, la terre est l'astre errant » [5].

Or voici que, vu depuis cet univers où nous avons appris à penser, un autre monde se dresse devant nous, monde dont la langue n'est pas la maison de l'Être, dont la pensée ne devint jamais φιλοσοφία (philosophie), dont la métaphysique ne déboucha point sur une mainmise technologique de l'homme sur l'étant, un monde face auquel nous ne pouvons nous sentir que vacillants, car le fondement du nôtre en est absent, un monde sans être, sans étant.

1. « Un-toutes choses », HÉRACLITE, fragment D.K.50.
2. « L'Un est dit de plusieurs manières », ARISTOTE, *Métaphysique*, 1052 a 15.
3. « On dit semblablement l'étant et l'Un », ID., *ibid.*, 1053 b 25.
4. E. BENVENISTE, *Problèmes de linguistique générale*, Paris, 1966, p. 71 sqq.
5. HEIDEGGER, *Lettre sur l'humanisme*, Paris, 1964, p. 26 et *Essais et Conférences*, Paris, 1958, p. 113.

La langue chinoise, bien sûr, s'apprend, l'homme chinois vit, mange, rit, pleure et certes les maisons chinoises ont elles aussi un toit, et la nudité des humains est cachée là aussi. Même si l'on n'« est » pas, en Chine, à proprement parler, car l'être ne s'y dit point, l'on y existe et l'on y pense. Quelle satisfaction, au bout de peu d'années d'apprentissage, de pouvoir converser avec un Chinois comme avec un Anglais. On ouvre ensuite les livres et quelle n'est pas notre stupéfaction de voir que notre vieil « ἕν πάντα » (« Un-toutes choses ») s'y épèle « 以 一 行 萬 » (« A partir d'un, on va à toutes choses »)[6], que « ὁδὸς ἄνω κάτω μία καὶ ὡυτή »[7] s'y dit « 君子兩進小人兩廢 » (« Pour l'homme accompli, les deux chemins sont bons, pour l'homme de peu, ce sont deux faillites[8] ») et qu'à peu près au même moment, chacun contemplant un fleuve impétueux aux deux bouts du monde, Héraclite s'écriait, dit-on : « πάντα ῥεῖ » (« Tout s'écoule ») et Confucius : « 逝者如斯夫 不舍晝夜 » (« Tout passe comme cette eau ! Rien ne s'arrête, ni jour ni nuit[9]. ») Le miracle de la traduction peut aisément faire le reste. L'homme, tout compte fait, ne serait-il pas le même partout ? Et que change-t-il qu'il s'exprime en grec ou en chinois ?

Nous voici loin, cependant, de la rigueur d'une pensée, et les généralisations, au fur et à mesure qu'on les poursuit, risquent fort de s'éloigner de tout sens. La pensée de l'Un, disions-nous, n'a jamais cessé de hanter l'Occident. On peut sans crainte de se tromper affirmer qu'elle ne cessa jamais de préoccuper la Chine. Bien que faisant partie d'un texte éminemment taoïste, la phrase fameuse de Lao Zi : « Le Dao engendre l'un, l'un engendre le deux, le deux engendre le trois et le trois, toutes choses[10] » n'en contient pas moins deux constantes de la pensée chinoise de quelque école qu'elle se réclame : la référence au Dao, à la Voie et celle à l'un. C'est vraisemblablement à la même époque que Confucius disait en effet à Zi Gong : « 以 一 貫 之 » (« De l'un, j'infère tout le reste[11] »), ce que Kang You-Wei, vingt-cinq siècles plus tard, glose : « A l'origine, il n'y avait point deux et ce qui ne s'accorde pas à l'un ne saurait être un moyen de parvenir à la transparence[12]. »

Demeurons cependant méfiants envers des symétries tentantes et il y a lieu de se garder d'établir des parallèles qui feraient fi

6. *Xun Zi*, chap. II.
7. « Le chemin vers le haut et vers le bas est un et même », HÉRACLITE, fragment D.K.60.
8. *Xun Zi*, chap. III.
9. *Entretiens de Confucius*, IX, 6.
10. LAO ZI, *Dao De Jing*, chap. 42.
11. *Entretiens de Confucius*, IV, 2.
12. KANG YOU-WEI, *Lun Yu Zhu*, Pékin, 1984, p. 229.

des mots, des langues, des modes de penser. On pourrait
multiplier à l'infini les citations aux traductions ressemblantes,
mais souvenons-nous des problèmes que posent déjà, au sein
même de l'Occident, le si difficile passage philosophique du
grec au latin. N'oublions pas non plus ce que rappelait récemment
Jacques Gernet : « Le fait est que la pensée chinoise
ignore la notion d'être, ne distingue pas la substance de
l'accident, n'oppose pas nettement sujet et objet. » Il faut bien
savoir qu'en abordant la Chine nous ne pouvons plus utiliser
nos catégories intellectuelles, si liées à nos catégories grammaticales.

Voici pourtant deux ou trois siècles que la Chine et l'Occident
sont curieux l'un de l'autre, cherchent mutuellement à se
découvrir, s'efforcent de trouver une voie praticable au sein de
tels obstacles. Mais ceux-ci ne font peut-être que grandir au fur
et à mesure que de nouveaux scrupules se font jour : là où l'on
traquait la similitude, là où l'on s'efforçait de convaincre, là où
l'on voulait démontrer qu'une vérité supérieure se trouvait d'un
côté, voici qu'on se met à considérer les différences, qu'on
demeure à l'écoute, qu'on se méfie des endoctrinements. Ainsi
François Cheng, si convaincu qu'il soit d'un possible passage
d'un monde à l'autre, s'exprime-t-il avec grande précaution
lorsqu'il tente, en langue occidentale, de faire comprendre ce
qu'est la peinture chinoise : « Le Chinois [...] n'a pas besoin de
remplir d'un bord à l'autre la feuille blanche qui se trouve
étalée devant lui pour se sentir rassuré. Le Vide ne l'effraie
pas. Il s'y abandonne même avec une confiance que l'Occidental
aura peut-être du mal à concevoir : c'est qu'il *sait* que ce Vide
[...] est tout entier parcouru par des forces qui, pour échapper
au regard distrait de l'habitude, n'en sont pas moins infiniment
réelles et, comme telles, parfaitement dignes d'être apprivoisées [13]. »

La question première est sans doute pour nous de savoir où
nous placer pour envisager ce Vide, ce Dao, cette Voie, cet Un
qui nous interpellent si différemment de ce à quoi nous sommes
accoutumés. Si « l'histoire de la pensée occidentale repose dans
la dispensation de l'être [...], que le rapport ainsi accepté entre
l'histoire de la pensée et la dispensation de l'être ne représente
pas une opinion venant de nous mais quelque chose venant de
l'être [14] », comment sera-t-il pour nous possible d'aborder une
pensée si profondément étrange ?

Prendre conscience de l'ampleur de la divergence linguistique
est une chose, se rendre compte qu'une telle divergence se

---

13. F. CHENG, *L'Espace du rêve*, Paris, 1980, p. 40.
14. HEIDEGGER, *Le Principe de raison*, Paris, 1962, p. 189-190.

répercute dangereusement dans le domaine de la pensée en est une autre, parvenir à être de plain-pied avec cette voie jusque-là inaperçue en est une autre encore. Étudier une langue, se confronter à des textes, se perdre dans des paysages inconnus, apprendre peu à peu la difficile modestie d'avoir sans cesse à revenir sur ses pas, tel est le banal cheminement de qui affronte la pensée chinoise, d'où ne sont absentes ni la fausse joie d'une illumination soudaine et bientôt démentie ni la périlleuse invention de trésors immenses aux perspectives infinies.

Afin de déjouer les pièges des généralisations hâtives, nous invoquions tout à l'heure la rigueur de la pensée. Qui prétendrait qu'une pensée rigoureuse pourrait procéder sans le secours d'une logique éprouvée? Allons-nous donc jauger la Chine à l'aune du syllogisme et des catégories? Au milieu de tant de difficultés suscitées par cette impressionnante distance linguistique, il nous reste cependant un avantage paradoxal : celui précisément d'être étrangers. Qui, en effet, pourrait mieux qu'un étranger se mettre à l'écoute d'une langue, en déceler les modes passagères et les habitudes, en entendre les sons de l'origine, en scruter les expressions, les phrases toutes faites que l'on répète sans les détailler et sans même les entendre? Il est curieux, par exemple, de constater qu'en pleine Révolution Culturelle et campagne anti-confucéenne, le dictionnaire de poche le plus répandu en Chine, à l'époque véritable corollaire du Petit Livre rouge, n'évite pas les citations de Confucius dans les définitions qu'il donne. C'est qu'elles sont à ce point devenues proverbiales que les jeunes Chinois souvent ignorent qu'il s'agit de maximes du plus illustre de leurs Maîtres.

Loin d'utiliser nos concepts qui sont, *stricto sensu,* une manière de s'emparer de ce qu'il s'agit de connaître et de définir, la pensée chinoise opère à l'aide de notions, inséparables des caractères qui en sont les graphies, que Granet suggère de nommer « emblèmes ». Lesquels emblèmes ont avec les réalités qu'ils désignent un rapport qui n'est celui ni de nos mots ni de nos concepts avec ce qu'ils recouvrent. « Aux signes abstraits qui peuvent aider à spécifier les idées [la langue chinoise] préfère des symboles riches de suggestions pratiques; au lieu d'une action définie, ils possèdent une activité indéterminée [15]. » C'est en effet à l'aune de l'efficacité que les Chinois mesurent la valeur d'une pensée, ce qui n'est pas sans expliquer leur fascination pour l'Occident. Là où le souci du philosophe (que nous cesserons de préciser pléonastiquement « occidental ») est de mettre sur pied une théorie, jugeable selon les critères d'une logique parfaitement définie, permettant de mettre au point un

---

15. M. GRANET, *La Pensée chinoise,* Paris, 1950, p. 8.

système cohérent à l'aide de formules suffisamment convain-
cantes pour emporter l'adhésion du lecteur ou de l'auditeur, le
penseur chinois, mû avant tout par le souci d'exercer une action
civilisatrice sur ses contemporains, leur délivrera des recettes de
sagesse qui, si elles sont appliquées, leur permettront de vivre
dans la paix et l'harmonie tant dans leur vie privée que familiale
et sociale. Là où le philosophe, par commodité, écrit sa pensée,
le Chinois est toujours conscient de la valeur emblématique
efficiente de la graphie, dont l'harmonie même participe de
celle qu'il désire voir s'étendre à la vie tout entière.

Après une analyse qui lui a permis d'isoler le particulier, le
philosophe, procédant par généralisations abstraites, synthétise
et remonte au général. Le Chinois, lui, par schématisations
concrètes, va du général au particulier qui est sa visée, en une
démarche sinon à proprement parler contraire, du moins opposée
à celle de l'Occidental. Nous nous hasarderons jusqu'à prétendre
que, pour l'Occident depuis Platon, il peut apparaître que la
recherche de la précision soit l'aveu même d'une distance avec
l'objet de la pensée, différent à son tour de l'objectif assigné à
l'existence. C'est une fusion, au contraire, que recherche le
Chinois, avec le Tout, avec l'Unité, fusion que l'Occident réserve
à la seule mystique religieuse et dont, pour les Chinois,
l'indétermination de l'efficacité des emblèmes de la pensée
assure la pérennité possible. L'Occidental cherche à connaître,
le Chinois à s'intégrer au monde. Ainsi L. Vandermeersch
explique-t-il que raisonner, en Chine, « n'est pas constituer des
séries d'antécédents et de conséquents en descendant de la cause
à l'effet ou en remontant de l'effet à la cause, mais dégager des
formes qui se correspondent les unes aux autres selon la
réciprocité des structures des réalités et des rites des actions
réussies, ces dernières n'étant pas seulement le fait de l'activité
des hommes mais le fait du mouvement de tous les êtres de
l'univers [16] ». Et de souligner que la mentalité chinoise, loin de
concevoir l'action humaine, la raison de cette action et les
modes de compréhension des deux dans la perspective d'une
fin préalablement formée dans l'esprit du sujet agissant, procède
par recherche de la conformité avec la structure profonde des
choses, de façon que tout événement de quelque ordre qu'il
soit puisse être considéré comme un événement naturel.

C'est au cours de l'Antiquité que se sont forgés les mots, les
expressions, les notions, les textes qui forment l'horizon premier
du monde intellectuel et spirituel chinois. Même s'il n'apparaît
que quelques siècles plus tard, le Bouddhisme fera lui aussi
emprunts et références à ce « fonds commun ». Il est convenu,

16. L. VANDERMEERSCH, *La Voie royale*, Paris, 1960, t. II, p. 269.

rappelons-le, d'appeler « Antiquité » la période que les Chinois désignent comme « avant la dynastie Qin » et qui débute à l'aube de leur histoire pour s'achever en 221 A.C., après de nombreux siècles d'un riche et foisonnant déroulement, par la première réalisation de l'unité politique du monde, du monde civilisé, c'est-à-dire du monde chinois.

De quelque originalité qu'ils fussent, les penseurs chinois ont depuis lors lu, relu et commenté abondamment les textes réputés provenir de cette époque. Les réformateurs de l'aube de ce siècle, tels Liang Qi-Chao et Kang You-Wei en ont tiré des enseignements afin d'imaginer une possible façon, pour la Chine et ses institutions, de soutenir le choc politique, spirituel, militaire du rapport avec l'Occident : « Notre préoccupation actuelle, écrit Liang Qi-Chao, réside dans la question de savoir comment adapter aux réalités d'aujourd'hui la conception de l'existence des hommes que se faisaient les illustres penseurs qui nous ont précédés [17]. »

Une telle « conception de l'existence humaine », par-delà les différences doctrinales, ne fait pas place à une discipline strictement intellectuelle qui serait un pur exercice de la pensée. Chacun des penseurs qui ont contribué à édifier le monde chinois peut être qualifié tour à tour, et chaque fois avec aussi peu de justesse, de politique, de moraliste, de logicien en ce qu'il a réfléchi sur l'art d'organiser et de gouverner la société, sur le comportement de l'individu, sur l'utilisation du verbe. On ne saurait en effet, sous peine de fausser irrémédiablement les choses, cloisonner ainsi les différents domaines de la pensée ni les isoler d'une pratique qui les mette en œuvre. Le plus grave, pour un philosophe, est d'être pris en contradiction avec lui-même, le plus grave, pour un penseur chinois, est d'être accusé d'avoir accouché d'une pensée invivable, impossible à traduire en actes.

L'histoire de la dernière dynastie de l'Antiquité s'est achevée sur plusieurs siècles de guerres entre États rivaux, d'où le nom de « période des Royaumes Combattants » que les historiens chinois donnèrent à cette époque. L'histoire traditionnelle rapporte qu'après la prise du pouvoir par la dynastie des Zhou, en 1122 A.C. et la chute du tyran Zhou (1154-1122), dernier souverain de la dynastie des Shang-Yin (1765-1122) que ses excès avaient rendu indigne du Mandat Céleste, s'ouvrit une ère de réformes. La nouvelle dynastie, en la personne de son fondateur le Roi Wu (1122-1115) et de son frère Zhou Gong Dan, promulgua un nouveau calendrier, un nouveau rituel et entreprit de pacifier le monde chinois secoué par les luttes qui

17. LIANG QI-CHAO, *Xian Qin ZhengZhi SiXiang Shi*, Taibei, 1980, p. 212.

avaient accompagné l'effondrement de la dynastie précédente. Cinq siècles plus tard Confucius, vivant en des temps à nouveau troublés (551-475), se réclamait de l'esprit de Zhou Gong pour édicter des principes qui feraient revenir la paix dans un monde que les guerres contre les Barbares secouaient autant que les luttes intestines et les querelles entre les Grands. Trois autres siècles passèrent, au cours desquels le pouvoir et le prestige du Souverain devinrent à ce point lettre morte que la disparition du dernier Roi des Zhou, du vivant de notre auteur, en 256 A.C., passa quasiment inaperçue. Les descendants des Princes fieffés par les premiers Souverains Zhou avaient tenté tour à tour, juste avant la période des Royaumes Combattants, et ce fut la période dite des Hégémons (685-591), de s'emparer du pouvoir central en se proclamant tour à tour protecteurs du Trône. C'est enfin à l'issue du temps des Royaumes Combattants (453-222) que le Roi de Qin, abandonnant toute fiction légitimiste, se proclama Maître de la Chine en fondant une nouvelle dynastie et en réinstituant à son profit le titre, attribué aux Souverains mythiques de la plus haute Antiquité, d'« Empereur ». Cela se passait en 221 A.C., peu d'années après la mort de Xun Zi.

S'il est toujours aisé après coup de brosser à grands traits le tableau d'une succession d'époques d'ordre et de désordres, de décadence et de reconstructions, ainsi que le fait l'histoire officielle, il n'est pas certain que l'appréhension de ce qui s'y est fait et défait en soit facilitée. Il est certes possible de voir le temps de Xun Zi comme celui de la fin de l'écroulement d'un monde fondé sur des valeurs qui cessent d'avoir cours, laissant derrière soi un vide que ne pourra combler qu'une restauration d'un ordre fondé sur la résurgence des fondements de la morale ancienne, œuvre que les Han (206 A.C.-220 P.C.) sont réputés avoir accomplie. Mais on peut aussi bien décrire cette période comme le témoin d'une incroyable vivacité intellectuelle, où pullulèrent des spéculations de tout ordre, puisant dans le fonds ancien ou le remettant en cause, le réinterprétant et proposant des solutions nouvelles face à des situations neuves. C'est l'époque qui voit triompher la pensée la plus hétérodoxe qu'ait sécrétée la Chine ancienne par rapport à l'ensemble de notions et de raisonnements qui constitue, par-delà toutes les diversités doctrinales, un vocabulaire commun à toute la pensée chinoise : le Légisme.

Ainsi, durant les trois siècles qui vont de la vie de Confucius à l'unification de la Chine sous la férule légiste de l'État de Qin, on peut remarquer, à travers les secousses politiques et militaires qui ponctuent les rivalités entre États chinois, trois phénomènes de première importance dans le domaine de la pensée.

Le premier est la mise en ordre, par oral et par écrit, d'un ensemble qui constituera le fondement d'une civilisation hautement ritualisée que l'histoire retiendra et verra perdurer, non sans modifications bien sûr, sous le nom d'« École des Lettrés » et que nous appelons le Confucianisme. Il est curieux de constater qu'au moment même où Confucius, qui affirme « transmettre et non créer » [18], collationne et commente des textes antérieurs et en rédige peut-être lui-même, la culture dont il se réclame, à laquelle il donne un formidable élan et qui ne quittera plus jamais l'horizon mental des Chinois, est de toute part ébranlée et semble vacillante. On assiste d'autre part, avec le développement du Confucianisme postérieur à Confucius, à l'édification d'une doctrine qui, à travers le Maître, se réfère à Zhou Gong Dan, lui-même affirmant prendre exemple sur les Souverains de l'Antiquité mythique. Jeu de miroir à travers les siècles et les millénaires que l'inlassable pratique chinoise du commentaire rend toujours contemporain. S'inspirant d'un état de fait bien antérieur à Confucius et qui n'a sans doute jamais existé dans la perfection de son fonctionnement, le Confucianisme, génération après génération, transmet la sagesse du passé en commentant à la fois la situation du moment et les propos des Anciens. C'est grâce à cet inlassable souci de mise en pratique, de réflexion, de comparaison que renaît à chaque apparition d'un nouveau penseur dans une époque nouvelle une doctrine non pas constituée en un tout systématique et définitif mais s'affirmant dans la pérennité d'un certain idéal moral, social, politique au sein duquel une place éminente est accordée au rituel. C'est là ce qui permet au Confucianisme, à partir de l'élan donné par le Maître, de se constituer par touches successives, parfois opposées, qui en font tantôt une sèche caricature passéiste, tantôt un fonds où l'on va chercher de quoi affronter le choc d'un présent tumultueux, tantôt un formalisme rétréci, tantôt une illumination mystique. Des penseurs extrêmement divers se sont reconnus dans la Voie Confucéenne et sont venus, ajoutant à leur tour commentaires et apophtegmes, enrichir siècle après siècle ce tout fécond et si varié que recouvre le mot de Confucianisme.

Le second phénomène est l'éclosion de ce que, dès l'Antiquité, l'on appela les « Cent Écoles », à commencer par celle qui tout au long de l'histoire de la Chine perdure autant que le Confucianisme : le Taoïsme, dont la subsistance montre bien l'appartenance au même univers mental que son vis-à-vis. Mais ce sont bien d'autres courants que contiennent ces « Cent Écoles » : les disciples de Mo Zi, les Légistes, l'École des Noms,

18. *Entretiens de Confucius*, VII, 1.

l'École du Yin et du Yang, l'École des Diplomates, l'École des Agrariens, l'École des Conteurs, l'École des Éclectiques, pour reprendre une nomenclature qui date du début des Han. Il est vraisemblable que ces différentes écoles soient issues de personnes occupant des fonctions sociales diverses qui en faisaient les détenteurs d'un certain type de savoir. Devins, magiciens, conteurs, diplomates, officiers, scribes, intendants spécialisés dans l'agriculture ou le commerce, négociants, lettrés de toute origine, précepteurs et annalistes ont peu à peu été amenés à échafauder des doctrines proposant recettes de vie ou de gouvernement, méthodes de calcul ou de divination. Ils y furent poussés à la fois par la généralisation de l'enseignement et de l'écriture, que l'on peut faire remonter au temps de Confucius, et par la détérioration de l'ordre politique établi durant la première partie du règne de la dynastie Zhou, entraînant de profonds changements dans les modes de vie et les mentalités. Le pouvoir du Souverain allant s'amenuisant, celui des grands feudataires ne fait que croître tandis que la classe traditionnellement détentrice du savoir et de l'autorité, l'aristocratie, voit son rôle devenir peu à peu plus symbolique que réel et s'effacer devant la montée d'une catégorie à laquelle la puissance économique finira par conférer un réel pouvoir politique : les marchands, dont certains deviendront ministres.

Nous touchons là au troisième phénomène, qui est l'élaboration et l'application d'une doctrine non plus fondée sur une cosmologie, un rituel, une symbolique ou une dialectique, mais sur l'observation des mécanismes de fonctionnement des relations économiques et politiques. Le Légisme, car c'est de lui qu'il s'agit, n'est certes pas la seule pensée anti-ritualiste qui soit apparue à cette époque, les idées de Mo Zi sont là pour le prouver. Mais il est unique en ce qu'il fonde une pratique politique sur un calcul matériel et qu'il finit par s'imposer comme ferment d'une force militaire triomphante qui présida à la fondation de l'Empire Chinois, lequel d'ailleurs ne mettra pas longtemps à en venir au Confucianisme.

Ce développement parallèle de doctrines si diverses ne doit cependant pas surprendre. Au fur et à mesure en effet que se déforme et se transforme la société idéalisée par le Confucianisme, des éléments nouveaux apparaissent, à la fois témoignant et entraînant de profonds changements dans les mentalités. A l'origine, et nous appelons ici « origine » la société de la fin des Yin et du début des Zhou (XIIᵉ siècle A.C.) pour autant que la Tradition, l'archéologie et la paléographie nous permettent d'en avoir connaissance, c'est au sein de l'aristocratie, nous l'avons vu, que se trouvent le pouvoir et le savoir. Cette aristocratie se recrute traditionnellement parmi les membres de la famille royale ainsi que ceux qui, ayant rendu d'éminents services au Trône, s'en sont vus récompensés par le Fils du Ciel sous forme de fiefs héréditaires assortis de charges à la Cour, à la fois effectives et honorifiques. Autour d'eux gravite un monde de fonctionnaires et d'officiers au rang desquels se comptent les prêtres et devins chargés de communiquer avec les Esprits Divins ou Ancestraux. C'est d'ailleurs exclusivement à de telles communications qu'est réservée l'écriture chinoise à ses débuts, ainsi que la langue formée à partir de cette écriture et dont la différence avec la langue parlée constitue l'une des spécificités de la culture chinoise. Les siècles passant, l'écriture cesse lentement de n'être que la transcription de messages destinés à l'au-delà ou en provenant. Dans un premier temps, elle s'étend à des notations calendériques et historiographiques comme les Annales sur bambou avant d'être utilisée, une fois répandue assez largement dans les milieux aristocratiques, pour la rédaction de canons rituels, de chants et d'épopées comme le *Shi Jing* et le *Shu Jing* [19]. C'est l'examen des documents écrits en notre possession qui suggère une telle évolution.

Cette extension du domaine de l'écrit, témoin de sa désacralisation, s'accompagne de la désacralisation parallèle du phénomène religieux tout entier. A la religion magique, qui était celle des Yin, va succéder un ritualisme plus moral que religieux [20]. Non pas, ce serait une profonde erreur de le penser, que la religion chinoise soit devenue lettre morte, mais elle s'est dès cette époque rapprochée de ce qu'elle est aujourd'hui.

Tout cela était certes déjà accompli au temps de Xun Zi, mais les événements de la vie de l'esprit ne se laissent pas dater avec précision. Ils sont plutôt des évolutions dont les effets se font longtemps sentir. Si Confucius a marqué si profondément la conscience ritualiste, la vie de la langue, la vision des rapports entre l'homme et le monde, que rien après lui n'a plus été comme avant, il n'en faut pas moins envisager l'apparition et le développement du Confucianisme dans l'Antiquité non pas à l'échelle de la courte vie d'un homme, mais à celle des étapes que franchissent les civilisations. Confucius certes a vécu deux siècles et demi avant Xun Zi, mais c'est juste le temps que s'achèvent un certain nombre de mutations sans que se perde encore le souvenir de ce qui les a précédées.

Dans le même temps que les incessantes rivalités entre les

19. Recueils respectivement de textes poétiques et historiques, ces deux ouvrages sont supposés dater des trois premières dynasties (Xia, Shang et Zhou) et sont à la base de l'éducation lettrée.

20. C'est ce qui ressort par exemple d'une étude de vocabulaire. Cf. *ZhongGuo ZheXue Shi ZiLiao XuanJi*, Faculté des Sciences Sociales, Institut de Philosophie, Pékin, 1984, t. I, p. 12-13.

Grands et leurs États devenus Royaumes, que l'éclosion des Cent Écoles, que le développement économique, il faut encore citer, pour avoir une vision plus complète du monde qui verra naître Xun Zi, l'apparition, puis la prolifération d'une classe de « lettrés », phénomène étroitement lié aux précédents.

Le pouvoir, nous l'avons vu, tend inéluctablement à changer de mains. L'insubordination croissante des hauts dignitaires, l'usure d'une classe trop sûre d'elle-même, la crainte de déchoir en frayant avec les nouveaux riches moins policés, la multiplication des charges qui ne sont plus qu'honorifiques mais dont l'acceptation finit par être ruineuse tout en écartant de l'exercice réel du pouvoir, tout cela finit par sécréter une catégorie nouvelle de gens issus la plupart du temps de familles anciennes mais appauvries au fil des ans. C'est en effet plutôt à l'homme fort qui les aide à acquérir le pouvoir et à s'y maintenir que les Seigneurs vont confier des responsabilités de poids. C'est plutôt des hommes que leur absence de passé rend faciles à évincer que l'on appellera pour remplir des charges qui risqueraient sinon de donner trop d'importance à leurs titulaires. Une partie de l'ancienne noblesse va donc se trouver instruite et désœuvrée, inquiète de perdre peu à peu honneurs et privilèges et va se tourner vers les travaux de l'esprit. N'ayant plus de Princes à conseiller ni d'Infants à éduquer, ces hommes cultivés vont répandre autour d'eux leur culture et devenir, à la suite du premier et du plus illustre d'entre eux, Confucius, des Maîtres plus ou moins itinérants tantôt au service de quelque Grand, tantôt se livrant devant leurs disciples éblouis à des jeux de l'esprit ou des joutes oratoires, tantôt élaborant de nouvelles règles de vie. Ainsi pourrait-on, de façon certes un peu théorique, tracer une sorte de généalogie idéale du lettré qui, du prêtre-devin de la haute Antiquité, mènerait au Sage ministre, de celui-ci au Maître et de ce dernier au fondateur de quelque secte proposant le salut au sein d'un monde à la dérive.

La tradition prête à Confucius des disciples sans doute plus nombreux qu'ils ne furent en réalité, ce qui n'empêche point de le considérer comme l'archétype de cette nouvelle classe de lettrés qui pullulèrent après lui jusqu'à ce que le fondateur de l'unité chinoise, Qin Shi Huang Di (246-209), décidât, avant d'en officialiser la formation, d'en réduire le nombre par le feu.

Xun Zi, l'auteur de la plus grande partie du recueil qui nous est parvenu sous son nom, était l'un de ces lettrés. Avant d'entrer dans les détails, il est nécessaire de prévenir toute confusion possible entre Xun Zi (orthographié autrefois Siun Tseu par les sinologues français) et Sun Zi (orthographié autrefois Souen Tseu par les mêmes), stratège de la période des Printemps et des Automnes (722-481), auteur d'un traité de stratégie qui porte son nom. Xun Zi, donc, notre auteur, vécut environ de 310 à 230 A.C. Son nom personnel était Kuang et il naquit au pays de Zhao, dans la partie ouest de l'actuel Shan-Dong. La biographie qu'en donne Si-Ma Qian [21] (chap. LXXIV) est des plus succinctes et nous n'avons pour la compléter que celle, à peine plus détaillée, que Liu Xiang écrivit un siècle plus tard. Il en ressort que Xun Zi ne commença sa carrière intellectuelle que fort tard. Ce n'est en effet qu'à l'âge de cinquante ans qu'il se mit à voyager et à avoir des disciples. Il se rendit tout d'abord au pays de Qi (au nord-est du Shan-Dong actuel) où le Roi Xuan, qui régna de 342 à 323 A.C., lui conféra le titre honorifique de *Qing*, Ministre, sous lequel il fut connu jusqu'à ce que le commentateur Yang Liang changeât cette appellation de Xun Qing en celle de Maître Xun, Xun Zi, au IXe siècle de notre ère. Le Roi Xuan de Qi « appréciait les hommes cultivés qui allaient partout propageant leurs idées » (Si-Ma Qian, chap. XLVI) et il les accueillait, les titrait, les pensionnait, fondant ainsi un véritable centre de culture que l'on a appelé « l'Université de Ji Xia ». Les lettrés de toutes Écoles y devinrent bientôt fort nombreux. Si-Ma Qian parle de quatre-vingts Maîtres dont le Roi admettait qu'ils se livrassent à toutes sortes de débats, de joutes, de cours en se gardant, toutefois, de se mêler des affaires de l'État. L'importance et le rayonnement de cette « université » furent considérables et il semble bien que tout ce qui comptait à cette époque dans le domaine de la pensée y ait fait plus ou moins longuement escale. Xun Zi y eut de très illustres élèves et l'on peut imaginer quelle effervescence causait la coexistence en un même lieu de Confucéens, de Taoïstes, de Sophistes, de Légistes et de bien d'autres encore dans un milieu ainsi ouvert à toutes les idées du temps. Xun Zi se rendit en outre au pays de Qin, qu'il évoque au chapitre XVI du présent ouvrage, et au pays de Zhao où il était né. Au pays de Chu (dans l'actuel An-Hui), il occupa longtemps le poste de Gouverneur de la place de Lan Ling. Destitué après la chute de son protecteur, il y termina cependant ses jours en continuant à recevoir des disciples.

Ce ne sont donc pas les événements survenus au cours de sa vie, si l'on excepte le fait d'avoir eu Li Si et Han Fei Zi [22] pour disciples, qui assurèrent à Xun Zi la place éminente qu'il occupe au sein de la culture chinoise. C'est la vigueur et la profondeur de sa pensée qui l'ont fait passer à la postérité. Confucius (551-

---

21. Auteur des *Mémoires Historiques* (*Shi Ji*), Si-Ma Qian (185-86 A.C.) est le premier historien chinois.

22. Le premier devint Premier Ministre de l'unificateur de la Chine, Qin Shi Huang Di, et fit périr le second, son ancien condisciple, remarquable penseur légiste, dont les écrits nous sont parvenus.

479 A.C.), Mencius (Meng Zi, 371-289 A.C.) et Xun Zi sont en effet les trois penseurs les plus marquants de l'École des Lettrés (que nous appelons Confucianisme) de l'Antiquité. Feng You-Lan, le plus célèbre historien contemporain de la pensée chinoise, avec Hu Shi, n'hésite pas à écrire que, « si Confucius est le Socrate de la Chine, Meng Zi est son Platon et Xun Zi son Aristote » [23]! Il ne s'agit bien sûr pas de reprendre à notre compte ce genre de comparaisons à vrai dire hasardeuses, mais simplement d'en retenir une information sur la place de notre auteur aux yeux des lettrés chinois. Hu Shi, pour sa part, fait figurer Meng Zi sous la rubrique « Les Confucéens avant Xun Zi » [24]. Ce qui est tout aussi éclairant.

Ce que nous savons de la personnalité de Xun Zi ne peut guère que se déduire de la lecture de ses écrits. On peut le supposer solide et brillant dans le débat d'idées, fort habile raisonneur. Le décrire, comme cela fut fait dans un récent roman, en affirmant qu'il « ressemblait à sa prose, sans grâce, la nuque épaisse, raide, les membres courts, le nez très large » et « devant sa gloire plus à sa longévité qu'à son éloquence » relève évidemment de la pure fantaisie. Revenons à la vérité en remarquant en outre qu'il est peut-être impropre de qualifier de prose la langue de Xun Zi, qui possède la grâce rythmée, la musicalité propres au chinois classique et s'exprime volontiers par propositions symétriques contenant le même nombre de caractères, parfois rimées.

Nullement fermé aux influences extérieures, et son chapitre « Contre les Douze Maîtres » est là pour témoigner de sa connaissance des idées des autres, Xun Zi reprend à son compte certains traits légistes et parfois même taoïstes tout en demeurant convaincu que le Confucianisme s'appuyant sur les Rites est le seul fondement possible d'une société pouvant exister efficacement, c'est-à-dire assurer la subsistance et la tranquillité de ses membres. Nous n'allons pas faire ici un résumé de sa pensée, le texte est suffisamment parlant pour cela, mais il nous a, en revanche, semblé intéressant pour le lecteur occidental que lui soient données quelques explications sur le texte lui-même, sa composition et sa transmission ainsi que certaines indications relatives à notre traduction.

Soulignons tout d'abord que le fait, pour Xun Zi, d'avoir eu le souci d'écrire ses idées sous forme théorique et non plus dialoguée (comme Meng Zi, qui n'a d'ailleurs pas écrit lui-même) ou allusive à l'occasion de la transmission ou de l'édition de textes ou d'annales antérieures (comme Confucius) constitue

23. *Zhong-guo Zhe-xue Shi*, s.n.s.d., p. 140.
24. *Zhong-guo Gu-dai Zhe-xue Shi*, Taibei, 1980.

une nouveauté dans le Confucianisme. D'autres Écoles y avaient déjà eu recours, celle de Mo Zi (environ 460-400 A.C.) par exemple, que Xun Zi prend si souvent pour cible, mais Xun Zi est le premier Confucéen à l'avoir fait. Il faut peut-être en chercher la raison, outre dans le développement de l'écrit et de la circulation des documents, dans la conscience qu'avait Xun Zi que certains points délicats de sa pensée n'auraient pu être aussi bien exposés par quelqu'un d'autre. Sa pensée sur les mots, sur le langage, et aussi bien la manière de l'exprimer sont suffisamment nouvelles pour avoir pu surprendre même ses disciples. La barrière qui le sépare du Légisme semble parfois si mince qu'il valait mieux ne pas confier à d'autres le soin de l'établir. Les critiques qu'il adresse, enfin, sans ménager les Confucéens eux-mêmes, auraient eu vite fait d'être tournées ou atténuées par des esprits plus conformistes. Ajoutons à cela une recherche théorique qui ne paraît guère pouvoir se passer d'une expression exactement mise au point par celui-là même qui l'a menée à son terme.

Nous ne possédons évidemment aucun manuscrit de Xun Zi, mais il n'est pas indifférent de savoir comment étaient matériellement constitués les textes de l'Antiquité chinoise pour comprendre certains problèmes que nous posent les éditions que nous en avons aujourd'hui. Avant l'invention du papier, laquelle se situe vraisemblablement sous la dynastie des Han Postérieurs (soit environ cinq siècles après notre auteur), les textes chinois étaient inscrits, au stylet et à l'encre, sur des lamelles ou fiches de bambou reliées entre elles par des fils de tissu. La fragilité d'un tel lien fait aisément comprendre combien il est fréquent que l'on ne puisse être assuré de l'ordre exact des textes, des paragraphes, des phrases. Il ne faut cependant pas exagérer l'importance de l'obstacle que cela représente pour la compréhension des écrits. La langue chinoise classique, en effet, c'est-à-dire la langue écrite telle qu'elle existe depuis près de trois millénaires, admet rarement des propositions de plus d'une quinzaine de caractères, ce qui remplit à peu près une demi-lamelle de bambou. On a donc affaire, en simplifiant les choses, soit à une série de propositions constituant un raisonnement ou une narration suivis que les éditeurs anciens ont pu reconstituer selon la logique de l'idée ou selon celle de la langue lorsque le lien matériel en était défait, soit à une succession de sentences indépendantes dont l'ordre n'est pas fondamental. Il y a bien sûr entre ces deux cas mille possibilités d'erreurs et d'interprétations divergentes mais finalement guère plus que dans le cas des manuscrits grecs ou latins qui ne sont, eux non plus, ni ponctués ni toujours clairement classés.

Au début de la dynastie Han (206 A.C.-220 P.C.), le célèbre

lettré Liu Xiang (80-9 A.C.), qui édita tant de textes de l'Antiquité après la destruction des livres par Qin Shi Huang Di vers 215 A.C., réalisa une édition de Xun Zi en trente-deux « livres ». Il faut ensuite attendre la dynastie des Tang (618-907) pour que Yang Liang publie, en 818 de notre ère, une édition refondue en vingt tomes comprenant également trente-deux chapitres, avec son propre commentaire. Cela du temps du grand écrivain confucéen Han Yu (768-824) [25] qui cite Xun Zi comme un dépositaire, bien qu'à ses yeux moins pur doctrinalement que Meng Zi, des idées du Maître. Deux éditions de l'époque des Song (960-1279), au moment où fleurit le Néo-Confucianisme, continuèrent d'assurer la diffusion d'une pensée qui, bien que ne représentant pas la voie « officielle » du Confucianisme, n'en continua pas moins d'être étudiée. L'édition sur laquelle s'appuient toutes les éditions contemporaines est celle que fit Wang Xian Qian en 1891, elle aussi divisée en trente-deux chapitres. La plus grande part de ces chapitres est très vraisemblablement due à Xun Zi lui-même, exception faite des trois derniers et de quelques passages.

A la différence des ouvrages occidentaux, les textes chinois anciens ne constituent jamais un ensemble suivi et cohérent dont les différents chapitres sont logiquement reliés entre eux. De même, ils ne traitent pas non plus d'un sujet particulier et la raison en est simple : à partir du moment où le domaine de la pensée n'est ni fractionné en disciplines ni considéré comme un champ à part de l'activité humaine, le contenu des écrits se doit de refléter la vivante pensée d'un homme dans toute sa diversité. Les écrits de l'Antiquité que nous appelons (improprement) « philosophiques », dont notre *Xun Zi* fait partie, sont une juxtaposition de courts essais, traités, dialogues, lettres ou adresses qui, rassemblés par un penseur ou par ses disciples, sont passés à la postérité sous le nom de cet homme. Mo Zi est ainsi réputé avoir été l'auteur du *Mo Zi*, Han Fei Zi, du *Han Fei Zi*, de même que *Zhuang Zi*, *Lie Zi* et tant d'autres, portant ou non le titre de *Zi* (Maître). Il est rare qu'un ouvrage porte un titre qui ne soit pas le nom de son auteur présumé, comme cela est par exemple le cas du *Dao De Jing (Tao Tö King)*, lequel reçut d'ailleurs tardivement son titre. Qu'il soit donc bien clair que lorsque nous écrivons que Xun Zi eut le souci d'écrire ses idées sous forme théorique, il ne s'agit nullement de la rédaction d'un ouvrage systématique exposant le point de vue de son auteur sur un sujet déterminé, mais au contraire une

25. On trouvera dans l'introduction de *La Grande Étude* (Paris, 1984) publiée dans cette même collection, des indications sur le confucianisme entre les Han et les Song. Cf. p. 14 sqq.

succession de traités, ou d'essais indépendants les uns des autres abordant chaque fois sous un angle différent ce qui constitue le thème central et plurivoque du possible fonctionnement de la société humaine.

Nous avons déjà évoqué la place considérable qu'occupe le commentaire dans la vie intellectuelle de la Chine classique et de la Chine ancienne. Il faut y ajouter, en corollaire, l'immense importance que revêt la connaissance d'un certain nombre d'ouvrages dits « Classiques » que tout lettré savait par cœur, jusqu'à une date récente, auxquels il convient d'ajouter quelques textes familiers à toute personne éduquée. C'est ainsi que sont innombrables, chez Xun Zi, les citations du *Livre des Odes* (*Shi Jing,* autrefois orthographié *Cheu King* ou *Che King* par les sinologues français) et nombreuses aussi celles provenant du *Livre des Documents* (*Shu Jing* ou *Chou King*). Maspéro décrit ces deux recueils comme un ensemble comprenant « hymnes sacrificiels en vers destinés aux fêtes régulières ou à des cérémonies de circonstance, ou bien pièces rituelles en prose, livrets des grandes pantomimes des cérémonies aux ancêtres, ou procès-verbaux de remises solennelles de charges par le Roi aux grands dignitaires, documents destinés aux archives du Grand-Scribe ou pièces fictives à l'imitation de celles-ci [26] ». Xun Zi se réfère en outre à plusieurs *Rituels* et au manuel de divination qu'est le *Yi Jing (Yi King)* ou *Livre des Mutations*. Il est confucéen, on le sait, et il est visiblement imprégné des *Entretiens de Confucius* ainsi que des textes issus de l'École Confucéenne.

L'une des particularités de Xun Zi est sa curiosité envers les autres pensées même s'il les cite avant tout pour les combattre, au point que son œuvre revêt un intérêt capital pour l'histoire des idées dans la Chine de l'Antiquité finissante. Un coup d'œil à l'index des noms propres, situé en fin du présent travail, montrera éloquemment que Xun Zi connaissait parfaitement les différentes doctrines qui circulaient à son époque et qu'il critique avec une vivacité coutumière aux Chinois qui ne laisse pas de nous étonner parfois (cf. chap. VI, XXI, XXIII et de nombreux autres endroits).

Il est enfin un dernier point qui risque de dérouter le lecteur occidental et qui est une caractéristique commune à tous les textes chinois, qu'ils soient anciens ou modernes, à savoir l'usage, à nos yeux immodéré, de la répétition. Le *Xun Zi,* en effet, comme tous les autres écrits, comprend très fréquemment des répétitions non seulement d'un certain nombre d'idées chères à celui qui les exprime, mais aussi, dans un même passage, de termes, de propositions, de phrases, de périodes entières sans

---

26. *La Chine antique,* Paris, 1978, p. 353-354.

que cela gêne le moins du monde le lecteur chinois. On a choisi dans le présent travail de conserver la plupart du temps les répétitions de phrases tout en évitant les répétitions de mots.

Beaucoup plus important est le choix d'un vocabulaire. Pour traduire la « philosophie » chinoise, fallait-il admettre le vocabulaire de la philosophie occidentale, sans lequel il nous est impossible d'exprimer notre pensée ? Fallait-il dès lors user des mots pour nous si évidents de *concept, raison, rationnel, essence, essentiel, substance, logique, dialectique, psychique* pour rendre ceux que le chinois emploie là où nous les utilisons (mais est-ce bien du même lieu de la pensée qu'il s'agit ?) ? Fallait-il recourir au vocabulaire de la psychologie, né en majeure partie au cours des cent dernières années, pour traduire un texte chinois du IIIe siècle avant notre ère ? Nous avons répondu à ces questions en prenant un certain nombre de partis qui nous sont apparus légitimes. C'est ainsi que nous avons systématiquement évité le recours à la terminologie de la philosophie, de la psychologie, de la linguistique. Nous avons en outre restreint le vocabulaire français employé en nous interdisant l'usage de tout mot entré dans la langue postérieurement au XVIIIe siècle. Cela nous a semblé nécessaire pour maintenir une cohérence linguistique « classique » en évitant l'emploi de termes que l'âge même du texte chinois ne justifierait pas.

La transcription des noms et mots chinois que nous utilisons est celle, dite *pin-yin,* mise au point à Pékin vers la fin des années 1950. Elle présente certes de graves défauts phonétiques (comment un Français pourrait-il deviner que *quan* se prononce à peu près tchüenne ?), mais elle possède un double avantage qui l'a rendue à nos yeux indispensable : elle est utilisée dans tous les pays du monde (sauf à Taiwan) comme unique transcription du chinois et elle est donc enseignée partout (sauf à Taiwan) où l'on enseigne le chinois. On aura une idée de la complexité du problème posé par la romanisation du chinois en sachant simplement que les deux caractères formant le nom de notre auteur (Xun Zi) se transcrivaient respectivement, et la liste est loin d'être exhaustive, Hsün, Shiun, Shyun, Sheun, Shiunn, Siun, Hiun et Tzu, Tzy, Tzyr, Tsyy, Tzyh, Tseu...

Le chinois, on le sait, ne comporte pas de majuscules. Voilà qui pose d'autres cas de conscience. Mis à part le cas fort simple des noms propres, nous avons utilisé l'initiale majuscule dans plusieurs situations. Là, tout d'abord, où le ritualisme chinois l'autorise en tant que marque de respect, et cela est le cas pour tout ce qui concerne le Souverain et les Dignitaires (Fils du Ciel, Trône, Roi, Duc, Ministre, Prince, Cour, etc.) tout aussi bien qu'en ce qui concerne la dignité spirituelle (Maître, Ancêtre, Rites). Nous avons encore eu recours à la majuscule pour marquer une différence entre Sage *(sheng,* parfois traduit par *saint)* et sage *(xian)* de même pour Sagesse et sagesse. La même distinction a été utilisée pour différencier vertu *(de)* et Vertu Suprême, ou Haute Vertu *(ren)* [27] pour lequel nous avouons n'avoir trouvé aucun équivalent satisfaisant... La différence entre esprit et Esprit est à peu près la même qu'en français, le second étant pris dans un sens religieux (Esprit des Ancêtres, par exemple). Enfin, nous avons systématiquement banni la majuscule pour *ciel* (sauf dans *Fils du Ciel)* car elle nous est apparue contraire à l'idée que s'en faisait Xun Zi, usant du subterfuge de *Nature* avec la majuscule là où elle s'imposait vraiment *(ciel* et *nature* rendant le même mot chinois) à nous.

Reste bien sûr la grande question relative à un travail de ce type : pourquoi Xun Zi? S'il faut chercher des justifications théoriques, historiques, elles ne manquent certes pas et, du moins nous l'espérons, les pages précédentes en ont donné un suffisant reflet. On pourrait y ajouter l'absence de traduction complète en langue occidentale (plus d'un tiers de l'ensemble manque chez H.H. Dubs, *The Work of Hsün Tze,* [London, 1928] qui est la plus longue). Mais la vraie raison d'un tel choix n'est pas à chercher, on s'en doute, parmi des causes objectives, elle réside dans le plaisir intellectuel qu'éprouve un lecteur à fréquenter un texte, dans l'enrichissement qu'il en retire et dans l'envie qui lui est venue de faire partager cet intérêt. Puisse-t-il ne pas apparaître comme un intermédiaire trop rebutant ni s'être rendu coupable de trop grande trahison envers un texte qu'il n'a jamais abordé sans un profond respect.

---

27. Pour ce terme *(ren* prononcé « gêne »), Wieger propose « bienveillance », Maspero (à la suite d'autres passages de Wieger) « altruisme », Granet glose « sentiment actif de sa dignité humaine » et L. Vandermeersch indique « humanité ».

I

EXHORTATION A L'ÉTUDE

L'homme accompli affirme que l'étude ne saurait prendre fin. Le bleu de Chine est plus bleu que la plante tinctoriale dont pourtant il provient, la glace provient de l'eau mais elle est plus froide qu'elle. Le bois droit comme le cordeau, qu'on le ploie pour faire des roues dont la courbe se mesure au compas et, même une fois sec, il ne retrouvera pas sa droiture originelle car il a été arrondi. Ainsi le bois rectifié au cordeau est-il droit, le métal que l'on a travaillé est aiguisé tandis que l'homme accompli qui s'adonne à l'étude et chaque jour s'examine par trois fois [1] devient clairvoyant et marche sans faillir.

Si l'on ne monte pas sur une haute montagne on ne sait pas combien haut est le ciel, si l'on ne fréquente pas le bord abrupt des gouffres on ne sait pas combien profonde est la terre et si l'on n'entend point les paroles transmises des Anciens Rois [2], on ne sait pas à quel point leur connaissance était vaste. Les gens de Gan et de Yue, les Barbares Yi et Mo ont tous des enfants qui naissent en poussant le même cri, puis ils grandissent et leurs coutumes diffèrent. Cela est le fruit de l'éducation. Le *Livre des Odes* dit : « Ô vous, grands officiers de la Cour, ne vous livrez pas constamment au repos. Remplissez avec calme les devoirs attachés à vos dignités, aimez les hommes probes et sincères. Les esprits seconderont vos efforts et vous accorderont libéralement les biens les plus précieux [3]. » Or les esprits n'ont rien de plus grand que la Voie suivant laquelle ils transforment les hommes et il n'est pas de bien plus précieux que l'absence de malheur.

---

1. Cf. *Entretiens de Confucius* I, 4. Qu'il soit dit ici une fois pour toutes que l'on retrouvera tout au long de cet ouvrage de très nombreuses citations, textuelles ou non, des *Entretiens de Confucius*. Nous ne signalerons pas à chaque fois les rappels de textes toujours présents à l'esprit des lettrés chinois.

2. L'Antiquité chinoise désigne par « Anciens Rois » les Rois des premiers temps, mythiques Pères Fondateurs de la culture chinoise, et par « Rois Postérieurs » les Souverains des temps historiques.

3. Le *Livre des Odes* est l'un des Classiques que tout lettré chinois connaissait par cœur, supposé dater du XIᵉ siècle A.C. Nos citations proviennent toutes de *Cheu King*, Taichung, 1967, trad. Couvreur, que nous modifions parfois très légèrement. Ici, Ode 207, 5ᵉ strophe.

Je me suis essayé des journées entières à penser par moi-même, cela ne vaut pas un seul instant consacré à l'étude. J'ai essayé de me mettre sur la pointe des pieds, cela ne vaut pas l'ascension d'une montagne d'où l'on jouit d'une large vue. Monter là-haut et faire signe ne rend pas le bras plus long, mais cela permet d'être vu de plus loin. Appeler dans le sens du vent n'augmente en rien la puissance de la voix, mais cela permet d'être perçu plus distinctement. Emprunter une voiture à cheval ne fait pas mieux marcher mais permet de parcourir des milliers de lis [4], tandis qu'avoir recours à une barque à rames, à défaut de rendre capable de nager, aide à traverser fleuves et rivières. Ainsi l'homme accompli, sans avoir rien de particulier à la naissance, possède-t-il l'art d'emprunter aux choses.

Il existe, dans les régions du Sud, un oiseau appelé *meng jiu*. Il construit son nid avec des plumes et des cheveux entremêlés et lie le tout à des joncs et à des roseaux. Survient le vent et le jonc casse, voici les œufs en miettes et les petits anéantis. Ce n'est pas la fabrication du nid qui laissait à désirer, c'est là où il était attaché qui est à incriminer.

A l'Ouest pousse une plante appelée *ye gan*. Sa tige n'atteint que quatre pouces. Elle croît au flanc de hautes montagnes et semble franchir des gouffres profonds de cent rens [5]. Ce n'est pas que sa tige ait le pouvoir de s'allonger, mais cela dépend du lieu d'où on la considère. Lorsque l'herbe *peng* pousse parmi le chanvre, elle croît tout droit sans l'aide d'aucun tuteur et quand le sable blanc est mêlé à la boue, il en devient noirâtre. Les racines de la plante *lanhuai* sont appelées parfum *zhi*, mais si on les trempe dans de l'eau croupie, l'homme de bien ne s'en approche pas et le vulgaire en est dégoûté. Ce n'est pas qu'au départ elles ne soient excellentes mais c'est à cause de ce bain fâcheux.

Ainsi l'homme accompli doit choisir avec soin le lieu où il s'installe et, s'il voyage, celui chez qui il va. C'est à ce prix qu'il se prémunira contre toute dépravation et qu'il ne s'éloignera pas de ce qui est entièrement juste.

A l'origine du classement des choses, il doit y avoir un principe. Ainsi, lorsque vient sur quelqu'un la honte ou l'honneur, ce doit être en fonction de la manière dont il se conforme à la vertu. De même que le pourrissement de la viande en fait sortir des vers et que la corruption du poisson engendre des larves, la paresse, la négligence et la légèreté font surgir toutes sortes de malheurs. On se fait un appui de ce qui est résistant

4. Le *li* valait environ un demi-kilomètre.
5. Le *ren* valait six ou sept pieds.

et un lien de ce qui est souple. L'inconduite et les mauvais penchants attirent l'inimitié. Si l'on met tout le bois ensemble, le feu prendra et brûlera tout, si l'on égalise bien le terrain, l'eau viendra partout. Les plantes poussent de concert et les animaux se rassemblent en troupeaux, chacun suivant les lois de son espèce. Ainsi, dès que la cible est bien disposée, arcs et flèches convergent vers le but et lorsque la forêt est luxuriante les haches y viennent toutes travailler. De même les oiseaux se posent nombreux si les arbres font bien de l'ombre, et le vinaigre et les condiments attirent les insectes, tout comme certains discours attirent les catastrophes et certaines conduites appellent la honte. L'homme accompli se doit donc d'être particulièrement vigilant sur l'endroit où il s'établit.

Si l'on amasse la terre en collines, on fera lever le vent et la pluie. Si l'on accumule les eaux en des fosses profondes, les dragons y prendront naissance. Si l'on multiplie les bonnes actions en devenant vertueux, on obtiendra la lumière de l'esprit et le cœur d'un Sage. Car sans commencer par la moitié d'un pas, on ne parcourra jamais mille lis et c'est une succession de ruisselets qui finit par former fleuves et océans. Un pur-sang ne franchira pas dix pas d'un seul bond, tandis qu'un bon gros cheval parcourra dix étapes sans relâcher son effort. Si on laisse en plan son entaille, on ne parviendra même pas à couper du bois mort, mais si l'on persévère, c'est le métal et la pierre qu'on taillera et gravera.

Le ver de terre n'a pour lui ni le mordant des griffes et des dents ni la puissance des muscles et des os. Lorsqu'il veut se nourrir, il cherche dans la poussière et lorsqu'il a soif il boit l'eau jaune au fond des trous, il s'applique à faire les choses une par une. Pourvu de six pattes et de deux pinces, le crabe n'a pas, telle l'anguille, un trou où habiter et se cacher, il s'applique donc à se mouvoir. Ainsi, sans suite dans les idées ni clarté dans l'esprit, on n'a pas le bonheur de mener à bien ce qu'on entreprend. Qui veut emprunter tous les chemins ne parvient pas au terme de sa route, qui sert deux maîtres à la fois n'en retirera rien. L'œil ne regarde pas deux endroits à la fois et l'oreille n'entend pas distinctement deux sons simultanés. Le dragon *teng* n'a pas de pieds mais il vole, tandis que l'écureuil a beau déployer cinq activités, il ne fait rien jusqu'au bout [6]. Il est dit dans le *Livre des Odes* : « La huppe reste sur le mûrier, ses petits sont au nombre de sept. L'honnête homme, le vrai sage, tient toujours la même conduite. Sa conduite est toujours

6. L'écureuil est réputé savoir voler sans pouvoir franchir une maison, grimper mais pas jusqu'en haut des arbres, nager sans traverser les torrents, creuser trop peu pour s'abriter, marcher mais moins vite qu'un homme.

la même parce que son cœur est comme enchaîné au devoir [7]. » Ainsi l'homme accompli s'attache-t-il à une seule chose.

Autrefois, Hu Ba jouait de la guitare *se* et les poissons sortaient de l'eau pour l'écouter, Bo Ya jouait du qin [8] et les chevaux du char du Fils du Ciel en perdaient l'appétit. Il n'est pas de son si ténu qu'il demeure inentendu et il n'est pas d'action si dissimulée qu'elle ne finisse par apparaître. S'il y a du jade dans une montagne, la végétation y est prospère et si des perles sont produites dans les profondeurs des flots, ce qui pousse sur la rive ne se dessèche jamais. Si quelqu'un agit constamment bien, comment resterait-il ignoré?

Par quoi l'étude commence-t-elle donc? Et par quoi finit-elle? Elle fait appel, pour commencer, à l'apprentissage des Classiques et elle se termine par la lecture du *Livre des Rites*. Sa justification est, en son début, de former des hommes capables et, à son terme, de former des sages. C'est véritablement au prix d'efforts réitérés qu'on parvient à quelque chose en ce domaine et l'étude se doit poursuivre jusqu'à la mort qui seule y peut mettre fin. La pratique en est continuelle car elle ne trouve son sens que si elle n'a de cesse; qui s'y livre est vraiment un homme, qui l'abandonne n'est qu'une bête.

Le *Livre des Documents* retrace le fil des événements politiques, le *Livre des Odes* indique le juste milieu que la musique doit observer, le *Livre des Rites* établit les grandes distinctions entre les attitudes à observer et il en définit le classement. C'est pourquoi il constitue l'étape ultime de l'étude et je dirai qu'il est le comble de la vertu et de la Voie. Le respect et le raffinement qui émanent du *Livre des Rites,* l'harmonie et la justesse qui émanent du *Livre de la Musique,* la largesse d'esprit qu'il y a dans le *Livre des Odes* et le *Livre des Documents,* la subtilité contenue dans les *Annales du Pays de Lu* [9], tout cela constitue l'ensemble de ce qu'il y a de la terre jusqu'au ciel.

C'est par l'écoute que l'étude entre en l'homme accompli, elle s'accumule en son cœur et s'exprime à travers toute sa personne. Il en témoigne aussi bien par son activité que par son repos. La moindre parole qu'il prononce, le moindre geste qu'il esquisse peuvent être des exemples pour autrui.

Chez l'homme de peu, à peine l'étude a-t-elle pénétré par l'oreille que déjà elle ressort par la bouche. Or il y a quatre pouces de l'une à l'autre. Comment cela suffirait-il à rendre admirable un homme de sept pieds de haut? Les Anciens

7. *Cheu King, op. cit.,* Ode 151, 1re strophe.
8. Le *qin* est une sorte de luth à 5 cordes (ou 7) très prisé dans la musique chinoise.
9. Dites *Annales des Printemps et Automnes* qui auraient été, comme les textes précédents, collationnées et mises en ordre par Confucius.

étudiaient pour [s'améliorer] eux-mêmes, on étudie aujourd'hui pour [briller devant] les autres. L'homme accompli étudie pour se parfaire, l'homme de peu, par intérêt [10].

Ainsi il est insolent de ne pas écouter mais de parler tout de même et il est dérisoire d'écouter une chose pour en rapporter deux. Or l'insolence n'est pas le but recherché et la dérision non plus, car c'est à l'écho que se compare l'homme accompli.

Pour étudier, il n'est rien de préférable à la fréquentation d'une personne adéquate car le *Livre des Rites* et le *Livre de la Musique* donnent des règles mais ils n'expliquent pas, le *Livre des Odes* et le *Livre des Documents* témoignent du passé mais ne tranchent pas les questions d'aujourd'hui, les *Annales du Pays de Lu* sont serrées et ne se livrent pas aisément. Se régler sur les personnes adéquates, étudier les discours des gens de bien, c'est respecter ce qui est valable pour tous et en tous temps. C'est pourquoi l'on dit que rien, pour étudier, n'est préférable à la fréquentation des gens adéquats, et il n'est de plus droit chemin pour l'étude que de se lier à eux, après quoi vient la place éminente accordée aux Rites. Si l'on se montre incapable d'apprécier tout d'abord ceux que l'on prend pour maîtres et ensuite de respecter hautement les Rites, ce n'est certes pas en étudiant toutes sortes de théories que l'on parviendra à comprendre le *Livre des Odes* et le *Livre des Documents*. On perdra ainsi une vie entière sans avoir évité d'être un esprit borné !

Pensons qu'à l'origine et pour les Anciens Rois, tout était fondé sur la Vertu Suprême et l'équité des devoirs rituels dont les Rites alors réglèrent le cheminement, la trame et la chaîne. Si l'on veut lisser le col d'une veste de fourrure, il faut courber les cinq doigts et l'aplanir et tous les poils se mettront dans le bon sens. Ainsi, prétendre agir selon le *Livre des Odes* et le *Livre des Documents* sans suivre la voie des Rites, cela revient à jauger du doigt la profondeur d'un fleuve, à piler du millet à la hallebarde ou à manger le contenu d'une jarre avec un poinçon : cela est irréalisable. Mais tenir les Rites en honneur même si l'on n'est pas encore très éclairé, c'est se comporter en homme avisé, tandis que ne pas honorer les Rites c'est, tout doté que l'on soit d'un esprit pénétrant, s'éloigner de la voie des lettrés.

Si quelqu'un pose de mauvaises questions, ne lui répondez pas. Si quelqu'un tient de mauvais propos, ne lui demandez

---

10. Contrairement à H.H. Dubs, il nous a semblé comprendre cette proposition délicate dans le sens de plusieurs commentateurs chinois contemporains : le veau dont il est question dans la métaphore du texte chinois est un don rituel d'échanges sociaux impliquant l'idée de l'importance de celui qui l'offre comme de celui à qui on l'offre.

rien. Si quelqu'un expose de mauvaises idées, ne l'écoutez pas. Ceux qui ont un tempérament querelleur, n'allez pas avec eux faire assaut de finesses. Si quelqu'un suit le bon chemin, attachez-vous à lui et éloignez-vous de qui ne le suit pas. Car ce n'est qu'avec quelqu'un qui respecte les Rites qu'on peut parler de la méthode de la Voie, et ce n'est qu'avec celui qui tient des propos conformes qu'on peut parler du sens profond de la Voie. De même l'on ne saurait parler de l'atteinte de la Voie qu'avec celui qui a une conduite irréprochable. C'est pourquoi celui qui n'est pas capable de faire face à de tels entretiens mais parle quand même n'est qu'un orgueilleux, celui qui est capable de parler mais ne le fait pas n'est qu'un dissimulateur et celui qui parle sans regarder le caractère ni le comportement de ses interlocuteurs, celui-là est aveugle. Or l'homme accompli n'est ni orgueilleux, ni dissimulé, ni aveugle, mais il s'applique à suivre en tout point la Voie. Il est dit dans le *Livre des Odes* : « Les Princes ne négligent nullement les bienséances, le Fils du Ciel en est heureux [11]. » Tel était justement mon propos.

Placer une flèche sur cent en dehors de la cible suffit pour être indigne de compter parmi les excellents archers. Avoir une défaillance lors du dernier pas d'un parcours de mille lis suffit pour être indigne de compter parmi les excellents cochers. Ne pas être au fait en matière de relations sociales, ne pas considérer la Vertu Suprême et l'équité des devoirs rituels comme le Principe unique, cela suffit pour être indigne de compter parmi ceux qui excellent dans l'étude. Étudier, c'est affermir et unifier ses connaissances. Tantôt tomber juste et tantôt à côté, c'est le fait de l'homme de la rue, qui a beaucoup de défauts et peu de qualités. C'est ce que font Jie, Zhou, Zhi [12]. Il faut tendre tout entier vers ce que l'on veut faire, c'est à ce prix qu'est l'étude.

L'homme accompli sait bien que si son étude demeure incomplète et dispersée, il sera indigne de voir ses mérites reconnus. C'est pourquoi il apprend et récite [les textes classiques] afin de s'en pénétrer. Il y attache sa pensée, pour bien les comprendre, il se met à la place de leurs auteurs pour mieux mettre ses pas dans les leurs et il écarte tout ce qui pourrait nuire au développement de son étude. Il rend son œil non désireux de voir ce qu'il ne faut pas voir, son oreille non désireuse d'ouïr ce qu'il ne faut pas entendre, sa bouche non désireuse de prononcer ce qu'il ne faut pas dire et son cœur

---

11. *Cheu King, op. cit.,* Ode 222, 3e strophe.

12. Jie est le dernier Souverain de la dynastie des Xia, il aurait régné de 1818 à 1766 A.C. et fut un tyran cruel et débauché, tout comme Zhou, dernier Souverain des Shang-Yin, qui régna de 1154 à 1122 A.C. Zhi est un brigand célèbre.

non désireux de penser à ce à quoi il ne faut pas penser. Et cela jusqu'à ce qu'il parvienne à ce qu'il aime : les cinq couleurs que l'œil apprécie, les cinq sons qui flattent l'oreille, les cinq saveurs que goûte la bouche et le monde entier pour satisfaire son cœur.

C'est pourquoi l'emploi de la force ne saurait le détourner, le grand nombre ne saurait l'influencer ni le monde, l'ébranler, car sa vie et sa mort même sont liées au même principe que j'appellerai vertu constante. Or la vertu constante rend capable de fermeté et la fermeté rend responsable, et qui est ferme et responsable est véritablement un homme. Le ciel fait paraître sa lumière, la terre montre sa force éclatante, l'homme accompli, lui, possède le trésor de sa complétude.

II

SE PARFAIRE SOI-MÊME

La rencontre de bonnes qualités incite à les priser et à se demander si on les a en soi, la rencontre des mauvaises attriste et incite à méditer sur soi. Si l'on possède les premières, qu'on s'y tienne et qu'on les apprécie, mais si ce sont les autres, on se sent desséché et on se prend en aversion. Ainsi, ceux qui me blâment à juste titre sont mes maîtres, ceux qui me félicitent à juste titre sont mes amis, tandis que ceux qui me flattent sont mes corrupteurs. L'homme accompli honore les maîtres, a de l'affection envers les amis et éprouve une profonde aversion envers les corrupteurs. Qui aime le bien sans relâche reçoit la critique et sait en tenir compte. Quand bien même il ne souhaiterait pas progresser, il le ferait. L'homme de peu fait tout le contraire : il mène une vie de désordres et déteste ceux qui l'en blâment. Il n'est qu'un incapable et voudrait être honoré du nom de sage. Il a un cœur de tigre, de loup, se conduit en bête sauvage, mais il a horreur qu'on le prenne pour un vaurien. Familier des flatteurs, il fuit ceux qui le critiquent, se rit de tout effort pour se corriger et prend pour traîtrise la plus grande des loyautés. Il a beau ne désirer ni ruine ni catastrophes, il les attire sur sa tête. Le *Livre des Odes* dit fort bien : « [Ils semblent] de parfait accord [mais] ils se dénigrent réciproquement, c'est vraiment lamentable. Si un avis est bon, ils le rejettent tous; s'il est mauvais, ils y adhèrent tous [1]. »

Avoir en toutes circonstances un comportement excellent en réglant son souffle vital et en nourrissant la nature même de la vie, c'est marcher sur les traces du vieux Peng [2], même sans arriver jusque-là; si c'est en se cultivant soi-même qu'on devient fort, on égalera le renom de Yao et de Yu [3]. Faire ce qui convient au moment opportun si l'on occupe un poste, se satisfaire de la pauvreté si l'on n'en occupe aucun, c'est ce qu'enseignent les Rites et la confiance. Si l'usage qu'on fait de

---

1. *Cheu King, op. cit.,* Ode 195, 2ᵉ strophe.
2. On prête une vie de sept cents ans à ce Mathusalem chinois.
3. Sages Souverains des Premiers Temps.

sa vitalité, de ses plans et projets, de ses pensées et réflexions s'inspire des Rites, cela mènera à un bon gouvernement. Sinon, ce sera l'instabilité, le désordre, la négligence. Ainsi la nourriture, les vêtements, l'habitat, le mode d'activité sont-ils en harmonie avec le rythme naturel s'ils prennent leur source dans les Rites. Sinon, emplis de heurts et de défauts, ils ne font qu'engendrer des calamités. L'aspect qu'on revêt, l'attitude qu'on adopte, la manière dont on avance ou dont on se retire, dont on presse le pas ou dont on ralentit, tout cela, réglé d'après les Rites, est d'une grande élégance. Sinon, offusquant le bon goût et s'écartant de toute bienséance, on tombe dans la barbarie. C'est pourquoi des gens sans Rites n'arrivent pas à vivre, des affaires menées sans Rites ne donnent rien, des communautés [4] sans Rites ne connaissent pas la paix. Le *Livre des Odes* dit fort justement : « Toutes les cérémonies, grandes ou petites, sont observées conformément aux prescriptions, les sourires et les paroles sont tout à fait comme il convient [5]. »

Acquérir une prééminence grâce à ses bonnes qualités, cela s'appelle éduquer autrui. Rassembler les hommes grâce à elles, cela s'appelle accorder. Acquérir une prééminence grâce à de mauvaises qualités, cela s'appelle pourrir autrui. Rassembler les hommes au moyen de ces mauvais penchants, cela s'appelle flatter. Considérer comme juste ce qui est juste et faux ce qui est faux, cela s'appelle de l'intelligence ; prendre pour juste ce qui est faux et pour faux ce qui est juste, c'est de la sottise. Porter atteinte à ce qui est bon, c'est du dénigrement et détruire ce qui est bon, cela est de l'exaction.

Appeler juste ce qui est juste et faux ce qui est faux, c'est de la droiture. Détourner des denrées, c'est du vol ; dissimuler sa conduite, c'est mentir. Parler trop aisément, c'est fanfaronner. Prendre et laisser sans le moindre esprit de suite, cela s'appelle de l'inconstance. Léser l'équité rituelle par intérêt est le comble de l'exaction.

Beaucoup écouter, c'est enrichir son esprit ; ne pas le faire, c'est s'appauvrir. Beaucoup regarder, c'est acquérir de l'expérience ; ne pas le faire, c'est de l'étroitesse. Avancer avec difficulté, c'est être lent ; oublier facilement, c'est ressembler à une passoire. Faire peu mais bien, c'est être régulier ; faire beaucoup mais sans ordre, c'est être confus.

Il existe une méthode pour bien conduire son souffle vital et nourrir son cœur [6] : un tempérament fort et emporté, c'est par

---

4. Mot à mot : des familles et des principautés.
5. *Cheu King, op. cit.,* Ode 209, 3ᵉ strophe.
6. On n'oubliera pas que le cœur est, pour les Chinois, le siège de la pensée. Ainsi que le fera Han Yu (768-824 P.C.) bien des siècles plus tard, Xun Zi reprend ici une thématique taoïste qu'il traite sur un mode confucianiste.

la douceur qu'il faut l'amener à l'harmonie. Une intelligence et une pensée profondes, il faut les conduire vers l'unité afin qu'elles trouvent aisément le bien. Un caractère violent et cruel doit être contenu pour être maîtrisé. Une nature précipitée, versant dans la facilité, il faut la tempérer et qu'elle acquière de la mesure. Un esprit étroit, mesquin, insuffisant, il faut l'ouvrir par quelque grand projet et s'il est vil, dévoyé, aveuglé, cupide, que de hautes pensées viennent le réformer. Quelqu'un de médiocre, vulgaire, incapable, négligent, que maîtres et amis s'unissent pour l'amender et s'il est en proie à la paresse et à la vanité, qu'on lui représente les calamités qu'il encourt. Quant à celui qui est simple, honnête, sincère et ingénu, qu'il goûte la paix grâce aux Rites et à la musique, qu'il s'en pénètre l'esprit en y appliquant toute sa pensée. Ainsi donc il n'est point de meilleure méthode pour bien conduire son souffle vital et nourrir son cœur que de partir des Rites, point de nécessité plus grande que celle d'avoir un Maître ni rien de plus divin que d'unifier tous ses désirs. C'est là ce que j'entendais par « méthode pour bien conduire son souffle vital et nourrir son esprit ».

Cultiver de bons projets, de saines intentions, c'est pouvoir faire fi de la richesse et des honneurs; insister sur la Voie, l'équité rituelle, c'est pouvoir faire peu de cas des conditions de Roi ou de Prince. Car à celui qui est capable d'une véritable méditation intérieure, peu importe ce qui est à l'extérieur. Il existe une sentence qui dit : « L'homme accompli utilise les choses, l'homme de peu est l'esclave des choses », ce qui rejoint bien mon propos. Si un travail est dur mais laisse l'esprit en paix, faites-le. Si le rapport en est faible mais que l'équité rituelle y trouve largement son compte, faites-le aussi. Servir un mauvais Prince et faire ainsi carrière, cela ne vaut pas servir un Prince obscur en demeurant conforme [à la Voie]. Un bon paysan ne refusera pas de travailler la terre sous prétexte qu'il fait trop sec, un bon marchand ne refusera pas de vendre parce qu'il perd de l'argent, de même un homme avisé et un homme accompli ne négligeront pas la Voie sous prétexte qu'ils sont délaissés.

S'il advient que quelqu'un soit bienveillant et respectueux, qu'il ait un cœur fidèle et loyal, qu'il prenne les Rites et l'équité rituelle pour méthode et que ses sentiments soient d'amour pour le genre humain, il étendra son influence sur tout l'Empire. Les Barbares des quatre orients auront beau lui créer des difficultés, nul ne manquera de l'honorer. S'il insiste pour être chargé des tâches pénibles, laissant à autrui les travaux plus faciles et plus plaisants, qu'il soit correct, honnête, sincère et digne de confiance, tenace en ce qu'il entreprend et scrupuleux

en toutes choses, il étendra son influence sur tout l'Empire.
Les Barbares des quatre orients auront beau lui créer des
difficultés, il n'est personne qui ne veuille lui confier des
responsabilités. Si quelqu'un, au contraire, est fier et opiniâtre
et que son cœur soit plein de fausseté, qu'il adopte les méthodes
de Mo Zi [7] et de Shen Dao [8], qu'il laisse ses passions se déchaîner
dans la fange, il aura beau étendre son influence sur l'Empire
tout entier, jusqu'aux confins des quatre orients, nul ne manquera
de le mépriser. S'il se défait des tâches pénibles et les confie
toujours aux autres, gardant pour soi les travaux plus plaisants
sans en rien vouloir laisser faire par autrui, qu'il s'écarte de la
Voie et ne soit pas honnête, suivant ses envies sans s'occuper
de rien, il aura beau étendre son influence dans tout l'Empire
jusqu'aux confins des quatre orients, nul ne manquera de se
détourner de lui.

Si l'on va son chemin le cœur plein de bonté et de respect,
ce n'est pas par crainte d'être éclaboussé; si l'on marche en
inclinant la tête, ce n'est pas par crainte de heurter quelque
obstacle; si, rencontrant quelqu'un, on le salue le premier, ce
n'est pas que l'on ait peur de lui. Ainsi l'homme avisé qui
désire se cultiver peut-il sans dommage rencontrer le vulgaire.

Il est des coursiers qui parcourent mille lis en un jour. Un
bon vieux cheval les franchira lui aussi, mais en dix étapes.
S'agit-il donc d'épuiser l'inépuisable, de poursuivre l'inaccessible? Même en brisant tous ses os et en nouant tous ses muscles
dans un tel effort, on ne fera que s'exténuer sans parvenir au
but. Tandis que si l'on fixe une limite, même si mille lis sont
une longue distance, comment ne la franchirait-on pas, soit
vite, soit lentement, soit devant, soit à l'arrière? Celui qui ne
connaît pas le chemin va-t-il se hasarder à épuiser l'inépuisable
et à poursuivre l'inaccessible ou bien va-t-il se fixer une limite?
Ainsi [les thèmes sophistiques du] « dur et du blanc », du
« semblable et du dissemblable », de « l'épais sans épaisseur » [9]
sont certes des thèmes de réflexion, mais l'homme accompli
n'en débat point car c'est là la limite qu'il se fixe. Suivre un
chemin étrange et peu praticable, cela certes est difficile et
l'homme accompli ne s'y aventure pas sans limites. C'est
pourquoi l'étudiant demande : « Arrête-toi et attends-moi le
temps que j'arrive jusque-là. De la sorte, que ce soit lentement

7. Mo Zi (473-409 A.C.), fondateur d'une École qui devint une sorte de secte
organisée, violemment opposé au ritualisme confucéen, pratiquant le culte des
Esprits d'une façon qui paraissait superstitieuse aux Confucéens.
8. Shen Dao, à peu près contemporain de Xun Zi, est un penseur légiste
dont certains traits se rapprochent du Taoïsme.
9. Thèmes développés par les « Sophistes » Gong Sun Long et Hui Shi au
IVᵉ siècle A.C.

ou rapidement, devant ou à l'arrière, comment ne parviendrions-nous pas ensemble au but ? »

En progressant à petits pas sans s'interrompre, même une tortue boiteuse franchira mille lis. C'est par une accumulation incessante de terre que montagnes et collines prennent de la hauteur. Si l'on obstrue les sources et que l'on ouvre les canaux, on peut tarir rivières et fleuves. A faire un pas en avant et un en arrière, un à droite et un à gauche, le meilleur attelage de six coursiers n'arrivera nulle part. A voir l'écart entre les talents naturels des différents hommes, comment admettre qu'une tortue boiteuse pourrait se comparer à six excellents coursiers ? Elle arrive pourtant à bout d'une distance qu'ils ne franchissent pas et nous venons d'en voir la cause à partir du moment où l'une agit véritablement et non les autres. Si court que soit le chemin, on ne saurait le parcourir qu'en avançant ; si mince que soit la tâche, elle ne saurait être accomplie qu'en agissant véritablement. Celui qui voudrait devenir un homme digne de ce nom en passant dans l'oisiveté le plus clair de son temps n'irait vraiment pas loin.

Celui qui aime la Loi [10] et l'applique est un homme avisé. Celui qui met toute son ambition [au service de la Voie] et qui la suit constamment est un homme accompli. Celui dont les lumières sont inépuisables, celui-là est un Sage [11]. Sans la Loi, un homme marche en aveugle. Si, la connaissant, il ne s'applique pas à en comprendre le sens, il demeure dans le trouble mais si, s'appuyant sur la Loi, il en approfondit toutes les subtilités, alors il goûtera la sérénité.

Les Rites sont ce au moyen de quoi l'on corrige une personnalité, les Maîtres sont ceux qui veillent à la correction des Rites. Sans Rites, comment être assuré qu'on est correct ? Sans Maître, comment savoir si les Rites sont appliqués comme il convient ? Considérer les Rites établis et s'y conformer, cela conduit à éprouver des émotions qui soient instinctivement en accord avec les Rites. Entendre parler le Maître et parler à son tour, cela permet d'accéder à des connaissances comparables à celles du Maître. Être instinctivement en accord avec les Rites, et avoir des connaissances comparables à celles d'un Maître, voilà qui est d'un Sage. Et de fait, s'opposer aux Rites, c'est se priver de modèle ; s'opposer au Maître, c'est se priver de guide. Celui qui, sans modèle et sans guide, aimerait tout faire par lui-même ressemble à un aveugle s'efforçant de distinguer les

10. Il ne s'agit pas ici de la réglementation en vigueur mais de la Loi Supérieure dont procèdent les Rites et l'équité des devoirs rituels.

11. Ces trois échelons dans la pratique de la Voie (*shì, jun zi, sheng ren*), dont la traduction en français pose d'innombrables problèmes, reviennent souvent chez Xun Zi. Nous en avons adopté une traduction constante.

couleurs ou à un sourd qui voudrait distinguer les sons, il ne saurait rien faire qui ne soit désordre et incurie. C'est pourquoi il faut passer, pour étudier, par les Rites et la Loi, et le Maître donne l'exemple d'un comportement correct, honorant en soi-même ce qui est conforme à la Voie. Le *Livre des Odes* dit : « Vous suivez les lois du Souverain Suprême sans vous fier à votre expérience ni à votre habileté [12]. » Et cela illustre bien mon propos.

Être honnête et sincère, savoir obéir en tenant sa place de cadet, c'est là, on peut le dire, l'excellence des jeunes années. Si l'on y ajoute l'amour de l'étude, la modestie, la diligence et le fait de ne pas se croire supérieur à ses égaux, cela peut faire un homme accompli. Négliger l'étude, craindre le travail, ignorer la honte, n'aimer que la bonne chère, on peut dire que ce sont là les défauts de la jeunesse. Si l'on y ajoute la licence, l'agressivité, la désobéissance, le fait de se comporter dangereusement et violemment sans le moindre respect envers ses aînés, on peut dire que cela donne un jeune bien malfaisant qui ne mérite rien d'autre que la peine capitale.

Traitez les vieillards comme il convient que les vieillards soient traités et les gens dans la force de l'âge viendront à vous. Ne regardez pas la misère comme une chose misérable et ceux qui sont intelligents se joindront à vous. Suivez avec discrétion votre chemin, soyez ce qu'il faut être sans attendre d'être payé de retour et sages et méchants vous verront d'un même regard. Si ces trois attitudes se rencontrent dans un seul homme, même s'il connaît les plus grandes épreuves, comment le ciel ne finirait-il pas par l'exaucer ?

L'homme accompli est fort peu intéressé, ce qui le rend bien vite imperméable aux malheurs. S'il craint d'encourir la honte, il est courageux lorsqu'il s'agit d'aller dans le sens de la Voie. Plongé dans la plus noire misère, il n'en garde pas moins de vastes pensées tandis que richesses et honneurs ne lui ôtent pas sa bienveillance. Inactif, il ne laisse pas s'amollir son tempérament et lorsque, travaillant beaucoup, il est fatigué, son attitude ne s'en ressent pas. Il ne se laisse pas plus emporter par la colère qu'il ne se livre à des débordements de joie.

S'il garde de vastes pensées lorsqu'il est au fond de la misère, c'est qu'il a atteint la Vertu Suprême. Si les richesses et les honneurs ne lui ôtent pas sa bienveillance, c'est qu'il a chassé tout orgueil. S'il ne laisse pas s'amollir son tempérament lorsqu'il est inactif, c'est qu'il sait être à l'écoute du sens profond des choses. Si son attitude ne se ressent pas des fatigues d'un dur labeur, c'est qu'il est sensible à la beauté de la culture rituelle.

---

12. *Cheu King, op. cit.,* Ode 241, 7ᵉ strophe.

S'il ne se laisse pas plus emporter par la colère que déborder par la joie, c'est qu'en lui le respect pour la Loi l'emporte sur l'égoïsme.

Il est dit dans le *Livre des Documents* : « Nulle affection particulière et désordonnée, suivons les principes que l'Empereur nous enseigne par son exemple. Aucune aversion particulière et déréglée, suivons la voie que l'Empereur nous montre par son exemple [13]. » Ce qui montre bien que l'homme accompli fait passer le sens du bien public avant ses désirs personnels.

13. *Les Annales de la Chine (Chou King)*, S. Couvreur, Paris, 1950, IV, IV, 13.

III

CONTRE LA NÉGLIGENCE

Dans son action, l'homme accompli n'apprécie pas de négliger les difficultés; dans son discours, il n'apprécie pas de négliger la clarté d'esprit; en ce qui concerne la réputation, il n'apprécie pas de négliger la tradition. Ce qu'il approuve, c'est ce qui est adéquat. Ainsi, descendre dans le lit d'un fleuve en étant chargé de pierres a beau être fort difficile à faire, Shen TuDi [1] en fut capable mais l'homme accompli ne l'approuve pas car ce n'est pas là un exercice intéressant les Rites et l'équité rituelle. Certains prétendent que les montagnes et les gouffres sont de plain-pied, que ciel et terre sont adossés l'un à l'autre, que les pays de Qi et de Qin sont au même endroit [2], que les montagnes ont bouches et oreilles [3], que les femmes âgées ont de longues barbes et que les œufs ont des poils. Ce sont là des propos difficiles à tenir et pourtant Hui Shi et Deng Xi [4] ont pu le faire, mais l'homme accompli ne les approuve pas car ce n'est pas là un discours en harmonie avec les Rites et l'équité rituelle. Il est des voleurs et des bandits qui sont passés à la postérité et dont le nom est aussi connu que le soleil et la lune. Tels Shun et Yu le Grand [5], ils voient se transmettre leur biographie de génération en génération, mais l'homme accompli n'approuve pas cela car c'est contraire aux Rites et à l'équité rituelle.

Voilà pourquoi je disais que l'homme accompli n'apprécie pas, dans son action, de négliger les difficultés ni, dans son discours, de négliger la clarté d'esprit, et pas davantage, en matière de réputation, de négliger la tradition. Il n'approuve donc que ce qui est adéquat. Le *Livre des Odes* dit fort

---

1. Homme qui aurait vécu à la fin de la dynastie des Shang-Yin, aux environs du XIIe siècle avant notre ère.
2. Alors que le premier se trouve au nord de l'actuel Shandong et le second dans l'actuel Shanxi.
3. Texte corrompu pour cette dernière proposition.
4. Penseurs « Sophistes » du temps des Royaumes Combattants, dont les raisonnements sont souvent la cible de Xun Zi.
5. Souverains mythiques des Premiers Temps.

bien : « Les mets sont tous excellents, ils sont tous de la saison [6]. »

L'homme accompli est d'abord facile mais ne tombe pas dans un excès de familiarité, on peut l'intimider mais non pas le contraindre, il redoute le malheur mais donnera sa vie pour garder son honneur, il sait où est son intérêt mais ne le recherche pas au prix de la malhonnêteté, il fréquente ses proches sans esprit de cabale, il se livre à l'analyse sans tomber dans l'esprit de contradiction. Il a l'esprit vaste et ne ressemble guère en cela à ses contemporains.

S'il a quelque talent, l'homme accompli se comporte bien et s'il n'a nulle aptitude particulière, il se comporte bien aussi. L'homme de peu, au contraire, se comporte de façon méprisable quelles que soient ses aptitudes. Les talents de l'homme accompli font qu'il mène les hommes avec largeur d'esprit, simplicité et droiture ; dépourvu d'aptitude particulière, il est respectueux, bon et modéré dans son souci de servir les autres. Pour peu qu'il ait quelque talent, l'homme de peu se montre fier, arrogant, grossier, inconvenant, inondant les autres de son orgueil ; sans talent, il est jaloux, envieux, n'ayant à la bouche que reproches ou blâmes et il ne fait que contrarier et contraindre les autres.

Je dirai donc que, si l'homme accompli est capable, les autres se sentiront honorés d'étudier auprès de lui et s'il n'a nul talent particulier, les autres prendront du moins plaisir à parler avec lui. Mais si un homme de peu a des capacités, il ne fera que rendre l'étude ingrate pour les autres et s'il n'en possède point, il ira les irriter par ses propos.

Telles sont les différences entre l'homme accompli et l'homme de peu.

L'homme accompli a l'esprit large, mais sans tomber dans la facilité, il est juste sans être tranchant, il est subtil mais ne cherche point querelle, il observe mais ne détourne pas, il sait tenir sa place sans écraser autrui. Sa puissance et sa force s'exercent sans violence, sa douceur et son obéissance ne sont pas un abandon. Sa bonté, son respect, sa diligence et sa pénétration d'esprit en font vraiment quelqu'un. C'est là ce qui s'appelle parvenir à une haute culture. Il est dit dans le *Livre des Odes* : « Un caractère enclin à la déférence et au respect est le fondement de la vertu [7] », ce qui illustre bien mon propos.

L'homme accompli rend hommage aux vertus d'autrui, il souligne ce que les autres ont d'admirable, il ne médit ni ne récrimine. Il se comporte avec droiture et il est juste dans sa

---

6. *Cheu King, op. cit.,* Ode 170, 6ᵉ strophe. Ce qui signifie que toutes choses ont été récoltées et préparées dans le temps qui convient, respectant la loi de la nature.

7. *Ibid.,* Ode 256, 9ᵉ strophe.

critique. Découvrant les erreurs d'autrui, il ne tombe pas dans le dénigrement. Parlant de ses propres mérites, il ressemble à Shun ou à Yu le Grand[8], il est en parfaite union avec le ciel et la terre[9]. Il n'y a en lui ni hâblerie ni vantardise. Il sait s'incliner quand il faut et se redresser quand il faut, il est souple comme le jonc mais cela sans crainte ni pusillanimité. Force, puissance, violence, colère, rien ne le fait plier, mais il n'est ni hautain ni agressif. Il sait trouver à tout équitable réponse et connaît la solution adéquate à toutes les situations. Il est dit dans le *Livre des Odes* : « Qu'on emploie ces Princes ici ou là, partout leur capacité sera suffisante[10]. » Ce qui dit bien que l'homme accompli est parfaitement capable de trouver à tout une réponse équitable, s'inclinant et se redressant quand il le faut, trouvant une solution à chaque situation.

Ce qui oppose l'homme accompli à l'homme de peu, c'est que le premier, s'il est un grand esprit, respecte l'ordre naturel et en suit la voie : s'il a l'esprit plus limité, il craint du moins de manquer à l'équité rituelle et sait se contenir. S'il est intelligent, il comprend clairement les choses et les différencie selon leur genre; s'il manque d'intelligence, il est du moins honnête, sincère et il suit le bon exemple. S'il se voit appelé à quelque fonction, il s'y montre bienveillant et stable; laissé de côté, il n'en demeure pas moins empreint de respect et de sérieux. Dans la joie, il est serein, en harmonie avec le sens profond des choses; dans la peine, il est calme, en harmonie avec le sens profond des choses. S'il réussit, il montre de la culture et de la clairvoyance, l'échec le voit ferme et sans tache.

Il n'en va pas du tout ainsi pour l'homme de peu : s'il est un grand esprit, il est paresseux et violent et s'il a l'esprit étroit, il est débauché et perverti. Intelligent, il est cupide, voleur et tombe dans l'escroquerie; stupide, c'est un poison, un brigand qui ne fait que causer du désordre. Appelé à quelque fonction, il s'y montre mesquin et arrogant; laissé de côté, il est aigri et pernicieux. Dans la joie, il est léger et inconstant; la peine le rend abattu et lui ôte tout courage. S'il réussit, le voilà aussi orgueilleux qu'injuste; devant l'échec, il baisse les bras et s'avilit. Il y a une sentence qui dit avec raison que « pour l'homme accompli, les deux chemins[11] sont praticables; pour l'homme de peu, ce sont deux faillites ».

L'homme accompli gouverne dans l'ordre, il ne saurait gouverner dans le désordre. Comment cela? Voici : Rites et

8. Souverains mythiques des Premiers Temps.
9. Mot à mot : « il forme trois avec le ciel et la terre », étant le troisième élément de la triade fondamentale du Confucianisme : Ciel, Terre, Homme.
10. *Cheu King, op. cit.,* Ode 214, 4ᵉ strophe.
11. L'heur et le malheur.

équité rituelle constituent ce qu'on appelle « ordre » et ce qui leur est contraire est le désordre. Or l'homme accompli gouverne au moyen des Rites et de l'équité rituelle, il ne gouvernerait pas en s'appuyant sur leur contraire. Il ne gouvernerait donc pas un pays en proie au désordre ? Voici : s'il entreprend de gouverner un pays en proie au désordre, ce ne sera certes pas en s'appuyant sur des principes de désordre, mais au contraire il chassera le désordre pour gouverner dans l'ordre. De même lorsqu'un homme douteux s'amende, on dit bien qu'il a laissé ses mauvais principes et qu'il a changé dans le bon sens.

Ainsi, vaincre le désordre, c'est cesser de s'appuyer sur lui pour gouverner, et vaincre ses mauvais penchants, c'est cesser de les cultiver. La gloire de bien gouverner est la même que celle de l'homme accompli qui agit selon des principes d'ordre et non selon des principes de désordre, qui cultive les vertus et non les mauvais penchants.

L'homme accompli sait se modérer et il s'accorde aisément avec ses pairs. Il parle d'or et répond parfaitement à ceux qui lui ressemblent. Ainsi à l'appel du cheval le cheval répond et à l'appel du bœuf répond le bœuf. Ce n'est pas là l'effet de quelque savoir mais cela tient à la nature. C'est une réaction instinctive à tout homme que de bien secouer ses vêtements lorsqu'il vient de se laver, de bien brosser sa coiffe lorsqu'il s'est lavé les cheveux. Qui donc, lorsqu'il se sent purifié, pourrait supporter la noirceur d'autrui ?

Pour l'homme accompli qui veut éduquer son cœur, il n'est rien de meilleur que la sincérité et, s'il y parvient, il n'est point d'autre tâche à accomplir. Il n'a qu'à préserver la Vertu Suprême, il n'a qu'à pratiquer l'équité rituelle. Un cœur sincère qui préserve la Vertu Suprême permet d'accéder à une perfection formelle qui est la condition de la réalisation spirituelle, laquelle donne accès à la véritable civilisation. Un cœur sincère qui pratique l'équité rituelle découvrira le sens profond des choses, ce qui lui donne la clairvoyance nécessaire à une réelle évolution. La conjugaison de cette civilisation et de cette évolution constitue ce que l'on appelle la vertu céleste.

Le ciel ne parle pas mais l'homme comprend qu'il est haut, la terre ne parle pas mais l'homme comprend qu'elle est profonde, les quatre saisons ne parlent pas mais tout un chacun se règle sur elles. Leur pérennité même est gage de leur sincérité [12] parfaite. L'homme accompli qui a atteint la vertu se fait comprendre en silence, il n'a rien à démontrer pour

---

12. On voit ici combien notre mot « sincérité » doit être pris dans un sens fort, s'appliquant à la transparence de la loi de l'univers. Souvenons-nous que le latin *sincerus* veut dire pur, inaltéré.

qu'on vienne à lui, il n'a pas à se fâcher pour en imposer. Une telle conformité à la loi universelle provient du souci qu'on prend de cette part de soi-même qui demeure inapparente. Être bon et suivre la Voie sans être sincère ne permet pas cette transparence intérieure et ce qu'on n'a pas au fond de soi ne peut pas prendre forme [et apparaître aux yeux du monde]. Sans la manifestation extérieure [de cette pureté intérieure], on aura beau agir de tout cœur, montrer son visage, s'exprimer en paroles, les autres de toute évidence ne suivront pas, ou s'ils le font, ce ne sera pas sans quelque doute. Le ciel et la terre sont grands. Sans cette absolue sincérité, ils ne pourraient pas faire s'épanouir les dix mille êtres. Avec toute leur sapience, les Sages ne pourraient pas, sans cette sincérité, civiliser les peuples. Pères et fils sont les plus proches parents; ils ne seraient, sans cette sincérité, que de vagues relations. Princes et supérieurs sont respectés, mais l'absence de sincérité avilirait ce sentiment.

Une telle sincérité est donc un bien que préserve soigneusement l'homme accompli et elle doit être la base des affaires de la politique. Il suffit de s'y maintenir pour voir arriver ses semblables, la conserver en son cœur est gage de réussite et l'abandonner mène à l'échec. La conserver, obtenir ce qu'on désire rend les choses faciles et c'est aisément qu'on agira du plus profond de soi-même. Agir sans relâche avec cette profondeur, c'est aller à bonne fin. Cela permet aux talents de s'épanouir pleinement et longuement sans jamais retomber dans la médiocrité des débuts, et c'est cela, être civilisé.

L'homme accompli occupe une position entourée de respect, ses intentions sont bienveillantes. Le cœur est petit mais la Voie est grande, on voit et on entend à de faibles distances mais on regarde et on écoute loin. Comment cela se fait-il? C'est qu'il faut s'en tenir à une méthode : ce qu'éprouvent mille et dix mille hommes, cela est vrai pour un seul. Ce qui date des commencements du ciel et de la terre, cela est vrai aujourd'hui et la Voie des Rois d'autrefois est celle-là même des Rois Postérieurs [13]. L'homme accompli médite la Voie des Rois Postérieurs et tire des enseignements du passé des Rois d'autrefois, tel le Sage assis, mains jointes, serein, irréprochable. Car en approfondissant les principes des Rites et de l'équité rituelle, en différenciant nettement le vrai du faux, en comprenant les fondements du monde, on gouverne la foule des hommes comme on le ferait d'un seul. Ainsi, plus on s'en tient à ce qui est fondamental, plus on fait de grandes choses. Une

---

13. Xun Zi appelle « Rois Postérieurs » les Souverains de la dynastie des Zhou qui perdurait encore, nominalement du moins, de son temps. Il invoque souvent l'autorité morale des premiers Souverains de cette dynastie, les Rois Wen et Wu ainsi que le frère de ce dernier, Zhou Gong Dan.

règle de cinq pouces peut mesurer toute la terre et si l'homme accompli n'a pas besoin de sortir de chez lui pour connaître les vérités du monde, c'est qu'il s'en tient à une méthode.

Il y a ceux qui sont au fait des choses, il y a ceux qui sont justes, il y a ceux qui sont droits, il y a ceux qui sont honnêtes et il y a les gens de peu. Être capable, en haut, de respecter le Prince et, en bas, d'aimer le peuple, apporter des réponses à ce qui se présente, savoir démêler les affaires, c'est là, on peut le dire, être au fait des choses. Ne pas s'allier aux inférieurs pour nuire aux supérieurs, ni s'associer aux supérieurs pour opprimer les inférieurs, ne débattre ni trancher que dans les limites d'un juste milieu, ne pas nuire à autrui par intérêt, c'est là, on peut le dire, faire partie des justes. Ne pas en vouloir au Prince de ce que ses supérieurs ignorent ses qualités, ne pas tirer profit de ce que ses supérieurs ignorent ses défauts, ne travestir ni les uns ni les autres mais se montrer tel qu'on est, c'est là, on peut le dire, faire partie de ceux qui sont droits. Tenir ordinairement des propos auxquels on puisse tout à fait se fier, adopter ordinairement un comportement qu'on puisse tout à fait observer, craindre d'imiter ceux dont les mœurs se relâchent et ne pas se hasarder à ne se fier qu'à soi, voilà qui est, on peut le dire, faire partie des honnêtes gens. Tenir des discours peu dignes de confiance, se conduire de façon déréglée, ne voir que son intérêt et se montrer toujours retors, on peut dire que c'est être un homme de peu.

Être juste engendre la clairvoyance, la partialité engendre l'obscurité, la rigueur et l'honnêteté engendrent la compréhension réciproque, le mensonge et l'artifice engendrent des obstacles, la sincérité et la confiance engendrent la force spirituelle, l'exagération et la hâblerie engendrent le doute. L'homme accompli est particulièrement vigilant sur la façon dont surviennent ces six phénomènes car c'est là que réside la différence entre un Yu le Grand et un Jie [14].

La balance entre désir et aversion, entre ce qu'on prend et ce qu'on laisse : voir quelque chose de désirable doit faire réfléchir à ce qu'elle peut contenir de détestable. Voir ce qui paraît être dans son intérêt doit faire réfléchir à ce que cela peut contenir de nuisible. Bien peser les deux côtés pour savoir où sont vraiment le désirable et le détestable, ce qu'on prend et ce qu'on laisse, c'est ainsi qu'on parvient à éviter les échecs. Ce qui fait tort à la plupart des gens, c'est de mésestimer les choses et de s'en trouver lésés. Devant ce qu'ils désirent, ils ne

---

14. Le premier est un Souverain vertueux des temps mythiques et le second un Roi de perdition, dernier Souverain de la dynastie Xia, homme cruel et débauché (1818-1766 A.C.).

réfléchissent point aux inconvénients que cela peut avoir et devant ce qui leur paraît être leur intérêt, ils ne pensent pas à ce que cela peut présenter de nuisible. Alors leurs efforts finissent immanquablement mal et ce qu'ils entreprennent se termine honteusement. C'est cela, mésestimer les choses et s'en trouver lésé.

Ce que les hommes détestent, je le déteste moi aussi. Or je vois que les puissants sont arrogants tandis que les malheureux sont contraints de demander grâce, ce ne sont pas là des sentiments véritablement humains et cela montre que de méchantes gens ont, en cette sombre époque, usurpé le sens des mots et rien ne saurait être plus dangereux. Car je prétends qu'il est plus grave encore d'usurper les dénominations correctes que d'usurper des biens. Tian Zhong et Shi Qiu [15] ne valent même pas des voleurs !

15. Le premier, homme du pays de Qi, refusa la haute fonction à laquelle sa naissance lui donnait droit. Le second, homme de Wei, haut fonctionnaire, se tua pour appuyer les reproches qu'il faisait à son Prince, mais refusa les honneurs funèbres dus à son rang. En dérogeant, ils ont donc l'un et l'autre usurpé en quelque sorte le titre qu'ils portaient car ils ne se sont pas comportés ainsi que leur appellation sociale leur en faisait un devoir.

IV

DE L'HONNEUR ET DE LA HONTE

L'arrogance et le mépris sont des fléaux de l'humanité. La bienveillance et la frugalité évitent le recours aux cinq armes [1] car le tranchant de la lance et de la pique ne vaut pas l'efficacité de la bienveillance et de la frugalité. Des paroles vraiment bonnes sont plus douces à recevoir que des tissus de soie, et les blessures infligées par la parole sont plus profondes que celles causées par la lance ou la hallebarde. Ainsi celui qui occupe un vaste domaine, s'il ne parvient pas à s'y maintenir fermement, ce n'est pas que le domaine soit instable, mais ce sont ses propres paroles qui l'ont mis en danger. Les grandes routes sont sûres et les petites sont dangereuses, et l'on n'y changera rien même si l'on préfère ne pas le savoir.

Être irrité et irréfléchi jusqu'à en mourir, voilà où mène l'emportement. Pousser la circonspection jusqu'au vide, voilà qui est d'un esprit fâcheux. Élargir ses connaissances mais demeurer dans la misère, voilà la rançon de la médisance. Prendre des airs purs et naviguer en eau trouble, voilà bien les excès du langage. Traiter somptueusement autrui et n'en recevoir que de l'indifférence, voilà qui est manquer d'entregent. Toujours ergoter sans jamais rien expliquer, voilà l'ouvrage d'un esprit querelleur. Suivre le droit chemin sans qu'autrui le reconnaisse, voilà qui provient d'un sentiment de supériorité. Être probe sans pour autant être honoré, voilà le résultat d'un caractère blessant. Être courageux sans jamais se voir craint, voilà le signe d'un caractère par trop soucieux de son intérêt. Être de parole sans se voir respecté, voilà qui montre une nature trop personnelle. Tout cela, à quoi l'homme de peu consacre tant d'énergie, est justement ce que ne fait pas l'homme accompli.

Un tempérament batailleur est oublieux de soi-même, oublieux de ses proches, oublieux de son Prince. Obéissant aux impulsions de la colère, il se met dans les pires situations et, ce faisant, il se montre oublieux de soi-même. Ruinant sa maisonnée et la position de sa famille, il est cause que ses parents ne peuvent

---

1. Les cinq armes sont le couteau, l'épée, la lance, la hallebarde et la flèche.

éviter les rigueurs de la peine capitale [2] et, ce faisant, il oublie
ses proches. Il se livre à des actes odieux à son Prince et interdits
par tous les règlements. Ce faisant, il oublie son Prince. Un tel
oubli de soi, de ses proches et du Prince, voilà ce que la loi ne
saurait tolérer et que les Sages Rois n'inculquaient certes pas.

Le marcassin, sa mère affronte le tigre pour le protéger; le
chiot, sa mère ne le laisse pas s'éloigner. Ces animaux n'oublient
pas leurs proches. Mais l'homme, voici qu'en bas il s'oublie soi-
même, que chez lui il oublie ses proches et qu'en haut il oublie
le Prince. Voilà qui a cours chez l'homme, mais non chez le
porc ou le chien!

Un homme querelleur est persuadé qu'il a raison et que les
autres ont tort. Sa cause à lui est juste, celle de l'autre, injuste
et, paré lui-même de toutes les vertus, il a en face de lui un
homme de rien. Se prendre ainsi pour un homme accompli qui
cherche querelle aux gens de peu, c'est bien tomber dans l'oubli
de soi-même, de ses proches et du Prince. Comment cela
n'entraînerait-il pas de grandes fautes? L'homme qui agit de la
sorte, on pourrait dire qu'il prend une hallebarde de Hu Fu [3]
pour trier du fumier! Est-ce là faire montre d'intelligence? Il
n'y a pire bêtise. Est-ce bien comprendre où est son intérêt? Il
n'y a pas plus dommageable. Est-ce là du moins une conduite
honorable? Il n'y en a pas de plus honteuse. Est-ce alors pour
demeurer en paix? Rien n'est plus dangereux.

Pourquoi donc, dans ces conditions, les hommes se montrent-
ils querelleurs? Je les rapprocherais volontiers des fous et des
malades. Mais non, puisque les Sages Rois les condamnaient à
la peine capitale. Je les confondrais bien avec les bêtes à plumes
et à poils qui peuplent forêts et campagnes. Mais non, puisqu'ils
ont forme d'homme et qu'ils en ont aussi les goûts et les
dégoûts. Pourquoi les hommes se querellent-ils donc? Voilà qui
à mon sens est vraiment déplorable.

Il y a le courage des chiens et des porcs, il y a le courage
des voleurs et celui des marchands [4], il y a le courage des gens
de peu, il y a le courage des hommes avisés et celui des hommes
accomplis. Se battre pour sa subsistance, n'éprouver nulle honte,
ne connaître ni vrai ni faux, risquer la mort sans craindre la
force du nombre, se consacrer avidement à la seule recherche
des vivres nécessaires, tel est le courage du chien et du porc.

---

2. Rappelons que dans l'ancienne Chine, les crimes les plus graves entraînaient
le châtiment de la famille du coupable.

3. Localité, située dans l'actuel Jiang Su, célèbre dans l'Antiquité pour ses
hallebardes.

4. On se souvient que la Chine Ancienne divisait sa population en quatre
classes, selon les Confucéens : lettrés *(shi)*, paysans *(nong)*, artisans *(gong)* et
marchands *(shang)*.

Agir par intérêt, se disputer les biens et les denrées sans retenue ni courtoisie aucune, chercher avec audace les fruits de ses entreprises en se montrant féroce, cupide et détestable, se consacrer avidement à la seule recherche du profit, tel est le courage du voleur et du marchand. Être violent et faire bon marché de la vie, tel est le courage des gens de peu. Observer opportunément les règles de l'équité rituelle, ne pas dévier d'une stricte impartialité, ne pas regarder son intérêt, se dévouer à un pays et ne plus changer de point de vue à son égard, ne pas faire bon marché de la vie, s'en tenir à l'équité rituelle en ne commettant nulle injustice, tel est le courage de l'homme accompli.

Les poissons appelés *chou* et *qiao* sont des poissons du grand large. Qu'ils viennent à s'échouer dans les sables et ils ne pensent qu'à regagner les eaux, mais sans y parvenir. Il ne sert à rien, une fois que l'on se trouve en difficulté, de soupirer après la prudence.

Qui se connaît soi-même ne va pas s'en prendre à autrui et qui connaît la vie ne s'en prend pas au ciel. Ceux qui s'en prennent à autrui sont malheureux, ceux qui s'en prennent au ciel sont velléitaires. Se perdre soi-même et se retourner contre les autres, voilà qui est vraiment trop fort!

La grande différence entre l'honneur et la honte tient à la quiétude ou à l'inquiétude, aux profits ou aux nuisances qui découlent du comportement habituel de chacun. Placer en premier l'équité rituelle et ensuite le profit est une attitude honorable. Mettre le profit d'abord et l'équité derrière est une attitude honteuse. Ceux qui suivent le chemin de l'honneur sont ordinairement gagnants et ceux qui suivent le chemin de la honte sont ordinairement perdants. Or les premiers en principe mènent les hommes tandis que les seconds sont menés par les hommes. Telle est la grande différence entre l'honneur et la honte. L'honnêteté amène ordinairement la quiétude et le profit. Prendre beaucoup de place et être brutal conduit ordinairement à l'inquiétude et à toutes sortes de nuisances. Ceux qui sont dans le premier cas coulent en principe des jours heureux et faciles, ceux qui sont dans le second passent en principe leur temps dans le souci et le danger. Les premiers vivent longtemps et l'existence des seconds est abrégée. Cela tient à la quiétude ou à l'inquiétude, aux profits ou aux nuisances qui découlent du comportement ordinaire de chacun.

Le ciel [5] fait naître la foule des humains, à chacun d'occuper

5. Ce mot désigne, chez Xun Zi, quelque chose qui se rapproche davantage de notre notion de nature que d'une quelconque entité divine dotée d'une intelligence ordonnatrice susceptible d'intervenir dans les affaires humaines. On verra, dans le chapitre sur le ciel, ce que sont les idées de Xun Zi à cet égard.

la place qui lui revient. Une volonté parfaitement épanouie, une parfaite pratique des vertus, une intelligence et une pensée parfaitement claires, voilà ce grâce à quoi le Fils du Ciel occupe la place qui est la sienne. Une politique conforme à la loi supérieure, une opportune distribution des tâches [6], l'art d'écouter et de trancher avec justice, la capacité en haut de se conformer aux ordres du Fils du Ciel et en bas de protéger le peuple, voilà ce grâce à quoi les Grands occupent la place qui est la leur à la tête des Principautés. Une volonté et une action bien dirigées, une façon diligente de s'acquitter de ses fonctions, la capacité en haut d'obéir à ses supérieurs et en bas d'assumer ses responsabilités, voilà ce grâce à quoi les officiers et les Hauts Fonctionnaires occupent leur place au sein de leurs fiefs et de leurs domaines. Se conformer à la loi et aux instructions, à la réglementation des poids et mesures, au code d'application des peines, veiller aux cartes et aux archives, conserver tout cela respectivement même si l'on n'en comprend pas le sens, en prendre soin et le transmettre de père en fils pour le service des Rois et des Princes, voilà ce grâce à quoi, malgré la chute des trois dynasties [7], les méthodes de gouvernement ont perduré et scribes et fonctionnaires occupent leurs postes et touchent leurs traitements. Observer scrupuleusement la piété filiale et le respect dû aux aînés, travailler dur et se donner de la peine, accomplir son devoir avec diligence, ne pas tomber dans la paresse ni dans l'orgueil, voilà ce grâce à quoi le petit peuple s'assure le gîte et le couvert ainsi qu'une longue existence à l'abri de toute condamnation. Ajouter foi à des doctrines fallacieuses, parer de fausses couleurs des discours enjôleurs, se livrer à des activités étranges, avoir un comportement malhonnête, licencieux, arrogant et brutal, sauver sa vie au prix de maint retournement en des temps de désordre, c'est ainsi que les méchantes gens récoltent le danger, le déshonneur, le châtiment, la mort. Leur pensée n'est pas profonde ni leurs choix judicieux, leurs décisions sont aussi fugitives qu'inefficaces; voilà ce qui les met en danger.

Pour ce qui est des talents naturels, des connaissances et des capacités, l'homme accompli et l'homme de peu sont identiques. Rechercher l'honneur et n'aimer point la honte, apprécier son intérêt et n'aimer point ce qui nuit, les deux ont cela en commun. Là où ils diffèrent, c'est dans la voie qu'ils suivent pour obtenir ce qu'ils désirent. L'homme de peu s'empresse de mentir et il voudrait que les autres aient confiance en lui; il

6. C'est-à-dire le fait de ne pas exiger de corvées intempestives qui désorganiseraient les travaux agricoles, bases de toute l'existence sociale.
7. Il s'agit respectivement des dynasties Xia, Shang-Yin et Zhou, cette dernière achevant de sombrer à l'époque où écrit notre auteur.

s'empresse de tromper et il voudrait que les autres s'attachent
à lui; il se conduit comme une bête sauvage et il voudrait que
les autres soient bons envers lui. Ses pensées sont confuses, sa
conduite est instable, rien n'est ferme entre ses mains, il n'obtient
finalement jamais ce qu'il souhaitait mais c'est tout ce qu'il
craignait qui advient. L'homme accompli, quant à lui, est
confiant et il souhaite que les autres aient confiance en lui; il
est loyal et souhaite que les autres s'attachent à lui; il cultive
la rectitude et mène les choses avec discernement en souhaitant
qu'autrui en use bien envers lui. Ses pensées le conduisent
aisément à la connaissance, son action lui assure aisément la
paix, ce qu'il a en mains réussit aisément, il obtient finalement
ce qu'il souhaitait et ce qu'il craignait ne lui advient pas. Ainsi,
même s'il n'a qu'une misérable situation, n'est-il pas rejeté dans
l'ombre et s'il est appelé à quelque fonction, il s'y montre fort
brillant et sa gloire lui survit longtemps.

L'homme de peu toujours tend le cou, se met sur la pointe
des pieds et se complaît à répéter : « Les connaissances, la
pensée, les talents naturels, voilà à coup sûr ce qui fait les
sages » sans avoir conscience qu'en réalité il ne diffère nullement
d'eux, car l'homme accompli ne fait que s'y prendre bien là où
l'homme de peu s'y prend mal. Si l'on se donne la peine
d'examiner les capacités intellectuelles de l'homme de peu, on
voit bien qu'elles sont largement suffisantes pour qu'il fasse ce
que fait un homme accompli.

Ainsi un homme de Yue [8] se sent bien à Yue, un homme de
Chu [9] se sent bien à Chu et un homme accompli se sent bien
là où règnent des mœurs policées. Ce n'est pas là une question
d'intelligence, de talents ou de nature, mais cela tient aux
rythmes différents des modes de vie et des habitudes.

La Vertu Suprême, l'équité des devoirs rituels, la pratique
des vertus sont généralement une bonne méthode pour vivre
en paix, mais il peut arriver qu'elles exposent à quelque danger.
La bassesse, le mensonge et la malhonnêteté procurent généralement une existence dangereuse, mais il peut arriver qu'elles
laissent quelque répit. L'homme accompli se règle sur le général
et l'homme de peu sur l'exception.

Tous les hommes ont ceci de commun qu'ils veulent manger
lorsqu'ils ont faim, se réchauffer lorsqu'ils ont froid, se reposer
lorsqu'ils ont travaillé. Ils aiment ce qui leur profite et détestent
ce qui leur nuit. C'est là ce que l'homme reçoit à la naissance,

---

8. et 9. Royaumes du temps des Royaumes Combattants respectivement situés
dans les actuelles provinces du Zhejiang et du Hunan-Hubei, à l'extrême sud
du monde chinois d'alors.

ce qu'il a tout de suite, sans attendre, ce que Yu le Grand et Jie [10] ont en commun.

L'œil distingue le blanc et le noir, le beau et le laid; l'oreille distingue les sons et les bruits, le net et le confus; la bouche distingue l'acide et le salé, le doux et l'amer; le nez distingue les odeurs et les parfums, le fumet de la graisse de porc et celui de la viande rance; les os, le corps, la peau, les vaisseaux distinguent le froid, le chaud, les maladies et les démangeaisons. Cela aussi, l'homme le reçoit à la naissance, il l'a tout de suite et sans attendre et cela est commun à Yu et à Jie. Cela peut donner Yao ou Yu, ou bien Jie et Zhi [11]. Cela peut donner des hommes de peine ou des artisans, des paysans ou des marchands, selon la manière dont chacun organise sa vie et les coutumes qu'il observe. Agir comme Yao et comme Yu assure ordinairement une existence paisible et honorée, se conduire comme Jie et comme Zhi mène en principe au danger et à la honte. Être comme Yao et Yu, c'est vivre ordinairement dans la joie et la satisfaction; être homme de peine, artisan, paysan, marchand, c'est vivre ordinairement dans le labeur et les difficultés. C'est pourtant à faire comme ces derniers que la plupart des humains consacrent leurs forces, et bien peu à imiter les premiers. Comment cela se fait-il? Je dirai que c'est par étroitesse d'esprit. Les gens comme Yao et Yu n'ont rien à la naissance qui les fassent ce qu'ils deviennent, ils travaillent à transformer ce qu'ils sont au départ, accomplissent un effort d'éducation de soi et de culture et ce n'est qu'après y avoir consacré toute leur énergie qu'ils parviennent à cette perfection.

L'homme, à la naissance, est à coup sûr un homme de peu. Sans maître, sans loi, il ne voit et n'entend que son petit intérêt propre. C'est bien parce qu'il n'est au départ qu'un homme de peu que, se trouvant de surcroît dans une époque de désordre, il prend de détestables habitudes car ce qui est petit appelle ce qui est petit et par le désordre on obtient le désordre. Si un homme accompli n'est pas là pour le guider avec pertinence, l'homme de peu n'a aucune raison de voir s'ouvrir son esprit. Comment, en effet, la bouche et le ventre auraient-ils conscience des Rites et de l'équité? Comment connaîtraient-ils la retenue, la courtoisie? Comment sauraient-ils ce qui mène à la honte et ce qui rassemble les vertus? Ils ne s'occupent que de mâcher, de mastiquer et de s'emplir la panse de bonnes choses. Et l'homme qui n'a ni maître ni loi a l'esprit à l'image de son ventre.

10. Respectivement Souverain mythique des Premiers Temps, homme sage et vertueux, et Souverain de perdition, dernier des Xia.

11. Yao est aussi un Sage Souverain des Premiers Temps, Zhi est un brigand célèbre. Pour Yu et Jie, voir la note précédente.

Supposons maintenant un homme qui n'ait jamais goûté au porc, au mouton, au gibier, ni au riz ou au grain mais seulement aux fèves, aux feuilles de pois, au bouillon maigre et au son, et qu'il en soit satisfait en considérant que cela lui permet parfaitement de subsister. Qu'on lui présente du porc, du mouton, du gibier, du riz, du grain. Notre homme bien étonné s'exclamera : « Que de choses étranges ! » Mais voici que l'odeur vient lui en flatter les narines, que le goût lui en caresse le palais et que, ayant dégusté ces mets, il s'en trouve fort bien. Qui, dans ces conditions, n'abandonnerait pas les autres denrées au profit de celles-ci ?

Prenons maintenant la Voie des Anciens Rois et les principes de la Vertu Suprême et de l'équité rituelle. N'est-ce pas grâce à cela que les hommes furent groupés en société, qu'il fut pourvu à leur subsistance, qu'ils furent éduqués et policés, qu'ils vécurent en paix et en sécurité ? La voie des Jie et des Zhi [12], qu'on la compare à celle-ci, la comparaison est la même qu'entre viandes, riz, grain et fèves d'une part, feuilles, son de l'autre. Et pourtant la plupart des hommes consacrent leur énergie à la mauvaise part et bien peu à la bonne. Comment cela se fait-il ? Je dirai que c'est par étroitesse d'esprit. Une telle étroitesse est ce qui fait le malheur du monde, elle est le fléau, la calamité de l'humanité. C'est pourquoi je dis que l'homme de Haute Vertu s'attache à avertir les hommes et à leur montrer le chemin. Il avertit, il montre, il explique, il peaufine, il poursuit, il insiste et ainsi ceux qui étaient bornés saisissent soudain, ceux qui étaient sots voient s'ouvrir leur esprit, les ignorants comprennent.

S'il n'en était pas ainsi, comment expliquer les succès de Tang et de Wu [13] lorsqu'ils furent sur le Trône ? Et pourquoi les échecs de Jie et de Zhou [14] ? Sous Tang et Wu, l'Empire était soumis et ordonné, sous Jie et Zhou, il était soumis et en désordre. Devant cela, comment ne pas considérer que les dispositions naturelles des humains autorisent aussi bien le premier cas que le second ?

Ses penchants naturels poussent l'homme à vouloir de la bonne chère pour nourriture, de somptueuses parures pour vêtements, des chevaux et des voitures pour se déplacer, des biens et des richesses pour posséder et amasser. Si bien que, lorsque surviennent des années maigres, il ne sait plus de quoi se satisfaire. Tels sont les penchants naturels de l'homme.

12. Respectivement Souverain de perdition et brigand fameux.
13. Respectivement fondateur de la dynastie des Shang-Yin, monté sur le Trône en 1765 A.C. et fondateur de la dynastie des Zhou, monté sur le Trône en 1121.
14. Deux archétypes du Souverain de perdition, respectivement dernier des Xia et dernier des Shang-Yin.

Voyons maintenant comment se déroule sa vie : il sait élever volailles, chiens, porcs, bestiaux et moutons mais lorsqu'il s'agit de se nourrir, il ne s'avise pas d'aller chercher vins et viandes. S'il a du bien en reste et qu'il l'entrepose dans des magasins, il ne s'avise pas, pour se vêtir, d'aller quérir des soieries. S'il a fait des économies et rempli des malles et des coffres, il ne s'avisera pas de prendre des chevaux et des voitures pour se déplacer. Comment cela se fait-il ? Ce n'est certes pas l'envie qui lui en manque. Ne serait-ce pas qu'il voit loin et que, mesurant les conséquences de ce qu'il entreprend, il craint de ne pouvoir continuer sur le même pied ? En fait, il modère ses dépenses et tempère ses envies, ce qui lui permet d'économiser et d'amasser pour l'avenir. C'est cela, voir loin et mesurer les conséquences de ses entreprises. N'est-ce pas une excellente chose ? Mais les gens frivoles sont inconscients de tout cela, ils ne savent rien et lorsqu'ils ont de la nourriture en surabondance, ils se gardent de penser à l'avenir. Aussi, lorsque survient une disette, se trouvent-ils fort démunis et cela ne leur évite les rigueurs ni du froid ni de la faim. Ils n'ont plus qu'à prendre une besace et une calebasse pour s'en aller laisser leurs os quelque part entre un torrent et un fossé.

Voyons maintenant la Voie des Anciens Rois, les principes de la Vertu Suprême et de l'équité rituelle, la part du *Livre des Odes*, du *Livre des Documents*, du *Livre des Rites* et du *Livre de la Musique* [15]. C'est là que se trouve la plus grande pensée du monde, celle qui permettra aux peuples de l'Empire de voir loin en mesurant les conséquences de ce qu'ils entreprennent et qui les protégera dix mille générations. C'est là une voie au long cours, dont les effets s'accumulent profondément et dont les succès et la prospérité mènent loin. Qui ne s'applique pas à cultiver cette voie pour devenir un homme accompli n'accédera pas au savoir. C'est pourquoi je dis qu'une corde trop courte ne permet pas de tirer l'eau d'un puits profond et que celui qui a l'esprit mal dégrossi ne saurait converser avec un Sage. Le contenu du *Livre des Odes*, du *Livre des Documents*, du *Livre des Rites* et du *Livre de la Musique* n'est certes pas à la portée de l'esprit d'un homme médiocre. C'est ce qui me fait dire : qui a uni son esprit à cela peut recommencer, qui possède cela peut perdurer, qui le connaît à fond peut aller partout, qui l'a médité peut goûter la paix, qui l'observe et le suit inlassablement peut faire bien. En user pour diriger ses penchants

---

15. Recueils de textes poétiques, historiques, didactiques qui constituaient la base de l'éducation lettrée, souvent invoqués ou cités par Xun Zi et par tous les écrivains de l'Antiquité. Ils continuent à faire partie de l'éducation littéraire et historique de tout lettré chinois, à l'exception du *Livre de la Musique* aujourd'hui perdu.

naturels, c'est agir dans son propre intérêt; assurer par là sa gloire, c'est mériter les honneurs; régler d'après cela la vie en société, c'est vivre en harmonie; régler là-dessus une vie solitaire, c'est éprouver une grande satisfaction. N'est-ce pas là ce qu'il faut?

Être aussi noble que le Fils du Ciel et avoir l'Empire pour richesse, c'est là le désir instinctif de chacun. Si l'on suivait ce désir, aucune autorité ne pourrait plus s'exercer et rien ne serait en suffisance. C'est pourquoi les Anciens Rois ont institué les Rites et l'équité des devoirs rituels, afin de procéder à une répartition. Ils ont créé une hiérarchie entre la noblesse et la roture, des degrés entre l'enfance et l'âge adulte, ils ont départagé savants et ignorants, capables et incapables, faisant en sorte que chacun ait une tâche à accomplir et soit traité en conséquence. Ce n'est qu'après cela qu'ils ont défini les échelons des grades et des rétributions. Telle est la voie qui permit à leurs nombreux sujets de cohabiter harmonieusement.

Ainsi, lorsque gouverne un homme de Haute Vertu, les paysans consacrent leur force à bien exploiter les terres, les marchands apportent tous leurs soins à négocier de l'excellente marchandise, les artisans œuvrent de leur mieux pour fabriquer de bons objets et de bons outils. Nul, depuis les officiers et les Hauts Fonctionnaires jusqu'aux Grands, ne manque de remplir ses fonctions avec Vertu, sagesse, intelligence et talent. C'est là ce qui s'appelle la parfaite justice. Alors quelqu'un qui recevrait tout l'Empire pour traitement ne songerait pas à en tirer pour lui-même de gros bénéfices et quelqu'un qui ne serait que sentinelle aux portes, ou chargé d'accueillir les voyageurs, ou gardien des passes, ou vigile, lui non plus ne songerait pas à en retirer le moindre bénéfice pour lui-même. C'est pourquoi je dis : les disparités convergent, le tortueux devient conforme, le dissemblable s'unit, c'est là ce que l'on appelle les relations entre les humains. Le *Livre des Odes* dit fort bien : « Il reçut le tribut de tous les Princes, grands et petits et fit la puissance et la force des Principautés qui dépendaient de lui [16]. »

16. *Cheu King, op. cit.*, Ode 304, 5ᵉ strophe.

V

CONTRE LES PHYSIOGNOMONISTES

Autrefois, il n'y avait point de physiognomonistes [1] et ceux qui se soucient d'études n'ont pas à en parler. Il y eut, dans le passé, Gu-Bu Zi-Qing et, de nos jours, il y a Tang Ju du pays de Liang pour pratiquer la physiognomonie et en déduire les heurs et malheurs de chacun. Ils sont appréciés du vulgaire, mais ceux qui se soucient d'études n'en parlent pas, car la physiognomonie ne vaut pas l'étude du cœur [2] des hommes et celle-ci à son tour n'égale pas le choix d'une bonne méthode de pensée. L'aspect en effet ne l'emporte pas plus sur le cœur que celui-ci sur la méthode de pensée. Si la méthode est correcte, l'esprit suit et un aspect repoussant, joint à un esprit et à une méthode excellents, n'a jamais empêché quelqu'un d'être un homme accompli. L'aspect en revanche aura beau être prometteur, si l'esprit et la méthode sont mauvais, rien n'empêchera qu'il s'agisse là d'un homme de peu. Être un homme accompli, voilà ce qu'il faut appeler « destin faste » et être un homme de peu, voilà ce qu'il faut appeler « destin néfaste ». C'est pourquoi la taille, la corpulence et les caractéristiques physiques de quelqu'un ne changent rien à l'affaire. Les Anciens n'avaient pas ces croyances et ceux qui se soucient d'études n'en parlent pas.

Et en effet l'Empereur Yao était grand tandis que l'Empereur Shun était petit, le Roi Wen était grand et Zhou Gong [3] petit, Confucius était grand et son disciple Zi Gong, petit. Le Duc Ling de Wei eut un Ministre, Gong-Sun Lu, haut de sept pieds [4] et qui avait un visage de trois pieds de long et de trois pouces de large. Son nez, ses yeux, ses oreilles étaient à l'avenant. Sa gloire emplit pourtant l'Empire tout entier. Sun Shu-Ao, du

---

1. On sait qu'ils sont, de nos jours, légion dans tous les pays chinois.
2. Le cœur est, pour les Chinois, le siège de la pensée.
3. Respectivement Empereurs des temps prédynastiques (Yao aurait régné de 2357 à 2257 A.C. et Shun de 2257 à 2207 A.C.), père du Roi fondateur de la dynastie Zhou en 1121 A.C. et son fils, frère du Roi Wu (1121-1115).
4. Le pied du temps des Zhou mesurait environ vingt centimètres et le pouce dix fois moins. Le Duc Ling de Wei régna de 534 à 494 A.C.

pays de Chu, était un plébéien de Qi-Si. Il était chauve [5] et avait la main gauche anormalement longue mais point ne lui fut besoin de recourir à la force pour devenir Hégémon de Chu [6].

Ye Zi-Gao, dignitaire de Chu, était petit et chétif au point de sembler ne pas pouvoir supporter le poids de ses propres vêtements. Pourtant, au moment des désordres causés dans ce pays par le Duc Bai, il s'y empara du pouvoir après la mort de Ling-Yin Zi-Xi et de Si-ma Zi-Qi [7], fit exécuter le Duc Bai et pacifia le pays en un tour de main. Le renom de sa Haute Vertu, de son équité et de ses mérites passa à la postérité.

Les faits ne se préoccupent pas de la taille des gens, ne mesurent pas leur corpulence ni ne tiennent compte de leur poids. C'est ce qu'ils ont en tête qui importe. Grand ou petit, gros ou maigre, beau ou laid, qu'est-ce que cela change ?

Le Roi Yan de Xu était ainsi fait que ses yeux pouvaient apercevoir son propre front [8], Confucius avait une physionomie des plus étranges. Quant à Zhou Gong, il avait le corps comme du bois sec. Gao Yao, Ministre de Shun, avait la couleur d'un melon pelé. Hong Yao, Ministre du Roi Wen, était si barbu qu'on ne lui voyait plus la peau du visage. Fu Yue, Ministre du temps des Shang, avait une sorte d'épine dorsale. Yi Yin, Premier Ministre sous les Shang, avait le visage tout à fait glabre. Yu le Grand était boiteux et Tang hémiplégique, Yao et Shun avaient des yeux à double pupille. Celui qui étudie va-t-il s'efforcer de comprendre leur pensée, de comparer leur savoir et leur culture ou bien va-t-il directement s'intéresser à leur taille et se demander s'ils étaient beaux ou laids afin d'apprendre par là ce qu'il y avait en eux d'admirable ou de détestable ?

Jie et Zhou [9] étaient d'une taille et d'une beauté remarquables, surpassant en cela les habitants de tout l'Empire. Leur force était exceptionnelle, au point qu'ils pouvaient lutter contre cent hommes. Ils furent pourtant tués et leurs dynasties disparurent, ils furent la honte de l'Empire et la postérité les exécra.

Il y a là une leçon à tirer car ce n'est pas une question de défauts physiques mais bien d'aveuglement et de bassesse d'esprit.

Combien y a-t-il, en ces temps troublés que nous traversons,

---

5. Particularité fort peu goûtée des anciens Chinois.

6. On désigne ainsi cinq Princes régnants de cinq Principautés différentes qui assumèrent tour à tour le rôle de « protecteurs » du Trône des Zhou aux VIIe et VIe siècles A.C.

7. Tous deux fils du Roi Ping de Chu (578-516 A.C.).

8. Texte incertain.

9. Respectivement dernier Souverain des Xia, qui régna de 1818 à 1766 A.C. et dernier des Shang-Yin (1154-1122), tous deux tyrans cruels et débauchés.

de jeunes coqs de village, tous élégants et bien tournés, habillés avec une recherche toute féminine et qui ont aussi bien des caractères et des comportements de filles. Il n'est pas une femme qui ne les veuille pour époux, pas une jeune fille qui ne les espère pour fiancé, qui ne soit prête, pour être avec eux, à quitter la maison de son père et à les suivre. Mais le Prince médiocre se trompe, qui prend l'un d'eux pour Ministre; le père médiocre se trompe, qui a l'un d'eux pour fils; le médiocre aîné se trompe, qui a l'un d'eux pour cadet; l'homme médiocre se trompe, qui choisit l'un d'eux pour ami. Car un jugement aura tôt fait de le faire exécuter sur la place publique. Que de pleurs alors et de gémissement monteront vers le ciel et combien la blessure du présent sera dure à supporter. Il faudra repenser au passé. Et de fait, ce n'aura pas été une question de défauts physiques, mais bien d'aveuglement et de bassesse d'esprit. Quelle leçon à tirer pour ceux qui étudient [10]!

Il y a pour l'homme trois causes de malheur : ne pas consentir à rendre ses devoirs aux aînés lorsqu'on est jeune, ne pas rendre ses devoirs à la noblesse lorsqu'on est roturier, ne pas rendre ses devoirs aux sages lorsqu'on n'est pas digne d'être des leurs. Telles sont les trois causes de malheur. Il y a aussi trois causes de grande misère : la première est, si l'on se trouve en haut de l'échelle sociale, d'être incapable d'aimer ceux d'en bas ou bien, si l'on est en bas, de s'appliquer à contrecarrer ceux d'en haut. La deuxième est d'être offensant lorsqu'on est en face de quelqu'un puis de le dénigrer lorsqu'il a tourné le dos. La troisième est d'avoir une intelligence peu profonde, une conduite pleine de faiblesse, un caractère éloigné de la droiture et d'être aussi incapable de rendre hommage à la Haute Vertu que de respecter l'intelligence. Ceux qui adoptent de tels comportements font régner le danger s'ils sont en haut et entraînent des catastrophes s'ils sont en bas. Le *Livre des Odes* dit fort bien : « Une neige abondante est tombée; au premier rayon du soleil, elle fond. [Au moindre signe de colère du Souverain, les détracteurs rentrent dans le silence.] Vous ne voulez abaisser ni éloigner aucun [de ces calomniateurs], aussi leur arrogance augmente-t-elle sans cesse [11]. »

Qu'est-ce donc qui fait de l'homme à proprement parler un homme? Je dirai que c'est le fait d'établir des distinctions. Avoir faim et vouloir manger, avoir froid et rechercher la chaleur, avoir travaillé et aspirer au repos, aimer ce qui profite et détester ce qui nuit, c'est là ce que les hommes reçoivent de naissance,

---

10. Selon certains commentateurs, le chapitre devrait se terminer ici et ce qui suit serait à rattacher au chapitre précédent.

11. *Cheu King, op. cit.,* Ode 223, 7e strophe.

ce qu'ils ont immédiatement et qui est commun à Yu et à Jie [12]. Mais ce qui fait que l'homme est véritablement homme, ce n'est pas tant qu'il se tienne sur ses deux pieds ou qu'il ne soit pas couvert de poils que le fait d'établir des distinctions. Car il y a des orangs-outans qui se tiennent sur leurs deux pieds et qui ne sont pas couverts de fourrure et pourtant l'homme accompli n'hésite pas à consommer de la soupe préparée avec la chair de cet animal ni à en manger la viande. Ce n'est donc ni la station verticale ni l'absence de fourrure qui font de l'homme un homme, mais bien le sens des distinctions. Il existe bien des pères et des fils chez les bêtes sauvages, mais elles n'ont point le sens de la famille. Il y a chez elles des mâles et des femelles, mais pas le souci d'établir des différences entre individus de sexes différents. C'est donc bien dans le seul fait d'établir des distinctions que réside la spécificité de la voie humaine.

Or il n'est pas de distinction plus élevée que la répartition rituelle [des tâches], et au sein de cette dernière il n'est rien de plus grand que les Rites. Parmi ceux-ci, rien n'est supérieur à ce qui provient des Sages Rois [13]. Mais ces Sages Rois sont fort nombreux, qui dois-je prendre comme exemple? Une culture trop ancienne finit par se perdre, un rythme très ancien finit par se corrompre, car il y a bien des fonctionnaires pour conserver les lois et les règles mais leur vigilance finit par se relâcher. Je dirai donc que, si l'on veut examiner l'héritage des Sages Rois, il faut se pencher sur ce qui en est le plus clair, c'est-à-dire ce qui nous vient des Rois Postérieurs [14]. Ces Rois Postérieurs furent les détenteurs de l'Empire et les délaisser au nom d'une voie de l'Antiquité équivaut à trahir son Prince au profit d'un autre Prince. Si l'on veut considérer mille années, il faut compter avec aujourd'hui; si l'on veut comprendre des nombres extrêmement élevés, il faut d'abord voir un et deux; si l'on veut comprendre le passé lointain, il faut d'abord voir la Voie des Zhou; si l'on veut comprendre la Voie des Zhou, il faut voir tout d'abord qui ils ont eu en honneur. C'est pourquoi je dis que c'est par le proche que l'on connaît le lointain, par un que l'on connaît dix mille et à travers le détail que l'on saisit l'ensemble. C'est là où je voulais en venir.

Les fauteurs de trouble disent cependant : « Aujourd'hui n'est pas hier et les voies de l'ordre et du désordre ne sont pas les

12. Le premier est un Sage Souverain des temps mythiques et le second un Souverain de perdition, dernier de la dynastie des Xia (1818-1765 A.C.).

13. Cette appellation vague peut englober aussi bien les Souverains mythiques des Premiers Temps que les Rois Fondateurs des dynasties Shang et Zhou.

14. C'est-à-dire les fondateurs de la dynastie des Zhou, dont Xun Zi s'efforce de raffermir l'audience auprès de ses contemporains.

mêmes. » Et ils sèment le doute dans de nombreux esprits, chez ceux qui, ignorants et sans idées, n'ont, dans leur étroitesse, aucun critère de jugement. Ils se trompent même sur ce qu'ils ont devant les yeux, à plus forte raison sur ce qui a été transmis depuis des millénaires. Ces fauteurs de trouble vont semer jusque dans les demeures d'autrui leurs propos perfides et trompeurs. Que ne vont-ils raconter à propos de si antiques traditions ? Comment les Sages ne s'y laissent-ils point tromper ? C'est qu'ils jugent d'après eux-mêmes. Car c'est d'après les hommes que l'on juge les hommes, d'après ce que l'on éprouve que l'on juge de ce qu'éprouvent les autres, on estime chaque chose selon son espèce, on juge des réalisations d'après les idées qui les inspirent et c'est à la lumière de la Voie que l'on scrute le cours des choses. Cela vaut aussi bien pour le passé que pour le présent. Si l'on n'enfreint pas les classifications, les principes restent les mêmes quel que soit le temps qui passe. Ainsi, en suivant ces critères, ne sera-t-on pas égaré par la présence de fausses doctrines et l'on ne sera point induit en erreur par l'observation de la disparité des choses. Si la tradition ne mentionne personne qui soit antérieur aux Cinq Empereurs [15], cela ne veut pas dire qu'il n'y avait point de sages en ce temps-là, c'est qu'il est vraiment trop lointain. Si rien ne nous a été transmis sur la politique des Cinq Empereurs, ce n'est pas qu'elle manquât d'être bonne mais l'éloignement dans le temps en est la cause. Si enfin nous avons moins de détails sur la politique de Yu et de Tang [16] que sur celle des Zhou [17], ce n'est pas qu'elle manquât d'être bonne, c'est que cela se passait il y a trop longtemps. Les relations qui nous sont transmises des temps très anciens sont succinctes, celles des époques plus rapprochées offrent davantage de détails. Or ce qui est succinct ne donne que les grands traits et ce qui est détaillé fournit des précisions. Mais le sot entend les grands traits et ignore les détails ou bien il entend les détails et ignore les grands traits. C'est ainsi qu'une culture très ancienne finit par se détruire et qu'un rythme très ancien finit par se corrompre.

Les discours que l'on entend tous les jours ne s'accordent pas avec la pensée des Anciens Rois, ils ne sont conformes ni aux Rites ni à l'équité rituelle. Je les appelle des discours insensés et, quelque intelligent qu'il soit, l'homme accompli ne les écoute pas.

Prendre modèle sur les Anciens Rois, se conformer aux Rites

15. C'est-à-dire antérieur au début du IIIe millénaire A.C., date à laquelle commence la chronologie légendaire chinoise.

16. Respectivement fondateur de la dynastie des Xia en 2207 A.C. et de la dynastie des Shang en 1765 A.C.

17. Dynastie fondée en 1121 et toujours sur le Trône au temps de Xun Zi.

et à l'équité rituelle, fréquenter ceux qui se soucient d'étudier mais fuir les entretiens sans y prendre le moindre plaisir, c'est n'être pas sincèrement attaché à la Voie. Car l'homme accompli, lui, aime à s'entretenir de la Voie, il se montre serein et éprouve une vraie joie lors de tels entretiens. C'est pourquoi il faut qu'il soit intelligent.

Chacun aime à parler du domaine dans lequel il excelle. L'homme accompli aussi, c'est pourquoi lorsqu'il offre des paroles, elles ont plus de valeur que de l'or, des pierreries, des perles ou du jade et lorsqu'il encourage les autres par des paroles, cela vaut mieux que des manchettes de soie brodée et des vêtements élégants. Écouter les autres en s'entretenant avec eux est une joie plus grande encore que n'en procurent les pierres musicales, le tambour, le luth qin et la guitare se. C'est pourquoi en cette matière l'homme accompli ne plaint pas sa peine, tandis que l'homme vil fait tout le contraire : il ne s'attache qu'au côté matériel et ne s'intéresse pas à la culture, ce qui ne peut que le faire choir dans une lamentable médiocrité. Ainsi le *Livre des Mutations* dit-il : « Tenir enfermé, c'est ne rien perdre mais ne rien gagner [18]. » C'est là ce qui s'appelle gâcher sa culture.

Il n'est pas facile de convaincre : c'est, en effet face aux personnes les plus viles que l'on se prend à employer les arguments les plus élevés et c'est au plus grand désordre que l'on confronte le plus grand souci d'ordre. On ne parvient pas à aller directement au but car si l'on prend à témoin le passé lointain, on risque de se tromper et si c'est le présent, on risque d'être partisan. La meilleure chose à faire en la matière est évidemment de ne pas tomber dans l'erreur à propos du passé ni dans la partialité à propos du présent; de savoir s'adapter aux particularités de chaque époque, qu'elle soit calme ou tourmentée, prospère ou indigente. Il faut s'y conformer comme les flots que la digue canalise, comme le bois tors que redresse le cordeau. Ainsi parvient-on à convaincre ceux qui étaient dans l'erreur sans être en rien blessant.

L'homme accompli se juge lui-même selon les critères les plus stricts [19] et pour les autres il est un guide. Il se juge lui-même à l'aune la plus stricte, grâce à quoi il fait régner sous le ciel le respect de la loi. Il est un guide pour les autres, grâce à quoi il peut répandre son influence et être cause que tous concourent au plus grand bien de l'Empire. Ainsi donc l'homme accompli est sage et peut aider les faibles, il a conscience des choses et peut aider les ignorants, il élargit son esprit et peut

18. *Livre des Mutations (Yi Jing)*, hexagramme *kun*.
19. Mot à mot, au cordeau.

aider les simples, il va au cœur des choses et peut aider ceux qui se dispersent. C'est là ce que j'appellerai la méthode qui rassemble. Il est dit au *Livre des Odes* : « Ils se réunissent et se donnent à [l'Empereur] grâce à la bonté du Fils du Ciel [20]. » Ce qui va dans le sens de mon propos.

L'art du dialogue consiste en ceci : se poser face à l'autre de façon sérieuse, honnête et sincère, mener fermement et fortement le débat, comparer et évaluer pour se faire comprendre, distinguer et différencier afin d'être clair, offrir à autrui affabilité et harmonie, considérer enfin tout cela comme de grands, précieux et divins trésors. De la sorte, on sera toujours écouté lorsqu'on parlera et, même si l'on ne convainc pas tout le monde, il n'est personne dont on n'obtienne du moins l'estime, car c'est là faire en sorte que soit honoré ce qu'on a d'honorable. Un Ancien a dit : « Seul l'homme accompli est capable de faire honorer ce qui en lui est honorable. » Ce qui rejoint le sens de mon propos.

L'homme accompli doit avoir du discernement. Chacun aime à parler du domaine dans lequel il excelle, c'est le cas plus encore pour l'homme accompli. Mais le discernement de l'homme de peu s'exprime par un discours trompeur et le discernement de l'homme accompli par un discours empreint de Haute Vertu. Qui parle et son discours n'est pas empreint de cette Vertu-là, alors mieux vaut qu'il se taise et son hésitation à parler a plus de prix que son discernement. Qui, lorsqu'il parle, tient des discours emplis d'une telle Vertu se trouvera en haut de la société s'il consent à parler et en bas s'il n'y consent point.

Car la parole de Vertu est grande : lorsque, émanant du haut, elle sert à diriger ceux qui sont en bas, on est en présence d'une heureuse volonté politique; lorsque, émanant du bas, elle est ce par quoi s'exprime la loyauté envers ceux qui sont en haut, elle est exhortation à demeurer dans le droit chemin. C'est pourquoi l'homme accompli ne se lasse pas de mettre la Vertu en pratique. Son ambition est de l'aimer, c'est par elle qu'il trouve la paix dans son action, sa joie est de la traduire en paroles. Voilà pourquoi il est nécessaire que l'homme accompli ait du discernement.

Discerner les détails ne vaut pas la vision de l'enchaînement des choses, qui à son tour ne vaut pas la compréhension des répartitions fondamentales. Discerner les détails, c'est observer; voir l'enchaînement des choses, c'est comprendre; saisir les répartitions fondamentales, c'est pénétrer le sens profond. Il y a là-dessus des différences entre le Sage et l'homme de bien,

20. *Cheu King, op. cit.*, Ode 263, 6ᵉ strophe.

car il y a le discernement de l'homme de peu, celui de l'homme accompli et celui du Sage.

N'avoir besoin ni de réfléchir par avance ni de faire de lointains projets mais qu'émane de soi précisément ce qu'il faut; accomplir la culture rituelle en discernant chaque chose selon son espèce; que la situation soit stable ou changeante, faire toujours face sans se trouver pris au dépourvu, c'est là le discernement du Sage.

Bien réfléchir par avance, faire des projets lointains, être concis tout en sachant se faire entendre, être cultivé et aller droit aux réalités, étendre ses connaissances et parler vrai, voilà ce qu'est le discernement de l'homme avisé et de l'homme accompli.

Prêter l'oreille aux discours de l'homme de peu, c'est entendre des propos sans discernement ni cohérence; faire appel à ses services, c'est recevoir bien des mensonges et nulle réussite, car il n'est capable ni, en haut, d'obéir correctement à un Souverain éclairé ni, en bas, de faire régner l'ordre et l'harmonie parmi le peuple. Il sait, en revanche, tenir un auditoire en haleine et doser suffisamment ses paroles pour faire passer sa hâblerie pour admirable. C'est là ce que j'appelle une profonde malignité. C'est ce genre de gens qu'un Sage Roi commence par exterminer lorsqu'il arrive au pouvoir et seulement ensuite bandits et voleurs. Car les seconds peuvent s'amender mais non pas les premiers.

VI

CONTRE LES DOUZE MAÎTRES

Dans ce monde de fausses valeurs qui est aujourd'hui le nôtre, il est des gens qui soutiennent des doctrines pernicieuses, qui prônent des idées trompeuses et sèment partout désordre et confusion. Ces esprits fourbes et mesquins perturbent tout l'Empire, faisant que l'on ne sait plus où sont le vrai et le faux, le bon et le mauvais gouvernement. Oui, il y a des gens de cette sorte. Ils ne font que suivre leurs instincts et se satisfaire de leur licence, ils se conduisent en bêtes sauvages et ne sauraient être mis au rang de ceux qui sont en accord avec la culture rituelle et comprennent ce qu'est l'ordre. Les thèses qu'ils professent ont cependant quelque apparence de fondement et leur discours offre assez de sens pour séduire et berner une multitude d'ignorants. Tels sont Tuo Xiao et Wei Mou [1].

D'autres, réfrénant toute inclination naturelle, s'expriment avec une profondeur abyssale et quittent le monde pour vivre en solitaires, pensant qu'il suffit d'être différent des autres pour leur être supérieur. Ils sont incapables de s'accorder avec la foule ni de comprendre les répartitions rituelles. Les thèses qu'ils soutiennent ont pourtant quelque apparence de fondement et leur discours offre assez de sens pour séduire et berner une multitude d'ignorants. Tels sont Tian Zhong et Shi Qiu [2].

D'autres encore ne savent ni comment unifier l'Empire ni comment édifier la puissance et la gloire d'un État. Ils exaltent l'utilitaire et magnifient l'épargne mais négligent d'observer les différenciations sociales. Ils sont incapables de discerner ce qui doit être séparé et mettent sur le même pied le Prince et le sujet. Les thèses qu'ils soutiennent ont cependant quelque apparence de fondement et leur discours offre assez de sens

---

1. Le premier est un inconnu, le second un taoïste issu de la famille princière de Wei et contemporain de Zhuang Zi (IVe siècle A.C.).
2. Le premier, issu d'une grande famille de Qi, renonça à sa position sociale pour se faire cordonnier. Le second, haut fonctionnaire du pays de Wei (homophone mais non homographe du Wei de la note précédente) fit de sévères reproches à son Prince.

pour séduire et berner une multitude d'ignorants. Tels sont Mo Di et Song Xing [3].

Il en est aussi qui, exaltant la loi, sont cependant sans loi. Ils dédaignent les vraies valeurs et préfèrent en fabriquer d'autres. Envers le haut, ils se prennent à obéir à celui qui est en haut; envers le bas, ils se prennent à suivre les habitudes de ceux qui sont au bas de l'échelle sociale. Ils parlent beaucoup et font de beaux traités, mais si l'on en retourne le tissu pour mieux l'observer, on voit bien qu'il est lâche et n'offre pas de sens, si bien qu'ils ne peuvent ni organiser l'État ni établir clairement la répartition des tâches sociales. Les thèses qu'ils soutiennent ont cependant quelque apparence de fondement et leur discours offre assez de sens pour séduire et berner une multitude d'ignorants. Tels sont Shen Dao et Tian Pian [4].

Certains autres, ne suivant pas l'exemple des Anciens Rois, ne croient pas en la vérité des Rites et de l'équité rituelle mais aiment à professer d'étranges idées, prennent plaisir à aligner des expressions bizarres et cherchent interminablement pour trouver des distinctions inutiles. Ils font beaucoup d'efforts pour de bien maigres résultats et n'aboutissent à rien de constructif. Pourtant, les thèses qu'ils soutiennent ont quelque apparence de fondement et leur discours offre assez de sens pour séduire et berner une multitude d'ignorants. Tels sont Hui Shi et Deng Xi [5].

Il en est qui s'inspirent sommairement des Anciens Rois, sans en bien comprendre les principes. Leurs qualités sont évidentes, leurs intentions, élevées et ils ont une grande capacité d'écoute et d'observation. Ils forgent leurs propres théories en s'appuyant sur l'Antiquité, se réclament des cinq pratiques vertueuses [6] mais s'égarent dans des chemins détournés et manquent d'exactitude. Ils se perdent dans l'ombre, n'ayant pas les idées claires et se condamnent ainsi à manquer de cohérence. Ils citent des phrases controuvées en affirmant d'un air profondément respectueux : « Ce sont là les paroles d'un Maître d'autrefois [7]. » Zi Si [8] a

3. Le premier est le fameux Mo Zi (479-403 A.C.), ennemi virulent du ritualisme confucéen, fondateur d'une secte organisée presque militairement. Le second est un contemporain de Mencius (372-289 A.C.).

4. Le premier (env. 340-280 A.C.) est un légiste de Qi. Le second, son contemporain, vécut lui aussi à Qi et fut vraisemblablement un Maître Taoïste.

5. Penseurs de l'École des Noms, eux aussi de l'époque des Royaumes Combattants.

6. Ces cinq vertus confucéennes sont la pratique de la Vertu Suprême d'humanité, de l'équité des devoirs rituels, des Rites, de l'intelligence et de la confiance.

7. Certains pensent que cette périphrase désigne Confucius lui-même, dont Xun Zi accuse quelques disciples de forger des sentences.

8. Petit-fils de Confucius.

commencé cela et Meng Zi l'a suivi. L'habitude fut prise, parmi les lettrés ignorants, de répéter aveuglément leurs propos sans se rendre compte de ce qu'ils contenaient de douteux et ils reçoivent et transmettent cela, croyant qu'il s'agit de ce que Confucius et Zi Gong considéraient comme important de transmettre à la postérité. Et en cela Zi Si et Meng Zi ont commis une faute.

Si l'on veut bien organiser les choses, mettre en ordre paroles et actes, tout régir à l'aide d'un unique principe et rejoindre les grands hommes de l'Empire en se réclamant de leur glorieux héritage, si l'on prend la parfaite obéissance pour base de l'éducation et si, dans les salles prévues à cet effet, on vient ensemble s'asseoir sur des nattes afin de se pencher sur l'œuvre des Sages Rois, le monde apaisé verra soudain s'instaurer des mœurs douces. Les six théories n'auront plus leur place, les douze maîtres cesseront d'essaimer. Même s'il ne possède pas un pouce de terre, Rois ni Ducs ne pourraient rivaliser [avec celui qui réussirait cela]. Si un tel homme occupe un poste de Haut Fonctionnaire, un seul Prince ne suffira point à l'employer, un seul pays ne sera point suffisant pour le contenir, son renom aura tôt fait de croître parmi les Grands et tous le voudront pour Ministre. De tels Sages existèrent pourtant et leur autorité ne fut pas reconnue, ce fut le cas de Confucius et de Zi Gong.

Unifier l'Empire, faire prospérer les dix mille êtres, assurer le bien-être du peuple, veiller aux intérêts conjugués de tout l'Empire, établir des voies de communication, faire en sorte que nul ne manque d'obéir, que les six théories cessent d'exister et que les douze maîtres s'amendent, c'est ce qui arrive lorsque l'autorité est confiée aux Sages et qui advint sous Shun et Yu [9].

Que faire, aujourd'hui, si l'on est homme de Haute Vertu? En haut, prendre pour modèle ce qu'ont instauré Shun et Yu et, en bas, prendre exemple sur l'équité rituelle de Confucius et de Zi Gong afin de travailler par là à la disparition des théories des douze maîtres. C'est ainsi qu'on se débarrassera des maux dont souffre l'Empire, que s'accomplira l'œuvre des hommes de Haute Vertu et que sera rendu fécond l'héritage des Sages Rois.

Avoir confiance à bon escient, c'est là la véritable confiance. Douter à bon escient, c'est là aussi la véritable confiance. Honorer la sagesse, c'est faire montre de Haute Vertu. Mépriser l'indignité, c'est aussi faire montre de Haute Vertu. Parler à bon escient, c'est être intelligent. Se taire à bon escient, cela

---

9. Souverains mythiques des Premiers Temps. Ils auraient régné respectivement de 2257 à 2208 et de 2207 à 2198 avant notre ère, Yu le Grand est le fondateur de la dynastie Xia (2207-1766).

aussi est preuve d'intelligence, car savoir se taire est aussi précieux que savoir parler. Être prodigue de paroles tout en se conformant aux règles, cela est d'un Grand Sage. Parler peu mais suivre la loi, cela est d'un homme accompli. Parler beaucoup sans suivre la loi et s'enivrer de mots, cela, même s'il s'y mêle quelque discernement, est d'un homme de peu.

Accomplir de durs travaux qui n'aillent pas dans le sens de l'effort commun, j'appelle cela se livrer à des tâches déraisonnables. Se donner de la peine pour acquérir des connaissances sans prendre pour règle l'esprit des Anciens Rois, j'appelle cela avoir un esprit déraisonnable. Bien discerner et comparer les théories, être aussi rapide que vif mais ne pas se conformer aux Rites et à l'équité rituelle, j'appelle cela tenir des propos déraisonnables. Ces trois déraisons-là, les Sages Rois les ont vaincues.

Utiliser dangereusement son intelligence, être malhonnête et malfaisant, mentir ingénieusement, parler pour ne rien dire mais fort bien, avoir l'esprit d'analyse sans le discernement nécessaire, ce sont là les risques majeurs de la conduite de l'État.

Avoir une coupable conduite et s'en conforter, se complaire dans la fausseté, jouir de son dévoiement et s'y vautrer, parler avec intelligence et suivre un chemin contraire, c'étaient là les grands interdits des Anciens.

Une intelligence sans lois, une audace sans frein, un sens minutieux de l'observation mais qui mène au mauvais choix, une vie d'excès et d'abus qui mène à l'indigence, aimer mal faire et se rassembler pour cela, ne voir la route qu'avec ses pieds, trop présumer de ses forces, voilà ce que le monde entier doit éviter.

Avoir à cœur le bien-être de tout l'Empire, c'est faire en sorte que les honneurs et les dignités de ceux qui sont en haut ne s'accompagnent jamais d'orgueil envers les autres; que l'ouverture et la clarté d'esprit, la Sagesse et l'intelligence n'en profitent jamais pour exploiter les autres; que l'organisation et la rapidité des communications ne se fassent pas en voulant passer avant les autres; que la fermeté, la résolution, le courage et l'audace ne se manifestent pas en portant atteinte aux autres. Qui ne sait pas demande, qui ne connaît pas apprend, qui sait faire reste modeste, c'est de cela que les vertus sont faites.

En présence du Prince, il faut veiller à ses devoirs de sujet et de subordonné; en présence d'un compatriote, il faut veiller à ses devoirs d'ancien ou de jeune; en présence d'un ancien, il faut veiller à ses devoirs de fils ou de cadet; en présence d'un ami, il faut veiller à respecter les Rites, les rythmes saisonniers, les règles de la retenue et de l'humilité; en présence de quelqu'un de basse condition ou de très jeune, il faut veiller à conseiller, à guider, à accueillir, à montrer. Il n'est personne envers qui il faille manquer à l'affection ou au respect, personne à qui il faille chercher querelle, il faut être ouvert à l'instar du ciel et de la terre qui contiennent les dix mille êtres. Celui qui se conduit ainsi, les sages l'honoreront et les gens indignes eux-mêmes le traiteront en parent. S'il se trouve des gens pour ne pas se soumettre à lui, ce seront vraiment des monstres redou-tables et il les châtiera comme il convient même si ce sont ses fils ou ses frères. Il est bien dit dans le *Livre des Odes :* « Ce n'est pas le Roi du Ciel qui a rendu les temps mauvais, mais toi, Yin, en rejetant les anciens [ministres et les anciennes lois]. Quand même tu n'aurais plus d'hommes âgés et expérimentés, tu as encore les institutions et les lois. Mais tu ne suis ni les lois ni les avis des sages, aussi ton empire est-il sur son déclin [10]. »

Ceux qu'autrefois l'on appelait *officiers en poste* étaient des gens profondément honnêtes, allant d'accord avec le plus grand nombre, éprouvant de la joie à être honorables et à veiller à la répartition des tâches. Ils étaient loin des erreurs et des fautes, s'efforçaient d'accomplir au mieux leur tâche et auraient eu honte d'être les seuls nantis. Ceux qu'aujourd'hui l'on dénomme semblablement sont de vils paresseux, des bandits, des fauteurs de trouble qui n'en font qu'à leur guise, intéressés, cupides, ce sont de fortes têtes sans foi ni loi qui ne songent qu'à détenir le pouvoir.

Ceux qu'autrefois l'on appelait *officiers en disponibilité* [11] étaient des gens aux vertus accomplies, capables de sérénité, cultivant la rectitude, comprenant les lois de la vie, donnant le bon exemple. Ceux qu'aujourd'hui l'on dénomme semblable-ment sont des incapables proclamant leurs capacités, des gens qui, ne connaissant rien, proclament qu'ils savent tout. Leur esprit de profit n'est jamais assouvi mais ils feignent le déta-chement, dissimulant leurs manigances en parlant haut et fort de zèle et d'honnêteté. Ils adoptent des coutumes qui n'en sont pas, s'écartent du droit chemin et se haussent sur la pointe des pieds pour être bien différents des autres.

Il y a ce dont est capable un honnête homme et ce dont il est incapable : il peut agir de façon honorable mais il ne peut contraindre les autres à l'honorer, il peut agir de façon à faire régner la confiance mais il ne peut contraindre les autres à avoir confiance en lui; il peut agir de façon que l'on vienne le chercher mais il ne peut contraindre les autres à venir le chercher. Aussi l'homme accompli a-t-il honte de ne point

10. *Cheu King, op. cit.,* Ode 255, 7e strophe.
11. Ou *lettrés vivant dans la retraite.*

cultiver les vraies valeurs et non pas de se voir méprisé, il aurait honte de ne pas être un homme de confiance et non point de ne pas se voir cru, d'être un incapable et non point de ne pas se voir confier quelque charge. Il ne brigue les suffrages ni ne craint la médisance mais suit la Voie dans toutes ses actions et se comporte avec droiture et dignité, se gardant de rien altérer ou pervertir. Voilà ce qu'est un véritable homme accompli. Le *Livre des Odes* dit : « Un caractère enclin à la déférence et au respect est le fondement de la vertu [12]. » Tel est le sens de mon propos.

Voici comment se présente un honnête homme : son bonnet est haut, son vêtement ample et son abord policé. Il est sérieux, posé, calme et ouvert, il fait montre de hauteur de vue, de clarté et de largesse d'esprit, il se comporte en père ou en frère aîné. Son bonnet haut, son vêtement ample et ses manières policées ne l'empêchent cependant pas d'être modeste et effacé, avenant et droit, il est diligent et respectueux et s'accorde parfaitement avec autrui en sachant rester à sa place, il se comporte en fils ou en cadet.

Je m'en vais maintenant brosser le portrait de l'homme qui étudie et veut se faire valoir : son bonnet est penché et les cordons en sont aussi relâchés que sa ceinture, lui-même a un abord empreint de morgue. Il a l'air satisfait, toujours pressé, ne dit pas grand-chose et en sait moins encore. Perpétuellement inquiet, jetant les yeux de tous côtés, il semble très affairé. L'évocation et la présence de l'alcool et de la nourriture le font chavirer : il s'y oublie. En revanche, les Rites et les convenances le prennent en défaut et le voilà qui dénigre tout. Les durs travaux, les tâches difficiles rebutent son indolence et il ne songe qu'à y échapper. Sa négligence et sa paresse lui sont un rempart contre la critique, il ignore la honte et reçoit fort bien les insultes. Voilà ce qu'est un homme qui étudie et veut se faire valoir.

Portant leur bonnet de façon ridicule et parlant creux, marchant tantôt comme Yu tantôt comme Shun [13], tels sont les pseudo-lettrés de l'École de Zi Zhang [14].

Vêtement et coiffe impeccables, aspect rigide, demeurant muets du matin jusqu'au soir, voici les pseudo-lettrés de l'École de Zi Xia.

Négligents, paresseux, renâclant à la tâche, ignorant la honte et toujours prêts à boire et à manger, affirmant qu'il n'est nul besoin de se donner de la peine pour être un homme accompli, tels sont les pseudo-lettrés de l'École de Zi You.

12. *Cheu King, op. cit.*, Ode 256, 9ᵉ strophe.
13. Deux Souverains de la haute Antiquité.
14. Zi Zhang, Zi Xia et Zi You sont des disciples de Confucius.

Les hommes accomplis ne se conduisent pas de la sorte : leur repos est exempt de paresse, ils ne reculent pas devant l'effort, ils reconnaissent la valeur des principes fondamentaux et savent répondre aux changements de situation, trouvant pour tout la solution convenable et c'est en agissant ainsi que l'on devient un Sage.

VII

CONFUCIUS [1]

« Comment se fait-il que tous ces disciples de Confucius, qui étaient comme des enfants de cinq pieds de haut, aient eu honte d'évoquer les Cinq Hégémons [2] ? » Ma réponse est qu'ils ont en effet des aspects gênants à évoquer. Ainsi Huan de Qi, le plus illustre des Cinq Hégémons, avait tué son frère aîné et s'était emparé du pays par la force. En ce qui concerne sa vie privée, il garda chez lui ses tantes et ses sœurs, sept en tout, non mariées, enfermées dans le gynécée de son propre palais, tandis que lui vivait dans les fastes et les plaisirs. Non content de jouir de la moitié des revenus de l'État de Qi, il entreprit, à l'extérieur, de berner Zhu, d'attaquer Ju et de s'emparer de trente-cinq Principautés. Telle fut sa conduite, il s'agit donc d'un homme dangereux et perverti, un homme de lucre et de stupre. Comment pourrait-il figurer au nombre des grands hommes ? « Comment, dans ces conditions, a-t-il pu devenir Hégémon au lieu d'être anéanti ? » Hélas! répondrai-je, c'est que le Duc Huan ayant un exceptionnel sens des choses, qui aurait pu l'anéantir ? Il eut le jugement assez sûr pour reconnaître les qualités de Guan Zhong [3] et lui confier le pays. C'était là faire montre de la plus grande intelligence. Oubliant sa colère lorsque le calme lui revenait, oubliant les épreuves subies lorsqu'il en était sorti, il donna à Guan Zhong une haute position et l'honora du titre d'Oncle et ce fut là l'une des plus grandes décisions qui soient, dont nul parmi les nobles de son clan n'osa se montrer jaloux. Il l'éleva aussi haut que Gao et Guo [4], à quoi nul parmi les gens de sa

1. Le titre du chapitre est formé simplement des caractères par lesquels il commence et n'a, ici, pas de rapport direct avec son contenu.
2. Au temps de la dynastie des Zhou de l'Est (770-256 A.C.), il y eut l'époque dite « des Printemps et Automnes » (722-481) à l'intérieur de laquelle les Souverains de cinq Principautés contrôlèrent successivement le monde chinois en « protégeant » le Trône du Fils du Ciel, de 685 à 591. On les appelle traditionnellement les Cinq Hégémons. Ce sont les Princes de Qi, de Qin, de Song, de Jin et de Chu.
3. L'un des plus célèbres Ministres de l'Antiquité. Un fameux traité porte son nom mais lui est nettement postérieur.
4. Deux Grands du pays de Qi qui portaient le titre de Grands Ministres.

Cour n'osa trouver à redire. Il lui octroya trois cents hameaux sans que nul parmi les riches osât s'y opposer. Nobles et vilains, jeunes et vieux, tous s'inclinèrent et il ne s'en trouva pas un pour désobéir à Huan Gong ou manquer de le respecter profondément. C'est bien là avoir un sens exceptionnel des choses. Qu'un Grand en fasse montre et nul ne pourra l'anéantir. Or le Duc Huan possédait toutes ces qualités au plus haut point, comment aurait-il pu être défait ? Il était évident qu'il devînt Hégémon, non pas par hasard mais par un calcul de la destinée.

« Pourquoi donc tous ces petits messieurs de l'entourage de Confucius avaient-ils honte d'évoquer les Cinq Hégémons ? » Je dirai qu'il en fut ainsi parce que les Hégémons n'ont point suivi les principes de base d'une bonne politique, ils n'ont pas atteint la véritable grandeur morale, ils n'ont pas reconnu le sens profond de la culture rituelle, ils n'ont pas écouté le cœur de leurs peuples. Certes ils ont su appliquer certains principes, ils ont compris qui il fallait employer et qui il fallait éviter et, sachant amasser des vivres et se préparer à la guerre, ils ont réussi à défaire leurs ennemis. Mais ils ont usé de ruse pour obtenir la victoire, parant leur ardeur belliqueuse des couleurs d'un esprit chevaleresque [5] et, invoquant la Vertu Suprême d'humanité, ils n'ont suivi en vérité que le chemin de leur intérêt. Ce sont les gens de peu qui les admirent. Comment pourraient-ils figurer au nombre des grands hommes ?

Ce n'est point ainsi que sont les Rois véritables : ayant atteint la sagesse, ils peuvent aider ceux qui en manquent ; ayant réussi à être forts, ils peuvent en faire bénéficier les faibles. En cas de guerre, ils peuvent mettre à mal leurs ennemis mais le recours au combat est pour eux une honte et ils préfèrent donner à tout l'Empire l'exemple d'une culture parfaite, obtenant ainsi des États belliqueux qu'ils s'amendent. Ils ne punissent de mort que les éléments dangereux et récalcitrants. C'est ainsi que les exécutions capitales étaient fort rares du temps des Sages Rois : le Roi Wen [6] y eut quatre fois recours et le Roi Wu deux fois puis, Zhou Gong ayant achevé leur œuvre, une fois le Roi Cheng sur le Trône, la paix régna sans qu'il fût besoin d'une seule exécution. Comment, dans ces conditions, la Voie n'aurait-elle pas été suivie ? Le Roi Wen la suivit et, parti

5. On aura compris que ce terme, destiné à rendre l'idée d'un comportement à la fois respectueux des préséances et empreint de modestie, n'a qu'une valeur d'approximation.

6. Les Rois Wen et Wu sont les premiers Souverains de la dynastie des Zhou, le second ayant fait, par piété filiale, remonter la fondation de la dynastie à son père. La dynastie régna à partir de 1121 A.C.

d'un domaine de cent lis, il unifia l'Empire. Jie et Zhou[7] la quittèrent et, bien qu'ils possédassent le pouvoir suprême, ils ne purent atteindre la longévité d'un homme ordinaire. Si l'on pratique le bien, il suffit d'un petit État de cent lis pour être indépendant mais si l'on fait le contraire, voici les six mille lis d'un pays comme le Chu qui se mettent au service de l'ennemi[8]. C'est ainsi qu'un Souverain qui consacrerait ses efforts non pas à se maintenir dans la Voie mais seulement à étendre son pouvoir se mettrait par là en grand danger.

Il existe une méthode pour occuper et conserver sa vie durant un poste de choix : si le Prince vous respecte et vous honore, soyez déférent et modeste; s'il vous prodigue sa confiance et son affection, soyez diligent, réfléchi et sachez vous effacer; s'il vous charge tout particulièrement d'une mission, ayez garde de la remplir avec zèle; s'il vous traite avec familiarité, obéissez-lui scrupuleusement et ne manquez pas à l'honnêteté; s'il se fait plus distant envers vous, restez le même et ne changez pas; s'il vous retire sa faveur, s'il vous dégrade, soyez pénétré de crainte mais non de ressentiment.

Il faut savoir être dans les honneurs sans en tirer gloire, être dans la confiance du Prince sans douter d'autrui, occuper un poste important sans en tirer à soi seul tout le bénéfice. Si l'on vous fait une proposition intéressante, considérez que vous n'avez pas les qualités requises et il faut d'abord refuser avec la dernière énergie avant que d'accepter. Lorsque vient la bonne fortune, soyez serein et respectez le sens des choses; lorsque la mauvaise fortune survient, demeurez calme et respectez le sens des choses. Soyez généreux dans la richesse et économe dans la pauvreté. On peut être noble ou vilain, on peut être riche ou pauvre, on peut être tué mais on ne peut pas se laisser aller à la scélératesse. Telle est la méthode pour occuper et conserver sa vie durant un poste de choix. Quand bien même on aurait une situation misérable et solitaire, si l'on s'en tient à ces principes, on peut dire que l'on demeurera sous une bonne étoile. Il est dit dans le *Livre des Odes* : « Ce Souverain de l'univers fut aimé des peuples qui répondirent à ses soins par leur soumission. Toujours attentif à pratiquer la piété filiale, il se signala en continuant les œuvres de ses prédécesseurs[9]. » Cela va bien dans le sens de mon propos.

Voici le moyen de briguer un très haut poste de mérite où l'on exerce de grandes responsabilités et où l'on jouisse, dans un État de dix mille chars, de la faveur du Prince sans avoir à

---

7. Respectivement ultime Souverain des Xia (1818-1766 A.C.) et des Shang (1154-1122 A.C.), tous deux Rois de perdition.

8. Le Royaume de Chu passa sous la férule de Qin à l'époque de Xun Zi.

9. *Cheu King, op. cit.*, Ode 242, 4e strophe.

s'en repentir par la suite : il n'est rien de mieux à faire que de savoir bien s'associer, mettre en avant les hommes de valeur, montrer en tout de la bienveillance, laisser de côté tout ressentiment et ne jamais faire tort à autrui. Celui qui est apte à assumer une fonction importante, qu'il suive scrupuleusement cette voie mais celui qui n'y est pas apte et qui craint la défaveur du Prince, qu'il s'associe promptement avec d'autres, mettant en avant la valeur, laissant la place à de plus capables, lui-même demeurant modestement en retrait. Ainsi est-on assuré que la faveur du Prince conduira aux honneurs et que sa défaveur vous trouvera sans fautes. Voilà ce qui constitue le moyen le plus précieux de servir le Prince tout en étant certain de ne pas avoir à s'en repentir par la suite.

L'homme intelligent conduit les affaires sans oublier la disette lorsqu'il est dans l'abondance, ni les difficultés lorsque tout est calme, ni le danger lorsqu'il goûte la paix. Il apporte tous ses soins à prévoir ce qui pourrait arriver comme s'il craignait que ne surviennent les pires calamités, aussi, dans les nombreuses affaires qu'il entreprend, ne connaît-il pas d'échec. Confucius a dit : « L'artisan qui s'applique à bien mesurer sera évidemment économe, l'homme courageux qui s'applique à bien s'entourer sera évidemment victorieux, l'homme intelligent qui s'applique à demeurer modeste sera évidemment un sage. » Tel est le sens de mon propos.

Le sot, en revanche, fait tout le contraire : s'il occupe quelque poste important et détient une autorité, il travaille en solitaire et jalouse la sagesse et les capacités d'autrui, il opprime le mérite et ne laisse pas passer la moindre faute. Il est ambitieux, fier, satisfait et fait peu de cas des rancœurs qu'il a semées derrière lui. Sa mesquinerie et son avarice empêchent toute générosité de sa part, il s'arrange pour se donner de l'importance vis-à-vis de ses supérieurs et profite de son pouvoir pour faire tort à ses inférieurs. Quand bien même il le voudrait, échappera-t-il à tout danger ? Pour lui, une haute position est immanquablement un péril, de grandes responsabilités sont immanquablement une cause d'échec, la faveur du Prince tournera immanquablement à sa propre honte. Il n'est que d'attendre et voir venir : il ne va pas mettre longtemps à déchoir. Pourquoi cela ? Ceux qui le poussent vers le bas sont légion tandis que ceux qui le soutiennent sont si rares!

Il est une méthode pour suivre le bon chemin sous le ciel : en servant son Prince, on arrive nécessairement à quelque chose; en se conduisant en homme digne de ce nom, on acquiert nécessairement la Sagesse. Il faut faire place à ce qui est digne, sans arrière-pensée, la bonté et le respect le mettront alors en avant tandis que la loyauté et la confiance le guideront, le zèle et la diligence le mettront en pratique tandis que l'honnêteté et la droiture le maintiendront. Dans les moments difficiles, suivez cela et réitérez. Même si vous demeurez méconnu du Prince, n'en gardez au fond du cœur ni amertume ni ressentiment. Pour grande que soit votre réussite, que vos vertus n'aient pas à en souffrir. Demandez peu et méritez beaucoup, ne vous lassez point d'aimer et de respecter et toutes choses se passeront selon votre désir. Parvenir à quelque chose en servant son Prince, atteindre la Sagesse en se conduisant en homme véritable, c'est là ce que j'appelle la méthode pour suivre le bon chemin sous le ciel.

Les jeunes servent les aînés, les vilains servent les nobles, les indignes servent les sages, telle est la loi des choses de ce monde. Certains hommes par nature ne se trouvent pas au-dessus des autres mais si leurs mauvais penchants les précipitent tout en bas de la société, c'est par l'effet de leur esprit vicié. Leurs intentions n'échappent pas aux lois d'un cœur vicié, leur conduite n'évite pas la voie du vice et ils voudraient porter les noms de Sages, d'hommes accomplis comme des gens qui, face contre terre, voudraient baiser le ciel ou sauver un pendu en lui tirant les pieds : évidemment cela ne peut pas marcher. Plus ils se donnent de mal plus ils s'éloignent de leur but. C'est pourquoi l'homme accompli s'incline quand il le faut et se redresse quand il le faut.

VIII

LE MODÈLE CONFUCÉEN

Voici le modèle des grands lettrés Confucéens : A la mort du Roi Wu [1], le Roi Cheng était encore un enfant. Zhou Gong [2] le prit donc sous sa protection pour continuer l'œuvre du Roi Wu afin d'assurer la cohésion de l'Empire et d'éviter qu'il n'échappât aux Zhou. Il remplit les fonctions de Fils du Ciel, régla les affaires de l'Empire, se comportant aussi sereinement que si la situation eût été facile et nul sous le ciel ne s'avisa de l'appeler ambitieux. Il mit à mort son frère Guan Shu [3], défit le peuple des Yin et nul ne l'appela fautif. Il établit son autorité sur tout l'Empire, instituant soixante et onze Principautés et fieffant cinquante-trois personnes de son clan Ji, et nul ne l'appela partial. Il prodigua son enseignement au Roi Cheng, il l'instruisit, l'éduqua, le guida et lui fit connaître la Voie afin qu'il puisse marcher sur les traces du Roi Wen.

Zhou Gong s'en remit à la légitimité des Zhou en rendant le Trône au Roi Cheng et l'Empire ainsi ne quitta pas la main des Zhou. A partir de ce moment, Zhou Gong siégea à la Cour le visage tourné vers le Nord [4]. Car le Trône ne saurait être occupé par un enfant ni par un autre que le Fils du Ciel lorsqu'il est adulte. Et si celui qui l'occupe est capable, l'Empire vient à lui mais s'il est un incapable, l'Empire se détourne de lui. C'est pour cela que Zhou Gong prit le Roi Cheng sous sa protection pour continuer l'œuvre du Roi Wu, assurer la cohésion de l'Empire et éviter qu'il n'échappe à la Maison des Zhou. Lorsque le Roi Cheng coiffa le bonnet viril et devint donc adulte, Zhou Gong, au nom de la légitimité des Zhou, lui remit le Trône, marquant clairement son intention de ne

---

1. A la fin du XIIe siècle avant notre ère. C'est le premier Souverain effectif de la dynastie des Zhou.

2. Zhou Gong Dan, le Duc Zhou, était fils du Roi Wen, frère du Roi Wu et donc oncle du jeune Roi Cheng.

3. Qui s'était rebellé en prenant fait et cause pour le fils du dernier des Souverains Shang-Yin.

4. Et non plus tourné vers le Sud comme au temps où il agissait en tant que Fils du Ciel.

point porter atteinte au principe de la Souveraineté. Zhou Gong n'eut plus le Trône, il l'avait eu auparavant mais ne le posséda plus et cela ne fut pas une abdication. Le Roi Cheng auparavant n'avait pas le Trône et maintenant il le possédait sans que cela fût en rien une usurpation car c'est l'ordre normal de la succession des pouvoirs qui fut là observé. Ainsi un collatéral avait-il remplacé le Chef de la Maison régnante sans que cela fût exorbitant, le frère cadet avait fait exécuter son frère aîné sans que ce fût un acte de violence, le Prince et le sujet avaient échangé leurs places respectives sans qu'il y eût eu violation des Rites. L'Empire alors connut une harmonie qui permit de poursuivre l'œuvre des Rois Wen et Wu, les rôles de Chef de la Maison régnante et de collatéral furent clairement définis, ce qui n'empêcha pas de les avoir interchangés et le monde fut aussi tranquille que peut l'être une unique personne. Nul, excepté un Grand Sage, n'aurait pu réaliser cela et c'est lui précisément que je désignais comme modèle des grands lettrés Confucéens.

Le Roi Zhao de Qin demanda à Maître Xun [5] : « Les Confucéens n'ont-ils rien à apporter à un État? » Maître Xun répondit : « Les lettrés Confucéens prennent modèle sur les Anciens Rois, ils exaltent les Rites et l'équité rituelle, ils s'efforcent d'être bons sujets et bons fils et honorent hautement leurs supérieurs. Si un Souverain les emploie, ils remplissent bien leur office à la Cour. S'ils ne sont pas appelés à quelque fonction, ils s'effacent et se mêlent au peuple, sujets irréprochables, se conformant strictement aux devoirs de ceux d'en bas. Même réduits aux dernières extrémités de la misère, ils n'en deviennent pour autant ni dévoyés ni cupides. Même s'ils ne possèdent pas le moindre pouce de terre, ils s'y entendent pour maintenir les grands principes de la société et, même si personne ne répond à leurs appels, ils n'en sont pas moins compétents pour gérer les choses de ce monde et pourvoir aux besoins du peuple. S'ils occupent une position élevée, ils ont de quoi être Rois ou Ducs, tandis qu'une position subalterne les verra bons serviteurs de la société et trésors de leur Prince. Ils auront beau être cachés au fond d'une masure dans une humble ruelle, il n'est personne qui ne les honorera car ils sont les sincères gardiens de la Voie.

« Lorsque Confucius fut sur le point de devenir Ministre de la Justice, Shen You n'osa plus gaver ses moutons le matin de la vente pour tricher sur leur poids, Gong Shen se sépara enfin de sa femme volage, Shen Hui l'escroc prit la fuite et

---

5. L'appellation donnée à Xun Zi est différente dans ce passage. Nous avons noté cette différence en changeant *Xun Zi* en *Maître Xun*.

passa la frontière, les maquignons et les marchands de chevaux du pays de Lu se mirent à pratiquer de justes prix et à traiter correctement leurs affaires. Lorsqu'il habitait Jue Dang, les fils et les puînés de cette ville n'omettaient jamais de partager le produit de leur pêche en en laissant davantage à ceux qui avaient des parents, mus en cela par la pitié filiale et par le sentiment du respect dû aux aînés. Si vous confiez à des lettrés Confucéens des postes à la Cour, votre gouvernement en bénéficiera et s'ils occupent des positions inférieures, les mœurs du pays en bénéficieront, car c'est ainsi que se comportent les lettrés Confucéens lorsqu'ils font partie de la classe inférieure de la société. »

Le Roi demanda : « Comment se comportent donc les Confucéens lorsqu'ils sont en haut de l'échelle sociale ? » Maître Xun répondit : « Quelle grandeur lorsque de tels hommes sont à de telles places! Leurs pensées, leurs intentions sont sûres; ils font régner à la Cour le respect des Rites et le sens de la mesure; la loi, les règles, les poids et mesures, tout est correct parmi les fonctionnaires; la loyauté, l'affection, l'efficacité sont données en exemple au peuple. Suivre une conduite contraire à l'équité rituelle, tuer un innocent pour parvenir au pouvoir, voilà qui n'est pas de leur fait. Un Prince Confucéen fait régner une équité qui inspire confiance aux hommes, il est reconnu partout entre les quatre mers et l'Empire tout entier lui répond comme un écho. Pourquoi cela ? Parce que son nom partout est honoré et que le monde lui est soumis. Ceux qui sont auprès de lui chantent ses louanges et se réjouissent, ceux qui sont loin font tous leurs efforts pour se donner à lui. Entre les quatre mers, il y a comme une seule famille et, aussi loin que ce soit, nul ne manque de lui obéir volontiers. Il est ce que j'appellerai un meneur d'hommes. Le *Livre des Odes* dit : " De l'Orient à l'Occident, du Midi au Septentrion, chacun se soumit à lui de cœur [6]. " Ce qui va dans le sens de mon propos. Voici donc comment agissent les lettrés Confucéens lorsqu'ils sont en bas et lorsqu'ils sont en haut de l'échelle sociale. Comment pourrait-on prétendre qu'un lettré Confucéen n'a rien à apporter à un État ? » « Fort bien! » répondit le Roi.

La Voie des Anciens Rois exalte la Vertu Suprême d'humanité, elle choisit le juste milieu et s'y tient. Qu'appelle-t-on « juste milieu »? Voici : ce sont les Rites et l'équité des devoirs rituels. La Voie, en effet, n'est ni la voie du ciel ni la voie de la terre, elle est à proprement parler la voie de l'homme, elle est la voie que suit l'homme accompli. La raison pour laquelle l'homme accompli est appelé sage, ce n'est pas qu'il soit capable de faire

---

6. *Cheu King, op. cit.*, Ode 244, 6ᵉ strophe.

tout ce que font les gens capables; la raison pour laquelle on l'appelle intelligent, ce n'est pas qu'il sache tout ce que savent les hommes savants; la raison pour laquelle on dit qu'il a du discernement, ce n'est pas qu'il puisse discuter tous les points dont discutent ceux qui analysent tout; la raison pour laquelle on dit qu'il a une faculté d'observation, ce n'est pas qu'il observe tout ce qu'observent les gens observateurs; il a des limites. Pour connaître les basses terres et les hautes terres, voir les terres caillouteuses et les terres grasses et juger où il faut semer les cinq céréales [7], l'homme accompli ne vaut pas un paysan. Pour s'y entendre en denrées et en biens, déterminer ce qui est de bonne ou de mauvaise qualité, discerner la valeur des choses, l'homme accompli ne vaut pas un marchand. Pour manier l'équerre et le compas, tendre le cordeau, utiliser les outils, l'homme accompli ne vaut pas un artisan. Pour ne pas prêter attention au juste et à l'injuste, au vrai ni au faux, ne s'occupant que de l'emporter sur autrui en se couvrant réciproquement de honte, l'homme accompli ne vaut pas Hui Shi et Deng Xi [8]. Mais s'il s'agit de jauger la vertu de chacun et de définir son rang, de mesurer les capacités de chacun et de lui attribuer un poste, de faire en sorte que les gens capables et les incapables soient à la place qui leur convient, que les dix mille êtres reçoivent chacun ce qu'il faut, que toutes les situations et les changements trouvent leur réponse, que Shen Dao et Mo Zi [9] n'aient plus droit à la parole, que Hui Shi et Deng Xi cessent de couper les cheveux en quatre, il faut alors que la parole épouse le sens profond des choses et que les affaires soient conduites avec diligence : c'est là que l'homme accompli montre sa grandeur.

D'une façon générale, une affaire ou une attitude qui va efficacement dans le sens des choses doit être maintenue, dans le cas contraire, il faut l'écarter. C'est cela qu'on appelle agir avec justesse. Si une théorie va efficacement dans le sens des choses, il faut l'appliquer; dans le cas contraire, il faut l'abandonner. C'est là ce que l'on appelle la justesse d'une théorie. Une affaire menée au détriment de la justesse est une mauvaise affaire, une théorie professée au détriment de la justesse est une mauvaise voie. Les mauvaises affaires, les mauvaises voies sont précisément ce que fuient les époques d'ordre et ce que suivent les époques de désordre. Quant à aller inverser le plein et le vide et à proférer des paradoxes sur le solide et le blanc, le

7. Ce sont deux sortes de millet, le haricot, le blé et le chanvre.
8. Sophistes réputés.
9. Le premier est un célèbre légiste contemporain, vraisemblablement un peu plus âgé, de Xun Zi et le second le créateur de l'École des Moïstes, violemment opposée au Confucianisme.

semblable et le dissemblable [10], c'est là dire ce qu'une oreille sensée ne saurait entendre, montrer ce qu'un œil averti ne saurait voir, ce dont un lettré versé dans l'art de la discussion ne saurait débattre. Même l'intelligence du plus Sage des hommes ne le saurait rapidement concevoir. L'ignorer n'empêche en rien d'être un homme accompli et le savoir n'évite en aucune façon d'être un homme de peu. Si un artisan ne sait rien de tout cela, son habileté n'en souffrira pas, de même si un homme accompli n'en a nulle connaissance, cela ne nuira pas à la qualité de son gouvernement.

Si Rois et Grands s'en entichent, le désordre s'installera parmi les lois et si c'est le peuple, voici le désordre dans les tâches de chacun. Et cependant les insensés, les gens douteux, les sots viennent depuis le début grossir la foule des disciples de ces gens-là, débattent sur leurs théories, expliquent leurs exemples et leurs comparaisons, vieillissent et voient grandir leurs enfants sans jamais prendre conscience de la fausseté de tout cela. C'est là vraiment ce qui s'appelle être de première bêtise! Cela ne vaut même pas ce à quoi se livrent ceux qui demandent l'avenir aux poulets ou aux chiens [11] pour savoir s'ils acquerront un jour quelque renom. Il est dit dans le *Livre des Odes* : « Si vous étiez un esprit ou une tortue à trois pattes, personne ne pourrait vous voir. Mais vous avez un visage et des yeux qui sont très apparents, vous aussi vous voyez continuellement les hommes. J'ai composé cet excellent petit chant pour mettre à découvert votre inconstance et votre duplicité [12]. » Tel était le sens de mon propos.

« De vil, je voudrais devenir noble; de sot, intelligent; de misérable, riche. Le puis-je? » A cela, je dirai que seule l'étude peut apporter réponse. Celui qui, ayant étudié, met en pratique ce qu'il a appris est un homme avisé. Celui qui redouble de persévérance est un homme accompli. Celui qui sait, qui comprend, est un Sage. Qui m'empêcherait donc d'être un Sage, ou tout au moins un homme accompli ou un homme avisé? Quelqu'un qui était un homme de la rue, parfaitement ordinaire, devient soudain l'égal de Yao et de Yu [13]. N'est-ce pas là, de vil, devenir noble? voici quelqu'un qui, considérant une porte et une maison, était incapable de faire la différence et confondait tout. Il est soudain devenu source de Vertu Suprême et d'équité rituelle, séparant le vrai du faux, traçant sur la paume de sa

10. C'est Gong-Sun Long, Sophiste fameux de la fin du IVe siècle avant notre ère, qui est visé ici.

11. On sait que les animaux domestiques sont utilisés en Chine pour la divination.

12. *Cheu King, op. cit.,* Ode 199, 8e strophe.

13. Deux Sages-Rois de la haute Antiquité.

main une figure du monde aussi aisément que l'on discerne le blanc du noir. N'est-ce pas là, de sot, devenir intelligent? Voici un homme qui ne possédait rien au monde et soudain il est investi de la puissance du gouvernement et en reçoit les attributs. N'est-ce pas là, de misérable, devenir riche?

Prenons maintenant l'exemple d'un homme qui a thésaurisé mille lingots d'or. Même s'il mendie pour manger, il sera réputé riche. Mais son trésor, il ne pourra ni le revêtir s'il lui faut des habits ni le manger s'il a faim, pas davantage l'utiliser pour acheter simplement quelque chose. Pourquoi alors l'appeler riche? N'est-ce pas parce qu'il y a une réelle valeur dans ce qu'il possède? Dans ces conditions, il est effectivement riche. Bien loin d'être pauvre, il est riche!

Ainsi l'homme accompli n'a-t-il nul besoin de titre pour être noble, ni de traitement pour être riche et pas davantage de parler pour être cru ou de se mettre en colère pour en imposer, il est honoré même s'il est dans la misère et, solitaire, il est heureux. N'a-t-il pas ainsi le sentiment d'avoir choisi et cumulé honneur, fortune, sérieux et importance? C'est pourquoi l'on dit bien que l'on n'acquiert pas une noble renommée en formant des cabales, ni par voie de mensonge ou de hâblerie, pas plus qu'on ne la conserve par pression ou par intimidation. Il faut étudier d'un cœur sincère, c'est ainsi que l'on gagne une noble renommée. Les querelles la font perdre, l'humilité l'attire car elle vient couronner une tête modeste tandis qu'elle déserte le menteur ou le hâbleur. C'est pourquoi l'homme accompli apporte tous ses soins à cultiver les qualités qui sont en lui tandis qu'il se montre humble vis-à-vis de l'extérieur, il s'applique à accroître ses vertus et il réussit grâce à son effacement. Ainsi sa renommée brille-t-elle à l'instar du soleil et de la lune et l'Empire tout entier lui répond comme le tonnerre à l'éclair. C'est pourquoi l'on dit de l'homme accompli qu'il est éclatant même s'il reste dans l'ombre, remarquable même s'il se fait petit et que, tout humble et effacé qu'il soit, il surpasse les autres. Le *Livre des Odes* dit fort bien : « La cigogne crie dans le marais au milieu des neuf étangs, sa voix retentit jusqu'au ciel [14]. »

L'homme vil fait tout le contraire : il forme des cabales en s'associant à de petits esprits, il lutte bassement et n'en retire qu'une honteuse renommée, il se donne le plus grand mal pour être tranquille et nanti et il se met en danger. Il est dit dans le *Livre des Odes :* « Les sujets qui manquent de probité se plaignent les uns des autres, chacun soutenant son sentiment. S'ils obtiennent des dignités, ils ne sont pas modestes [ils se les

14. *Cheu King, op. cit.*, Ode 184, 2ᵉ strophe.

disputent entre eux] jusqu'à ce qu'ils les perdent [15]. » Ce qui illustre bien mon propos.

Il en est de celui qui, doté de faibles capacités, entreprend une vaste tâche comme de cet autre qui, malgré son peu de force, se voit chargé d'un lourd fardeau : à moins de se rompre les os, il n'y arrivera pas. De même, l'homme indigne qui se croit un sage ressemble à un bossu qui voudrait atteindre une grande hauteur et dont tout le monde montre du doigt le corps tordu. C'est pourquoi le Souverain éclairé accorde à chacun la place qui lui revient selon ses vertus et cela évite tout désordre. Si c'est un sujet loyal et sincèrement capable qui ose recevoir des appointements, il ne se trouvera pas en difficulté et si en haut il n'y a aucun désordre et qu'en bas les aptitudes de chacun ne rencontrent pas de difficultés à s'exercer, c'est le summum du bon gouvernement qui est atteint Le *Livre des Odes* dit que « des hommes d'une tenue irréprochable les suivent et les accompagnent [16]. » Et cette parole montre bien l'harmonie des relations entre le haut et le bas.

Considérer comme bon de suivre la coutume, considérer les biens et les richesses comme le véritable trésor, considérer que l'on a atteint la Voie si l'on subvient à ses propres besoins, ce sont là les vertus du peuple. Se conduire selon la loi et avoir une volonté ferme, ne pas détourner le sens de l'enseignement qu'on a reçu au nom de ses désirs personnels, c'est être ce qu'on peut appeler quelqu'un de sérieusement avisé. Se conduire selon la loi et avoir une volonté ferme, aimer à parfaire et à corriger l'enseignement reçu afin d'améliorer sa nature, tenir des propos le plus souvent justes, même si ce n'est pas toujours le cas, agir de façon le plus souvent juste, même si cela ne se fait pas sans effort, avoir une pensée le plus souvent juste, même si elle ne l'est pas totalement, magnifier ce qu'on respecte le plus si l'on est haut placé et, si l'on est en bas, ouvrir la voie aux moins aptes que soi, c'est être ce que l'on appelle un homme accompli, sérieux et pondéré. Suivre la loi des Rois aussi facilement qu'on distingue le blanc du noir, répondre à toutes les situations et à tous les changements comme on compte un et deux, appliquer les Rites, les principes et les rythmes naturels aussi aisément qu'on meut ses quatre membres, accomplir les tâches en temps opportun et y réussir aussi évidemment que se succèdent les quatre saisons, répandre les bienfaits d'un gouvernement équitable et de la concorde parmi le peuple, veiller sur des millions d'hommes comme on le ferait sur un seul, faire tout cela, c'est mériter d'être appelé un Grand Sage.

15. *Ibid.*, Ode 223, 4e strophe.
16. *Ibid.*, Ode 222, 4e strophe.

Comme il est méthodique et qu'il va dans le sens des choses!
Quel sérieux de pouvoir se respecter soi-même! Quelle fermeté
du début à la fin! Comme sa vie est paisible et qu'elle est
longue! Avec quelle solidité il s'en tient sans faillir à la Voie!
De quel éclat brille son intelligence et comme il sait l'utiliser!
Comme il a soin de se conduire en plein accord avec les
Principes! Quelle richesse de caractère, quelle culture, quelle
élégance! Comme brille sa joie, elle est le trésor des humains!
Quelle affliction lorsqu'il craint que les hommes se conduisent
mal!

Vraiment, on peut dire qu'un tel homme est un Grand Sage,
sa voie émane d'un principe unique. Quel est cet unique
principe? C'est saisir l'esprit et s'y tenir fermement. Qu'est-ce
que l'esprit? C'est ce qui, totalement bon, maîtrise et gouverne.
Que veut dire fermement? Cela veut dire que rien parmi les
dix mille êtres n'est capable de le faire plier. La fermeté de
l'esprit, voilà le propre du Sage.

Le Sage est l'axe de la Voie. Là est l'axe de la voie de
l'Empire, là est l'unité de la voie de tous les Rois. C'est pourquoi
le *Livre des Odes,* le *Livre des Documents,* le *Livre des Rites* et
le *Livre de la Musique* [17] épousent une voie qui y mène. Le
Livre des Odes en exprime les intentions, le *Livre des Documents*
en décrit les actes, le *Livre des Rites* en expose la conduite, le
Livre de la Musique en définit l'harmonie, les *Annales du pays
de Lu* [18] en transmettent les détails. C'est ainsi que la partie du
Livre des Odes intitulée « Mœurs des Différents Pays » ne dévie
pas du droit chemin, parce qu'elle emprunte à cette pensée le
sens de la mesure. Si la partie intitulée « Ce qui convient aux
Circonstances Ordinaires » convient si bien aux circonstances
ordinaires, c'est qu'elle emprunte sa culture à cette pensée. Si
la partie intitulée « Ce qui convient aux Grandes Circonstances »
convient si bien aux grandes circonstances, c'est qu'elle tire son
éclat de cette pensée. Si les chants appelés *Song* vont si loin,
c'est qu'ils tirent leur intelligence de cette pensée. La voie de
l'Empire y est tout entière. Aller vers une telle pensée est une
sauvegarde et c'est se perdre que lui tourner le dos. Depuis les
temps anciens jusqu'aujourd'hui, on n'a jamais vu qu'il en aille
autrement.

Quelqu'un attribua à Confucius le propos suivant : « Quelles

17. Ces textes, transmis et assemblés par des mains confucéennes, font partie
des plus anciens témoignages de la littérature et de la pensée chinoises. Pour
une part, ils sont réputés dater des premiers temps de la Chine historique.

18. Appelées *Livre des Printemps et Automnes,* ces Annales ont été compilées
et en partie réécrites par Confucius pour servir de matériau historique à son
enseignement.

qualités que celles de Zhou Gong [19]! Il occupa une noble position et il y ajouta le respect, il eut la fortune et il y ajouta une grande économie, il eut la victoire et il y ajouta la prévoyance militaire. » Je dirai qu'il n'y a là pas plus une peinture du caractère de Zhou Gong qu'une parole de Confucius. Lorsque le Roi Wu vint à mourir, le Roi Cheng était encore un enfant et Zhou Gong le prit sous sa protection afin de continuer l'œuvre du Roi Wu. Zhou Gong remplit alors les fonctions de Fils du Ciel : les Grands se hâtaient de quitter la salle d'audience lorsqu'il se levait et tournait le dos à l'écran de soie [20]. Qui, à ce moment, faisait montre de respect? Lorsqu'il eut entre les mains les destinées de l'Empire, Zhou Gong fonda soixante et onze Principautés, cinquante-trois revenant aux seuls membres du clan Ji [21]. Ainsi, parmi les descendants des Zhou nul, à moins d'être un incapable, n'a manqué de figurer parmi les Grands de l'Empire. Est-ce cela, être grandement économe?

Lorsque le Roi Wu fit exécuter Zhou [22], cela se passa un jour réputé néfaste, puis il se dirigea vers l'est, sans craindre la Grande Année [23]. Lorsqu'il parvint à la rivière Fan, elle déborda; lorsqu'il arriva à Huai, la route s'effondra et lorsqu'il atteignit la montagne de Hong Dou, elle s'éboula. Huo Shu [24] prit peur : « Voici trois jours d'expédition et les cinq calamités ont fondu sur nous. Sans doute n'aurions-nous pas dû partir. » A quoi Zhou Gong répondit : « Zhou a fait arracher le cœur de Bi Gan et mettre Ji Zi aux fers [25] et voici que Fei Lian et Wu Lai gouvernent [26]. Comment n'aurions-nous pas dû partir? » On fit préparer les chevaux et l'on avança. Le matin, l'armée mangea à Qi et le soir elle fit étape à Bai Quan pour fondre le lendemain sur la lande de Mu. A peine entendit-on le signal du tambour que les troupes du tyran Zhou firent volte-face. Ainsi furent soumis les gens de Yin et le tyran Zhou fut exécuté. Ce meurtre ne fut pas perpétré du fait des Zhou mais bien de celui des Yin. A la suite de cela il n'y eut ni décapitation des vaincus ni

19. Zhou Gong Dan était le fils du Roi Wen premier Souverain de la dynastie des Zhou. Il fut un Sage révéré par les Confucéens.

20. Indiquant par là que l'entretien était terminé. Cet écran était disposé entre la porte centrale et les fenêtres. Se hâter est signe de respect.

21. Le clan Ji est le clan d'où est issue le Maison des Zhou.

22. Roi de perdition, dernier Souverain de la dynastie Shang-Yin, dont le nom n'est qu'homophone (en français) de celui de la dynastie des Zhou.

23. Ses Astrologues lui avaient enjoint de partir vers le nord, la planète Jupiter se trouvant vers le nord à ce moment, après sa révolution de douze ans (Grande Année).

24. Un autre fils du Roi Wen, et donc frère du Roi Wu et de Zhou Gong.

25. Il s'agit de deux de ses conseillers, qui lui avaient fait des remontrances sur l'indignité et la cruauté de sa conduite.

26. Deux incapables, favoris du tyran Zhou.

prisonniers, au contraire, on déposa les trois armes défensives, on abaissa les cinq armes offensives, l'Empire fut unifié, les notes et les modes musicaux furent définis et l'on put entendre les musiques *Xiang* et *Wu* des Zhou tandis que se turent les musiques *Shao* et *Hu* des Yin. Il n'est personne entre les quatre mers qui n'amendât alors son cœur et ses pensées sous cette bénéfique influence. On cessa de fermer les portes et il devint possible de parcourir tout l'Empire sans obstacle. Dans ces conditions, qui faisait des préparatifs de guerre ?

Zao Fu était le meilleur conducteur de char de tout l'Empire, mais son talent n'aurait pu se manifester sans un char et des chevaux. Yi fut le meilleur archer de tout l'Empire, mais son talent n'aurait pu se manifester sans arc ni flèches. Un tenant de la Grande École Confucéenne serait le meilleur organisateur et unificateur de l'Empire mais comment pourrait-il rendre ses mérites manifestes s'il ne disposait pas même d'un territoire de cent lis ? Qui dispose d'un char solide et de chevaux de choix sans parvenir à couvrir de longues distances à raison de mille lis par jour, celui-là certes n'est pas un Zao Fu. Qui dispose d'un arc bien construit et de flèches droites sans, à bonne distance, atteindre le cœur de la cible, celui-là n'est certes pas un Yi. Qui, disposant d'un domaine de cent lis, s'avère incapable d'organiser et d'unifier l'Empire, de maîtriser la force et la violence, celui-là n'est pas un grand Confucéen.

Un grand Confucéen, en effet, même enfoui dans la misère d'une maison sans toit au détour d'une pauvre ruelle, n'ayant pas même la valeur d'une tête d'épingle pour domaine, en remontrera aux Rois et aux Ducs en fait de gloire. S'il est à la tête d'un domaine de cent lis, il n'est pas un pays de mille lis qui puisse l'emporter sur lui. Il abattra les pays belliqueux, unifiera l'Empire et nul ne pourra le faire plier. Voilà à quoi l'on reconnaît un grand Confucéen. Son discours est sensé, sa conduite est rituelle, sa façon de traiter les affaires est irréprochable, sa tenue devant le danger et les réponses qu'il apporte aux changements de situation sont parfaitement adéquates. Il sait s'éloigner en temps utile, se retirer lorsque les circonstances le commandent mais, même s'il y a mille choix à faire et dix mille changements de situation, sa voie est une. Voilà tout ce que fait un grand Confucéen. Lorsqu'il est dans la difficulté, les Confucéens médiocres se rient de lui; lorsqu'il est reconnu, les gens éminents s'empressent à son service, les sots et les esprits forts le fuient, les hâbleurs le craignent, la foule se repent de ne pas l'avoir suivi plus tôt. S'il reçoit une fonction, il unifie l'Empire et s'il demeure dans l'obscurité, c'est en solitaire qu'il gagne la gloire et l'honneur. Il existe des hommes que le ciel ne saurait faire mourir, que la terre ne saurait ensevelir, que les désordres des pires époques ne sauraient éclabousser et qui jamais n'auraient atteint une telle stature s'ils n'avaient été de grands lettrés Confucéens : tels sont Confucius et Zi Gong [27].

Il y a les gens ordinaires, les Confucéens ordinaires, les Confucéens de bonne trempe et les grands Confucéens. Aussi dépourvus d'instruction que du sens de la rectitude et des Rites, mettant avant toute chose la richesse et le profit, tels sont les gens ordinaires. Viennent ensuite ceux qui, portant amples vêtements, ceintures bien larges et bonnets majestueux, se cantonnent dans les lois des Anciens Rois et trouvent le moyen de se satisfaire d'une époque de désordre. Leurs méthodes sont défectueuses et leur instruction, chaotique. Ils ne savent pas prendre modèle sur les Rois postérieurs et unifier ainsi leur conduite, ils ne savent pas exalter les Rites et l'équité rituelle, ils négligent le *Livre des Odes* et le *Livre des Documents,* leurs vêtements, leur couvre-chef, la gaucherie de leur conduite les font ressembler à des gens ordinaires et ils ne savent pas que cela est blâmable. Leurs discours, leurs attitudes, leurs propos, leurs idées les rapprochent singulièrement de Mo Zi [28] car ils n'ont pas la clairvoyance nécessaire pour faire la différence. Ils invoquent les Anciens Rois pour tromper les ignorants, ne recherchent que le bien-être matériel et dès qu'il ont accumulé de quoi s'emplir la bouche ils sont satisfaits. Ils obéissent aux personnages importants, servent ceux qui sont en faveur, s'empressent parmi la clientèle des Grands et ressemblent à des prisonniers à perpétuité qui n'oseraient avoir aucune autre ambition. Tels sont les Confucéens ordinaires.

Puis il y a ceux qui, prenant modèle sur les Rois Postérieurs, adoptent une attitude cohérente et exaltent les Rites et l'équité rituelle, faisant passer au second plan la lecture du *Livre des Odes* et du *Livre des Documents.* Leurs discours et leurs actions sont certes empreints des grands principes mais ils ne voient pas ce que leur esprit ne peut pas atteindre de la loi et de l'éducation, tout ce qui leur reste obscur de l'enseignement qu'ils ont reçu, et leur intelligence demeure incapable de mettre les choses à leur juste place. Ce qu'ils savent, ils disent le savoir et ils avouent ignorer ce qu'ils ignorent, ils ne se leurrent pas eux-mêmes et ne trompent pas les autres, moyennant quoi leur respect de la sagesse et leur crainte de la loi les gardent de toute arrogance. Tels sont les Confucéens de bonne trempe.

Il y a enfin ceux qui, prenant modèle sur les Rois Postérieurs,

27. L'identité de ce dernier personnage demeure incertaine.
28. Penseur fameux de l'époque des Royaumes Combattants, notoirement anti-confucéen.

se règlent sur les Rites et l'équité rituelle et adoptent une attitude cohérente. D'une eau peu profonde ils font une source de vertus, le passé leur permet de saisir le présent et l'un leur fait saisir l'innombrable. Or ce qui est du ressort de la Vertu Suprême et de l'équité rituelle aurait beau se trouver dans un monde de bêtes sauvages, cela se distinguerait aussi bien que le blanc du noir. Devant des phénomènes extraordinaires, des situations inattendues, des choses qu'ils n'avaient point vues ou entendues auparavant, ils ont tôt fait de rassembler leurs esprits pour dominer la question puis, l'ayant convenablement identifiée, y apporter réponse sans doute ni expectative. Ils fortifient la loi et s'en pénètrent, au point d'être face à elle comme les deux moitiés d'une même pièce de bambou [29]. Tels sont les grands Confucéens.

Par conséquent, un gouvernant qui ferait appel à un homme ordinaire assurerait la perte d'un État, fût-il fort de dix mille chars, lequel État subsisterait si c'est à un Confucéen ordinaire que le gouvernement faisait appel. Faire appel à un Confucéen de bonne trempe, c'est assurer la paisible existence d'un État de mille chars tandis que faire appel à un grand Confucéen, c'est, partant d'un domaine de cent lis, effectuer au bout de trois années l'unité de l'Empire en affirmant sa souveraineté sur les Grands et, partant d'un État de dix mille chars, c'est prendre des mesures suffisamment efficaces et déterminées pour, dès le premier jour, être admiré de tout l'Empire.

Mieux vaut entendre que ne rien apprendre du tout, mieux vaut voir qu'entendre, mieux vaut comprendre que voir et faire vaut mieux que comprendre seulement. L'étude mène à l'action, c'est là son but. Si l'on agit, c'est que l'on voit clairement et qui voit clairement est un Sage. Le Sage prend pour base la Vertu Suprême et l'équité des devoirs rituels, il est au fait du vrai et du faux, il fait régner la cohérence entre ses paroles et ses actes sans s'en écarter d'un millième d'once car il ne suit point d'autre chemin que de mettre en pratique ce qu'il a appris. C'est pourquoi entendre sans voir, quelque étendue que soit l'intelligence, cela est gage d'erreur; voir sans comprendre, quelque mémoire que l'on en conserve, cela mène à une faute; comprendre sans agir, même si l'on a de grandes qualités, cela est source de difficultés. Sans entendre et sans voir l'on ne saurait être dans la Vertu Suprême, même si l'on agit correctement car l'on suivra alors un chemin où cent choix seront cent occasions de chute.

29. Ces pièces de bambou que l'on séparait en deux, une moitié étant conservée par chacun des deux contractants, apportaient par leur réunion la preuve de la bonne foi des deux parties.

Ceux qui n'ont ni maître ni loi et sont intelligents deviendront immanquablement malhonnêtes ; s'ils sont courageux, ce seront à coup sûr des brigands ; doués, ce seront des fauteurs de troubles ; observateurs, ils s'en iront couper les cheveux en quatre ; raisonneurs, ils deviendront hâbleurs. Ceux au contraire qui ont maîtres et lois acquièrent, s'ils sont intelligents, une prompte compréhension des choses ; courageux, ils en imposent vite ; doués, ils atteignent vite la perfection ; observateurs, ils ont tôt fait de tout scruter ; raisonneurs, les voici bien vite en possession de ce qu'il faut pour bien juger. C'est pourquoi avoir des maîtres et des lois est le plus grand trésor de l'humanité tandis que n'en avoir pas est son pire fléau.

Ceux qui n'ont ni maître ni loi exaltent la nature brute tandis que les autres exaltent les bienfaits des acquis de l'éducation. Car les maîtres et les règles constituent des acquis, n'étant point donnés par la nature, laquelle ne suffirait pas à permettre aux humains de mener par eux-mêmes leur vie dans l'harmonie. La nature, c'est ce que l'on ne peut pas fabriquer mais que l'on peut modifier. Les acquis, c'est ce que l'on n'a pas au départ mais que l'on peut façonner. Prendre ou laisser, adopter des habitudes, c'est ainsi qu'on modifie la nature. C'est en suivant un seul et unique chemin, et sans se disperser, que l'on pourra parfaire ses acquis. Adopter des habitudes transforme la mentalité et à la longue transforme le fondement même de la personnalité. Suivre un seul et unique chemin sans se disperser permet à l'homme d'acquérir une divine intelligence et de former une triade avec le ciel et la terre.

C'est en accumulant de la terre que se forment les montagnes, en accumulant les eaux que se forment les mers, en ajoutant les aurores aux crépuscules que se tissent les saisons. Ce qui est au zénith s'appelle le ciel, ce qui est au nadir s'appelle la terre et les six directions s'appellent les six extrêmes [30]. L'homme de la rue qui a accumulé en lui les qualités jusqu'à la perfection est appelé un Sage. Il a d'abord désiré puis il a obtenu, il a d'abord agi puis il a parachevé, il a accumulé les acquis puis il s'en est trouvé grandi, il a atteint la complétude puis il est devenu un Sage. La qualité de Sage constitue donc un acquis de l'homme. L'homme qui a acquis l'art de manier la houe et de cultiver la terre devient un paysan, l'homme qui a acquis l'art de tailler et de raboter devient artisan, l'homme qui a acquis l'art d'échanger des marchandises devient marchand et celui qui a acquis le sens des Rites et de l'équité rituelle devient un homme accompli. Tous les fils d'artisan perpétuent le métier de leur père et le peuple tout entier jouit de la paix que procure

30. Il s'agit du nord, du sud, de l'est, de l'ouest, du zénith et du nadir.

cette pérennité. Que ceux qui vivent à Chu deviennent des gens de Chu, ceux qui vivent à Yue deviennent des gens de Yue et ceux du pays Xia, des gens de Xia n'est pas l'effet d'une disposition naturelle mais bien celui d'habitudes acquises. Ainsi, l'homme qui sait être vigilant sur ses choix, attentif aux coutumes qu'il adopte et capable d'acquérir un esprit droit devient-il un homme accompli, tandis que celui, n'écoutant que sa nature et ses instincts, qui est incapable de s'instruire n'est et ne reste qu'un homme de peu. L'homme accompli suit le chemin de la sérénité et de l'honneur, l'homme de peu, celui du danger et de la honte. Or il n'est personne qui, préférant la paix et l'honneur, ne veuille éviter le danger et la honte, mais seul l'homme accompli parvient à obtenir ce qu'il préfère tandis que l'homme de peu encourt continuellement ce qu'il déteste. Le *Livre des Odes* dit : « Les hommes de bien ne sont ni recherchés ni promus aux charges. Les hommes cruels sont aimés et promus plusieurs fois. Ainsi le peuple devient avide de sédition et se plaît à nuire comme un poison amer [31]. » Tel est le sens de mon propos.

Hiérarchie entre les hommes : il y a celui dont l'ambition ne manque pas d'être tout à fait égoïste, et il espère être pris pour un amoureux du bien public. Son action ne manque pas d'être trouble et négligente et il espère être pris pour un homme soucieux de la Voie. Il est sot, ignorant et stupide tout en espérant être pris pour quelqu'un d'intelligent. Tel est l'homme du commun.

Il y a celui qui, ayant réprimé son égoïsme, a su devenir altruiste. Ayant réfréné en sa conduite l'élan des instincts, il est devenu capable de se cultiver. Son intelligence et sa soif d'apprendre lui ont permis d'acquérir des talents et cet altruisme, ce soin de se cultiver et ces talents font qu'il mérite d'être appelé un Confucéen mineur. Quant à celui dont les aspirations sont de paix et d'altruisme, dont la conduite est pacifique et cultivée et dont l'intelligence pénètre, maîtrise et classifie, celui-là mérite d'être appelé un grand Confucéen. Les grands Confucéens sont dignes d'être Fils du Ciel ou de faire partie des trois Ministres de premier rang, les Confucéens mineurs peuvent compter parmi les Grands, les Hauts Fonctionnaires, les officiers. Quant aux hommes du commun, ils sont artisans, paysans ou marchands. Les Rites sont l'aune à laquelle le Souverain mesure chacun de ses sujets et juge son comportement. Voilà ce qu'est la hiérarchie entre les hommes.

Le discours de l'homme accompli a des limites, son action est mesurée, sa voie n'a qu'une préférence. Lorsqu'il parle des

---

31. *Cheu King, op. cit,* Ode 257, 11ᵉ strophe.

exigences d'un bon gouvernement, il ne va pas au-delà de la paix et du bien-être du peuple [32]; lorsqu'il parle des aspirations et des intentions, il ne descend pas plus bas que celles d'un officier [33]; lorsqu'il aborde les exigences de la Voie et de la vertu, il ne s'écarte pas de ce qu'ont prôné les Rois postérieurs car la Voie des temps antérieurs aux Trois Dynasties est, on peut le dire, par trop imprécise [34]. Suivre un modèle autre que celui des Rois Postérieurs, j'appellerai cela une erreur d'éducation. Que le propos soit humble ou élevé, petit ou grand, il n'y a pas à sortir de ces limites-là et, même lorsque l'homme accompli laisse vagabonder ses pensées et ses projets, c'est toujours dans les bornes de ce domaine. C'est pourquoi, si un Grand s'enquiert de politique sans avoir en tête la paix et le bien-être du peuple, il n'y a rien à lui dire. Si quelqu'un du commun demande à étudier sans avoir la trempe au moins d'un officier, il n'y a rien à lui enseigner. Si les doctrines des Cent Écoles n'atteignent pas le niveau de ce que prônaient les Rois Postérieurs, il n'y a rien à écouter. C'est en cela que le discours d'un homme accompli a des limites et que son action est mesurée.

32. Sinon, il tomberait dans la violence et la guerre.
33. Sinon, ce serait tomber dans les vulgaires appétits des gens du commun.
34. Les Trois Dynasties sont les Xia (2207-1766 A.C.), les Shang-Yin (1765-1122 A.C.) et les Zhou (1121-256 A.C.), ces derniers occupant encore le Trône, en tout cas nominalement, au temps de Xun Zi.

IX

DE L'ŒUVRE ROYALE

« Pourrait-on avoir des lumières sur l'art de gouverner ? »
Voici : les sages et les gens capables, n'attendez pas pour les
employer et les promouvoir ; les incapables, n'attendez pas un
instant pour vous en défaire ; les gens profondément mauvais,
n'attendez pas qu'ils s'amendent, condamnez-les ; les gens ordinaires, n'attendez pas l'appareil de l'État pour les éduquer. Là
où les distinctions ne sont pas encore bien établies, prenez le
rang de la naissance. Les descendants des Rois, des Princes, des
gens haut placés, qu'ils retournent parmi le petit peuple s'ils
ne sont pas en accord avec les Rites et l'équité rituelle. Mais si
les fils du petit peuple ont acquis une bonne culture, qu'ils se
conduisent correctement et en accord avec les Rites et l'équité
rituelle, faites-en des Premiers Ministres, des Hauts Fonctionnaires, des officiers. Ceux qui tiennent des propos fâcheux, qui
professent des théories fâcheuses, qui font de fâcheuses affaires
et qui ont de fâcheux talents, les gens dévoyés qui suivent la
mauvaise pente, confiez-leur des tâches et éduquez-les, accordez-
leur un peu de temps, encouragez-les par des félicitations et
des récompenses, dissuadez-les par des peines et des châtiments.
S'ils s'acquittent de leur tâche, gardez-les, sinon, il faut les
exiler. Ceux qui sont atteints des cinq infirmités [1] occupez-vous
d'eux et pourvoyez à leur subsistance. Employez-les s'ils ont des
aptitudes et que les fonctionnaires veillent à ce qu'ils soient
vêtus et nourris car il faut prendre soin de tous sans exception.
Ceux qui mettraient leurs capacités et leurs activités au service
de la mauvaise cause devront être mis à mort sans rémission.
Voilà ce que l'on appelle « vertu naturelle » ou « vertu céleste »
et c'est ainsi qu'un Roi véritable doit gouverner.

Il faut bien distinguer parmi ceux qui s'intéressent à la
politique : ceux qui viennent avec de hautes qualités morales,
qu'on les traite selon les Rites mais ceux qui viennent sans ces
qualités, qu'on leur applique les châtiments. Une fois les deux

---

1. Les muets, les sourds, les boiteux, les paralytiques, les amputés. Les
aveugles, on le sait, étaient employés comme musiciens.

bien séparés, les sages et les gens indignes ne seront plus
mélangés, le vrai et le faux ne seront plus confondus. Si sages
et indignes ne sont pas mêlés, les gens de grand mérite
accourront; si le vrai et le faux ne sont pas confondus, l'ordre
régnera dans les États comme dans les familles. Si vous faites
cela, votre gloire grandira tous les jours, l'Empire aura les yeux
fixés sur vous, vos ordres seront exécutés et vos interdictions
respectées, la tâche royale sera alors accomplie entièrement.

Certains s'y entendent médiocrement : empreints d'une gravité
des plus sévères, ils n'ont aucune souplesse dans leur manière
de gouverner autrui. Leurs inférieurs les craignent et ne les
aiment point, ils demeurent silencieux et ne leur font part de
rien. Les grandes affaires risquent ainsi d'être inachevées et les
petites, négligées. Ou bien, s'ils sont conciliants et compréhensifs,
plus libéraux dans la manière de gouverner autrui, ils ne savent
pas mettre le holà. Alors des discours fâcheux se tiennent, des
théories de toutes sortes se font jour et cela, formant un étrange
amas de choses à entendre, devient nuisible. Et en effet, s'en
tenir à la loi sans en comprendre l'esprit, c'est se condamner à
l'échec dans les domaines qui ne sont pas directement du ressort
de la loi. S'en tenir à la lettre des fonctions officielles sans en
pénétrer le sens, c'est se condamner à ne pas savoir faire face
à tout ce qui n'est pas du ressort direct de ces fonctions. C'est
pourquoi appliquer la loi tout en en comprenant l'esprit, remplir
sa fonction tout en en pénétrant le sens, ne nourrir nulle
ambition cachée, ne laisser aucune qualité inemployée, exécuter
ses tâches sans fautes, nul ne saurait y parvenir s'il n'est un
homme accompli. On voit donc que la justice est le critère
d'une bonne entente de ce qu'est la politique et que la concorde
en est la mesure. Appliquer les lois lorsqu'elles existent et, en
l'absence de lois, décider selon la nature propre de chaque
chose, voilà une parfaite entente de l'art de gouverner; être
partial, partisan et sans principes en est la pire. Si l'on a déjà
vu le désordre s'instaurer malgré de bonnes lois, on n'a jamais
vu, depuis l'Antiquité jusqu'à aujourd'hui, le désordre survenir
lorsqu'un homme accompli était au pouvoir. On dit que « l'ordre
naît de l'homme de bien, le désordre, de l'homme de rien ».
Cela va bien dans le sens de mon propos.

L'égalité entre les positions sociales ne saurait assurer la vie
de tous[2], une égale répartition du pouvoir n'assurerait pas
l'unité, que tous se valent mènerait à ne jamais rien pouvoir
faire faire. Il y a le ciel et la terre, il y a une hiérarchie entre
le haut et le bas et lorsque survint le premier Roi à la claire

2. C'est Mo Zi qui est visé ici, dont les Confucéens réfutent l'égalitarisme,
l'anti-ritualisme et l'attrait pour le surnaturel.

vision, il occupa le pays et l'organisa ainsi. Deux nobles ne se
peuvent servir l'un l'autre ni deux roturiers s'employer l'un
l'autre, c'est là l'ordre naturel[3]. Si tout le monde jouit d'une
égale autorité et d'une même position, tous rechercheront et
fuiront les mêmes choses, lesquelles ne seront pas en quantité
suffisante. Cela engendrera inévitablement des luttes, qui condui-
ront au désordre et de là à la misère. Les Anciens Rois avaient
le désordre en horreur, c'est pourquoi ils avaient instauré les
Rites et l'équité des devoirs rituels, instituant ainsi des différenciations sociales qui, entre les riches et les pauvres, entre les
nobles et les vilains, créèrent une hiérarchie assurant une
bénéfique influence réciproque. Telles sont les bases qui permettent à l'Empire de ne manquer de rien. Il est dit dans le
Livre des Documents : « Trop d'égalité nuit à l'égalité[4]. » Cela
va bien dans le sens de mon propos.

Lorsque les chevaux secouent le char, l'homme accompli ne
peut plus guider en paix, lorsque le peuple secoue l'ordre
politique, l'homme accompli ne peut plus remplir en paix les
devoirs de sa charge. Si les chevaux s'impatientent, le mieux
est de les calmer, si le peuple s'impatiente, le mieux est de le
traiter avec bienveillance. Mais si l'homme accompli choisit les
sages et les gens vertueux, s'il met en avant le zèle et le respect,
s'il prône la piété filiale et l'obéissance aux aînés, s'il protège
la veuve et l'orphelin, s'il secourt les pauvres et les nécessiteux,
alors le peuple acceptera paisiblement l'ordre en place. C'est
ainsi que l'homme accompli peut remplir en paix les devoirs
de sa tâche. Il y a un proverbe qui dit : « Le Prince est un
bateau, le petit peuple est l'eau. C'est l'eau qui porte le bateau
ou qui renverse le bateau. » Tel est le sens de mon propos.

Ainsi les Princes qui désirent la paix ne sauraient-ils rien faire
de mieux que gouverner avec justice et aimer le peuple. S'ils
désirent l'honneur, il n'est rien de meilleur que d'exalter les Rites
et de respecter les lettrés. S'ils désirent la réussite et la gloire, rien
ne les leur assurera mieux que révérer les sages et employer les
talents. Tels sont les grands principes que doivent suivre les
Princes. Si ces trois points sont mis en application, il n'est rien
qui ne suive. S'ils ne le sont pas, le reste aura beau être mené à
bien par des voies détournées, le Prince n'en retirera rien. Confucius disait : « Celui qui mène correctement les grandes affaires
comme les petites est un grand Prince. Celui qui, menant cor-

3. Mot à mot, l'ordre céleste. On sait que pour Xun Zi, ciel et nature sont
synonymes et il ne faut pas chercher de volonté métaphysique dans le ciel des
Confucéens. Le caractère « ciel » signifie d'ailleurs « nature » tout aussi bien en
chinois moderne.

4. *Chou King, op. cit.*, IVᵉ part., chap. XXVII, § 19. Nous n'avons pas conservé
ici la traduction du P. Couvreur.

rectement les grandes affaires, mène parfois bien les petites et parfois moins bien est un Prince moyen. Quant à celui qui mène mal les grandes affaires, même s'il gère bien les petites, je ne veux pas en voir davantage. »

Le Marquis Cheng et le Duc Si [5] étaient des Princes experts en l'art de lever des impôts et de calculer des taxes mais ils ne surent pas gagner le cœur de leur peuple. Zi Chan [6] gagna le cœur du peuple mais ne réussit pas dans l'exercice du pouvoir. Guan Zhong [7] réussit en politique mais il ne sut pas cultiver les Rites. Or celui qui parvient à cultiver les Rites a l'étoffe d'un Roi, celui qui applique les règles de la politique sera fort, celui qui sait gagner le cœur du peuple sera en paix et celui qui ne sait que lever des impôts disparaîtra. Car le Roi véritable enrichit son peuple, l'Hégémon enrichit ses officiers, celui qui fait subsister son pays enrichit les Hauts Fonctionnaires et celui qui mène le pays à sa perte emplit ses coffres et ses greniers.

Lorsque coffres et greniers regorgent et que le peuple est dans la nécessité, c'est ce qu'on appelle surabondance en haut et déperdition en bas. Il devient alors tout aussi impossible de contenir l'intérieur du pays que de combattre à l'extérieur et, dans une situation à ce point catastrophique, il n'y a plus qu'à se croiser les bras et attendre. Accumuler ainsi des richesses, c'est aller à sa perte en renforçant l'ennemi. Prélever trop d'impôts, c'est appeler la fraude, engraisser l'ennemi, perdre le pays et se mettre soi-même en danger. C'est pourquoi un Prince éclairé ne s'y risquera pas.

Un Roi conquiert les hommes, un Hégémon conquiert ses pairs, la force conquiert des terres. Or qui conquiert les hommes a les Grands pour sujets, qui conquiert ses pairs a les Grands pour amis, qui conquiert les terres a les Grands pour ennemis, et, si celui qui a les Grands pour sujets est un Roi véritable, celui qui les a pour amis est un Hégémon et celui qui les a pour ennemis se met en grand danger.

User de la force, c'est contraindre les villes des autres pays à se fortifier, c'est contraindre ceux qui en sortent à se battre et s'obliger ainsi soi-même à les vaincre par la violence, faisant grand tort à leur peuple. Ce tort causé aux autres peuples suscite de leur part la haine et le désir chaque jour plus fort d'en découdre. En outre, contraindre les autres à se fortifier et, s'ils sortent de chez eux, à se battre de façon à ne les pouvoir

5. Seigneurs du pays de Wei, le premier était le grand-père du second (respectivement 361-333 et 324-283 A.C.).
6. Disciple de Confucius, il fut Premier Ministre et réformateur de l'État de Zheng.
7. Célèbre homme d'État et penseur du temps des Royaumes Combattants, il fut Premier Ministre du Duc Huan de Qi, l'un des Cinq Hégémons.

vaincre que par la violence, c'est faire grand tort à son propre peuple en suscitant sa haine et son désir chaque jour plus fort d'entrer en lutte avec son Prince. Or la force de celui qui jour après jour fait s'accroître chez les autres peuples comme chez le sien le désir d'entrer en lutte contre lui, cette force tournera en faiblesse. Accroître ses territoires mais en voir fuir les habitants, c'est se donner beaucoup de mal pour peu de résultats car agrandir ce que l'on veut garder en diminuant les moyens de le garder, c'est condamner la grandeur à devenir petite. Car nul parmi les Grands ne manquera de s'unir aux autres pour conforter leur commune haine, nul n'oubliera qui est l'ennemi, tous seront à l'affût du premier signe de faiblesse, de la première prise en défaut de cette force brutale et c'est le temps du danger qui viendra alors pour celui qui s'était hissé par la force.

Celui qui a compris ce qu'est la force n'use pas de la force, il médite sur les décrets royaux, il garde intacts ses moyens et consolide sa puissance. Ses moyens étant intacts, les Grands ne peuvent pas l'affaiblir, sa puissance étant consolidée, les Grands ne peuvent pas l'en dépouiller et, pour peu que l'Empire n'ait ni Roi véritable ni Hégémon à sa tête, il l'emportera. Telle est la voie de celui qui a compris ce qu'est la force.

Un Hégémon n'agit pas de la sorte : il colonise les terres vierges, il emplit les greniers, il veille à la fabrication des outils et des armes, il a soin de recruter des officiers de valeur qu'ensuite il saura encourager par des félicitations et des récompenses ou réprimer par de sévères peines et châtiments. Il recueille ceux dont le pays a été détruit et leur permet de continuer le culte de leurs Ancêtres, il protège les faibles et contient les belliqueux. Il n'a nulle intention de mettre la main sur les autres Principautés, les Grands le traitent donc en parent. Il cultive l'amitié de ses pairs, traitant les Grands avec respect, et ceux-ci s'en montrent satisfaits. Si les Grands le regardent comme un parent, c'est justement parce qu'il n'a pas l'intention de s'emparer de leurs terres, car s'il faisait montre d'une telle ambition, ils prendraient alors leurs distances. Ce qui les contente est en effet qu'il cultive l'amitié de ses pairs, et ils se détourneraient de lui s'il faisait mine de les vouloir assujettir. C'est pourquoi un tel homme, si son attitude est manifestement de ne pas vouloir s'emparer des terres d'autrui, s'il choisit la voie de la confiance et de l'amitié avec ses pairs et si enfin l'Empire n'a point à ce moment de vrai Roi à sa tête, l'emportera à coup sûr. C'est cela, comprendre la voie de l'Hégémonie. La défaite du Roi Min de Qi par les cinq Principautés [8] et la capture du

---

8. En 284 A.C., le Roi Min de Qi fut défait par une coalition entre les pays de Yan, Zhao, Chu, Wei et Qin.

Duc Huan de Qi par le Duc Zhuang de Lu [9] n'eurent pas d'autre cause que le manquement de ces deux hommes à la voie qui devait demeurer la leur et leur propension à agir en Fils du Ciel.

Ce n'est pas ainsi qu'agit un Roi véritable : sa Vertu Suprême rayonne sur tout l'Empire, son équité rituelle rayonne sur tout l'Empire, sa majesté rayonne sur tout l'Empire. Sa Vertu Suprême rayonne sur tout l'Empire, c'est pourquoi nul ne manque de le regarder comme un père. Son équité rituelle rayonne sur tout l'Empire, c'est pourquoi nul ne manque de lui rendre hommage. Sa majesté rayonne sur tout l'Empire, c'est pourquoi nul n'oserait être son ennemi. Cette majesté lui ouvre donc la voie de la soumission des hommes, il peut ainsi vaincre sans combattre et obtenir sans coup férir. Les armes demeurent en repos et l'Empire est soumis. C'est là comprendre la Voie Royale.

Qui a compris ces trois méthodes sera Roi s'il le veut, Hégémon s'il le désire ou fort s'il le souhaite.

Les hommes du Roi policent leur conduite au moyen des Rites et de l'équité rituelle, il n'est rien qu'ils n'écoutent et décident en dehors des règles, ils choisissent avec clairvoyance jusqu'à la plus petite chose, ils savent s'adapter à toutes les situations et ne demeurent jamais sans réponse. C'est là ce qui s'appelle posséder des qualités fondamentales. Tels sont les hommes dignes d'entourer un Roi.

L'œuvre d'un Roi doit suivre une voie qui n'outrepasse point celle des Trois Dynasties [10] et s'exprimer en des lois qui ne s'écartent pas de celles des Rois Postérieurs [11]. J'appellerais relâchée une voie qui outrepasserait celle des Trois Dynasties et inadéquates des lois qui s'écarteraient de celles des Rois Postérieurs. Les vêtements ordinaires et de cérémonie sont faits selon certains modèles, les maisons et les palais sont bâtis suivant certaines règles, la suite du Roi et des Grands est composée selon certains critères, les cérémonies funéraires et sacrificielles sont élaborées d'après certains canons et l'utilisation des objets cultuels obéit à une hiérarchie. Toute musique qui n'est pas conforme aux canons classiques de la musique doit être bannie, toute couleur non conforme aux règles anciennes de l'élégance doit être abandonnée, tout objet cultuel qui ne suit pas le modèle des objets cultuels anciens doit être supprimé. Voilà ce qui s'appelle revenir aux règles d'autrefois, voilà ce que doit faire un Roi.

9. Le Duc Huan de Qi (685-643 A.C.) fut le premier des Cinq Hégémons.
10. Il s'agit des dynasties Xia, Shang-Yin et Zhou.
11. Les Souverains des temps historiques.

Les principes d'un Roi sont de ne point honorer ceux qui sont sans vertus, de ne pas accorder de poste à ceux qui sont incapables, de ne pas récompenser ceux qui sont sans mérite et de ne pas punir qui n'est pas coupable. Si ce n'est pas le hasard [des faveurs] qui procure des postes à la Cour, ce ne sera pas le hasard qui présidera à la vie du peuple. Le Roi promeut la sagesse et emploie les talents et aucun poste d'aucun rang ne se voit négligé. Il met un frein à la fourberie, contient la violence et inflige des peines qui n'ont rien d'excessif. Alors le peuple sait et comprend que faire le bien chez soi vaudra d'être récompensé à la Cour et que faire le mal dans l'ombre sera puni au grand jour. C'est là ce qui s'appelle définir des principes et ces principes sont ceux d'un Roi.

La Loi Royale établit les barèmes de l'impôt, définit les tâches à remplir et répartit toutes choses afin qu'il soit pourvu aux besoins des peuples. Le Roi lève la dîme sur les terres, cultivées ou non, il fait surveiller les passes et les marchés mais n'y prélève point de taxes, il interdit ou autorise l'exploitation des cours d'eau et des forêts selon les saisons [12] sans toutefois la soumettre à un impôt. Il regarde à la nature et au rendement des terres avant de fixer le montant de l'impôt, ainsi qu'à leur éloignement. Il veille à ce que la circulation des denrées et des grains se fasse sans obstacle aucun, assurant leur libre échange. Ainsi n'y a-t-il plus entre les quatre mers qu'une vaste famille. Ceux qui sont proches ne tiennent pas leurs talents cachés et ceux qui sont loin ne plaignent pas leur peine. Il n'y a pas de contrée si obscure et reculée que ses habitants ne se précipitent avec zèle pour servir un tel Roi et goûter alors le bonheur et la paix. C'est être là ce que l'on appelle un véritable Maître pour les hommes et telle est la loi d'un vrai Roi.

Il y a, dans les contrées du Nord, des chevaux résistants et d'excellents chiens. Avec de telles lois, les pays chinois pourraient se les procurer, les élever chez eux et s'en servir. Dans les contrées du Sud, il y a des plumes remarquables, de l'ivoire, du cuir de rhinocéros, du cuivre, du cinabre. Avec de telles lois, les pays chinois pourraient se les procurer et les utiliser. Les contrées de l'Est possèdent des fibres végétales, des poissons, du

---

12. La suppression des taxes de douane et de marché est une revendication très souvent exprimée. Derrière la question des autorisations d'exploiter les eaux et les forêts se cache un grave problème politique, économique et écologique : le Roi doit avoir assez d'autorité pour faire respecter par tous, y compris les Grands, les interdits saisonniers relatifs aux forêts, à la chasse et à la pêche, sous peine d'une part de graves nuisances causées à l'agriculture, d'autre part de voir s'instaurer un déséquilibre écologique causé par le déboisement excessif et l'exploitation anarchique de la faune face à une population croissante. Les Grands, s'ils échappent à l'impôt, ne devraient pas échapper à ce type d'interdictions.

sel. Avec de telles lois, il serait loisible aux pays chinois de se les procurer et d'en user pour se vêtir et se nourrir. Les contrées de l'Ouest ont des peaux et des cuirs, des queues de taureaux sauvages dont ont fait des bannières. Avec de telles lois, les pays chinois se les procureraient facilement afin de les utiliser. Ainsi les riverains auraient-ils du bois à leur suffisance et les montagnards, du poisson, les paysans n'auraient pas à se faire menuisiers, charpentiers et fondeurs pour avoir le matériel dont ils ont besoin, les artisans et les marchands trouveraient leur subsistance sans avoir à cultiver la terre [13].

Malgré toute la férocité du tigre et du léopard, l'homme accompli les dépèce et utilise leur peau. Toute chose que couvre le ciel et que porte la terre trouve l'accomplissement de ses beautés et la perfection de son usage, que ce soit, en haut, pour être l'ornement de la sagesse et des vertus ou, en bas, afin de pourvoir aux besoins du peuple en lui permettant de goûter les bienfaits du bonheur et de la paix. Voilà ce que j'appelle les plus hauts principes. Il est dit dans le *Livre des Odes* : « Le ciel a fait cette haute montagne, Tai Wang a défriché les terres environnantes. Il a commencé l'ouvrage, Wen Wang l'a terminé [14]. » Ce qui illustre bien mon propos.

C'est en classifiant que l'on vient à bout de la diversité, c'est en se référant à l'un que l'on vient à bout de la multiplicité. Le commencement est suivi de la fin, laquelle précède à son tour un début et cela, tel un anneau, n'a point d'extrémité. Si l'on n'en tient pas compte, le monde va se dégradant. Le ciel et la terre sont à l'origine de la vie, les Rites et l'équité rituelle sont à l'origine du bon gouvernement et l'homme accompli est à l'origine des Rites et de l'équité des devoirs rituels. Les pratiquer, les amplifier, leur donner consistance et importance, atteindre le stade où on les apprécie véritablement, tout cela est à l'origine de ce qui fait l'homme accompli. Ainsi le ciel et la terre donnent naissance à l'homme accompli et l'homme accompli découvre le sens profond du ciel et de la terre, il constitue avec eux une triade, il régit les dix mille êtres, il est le père et la mère du peuple. Sans lui, le ciel et la terre n'ont pas de sens, les Rites et l'équité rituelle n'ont pas de cohérence, il n'y a, en haut, ni Prince ni Maître et, en bas, ni père ni fils, c'est le comble du désordre. Les relations entre le Prince et le sujet, le père et le fils, l'aîné et le cadet, le mari et la femme ont commencement et fin. A cette fin succède un nouveau début, car elles participent du sens profond du ciel et de la

---

13. Et selon l'idéal confucéen, chacun serait enfin pleinement à la place qui est la sienne.

14. *Cheu King, op. cit.*, Ode 270.

terre et durent autant que les dix mille générations [15]. C'est là ce qui s'appelle la grande racine. C'est pourquoi les Rites funéraires et sacrificiels, les Rites de la Cour et ceux en usage parmi les Grands ainsi que les Rites de la hiérarchie militaire relèvent d'un principe unique. Faire de quelqu'un un noble ou un roturier, le condamner à mort ou lui faire grâce de la vie, accorder ou confisquer, cela relève d'un principe unique. Que le Prince soit traité en Prince, le sujet en sujet, le père en père et le fils en fils, l'aîné en aîné et le cadet en cadet, cela relève d'un principe unique. Que le paysan soit regardé comme paysan, le lettré comme lettré, l'artisan comme artisan et le marchand comme marchand, cela encore relève d'un principe unique.

L'eau et le feu possèdent l'énergie mais non point la vie, l'herbe et le bois possèdent la vie mais non point la conscience, les oiseaux et les animaux ont conscience mais n'ont point le sens du devoir. Or l'homme a l'énergie, il a la vie, il a la conscience à quoi s'ajoute le sens du devoir, c'est pourquoi il est le plus noble de tout ce qui est sous le ciel. Sa force est moindre que celle du buffle et sa vitesse moindre que celle du cheval et pourtant il se sert du buffle et du cheval. Comment cela se fait-il ? C'est que l'homme est capable de se constituer en société, ce dont les autres ne sont point capables. Et comment se constitue-t-il en société ? Par la répartition [sociale des tâches]. Comment cette répartition peut-elle fonctionner ? Grâce au sens du devoir. Car c'est ce sens des devoirs rituels combiné à la répartition des tâches qui permet de vivre dans la concorde et la concorde à son tour permet l'unité. Cette unité fait se rassembler les forces qui donneront la puissance nécessaire pour dominer les choses. Alors l'homme peut avoir des palais et des maisons pour habitations, il respecte l'ordre des saisons et régente les dix mille êtres, il jouit des avantages de tout ce qui est sous le ciel et cela sans autre cause que la répartition des tâches et l'équité des devoirs rituels. C'est pourquoi l'homme, dès sa naissance, ne peut faire autrement que de s'intégrer à une société. Si cette société ne procède pas à une répartition des tâches, elle sera en proie à des conflits qui la mèneront au désordre, lequel sera cause d'éclatement, donc de faiblesse et, partant, de l'impossibilité d'assurer sa prédominance sur les choses [16]. Il ne saurait plus, dans ce cas, être question de palais et de maisons pour y habiter. C'est dire qu'il ne faut pas un instant s'écarter des Rites et de l'équité des devoirs rituels. Pouvoir rendre ses devoirs à ses parents, c'est ce que l'on appelle

---

15. C'est-à-dire éternellement.
16. Faute de vocable plus adéquat, il faut entendre ici aussi bien le végétal que le minéral et l'animal.

la piété filiale; pouvoir rendre ses devoirs à ses aînés, c'est ce que l'on appelle la vertu des cadets; pouvoir rendre ses devoirs à ses supérieurs, c'est ce que l'on appelle l'obéissance; pouvoir se faire obéir de ses inférieurs est ce que l'on appelle l'art d'être Prince. Un Prince est celui qui excelle à être le premier de tous [17]. Si la voie de la société est convenablement suivie, toutes choses trouveront la place qui est la leur, les six animaux domestiques prospéreront [18], tout ce qui vit accomplira heureusement sa destinée.

Bien soignés durant leur croissance, les six animaux se développent; coupés et plantés en temps opportun, plantes et arbres sont florissants; gouverné par des lois opportunes, le peuple est uni et la sagesse et la vertu se mettent au service du Souverain. Telle est l'œuvre des Sages Rois. Lorsque les plantes et les arbres sont en fleurs et en feuilles, la hache ni la cognée ne doivent entrer dans la forêt, il ne faut ni attenter à leur vie ni interrompre leur croissance. Lorsque les tortues de mer, les crocodiles, les poissons, les tortues, les esturgeons et les baleines portent ou mettent au monde les fruits de leurs entrailles, filets ni poisons ne doivent entrer dans l'eau car il ne faut ni attenter à leurs jours ni interrompre leur croissance. Au printemps, on laboure, en été on sarcle, on récolte en automne et on engrange en hiver. Si le rythme des quatre saisons est suivi sans défaillance, les cinq céréales ne manquent pas et le peuple a des vivres en abondance. Marais, bassins, sources, rivières et points d'eau doivent également voir respecter leur rythme saisonnier, moyennant quoi poissons et tortues seront si nombreux que le peuple en aura plus qu'en suffisance. Faire les coupes de bois et laisser croître les arbres en temps opportun évite le déboisement des montagnes et des forêts et permet au peuple d'avoir du bois plus qu'en suffisance. C'est ainsi que les Sages Rois utilisent les ressources naturelles. En haut, ils observent le ciel et en bas ils appliquent à la terre [ce qu'ils ont appris du ciel] [19], ils aménagent l'espace entre le ciel et la terre, accordant à toute chose ce qui lui convient. Ainsi le moindre détail devient-il clair, le trop court devient long, l'exigu devient large et la clairvoyance spirituelle s'élève jusqu'à devenir simplicité parfaite. Voilà pourquoi je dis que celui qui unifie par référence à un Principe unique peut être appelé un Sage.

Les tâches des fonctionnaires : le Maître des Cérémonies (*Zai Jue*) doit connaître la quantité de victimes et de victuailles

17. Il y a en chinois, entre les mots Prince (*jun*) et société (*qun*) un jeu de mots étymologique et phonétique du type de celui qui existe entre Prince et premier en français.

18. Il s'agit des porcins, bovidés, moutons, chevaux, chiens, volailles.

19. A savoir les déterminations saisonnières et les orientations correctes.

nécessaires aux cérémonies funéraires et sacrificielles ainsi qu'à la réception des hôtes de marque. Le Ministre de la Multitude (*Si Tu*) [20] connaît la liste des clans, des villes, des faubourgs et de tous les instruments et outils qui y sont nécessaires. Le Ministre de la Cavalerie (*Si Ma*) connaît le nombre des légions, des cohortes, des cuirasses, des armes, des chars et des centuries. Veiller à la rédaction des lois et des édits, examiner minutieusement les Odes et les textes, interdire les musiques licencieuses, veiller à ce que les airs soient joués en temps opportun sans que des musiques barbares en viennent gâter l'harmonie, cela est l'affaire du Grand Précepteur (*Tai Shi*). Surveiller les digues et les ponts, aménager les fossés et les canaux, assurer le drainage des eaux superflues, maintenir des réservoirs, lâcher ou endiguer les eaux au moment opportun, faire en sorte que malgré les années rendues difficiles par la sécheresse ou l'inondation le peuple puisse accomplir les travaux agricoles, telle est la tâche du Ministre des Grands Travaux (*Si Kong*). S'enquérir des terres hautes et basses, grasses et maigres, organiser la culture des cinq céréales, voir si les paysans sont méritants, veiller à ce que les récoltes soient bien engrangées et à ce que tout soit fait en temps convenable de façon à permettre aux paysans de consacrer leurs efforts à la seule activité agricole, voilà qui est du ressort du Ministre de l'Agriculture (*Zhi Tian*). Réglementer l'usage des brûlis, s'occuper des monts, des forêts et des eaux pour réglementer selon les saisons l'exploitation des plantes, arbres, poissons et tortues qui s'y développent de façon à pourvoir en abondance aux besoins des habitants, c'est là le travail du Maître des Eaux et Forêts (*Yu Shi*). Administrer la vie des campagnes, délimiter parcelles et propriétés, surveiller l'élevage des six animaux domestiques et l'apprentissage des techniques agricoles, encourager l'éducation, pousser à la piété filiale et au respect dû aux aînés, faire en sorte que tout ait lieu en temps opportun, que le peuple obéisse aux ordres reçus et qu'il demeure partout dans un paisible bonheur, cela regarde l'Intendant des Campagnes (*Xiang Shi*). Avoir l'œil sur l'activité des artisans, faire attention à ce que leurs travaux soient entrepris en temps utile, faire la différence entre un travail grossier et un beau travail, veiller en tout premier lieu à ce que les objets soient solides, bien fabriqués et adaptés à l'utilisation qui en sera faite, éviter absolument que les objets sculptés et décorés ne soient fabriqués chez eux par les artisans, cela concerne le Maître de l'Artisanat (*Gong Shi*). Observer le yin et le yang, interpréter les brumes

---

20. La traduction des intitulés de toutes ces fonctions est évidemment problématique. Il s'agit en tout cas de très hauts fonctionnaires dont les premiers font partie de l'entourage du Souverain.

et les craquelures, tracer au pinceau des phrases sur les écailles de tortue, interroger les trigrammes divinatoires, présider aux cérémonies d'exorcisme des influences mauvaises et d'invocation des influences heureuses, déchiffrer les cinq présages [21], savoir s'ils sont fastes ou néfastes et s'il convient de conjurer le sort ou de lui rendre grâces, cela est l'affaire des sorcières boiteuses et des magiciens contrefaits [22]. Veiller à l'entretien des fosses à engrais, maintenir en état les routes et les rues et les garder des voleurs et des bandits ainsi que les maisons et les marchés afin que les diverses activités puissent s'y dérouler aux moments opportuns, faire en sorte que les auberges soient sûres et que les marchandises circulent aisément, tout cela est sous la responsabilité du Prévôt des Marchés (*Zhi Shi*).

Empêcher de nuire, mettre un frein à la violence, bannir la licence et écarter les mauvais sujets en les punissant à l'aide des cinq châtiments [23], faire que les méchants et les violents s'amendent et qu'aucun crime ne soit perpétré, cela est la tâche du Ministre des Affaires Criminelles (*Si Kou*). Prendre l'éducation pour fondement de sa politique, rendre corrects lois et règlements, pouvoir tout entendre et tout examiner à temps, mesurer les mérites et décerner les récompenses afin que tout soit accompli en temps opportun, obtenir des fonctionnaires qu'ils travaillent sans relâche et du peuple qu'il ne néglige rien, telles sont les tâches du Premier Ministre (*Zheng Zai*). Mettre en ordre les Rites et la musique, rectifier les comportements, répandre l'éducation et la civilisation, améliorer les mœurs et les coutumes, être à la fois protecteur et unificateur, tel est l'ouvrage des Princes Souverains. Rassembler en leur totalité la Voie et la vertu, atteindre le summum de la grandeur, épouser parfaitement la culture rituelle et le sens profond des choses, unifier l'Empire, tout stimuler jusqu'au moindre détail, faire en sorte que nul sous le ciel ne manque d'accourir, de se soumettre et d'obéir, voilà l'œuvre du Souverain du Céleste Empire [24]. Ainsi donc, si les affaires du gouvernement ne sont pas bien menées, c'est la faute du Premier Ministre; si les mœurs se

21. Il s'agit de : « ciel pluvieux », « ciel clair », « ciel couvert », « ciel variable », « ciel traversé de nuages qui s'entrecroisent », ces cinq figures décrivant l'apparence des craquelures sur les écailles de tortue. Cf. *Livre des Documents*, chap. « Hong Fan ».

22. C'était en effet parmi les disgraciés physiques qu'étaient identifiés certains intermédiaires entre les Esprits et les humains.

23. Il s'agit de : la mort, la castration (pour les femmes, réclusion), l'amputation des pieds, l'ablation du nez, le tatouage noir sur le visage, toutes ces peines étant rachetables à prix d'argent.

24. Le titre de Roi, indûment pris par les Princes feudataires, est ici rendu à sa majesté première et unique : seul est Roi le Fils du Ciel. Xun Zi critique ici ouvertement l'arrogance et l'orgueil des Grands de son temps.

dévoient dans les familles comme dans les pays, c'est la faute des Princes Souverains; si l'Empire n'est pas unifié et que les Grands se rebellent, c'est que le Trône n'est pas occupé par l'homme qui convient.

C'est donc ainsi que sont réunies les conditions respectives de la Royauté, de l'Hégémonie, de la simple survie et de la ruine. C'est de celui qui est à la tête d'un État fort de dix mille chars, de lui seul et de nul autre, qu'il dépend que sa force et sa majesté soient établies, que sa gloire et sa renommée soient magnifiques, que les ennemis se soumettent et que le pays soit en paix ou en danger, en bonne ou en mauvaise situation. Royauté, Hégémonie, paix, danger ou même destruction, cela dépend du Souverain et de nul autre. Si la Majesté et la puissance d'un Souverain ne suffisent pas à tenir en respect voisins et ennemis, si sa gloire ne parvient pas à emplir l'Empire tout entier, son pays alors n'a pas la possibilité d'être indépendant. Comment éviterait-il les plus grands soucis? Si l'Empire tombe sous la coupe d'un pays de violence et que l'on ne veuille pas soi-même participer à une telle entreprise, et si chaque jour on voit à l'œuvre un tyran comparable à Jie [25], que cela n'empêche pas d'agir comme Yao [26]. Mais ce n'est pas là ce qui mène au mérite et à la gloire ni ce qui fait la paix ou le péril, la survie ou la ruine d'un pays. Ce qui mène à la gloire et fait la paix ou la ruine, ce sont les sincères dispositions du Prince lorsque la situation est prospère. S'il fait montre de sincérité et se comporte dans son pays comme un Roi véritable, il a l'étoffe d'un Roi pour l'Empire mais s'il mène son pays sur la voie du danger et de la ruine, il a lui-même l'étoffe de quelqu'un promis à la ruine et à la chute. Lorsqu'un État est florissant, que son Prince conserve une attitude de neutralité sans dévier en entrant dans un système d'alliances, qu'il tienne ses armées sur la défensive et se contente d'observer les affrontements entre États belliqueux. Qu'il vaque sereinement aux soins de la politique et de l'éducation de son peuple, qu'il s'attache à garder une rituelle mesure, qu'il surveille et police son peuple et le jour où il fera cela, son armée sera la plus forte de tout l'Empire. Qu'il cultive la Vertu Suprême et l'équité rituelle, qu'il fasse montre d'une grande élévation d'esprit, rectifie les lois et les règles, appelle les sages et les gens intègres, pourvoie aux besoins du peuple, et ce jour-là sa gloire se répandra par tout l'Empire. Une puissance bien assise, une armée forte, une gloire immense, Yao et Shun qui unifièrent l'Empire n'eurent rien de plus que cela!

25. Souverain de perdition, dernier des Xia (1818-1766 A.C.).
26. Modèle du bon Souverain, Empereur des Premiers Temps (2357-2257 A.C.).

Si ceux qui ont sur le pouvoir des visées perverses et ambitieuses reculent, les gens méritants, sages, capables et intelligents accourront d'eux-mêmes. Si les châtiments et la politique suivie sont équitables, si le peuple vit dans l'harmonie, si les agissements de l'État sont mesurés, l'armée sera forte et les villes imprenables, les États ennemis viendront d'eux-mêmes se soumettre. Si l'on s'occupe efficacement de ce qui est fondamental [27], si l'on accumule les biens sans excès, désordre ni gaspillage et qu'ainsi l'on fasse en sorte que les nombreux fonctionnaires comme le peuple puissent avoir une existence bien organisée, il y aura abondance de biens et le pays tout entier deviendra naturellement riche. La réunion de ces trois éléments sera cause que l'Empire obéira et que les Princes des États belliqueux ne pourront pas recourir aux armes. Pourquoi ? Parce que personne ne les suivrait. Ceux qui les devraient suivre sont en effet leurs peuples mais, se sentant si proches d'un Prince aussi sage, ils le regarderaient comme leur père et mère et l'apprécieraient autant que le parfum d'une fleur d'orchidée. Se tournant alors vers leurs supérieurs, ils les verraient comme des criminels marqués au front, des malfaiteurs, des ennemis. Un homme aurait beau éprouver les affreux penchants d'un Jie ou d'un Zhi [28], comment consentirait-il à faire ce qu'il déteste et à détruire ce qu'il aime ? Car ce Prince les aura gagnés à lui. C'est ainsi que les hommes d'autrefois qui ont conquis l'Empire à partir de leur seul pays ne l'ont pas fait par des campagnes militaires. Si l'on gouverne bien son propre pays, on devient le point de mire de tous et grâce à cela on peut punir les ardeurs belliqueuses et mettre un frein à la violence. C'est pourquoi, lorsque Zhou Gong [29] soumit le Sud, les pays du Nord réclamèrent en disant : « Pourquoi sommes-nous les seuls chez qui il ne vient pas ? » Et lorsqu'il soumit l'Est, les pays de l'Ouest réclamèrent en disant : « Pourquoi ne vient-il chez nous qu'en dernier ? » Qui aurait pu lutter contre un tel homme ? Quelqu'un qui agirait de la sorte dans son propre pays serait digne du Trône de l'Empire. Que, dans les jours prospères, il fasse régner la paix par le repos des armes et la quiétude des peuples, qu'il traite la population comme ses enfants, qu'il colonise les terres vierges, emplisse greniers et magasins, pourvoie à la fabrication des outils et des armes et prenne soin d'appeler aux affaires des officiers qui s'y entendent, à la suite

27. L'agriculture.
28. Le premier est le dernier Souverain des Yin (1818-1766), sorte de Néron, et le second un brigand célèbre.
29. Modèle du Sage Confucéen à la tête d'un gouvernement, il fut Régent de l'Empire durant la minorité de son neveu le Roi Cheng des Zhou (1115-1077 A.C.).

de quoi il décernera des récompenses et des félicitations afin de promouvoir les meilleurs et il appliquera sévèrement les peines et les châtiments afin de décourager les malfaiteurs. Le choix d'hommes compétents assurera que les affaires soient bien menées, grâce à quoi l'abondance et la prospérité régneront sans que rien vienne à manquer.

Celui qui ne s'intéresse qu'aux troupes et aux armements ne sème jour après jour que ruine et désolation. Le précédent, au contraire, éduque, police, encourage, réconforte et protège son pays en tenant bien emplis les magasins d'armes. En ce qui concerne les denrées, le grain, le riz, l'un agit perpétuellement à contretemps et s'en va les perdre jusque dans les contrées sauvages, l'autre au contraire en fera provision et accumulation qu'il entreposera dans les réserves de l'État. Les gens de talent, les soutiens de l'État, les officiers au grand courage, l'un va les épuiser et gâcher leurs qualités en d'incessants combats contre l'ennemi, l'autre en revanche les fera venir à lui, les accueillera et achèvera de les former à la Cour. Ainsi donc, là où l'un ne fera qu'accumuler les défauts, l'autre accumulera les qualités, l'un accumulera les facteurs de misère et l'autre les facteurs de prospérité, l'un s'épuisera en efforts et l'autre jouira de la quiétude. Dans les relations entre Prince et sujet, entre le haut et le bas du corps social, l'un vivra dans un climat odieux allant en empirant tandis que l'autre goûtera la limpide atmosphère de liens chaque jour plus familiaux et plus affectueux, n'ayant plus qu'à attendre la ruine du mauvais Prince et méritant l'Hégémonie pour son propre pays.

Si l'on se forge un caractère à suivre un comportement ordinaire, que, vaquant à ses occupations, on le fasse sur un mode ordinaire et que, ayant à accorder ou à retirer des postes et des honneurs, on élise des gens ordinaires, si, dans ses rapports avec le peuple et avec ses inférieurs, on fait montre de largesse d'esprit et de bonté, on connaîtra la paix et la sécurité.

Si l'on se forge un caractère négligent et oiseux, que, vaquant à ses occupations, on le fasse sur un mode incertain et douteux et que, ayant à accorder ou à retirer des postes et des honneurs, on élise des hâbleurs à la langue acérée, si l'on se montre intéressé, avide dans ses relations avec ses inférieurs et avec le peuple, on récoltera le danger et l'insécurité.

Si l'on se forge un caractère orgueilleux et violent que, vaquant à ses occupations, on le fasse sur un mode pervers et contraire à la Voie et que, ayant à accorder ou à retirer des postes ou des honneurs, on élise des hypocrites et des menteurs, si, dans ses rapports avec ses inférieurs et avec le peuple, on se complaît dans la plus grande rigueur sans avoir égard au mérite, si l'on écrase le peuple d'impôts sans tenir compte des nécessités de l'agriculture, on court à la catastrophe et à sa perte.

On n'a pas le droit de se tromper dans le choix de l'une des cinq possibilités : être Roi, être Hégémon, subsister en paix, être en danger et aller à sa perte. Celui qui aura bien choisi mènera les hommes, ce sont les hommes qui mèneront celui qui aura mal choisi. Le premier sera Roi, le second sera anéanti. La différence qui existe entre être Roi et être anéanti est celle-là même qui existe entre mener les hommes et être mené par eux, elle est immense.

X

DE LA PROSPÉRITÉ DE L'ÉTAT

Toutes choses cohabitent mais ne se ressemblent pas. Elles n'ont point de finalité propre mais elles sont utilisées par l'homme, telle est la loi naturelle. Les hommes de toutes catégories vivent ensemble. Ils ont en commun les mêmes exigences mais suivent des voies différentes, ils éprouvent les mêmes désirs mais leurs intelligences diffèrent, telle est la loi de la vie. Tout le monde, intelligent ou sot, se sent des possibilités; c'est ce qu'elles sont réellement qui fait la différence entre l'intelligent et le sot. A responsabilités égales, l'intelligence cependant diffère. Dans le cas où quelqu'un agirait égoïstement sans subir pour autant le moindre désagrément, s'il suivait ses désirs sans rencontrer d'obstacle, le cœur du peuple s'enflammerait et rien ne lui ferait entendre raison. A ce moment-là, les gens intelligents ne recevraient pas de responsabilités dans le gouvernement et, partant, ne pourraient gagner ni mérite ni gloire. Or, sans mérite reconnu et sans gloire, il n'y a point de critères pour établir des différences parmi la multitude et une telle absence de différenciations sociales compromet les relations entre Prince et sujets. Sans un Prince qui guide ses sujets, sans des supérieurs qui guident les inférieurs, c'en est fait de l'Empire, chacun errant au gré de ses désirs. Or si les désirs et les aversions se portent sur les mêmes choses, les désirs seront aussi nombreux que rares les choses désirées et cette rareté sera un facteur de discordes inévitables. Il faut l'art conjugué d'une centaine de personnes pour pourvoir aux besoins d'un seul individu car les capacités que l'on a ne s'exercent pas dans tous les domaines, de même un homme ne peut-il occuper deux postes à la fois. Ne pas rester à sa place et ne pas s'aider les uns les autres est source de misère, de même, être nombreux et ne pas savoir se répartir les tâches est source de conflits. La misère est déplorable et les conflits, catastrophiques. Or, pour écarter ce qui est déplorable et éviter les catastrophes, rien ne vaut une claire différenciation de la place de chacun au sein de la société, de façon qu'elle forme un tout.

Si les forts oppriment les faibles, si ceux qui sont instruits terrorisent les ignorants, les couches inférieures de la population se retourneront contre les supérieures, les jeunes regarderont leurs aînés avec hauteur et ce ne sera pas la vertu qui gouvernera. Ainsi les vieillards et les faibles auront la douleur de perdre le soutien de leur existence et les puissants connaîtront les calamités des luttes intestines.

Les gens n'aiment pas le travail, ils préfèrent le profit et si les tâches ne sont pas réparties, les hommes subiront les inconvénients du travail non fait et le malheur des luttes pour le profit.

Si les relations entre les sexes, les devoirs respectifs de chacun des époux, les engagements et l'échange des consentements lors des fiançailles n'obéissent pas aux Rites, les humains auront à pâtir du désordre de leurs unions et connaîtront le malheur d'avoir à se battre pour prendre femme.

Voilà pourquoi des esprits intelligents ont créé les différenciations sociales.

La voie du bien-être d'un pays réside dans l'usage de la modération et dans la prospérité du peuple. Il y a alors des biens en surplus, que l'on peut engranger. L'usage de la mesure est assuré par les Rites et la prospérité du peuple par le gouvernement. La prospérité du peuple est cause de beaucoup d'excédents de biens. Si le peuple est prospère, il s'enrichit donc, ce qui facilite l'exploitation des champs et des terres arables, laquelle facilité est cause d'une grande abondance de biens de toutes sortes. Si en haut l'on prélève sur les biens en s'en tenant à la loi, on saura, en bas, en user selon les Rites et avec modération. Les excédents s'accumuleront alors comme des collines et des montagnes au point que manqueront le temps pour les dépenser et la place pour les amasser, et l'homme accompli cessera de craindre les pénuries.

Si l'on comprend que l'usage de la modération rend le peuple prospère, on acquerra un renom de bonté, de Sagesse, d'équité rituelle et de Vertu Suprême et l'on ne manquera pas, en outre, d'avoir des richesses par monceaux. Il n'y aura point d'autre cause à cela que le bon usage de la modération et la prospérité du peuple! Mais si l'on ne le comprend pas, le peuple sera dans l'indigence, exploitera mal les champs et en tirera de maigres récoltes, lesquelles ne procureront pas la moitié du revenu qui en était attendu. Quelle que soit l'avidité des classes supérieures, le rendement sera bien faible. Et si quelqu'un cherche à être économe en dépit des Rites, il s'attirera immanquablement un renom de cupidité, de rapacité et ne récoltera d'autres fruits que le vide et le manque. Il n'y a point à cela d'autre cause que de n'avoir pas compris ce que sont la modération et la prospérité du peuple. Le chapitre « Kang Gao » du *Livre des*

Documents dit : « Que votre science embrasse tous les principes dont la nature est la source, alors votre vertu sera grande [1]. » Tel est le sens de mon propos.

Les Rites sont ce qui établit une hiérarchie entre noble et vil, des degrés entre aînés et plus jeunes et qui définit les relations entre tous les membres de la société, riches ou pauvres, importants ou non. C'est pour cela que le Fils du Ciel porte la robe rouge endragonnée et la coiffe de cérémonie, les Grands portent la robe sombre endragonnée et la coiffe de cérémonie, les hauts fonctionnaires, la robe *pi* et la coiffe de cérémonie et les officiers portent le bonnet de peau de cerf.

La vertu appelle une situation, laquelle entraîne un traitement qui va de pair avec une certaine façon d'utiliser ses ressources. Depuis les officiers jusqu'au haut de l'échelle sociale, les caractères de tous sont modérés par les Rites et l'harmonie des musiques. Le peuple, pour sa part, est guidé par les lois qui l'encadrent.

Il faut mesurer les terres pour fonder un pays, il faut calculer les rendements pour nourrir un peuple, il faut évaluer les forces des hommes pour distribuer les tâches. Si l'on fait en sorte que le peuple vienne à bout de ses tâches et que soit assuré un rendement, si ce rendement est suffisant pour faire vivre le peuple, si l'on veille à la production et à la circulation des denrées, des vêtements et des objets utiles, si l'on engrange à temps les excédents, on aura fait ce qui s'appelle un bon calcul [2]. Ainsi tous, depuis le Fils du Ciel jusqu'au petit peuple, s'appuient-ils là-dessus pour accomplir leurs tâches, qu'elles soient grandes ou petites, nombreuses ou rares. C'est pourquoi l'on dit que ce n'est pas sur la chance qu'il faut compter pour avoir un poste à la Cour et ce n'est pas sur la chance que compte le peuple pour vivre, ce qui va dans le sens de mon propos.

Alléger les impôts fonciers, rendre équitables les taxes de douane et de marché, diminuer le nombre des marchands, restreindre les corvées, ne rien ôter aux paysans du temps nécessaire aux travaux agricoles [3] sont les moyens d'enrichir un pays. Voilà ce que j'appelle gouverner en assurant la prospérité du peuple.

De par sa puissance même, l'homme se trouve au sein d'un groupe. Si, dans un groupe, les tâches ne sont pas réparties, des conflits naissent, engendrant le désordre, lequel est source de misère. C'est pourquoi l'absence d'une telle répartition est le

---

1. *Chou King, op. cit.,* IVe part., chap. VII, § 9.
2. Remarquons au passage qu'il s'agit là de l'une des notions importantes de la pensée légiste.
3. Pour leur faire faire autre chose (construction de routes, grands travaux, service militaire, etc.).

plus grand des fléaux, alors que son existence est de l'intérêt fondamental de l'Empire tout entier. Le Souverain constitue l'axe même d'une telle répartition. C'est pourquoi l'admirer, c'est admirer le fondement de l'Empire, le défendre, c'est défendre le fondement de l'Empire, l'honorer, c'est honorer le fondement de l'Empire. Dans l'Antiquité, les Anciens Rois avaient défini des hiérarchies, ainsi faisait-on la différence entre l'admirable et le détestable, entre l'important et l'accessoire, entre la part du loisir et la part du travail, et cela non pas dans le but de s'adonner à la licence, aux excès, à un culte exagéré de la beauté mais dans celui de mettre en lumière une culture empreinte de Haute Vertu et de faire régner partout un ordre conforme aux exigences de cette Haute Vertu. Les ornements ciselés et les broderies des vêtements de cérémonie devaient servir à distinguer les nobles des vilains, c'est tout, sans rien chercher d'ostentatoire. Les instruments de musique, qu'il s'agît des cloches, des tambours, de la flûte *guan,* du luth *qin,* de la guitare *se,* de la flûte *yu* ou de l'orgue à bouche *sheng,* devaient souligner les moments fastes et néfastes, servir à unir, à réjouir, à régler, à harmoniser et c'est tout, sans rien chercher d'autre. Les palais, les maisons, les terrasses, les pavillons devaient être propres à se garder du feu et de l'eau, à abriter des existences vertueuses et à différencier les gens importants des autres, c'est tout, sans rien chercher de plus. Il est dit dans le *Livre des Odes :* « Ces ornements sont ciselés et bien travaillés, ils sont d'or et de pierres précieuses. Notre Prince est sans cesse agissant, il donne des institutions et des lois aux quatre coins de l'Empire [4]. »

Celui qui porte des vêtements aux riches couleurs, qui se nourrit de mets aux riches saveurs, qui utilise des objets précieux, s'il rassemble l'Empire et s'il le régit, ce n'est pas pour en user avec licence et excès mais pour en être le ferme Souverain, pour en gouverner les dix mille changements, pour en faire prospérer les dix mille êtres, pour en nourrir les dix mille peuples, pour faire fructifier tout l'Empire. Nul n'est plus digne d'être celui-là que celui qui possède l'excellence de la Vertu Suprême. Car son intelligence et sa pensée suffisent à gouverner le monde, sa Vertu et sa profondeur suffisent à pacifier le monde, ses qualités et sa gloire suffisent à civiliser le monde. L'ordre règne s'il règne et le désordre s'instaure s'il perd le Trône. Le peuple appuiera sincèrement l'intelligence d'un tel Prince et, dans un esprit d'émulation, il travaillera durement pour lui afin qu'il règne en paix, répondant ainsi à son intelligence; il admirera sincèrement la profondeur de ses vertus

----

4. *Cheu King, op. cit.,* Ode 238, 5e strophe.

et il ira jusqu'à donner sa vie pour le sauvegarder, répondant ainsi à cette profondeur; il admirera sincèrement ses qualités et façonnera pour lui des ornements ciselés et de précieuses broderies sur ses vêtements de cérémonie afin qu'il soit dignement paré, répondant ainsi à ses qualités. Ainsi donc, lorsqu'un homme de Haute Vertu occupe le Trône, le peuple le révère à l'égal des Empereurs de l'Antiquité, lui voue la même affection qu'à ses propres parents et sera heureux d'aller pour lui jusqu'au sacrifice de sa vie. Il n'y a point à cela d'autre cause que ce qu'il a de réellement admirable, ce qu'il reçoit de réellement grand et ce qu'il réussit de réellement fructueux. Il est dit dans le *Livre des Odes :* « C'est nous qui portons les bagages, traînons les voitures, conduisons les charrettes et les bœufs. Quand l'expédition sera terminée, alors peut-être parlera-t-on de retour [5]. » Ce qui va bien dans le sens de mon propos.

C'est pour cela qu'on dit : « L'homme accompli use de vertu et l'homme de peu, de sa force. » La force est soumise à la vertu car c'est sur la vertu que doit s'appuyer la force du peuple pour mener à bien ses tâches, c'est sur la vertu que doit s'appuyer la multitude afin de vivre en harmonie, c'est sur la vertu que doit s'appuyer l'enrichissement du peuple afin de conduire à la prospérité, c'est sur la vertu que doit s'appuyer chacun au sein du peuple pour remplir sa fonction afin que tous vivent en paix, c'est sur la vertu que doit s'appuyer la vie du peuple afin qu'elle soit longue. Si les pères et les fils n'en reçoivent point les effets, ils n'ont pas le sens de la famille, si les aînés et les cadets n'en reçoivent point les effets, ils ne se conforment pas à la Voie, si les hommes et les femmes n'en reçoivent point les effets, il n'est point pour eux de bonheur légitime. C'est grâce à elle que les jeunes deviennent adultes et que les vieillards continuent leur vie. Voilà pourquoi l'on dit : « Ciel et terre engendrent et le Sage accomplit. » Ce qui va bien dans le sens de mon propos.

De nos jours, cependant, il n'en est pas ainsi : on alourdit les prélèvements pour s'emparer des biens, on augmente les impôts fonciers à en affamer le peuple, on alourdit les taxes de douane et de marché, rendant ainsi les affaires presque impossibles. Et ce n'est pas tout : on est exigeant, cassant, on épie, on ment, les visées du pouvoir sont perverties, les relations sont bouleversées, tout tourne mal. Le peuple le voit parfaitement bien et tout le monde sait que règnent la corruption, la violence et le désordre et que l'on court les plus grands dangers. Voilà pourquoi il y a des sujets qui assassinent leur Prince, des inférieurs qui tuent leurs supérieurs, des cités qui sont vendues,

---

5. *Ibid.,* Ode 227, 2e strophe.

des gens qui tournent le dos à toute modération et qui ne sont pas prêts à se sacrifier pour faire leur devoir. Il n'y a point d'autre cause à cela que l'avidité des Princes. Il est dit dans le *Livre des Odes* « Toute bonne parole reçoit sa récompense, toute bonne action est payée de retour [6]. » Ce qui va bien dans le sens de mon propos.

Organiser de façon satisfaisante la bonne marche des affaires de l'Empire, c'est procéder à une claire répartition des tâches. Travailler la terre, délimiter les surfaces, désherber et cultiver les céréales, engraisser les champs, cela est l'affaire des populations agricoles. Veiller à ce que les travaux soient faits en temps opportun et à ce que le peuple s'y adonne, à ce que les tâches de chacun soient accomplies et portent leurs fruits, à ce que le peuple vive dans l'ordre et l'harmonie, empêcher qu'il y ait des voleurs, cela relève des gouverneurs militaires. Que les hautes terres ne soient pas desséchées ni les basses terres inondées, que les saisons froides et chaudes se succèdent en mesure, que les cinq céréales mûrissent à temps, cela est l'affaire de la céleste nature. Rassembler et protéger, rassembler et aimer, rassembler et diriger, faire en sorte que lors des années difficiles où surviennent des catastrophes, des sécheresses ou des inondations, le peuple n'ait pas à souffrir du froid ni de la faim, voilà qui est du ressort d'un Prince Sage et d'un Premier Ministre judicieux.

La théorie de Mo Zi [7], dans sa courte vision, craint que le monde ne connaisse la pénurie. Une telle pénurie n'est pas à imputer à l'ensemble de l'Empire mais plutôt aux calculs erronés de Mo Zi et à ses soucis personnels. En fait, la terre produit les cinq céréales et, si les hommes en usent bien, chaque arpent donne un bon nombre de boisseaux et une seule année peut voir deux récoltes, la quantité de poires, de jujubes, de pêches et de courges qu'on récolte est considérable, il y a abondance de plantes comestibles et de légumes, les six animaux domestiques sont gras à n'en mettre qu'un seul par charrette, les tortues de mer et d'eau douce, les poissons de mer et les esturgeons s'accouplent à temps et prolifèrent, les oiseaux, les canards et les oies sauvages forment une nuée au-dessus des eaux, tous les animaux et toutes choses naissent à leur place, pourvoient réciproquement à leur subsistance et sont en nombre inépuisable. Le ciel et la terre engendrent les dix mille êtres et ils assurent une surabondance propre à nourrir les humains. Le chanvre, les textiles, la soie, les plumes, la fourrure, le cuir, les

---

6. *Ibid.*, Ode 256, 6e strophe.
7. Célèbre penseur antérieur à Xun Zi (env. 480-400 A.C.), anti-ritualiste, accusé de superstition par les Confucéens et égalitariste, prônant l'épargne.

dents des animaux surabondent et permettent aux hommes de se vêtir. S'il y a pénurie, ce n'est pas la faute du monde entier mais bien celle des calculs erronés de Mo Zi et de ses soucis égoïstes.

La calamité universelle, ce sont les ennuis causés par le désordre. Pourquoi ne nous efforcerions-nous pas de découvrir qui en sont les responsables ? Pour ma part, je considère que les idées de Mo Zi contre la musique sont génératrices de désordre et que les idées de Mo Zi sur l'usage de l'épargne sont un facteur d'appauvrissement du monde. Ce n'est pas que Mo Zi ait cherché à ruiner le monde mais sa théorie rend cela inévitable. Qu'elle soit appliquée à une grande échelle, celle de l'Empire tout entier, ou à la moindre échelle d'une seule Principauté, le résultat sera pitoyable : un peuple en haillons, mal nourri, désespéré, privé de musique. Voilà donc des gens affaiblis, que leur faiblesse même rend insatisfaits et sur qui cette insatisfaction empêche les récompenses d'avoir la moindre prise. Que les idées de Mo Zi soient appliquées en grand à tout l'Empire ou en plus petit à une seule Principauté, peu de monde viendra là où elles sont en œuvre, les fonctionnaires s'y feront rares, il sera bien ingrat d'y remplir de hautes charges. Les gouvernants étant à la même enseigne que le peuple et travaillant de la même façon, personne ne sera plus revêtu d'aucune majesté, ce qui rendra nulle l'efficacité des châtiments. Si les récompenses sont inutiles, les sages ne pourront plus les recevoir et être appelés à exercer des responsabilités, si les châtiments sont inefficaces, les gens indignes ne pourront plus les recevoir et être mis hors d'état de nuire et de cette façon, les hommes capables et incapables ne recevront plus de postes en rapport avec leurs capacités. Ainsi les dix mille êtres ne seront plus en place, nulle réponse adéquate ne sera apportée à ce qui se présente, en haut sera perdue la synchronie avec le ciel, en bas seront gâchés les profits de la terre et au milieu l'on gâtera l'harmonie entre les humains. Le monde se desséchera, comme brûlé et consumé. Les sectateurs de Mo Zi auront beau alors se vêtir de toile et d'étoffes grossières et se nourrir de bouillon de fèves ; comment en auraient-ils en quantité suffisante ? A force de trancher les racines et de tarir les sources, on dessèche le monde.

C'est pour cela que les Anciens Rois et les Sages n'agissaient point ainsi. Ils savaient bien qu'un Prince sans éclat et sans apparat ne suffit pas pour faire l'unité d'un peuple, que sans richesses et sans arrières on ne saurait gouverner ses inférieurs, que sans majesté ni force, on ne saurait mettre un terme à la violence ni vaincre l'agressivité. Il est donc apparu nécessaire de recourir au tintement des cloches, au roulement des tambours, au sifflement des flûtes et des orgues à bouche et au jeu du luth (*qin*) et de la guitare (*se*) pour faire impression sur l'oreille ; il est apparu nécessaire de recourir à l'art des graveurs et des sculpteurs, au raffinement et à l'élégance des broderies et des parements pour faire impression sur l'œil ; on a recouru aux viandes, au riz, au millet, aux plantes parfumées des cinq saveurs pour faire impression sur le goût. Alors les hommes accoururent en foule, les postes de fonctionnaires furent pourvus, l'agrément des récompenses et la sévérité des châtiments eurent effet sur les cœurs. Cela fit que les peuples de l'Empire eurent conscience que tous leurs désirs et leurs espoirs résidaient en cela, c'est pourquoi les récompenses atteignaient leur but, et ils comprirent aussi où se trouvait ce qu'ils craignaient et détestaient, d'où l'efficacité des châtiments. Si l'on obtient l'efficacité des châtiments et des récompenses, les sages peuvent alors recevoir les secondes et être appelés à des postes de responsabilité, les gens indignes peuvent recevoir les premiers et être mis hors d'état de nuire, les fonctions sont attribuées selon les capacités respectives de chacun. Toutes choses sont alors à leur place, ce qui se présente reçoit la réponse adéquate, en haut il y a synchronie avec le ciel, en bas on récolte les profits de la terre et au milieu les humains connaissent l'harmonie. Les biens et les denrées affluent comme l'eau des sources, s'assemblent comme fleuves et mers et s'accumulent comme des collines et des montagnes. Il n'y a plus de moments où tout brûle et se dessèche, plus d'endroits où l'on engrange en secret, comment le monde souffrirait-il de pénurie ? Ainsi donc, si les méthodes confucéennes sont sincèrement mises en pratique, l'Empire sera grand et riche, paisible et en plein essor, le tintement des cloches et les roulements des tambours en souligneront l'harmonie. Le *Livre des Odes* dit : « Les cloches et les tambours retentissent d'accord, les pierres musicales et les flûtes mêlent leurs sons harmonieux, des faveurs nombreuses et insignes descendent du ciel [8]. » Cela illustre bien mon propos. Mais si l'on s'évertue à appliquer les méthodes de Mo Zi, le monde vivra dans les pires restrictions et sera en proie à l'indigence, on condamnera les guerres et on passera son temps à se battre, les ennuis succéderont aux difficultés sans jamais être adoucis d'aucun bon résultat. Les soucis pleuvront, hélas, et la privation de musique fera s'écouler des jours sans harmonie. Le *Livre des Odes* dit fort bien : « Le ciel irrité nous afflige de plus en plus, les morts se multiplient et les désordres deviennent de plus en plus graves et nombreux. Les discours des hommes ne

---

8. *Cheu King*, *op. cit.*, Ode 274, 3ᵉ strophe.

sont pas en votre faveur; jusqu'ici, vous ne vous êtes ni corrigé ni repenti [9]. »

Négliger le devoir de prendre soin du peuple, de le protéger, de le conforter, de l'entourer comme on le fait d'un enfant, lui assurant en hiver soupe épaisse et bouillon et en été courge et soupe de grains, acquérir bien vite et à peu de frais une flatteuse réputation, c'est suivre une mauvaise voie. On y gagne rapidement la gloire auprès des mauvaises gens, mais c'est une route qu'on ne peut pas suivre longtemps : les affaires n'y réussissent point et les succès n'y sont pas solides. C'est là une fâcheuse façon de gouverner.

Vouloir tout faire précipitamment en contraignant le peuple, n'entreprendre que dans l'espoir de grands profits, ne se soucier de perdre ni sa réputation ni le cœur du peuple, que les tâches entreprises le soient pour le plus grand dommage du peuple, c'est là aussi une politique que l'on ne peut pas mener. Si l'on suit une mauvaise pente et qu'on tombe dans la décadence, on obtient le contraire de ce qu'on espérait et rien ne réussit. C'est pourquoi négliger ses devoirs pour cultiver sa gloire, cela ne se peut pas; chercher la réussite en oubliant le peuple, cela ne se peut pas non plus, les deux sont des voies perverses.

On n'agissait pas ainsi dans l'Antiquité, on faisait en sorte qu'en été le peuple ne souffre pas de la chaleur, ni du froid en hiver, on ne le pressait pas à l'épuiser, on ne laissait pas passer le temps des travaux saisonniers. Les tâches étaient remplies et le succès venait les couronner, le haut et le bas de la société étaient prospères. Le peuple en ce temps-là aimait ses supérieurs, les hommes accouraient comme l'eau afflue et les gouvernements étaient regardés comme des pères et des mères, on était heureux de consentir pour eux jusqu'au sacrifice suprême, et il n'y avait à cela nulle autre cause que le summum de la loyauté, de la confiance, de l'harmonie et de la justice qu'on avait atteint.

En fait, ceux qui régissent les pays et qui mènent les peuples, s'ils veulent aller vite en besogne et courir au succès, la douceur et l'harmonie valent mieux pour eux que la force et la contrainte; la loyauté, la confiance, la justice valent mieux que distribuer des récompenses. Commencer par éduquer et rectifier son propre caractère pour s'attacher ensuite à amender les autres, cela en impose davantage que d'user de châtiments. Si ces trois vertus sont sincèrement appliquées en haut, le bas y répondra comme une ombre ou un écho et même si alors l'on ne désire pas atteindre le plus grand éclat, on y parvient tout de même. Il est dit dans le *Livre des Documents* : « Celui qui montre un grand discernement gagne la confiance du peuple, ses sujets

---

9. *Ibid.*, Ode 191, 2ᵉ strophe.

s'exhortent les uns les autres à fuir le mal et tâchent de vivre
en bonne harmonie [10]. » Cela va bien dans le sens de mon
propos.

Car si l'on condamne sans instruire, le châtiment est absurde
et la barbarie n'est pas vaincue; si l'on instruit sans jamais
condamner, les mauvaises gens ne seront pas corrigés; si l'on
ne fait que condamner sans récompenser, cela n'encourage pas
les gens zélés; si condamnations et récompenses ne sont pas
dosées, ceux d'en bas doutent, leurs mœurs se dégradent et le
peuple n'est plus uni. C'est pourquoi les Anciens Rois avaient
donné tout leur éclat aux Rites et à l'équité rituelle afin que le
peuple en soit unifié, ils prônaient la loyauté et la confiance
afin de faire régner l'affection, ils mettaient en avant la sagesse
et employaient le talent afin que chacun soit à sa place, ils
conféraient des dignités et des récompenses afin de souligner
ce qui était important. Ils accomplissaient à temps les tâches et
ne conféraient pas de responsabilités écrasantes, faisant ainsi
régner l'ordre et l'harmonie. Ils exerçaient leur autorité en
assurant la protection et la subsistance du peuple et veillaient
sur lui comme sur un enfant. Ainsi ne commettait-on plus ni
crimes ni actes de violence et ceux qui s'étaient amendés étaient
encouragés. Comment cela était-il possible? C'est que la Voie
des Anciens Rois était aisée à suivre, ce qu'ils mettaient dans
le cœur de leurs sujets était solide, leur politique et leurs
instructions s'en tenaient à un principe unique, ce qu'ils
interdisaient et encourageaient était lumineux. C'est pourquoi
l'on dit : « Si le haut est un, le bas est un, si le haut est double,
le bas est double. Il en est de même pour les plantes et les
arbres : les branches et les feuilles sont nécessairement de même
espèce que la racine. » Tel était le sens de mon propos.

Tirer profit de la misère du peuple, cela ne vaut pas tirer
profit de la prospérité du peuple. Ne pas aimer le peuple et
s'en servir, cela ne vaut pas aimer le peuple et réussir en
l'utilisant. Tirer profit de la prospérité du peuple, cela ne vaut
pas l'intérêt qu'on trouve à ne pas rechercher de profit. Aimer
le peuple et l'utiliser ensuite, cela ne vaut pas réussir en aimant
le peuple sans avoir à l'utiliser. Celui qui assure le profit du
peuple sans avantage pour lui-même et qui aime le peuple sans
l'utiliser, celui-là prendra la tête de l'Empire. Celui qui tirera
profit de la prospérité du peuple et qui l'aimera tout en l'utilisant
par la suite, celui-là conservera sa Principauté. Celui qui tire
profit d'un peuple misérable et qui utilise un peuple qu'il n'aime
pas, celui-là mettra en grand danger son pays et sa famille.

Considérons le bon ou le mauvais état d'un pays, ses qualités

10. *Chou King, op. cit.,* IVᵉ part., chap. IX « Kang Gao », § 9.

et ses défauts : dès la frontière on peut voir sur quelles bases il fonctionne. Si des patrouilles de soldats passent sans cesse en rondes serrées et se livrent, aux passes et aux douanes, à des investigations poussées, c'est déjà un pays mal gouverné. Passées les frontières, si les champs sont mal tenus, les villes et les forteresses en ruine, c'est là le domaine d'un Prince cupide. Voyons la Cour : la noblesse n'y est pas formée de sages; voyons les fonctionnaires : les gouvernants sont des incapables; voyons l'entourage du Prince : ceux qui ont sa confiance sont malhonnêtes. Quel Prince obscur! Depuis le Prince et le Premier Ministre jusqu'aux petits fonctionnaires en passant par les Ministres, tous, lorsqu'il s'agit de compter les biens ou de calculer des intérêts, se montrent pointilleux jusqu'à l'excès, mais qu'il s'agisse des Rites, de l'équité rituelle, de la modération, des manières, les voilà négligents, paresseux, sommaires et sans égards. Quel pays honteux!

Mais si les paysans prennent leur tâche à cœur, que les militaires envisagent sereinement le danger, si les petits fonctionnaires sont respectueux de la loi, si à la Cour on exalte les Rites et que les Ministres soient honnêtes et scrupuleux, c'est qu'on est dans un pays bien gouverné. Voyons-en la Cour : la noblesse y est composée de sages; voyons-en les fonctionnaires : les gouvernants sont compétents; voyons-en l'entourage du Prince : c'est à des gens intègres qu'il accorde sa confiance. Quel Prince clairvoyant! Depuis le Prince et le Premier Ministre jusqu'aux petits fonctionnaires, en passant par les Ministres, tous, lorsqu'il s'agit de compter les biens et de calculer les intérêts, sont larges et accommodants, mais qu'il s'agisse des Rites, de l'équité rituelle, de la modération et des manières, ils se montrent sourcilleux jusque dans les moindres détails. Voilà un pays d'honneur! A sagesse égale, on honore d'abord ses parents; à capacités égales, on confie d'abord des postes à ceux qu'on connaît de longue date. Depuis le Ministre jusqu'au petit fonctionnaire, tous ceux qui avaient de mauvaises tendances s'amendent et veillent à se corriger, tous ceux qui étaient emportés s'amendent et deviennent respectueux d'autrui, tous ceux qui étaient fourbes s'amendent et deviennent irréprochables. Cela est à mettre au crédit d'un Prince clairvoyant.

Considérons maintenant ce que sont les critères de force et de faiblesse, de richesse et de pauvreté d'un État. Si, en haut lieu, on n'exalte pas les Rites, les armées sont faibles; si, en haut lieu, on n'aime pas le peuple, les armées sont faibles; si les promesses ne sont pas tenues, les armées sont faibles; si les félicitations et les récompenses ne sont pas mesurées, les armées sont faibles; si les généraux et les stratèges sont des incapables, les armées sont faibles. Si, en haut lieu, on est ambitieux, le pays est pauvre; si, en haut lieu, on est intéressé, le pays est pauvre; s'il y a pléthore d'officiers et de Hauts Fonctionnaires, le pays est pauvre; si marchands et artisans sont trop nombreux, le pays est pauvre; si les poids et les mesures ne sont pas définis, le pays est pauvre. Si l'on est pauvre en bas, on est pauvre en haut; si l'on est riche en bas, on est riche en haut. Les champs, les terres, les villages constituent la base de toute richesse, tandis que les greniers, dépôts, silos et magasins en sont l'aboutissement. Que le peuple suive les saisons et que les travaux et les tâches soient accomplis en temps utile, cela est la source même de l'abondance; que les impôts soient établis en proportion des réserves, cela permet la circulation des biens. C'est pourquoi un Prince clairvoyant doit particulièrement se préoccuper de demeurer en harmonie avec les rythmes naturels, de régulariser la circulation des denrées, de favoriser ce qui en est la source et de consacrer le temps qu'il faut à résoudre ces questions.

Si l'Empire est gouverné selon ces grands principes, il y aura des excédents et l'on n'aura pas, en haut lieu, à craindre de pénurie. Ainsi le haut et le bas seront-ils pourvus et prospères, les denrées circuleront sans qu'il y ait lieu de les emmagasiner en secret. C'est là le meilleur calcul à faire pour un pays. C'est pourquoi, durant les dix années d'inondation qu'il y eut au temps de Yu le Grand et des sept années de sécheresse qui survinrent sous le règne de Tang le Victorieux, l'Empire n'eut point à souffrir de la faim. Au bout de dix ans, il y eut à nouveau d'excellentes récoltes et l'on put reconstituer des réserves avec les surplus. Il n'y a point à cela d'autre cause que la compréhension du mode de production et de circulation des denrées. Car des terres et des champs déserts en même temps que des greniers et des entrepôts pleins, un peuple dans le besoin et des réserves pléthoriques, voilà qui est d'un pays que je dirai en ruine. Trancher les racines et épuiser les sources tout en amassant leurs produits, c'est le fait d'un Prince et d'un Premier Ministre inconscients du mal qu'ils causent, l'impéritie et le désastre n'ont plus alors qu'à prendre place et à s'installer.

Être entretenu par un pays tout entier et que cela ne suffise pas à satisfaire ses besoins, c'est atteindre le summum de la cupidité, cela est d'un Prince parfaitement obtus. Ruiner son pays par goût des richesses, se mettre en danger par recherche du profit, telles sont les raisons qui ont fait que les Principautés, d'innombrables qu'elles étaient autrefois ne sont même plus une dizaine aujourd'hui. Il leur est arrivé à toutes la même chose, les Princes devraient bien y songer et se souvenir qu'un petit État de cent lis est suffisant pour s'établir et être indépendant.

En fait, ceux qui agressent les autres États ne le font généralement pas pour la gloire mais bien par intérêt, ou sinon par haine. L'homme de Haute Vertu, pour sa part, en use autrement envers l'État : il maîtrise ses pensées et ses ambitions, il rectifie sa propre conduite, il exalte ce qu'il y a de plus haut, il pratique la loyauté et la confiance, il possède au plus haut point la culture et le sens des choses. Si un pauvre lettré vêtu de toile et chaussé de chanvre possède sincèrement ces qualités-là, il aura beau habiter la plus humble des masures, aucun Roi ni Duc ne pourra rivaliser de gloire avec lui et si un pays lui confie de grandes responsabilités, nul autre sous le ciel ne pourra l'éclipser. En agissant ainsi, point n'est besoin d'agresser les autres pour avoir la gloire. Il s'applique à défricher champs et terres, il constitue des réserves, assure la fabrication des outils et des armes, fait battre d'un seul cœur le haut et le bas de la société et insuffle aux trois armées un commun élan, de façon que les pays étrangers ne viennent pas en découdre avec le sien. Alors la paix et la sécurité règnent à l'intérieur des frontières de son pays et l'on voit bien qu'il peut se défendre contre d'autres armées et s'emparer de leurs chefs aussi facilement qu'on tourne la soupe! Ainsi ses ennemis en l'attaquant ne gagneraient-ils pas même de quoi panser leurs blessures ni réparer leurs pertes; s'ils tiennent à leur armée, ils craindront un tel adversaire. Ceux qui agissent par intérêt ne l'agresseront donc pas. Il s'applique à scruter l'équilibre entre les grands et les petits, entre les forts et les faibles; il veille aux Rites, à la modération qui donnent une grande culture, il veille à ce que les tablettes et les disques rituels de jade soient d'une grande magnificence, à ce que les présents rituels soient d'une grande opulence. Ceux qui parlent en son nom doivent être aussi intelligents que cultivés. Un homme comme cela, qui pourrait le haïr? Ceux qui agissent par haine ne l'agressent donc pas. Si, par conséquent, il n'est attaqué ni pour la gloire, ni par intérêt, ni par haine, un tel État sera bien en paix comme s'il était perché sur quelque pic inaccessible et il perdurera aussi longtemps que les étoiles dans le ciel. Même si le reste des humains est en proie au désordre, lui seul connaîtra l'ordre, il goûtera la paix même si le reste des humains est en péril et il se maintiendra seul et florissant quand bien même le reste des humains irait de pertes en désastres. Car la façon dont un homme de Haute Vertu en use avec l'État n'est pas de s'accrocher égoïstement à son seul bien mais d'unir les hommes sous sa gouverne. Le *Livre des Odes* dit : « L'honnête homme, le vrai sage est irréprochable dans sa conduite. Sa conduite est irréprochable, il réforme toute notre principauté [11]. » Ce qui va bien dans le sens de mon propos.

---

11. *Cheu King, op. cit.*, Ode 153, 3ᵉ strophe.

De la difficulté de maintenir un État : servir un État fort et belliqueux est difficile, mais faire en sorte qu'un tel État soit assujetti à un État gouverné selon les principes que nous venons de voir, cela est aisé. En effet, si c'est par des biens et des richesses que se prouve l'assujettissement, la relation se rompt dès que les biens viennent à manquer. Il y avait bien serments et foi jurée mais on n'attendra pas longtemps pour les dénoncer. On croit alors acheter la paix avec quelques arpents de terre mais l'autre se montre alors insatiable [12]. Si l'on est docile, il exigera tellement qu'on réduira son pays à la dernière extrémité pour lui en livrer les richesses. On aurait beau alors avoir Shun à sa droite et Yao à sa gauche [13], nul ne pourrait éviter un tel sort en suivant une telle voie. Cette situation serait comparable à celle d'une jeune fille, portant au cou des perles rares et ayant sur elle des jades de prix et des bijoux d'or, qui viendrait à croiser des brigands en pleine montagne. Elle aurait beau s'efforcer de passer inaperçue en courbant les reins comme une humble servante, cela ne lui éviterait pas le malheur. Ainsi celui qui ne possède pas l'art d'unir les hommes mais se contente de prodiguer de bonnes paroles et de belles prières tout en remplissant mal ses devoirs, celui-là ne réussira pas à tenir un État ni à se garder lui-même du danger. C'est pourquoi un Prince éclairé ne suit pas cette voie-là. Il cultivera les Rites afin que tout soit en ordre à la Cour, il rectifiera les lois afin que tout soit en ordre du côté des fonctionnaires, il pratiquera une politique équitable afin que tout soit en ordre parmi le peuple. Alors, les Rites faisant régner l'ordre à la Cour, les fonctionnaires remplissant leur tâche dans l'ordre et l'ordre étant établi par la multitude, les peuples voisins rivaliseront d'ardeur pour se joindre à cet État et ceux qui sont au loin viendront prendre modèle sur lui, le haut et le bas battront d'un seul cœur, un seul élan parcourra les trois armées et le renom de sa gloire rayonnera comme le soleil. Sa force et sa majesté en imposeront et il suffira d'un simple signe de sa part pour que tous les États forts et belliqueux accourent aux ordres, comme lors de ce fameux combat où le géant Wu Huo fut vaincu par le nain Jiao Yao.

C'est pourquoi je disais qu'il est difficile de servir un État fort et agressif, tandis qu'il est aisé de faire en sorte qu'un tel État se soumette à un État gouverné selon les principes que je prône.

---

12. C'est exactement ce qui se passait du temps de Xun Zi.
13. Yao et Shun sont des Empereurs Sages des temps mythiques. Il existait des titres de Conseiller de Droite et Conseiller de Gauche.

XI

DU ROI ET DE L'HÉGÉMON

L'État constitue le plus utile instrument de l'intérêt de tout l'Empire et le Souverain en est la partie la plus efficace. Les maintenir par le moyen d'une voie bien comprise, c'est assurer la plus grande stabilité dans le plus grand honneur et puiser à la source des plus grands bienfaits. Vouloir les maintenir en dépit de la Voie, c'est aller au-devant des plus grands périls et de soucis sans nombre, et mieux vaudrait, dans ces conditions, ne rien avoir du tout que d'avoir le Trône car si, ayant connu le pire, le Souverain souhaite alors n'être plus qu'un humble plébéien, il ne le peut même pas. Les Rois Min de Qi et Xian de Song en sont des exemples [1]. C'est pourquoi le Souverain, s'il est bien la partie la plus efficace du gouvernement de l'Empire, ne saurait en lui seul trouver le principe de la stabilité, il ne le peut qu'en suivant la Voie.

Ainsi celui qui détient l'État sera-t-il un Roi s'il établit son autorité sur le respect de l'équité des devoirs rituels, un Hégémon s'il l'établit sur la confiance et il s'effondrera s'il l'établit sur la soif du pouvoir. Ces trois modalités sont des points sur le choix desquels un Souverain éclairé doit être particulièrement attentif et qu'un homme de Haute Vertu doit veiller à bien comprendre.

Gouverner un État à l'aide des Rites et de l'équité rituelle sans lui nuire en rien mais suivre ne fût-ce qu'une seule fois la voie contraire et tuer ne fût-ce qu'un seul innocent pour obtenir l'Empire, voilà ce que ne fera jamais un homme de Haute Vertu. Il sera ferme comme un roc aussi bien dans son cœur que dans la conduite des affaires de l'État. Ceux dont il s'entoure sont des hommes qui ont le sens de l'équité rituelle, les lois civiles et pénales qu'il instaure pour réglementer la vie de la société sont des lois empreintes d'équité rituelle, les fins qu'il presse ses sujets de poursuivre sont des ambitions elles aussi empreintes d'équité rituelle. C'est alors dans le respect des Rites que ceux d'en bas considèrent ceux d'en haut et le

---

1. Ces deux Souverains, du temps des Royaumes Combattants, perdirent à la fois le trône et la vie par la faute de leurs erreurs politiques.

fondement de la société s'en trouve affermi, l'État aussi par voie de conséquence et finalement l'Empire tout entier.

Confucius ne possédait pas un pouce de terre mais il avait, en esprit et en intention, le souci parfaitement sincère de l'équité rituelle, il se conduisait en conséquence et le démontrait dans ses propos et ses entretiens. Lorsqu'il eut réussi en cela, il ne put plus demeurer caché aux yeux de l'Empire tout entier et sa gloire s'étendit aux générations postérieures. Il faudrait bien que les Grands qui, de nos jours, sont en vue de tout l'Empire, possèdent, en esprit et en intention, ce sincère souci de l'équité rituelle, qu'ils en imprègnent les lois, les règlements et les mesures, qu'ils le démontrent par leur politique, qu'ils le signifient fermement dans leur façon d'honorer et de mépriser, d'exercer leur droit de vie et de mort, de façon que les tenants et les aboutissants de leur action soient une seule et même chose. Alors le renom de leur gloire se répandra dans l'univers à l'instar du soleil, de la lune, du tonnerre et des éclairs.

C'est pourquoi je dis que si un pays est gouverné avec le sens de l'équité rituelle, il suffit d'un seul jour pour que son éclat resplendisse. C'est ce qui arriva à Tang et au Roi Wu [2]. Tang partit de la place de Bo et Wu de celle de Hao, qui sont toutes deux de petits domaines, pour faire du monde un seul Empire et des Grands leurs sujets. Nul lieu accessible ne manqua de leur être soumis et tout cela n'eut d'autre cause que la bonne utilisation qu'ils firent de l'équité des devoirs rituels. C'est pourquoi je disais qu'établir son autorité sur le respect des règles de l'équité rituelle, c'est pouvoir être Roi.

Un gouvernant qui, sans avoir atteint la perfection des vertus ni le summum du sens de l'équité rituelle, a cependant compris les principes fondamentaux qui doivent régir l'Empire, qui inspire confiance lorsqu'il récompense ou qu'il châtie, lorsqu'il autorise ou qu'il interdit, ses sujets savent bien qu'ils peuvent se rallier à lui. Une fois les ordres donnés et définie la politique à suivre, ne pas tromper son peuple même si l'on voit que la situation tourne mal et ne pas tromper non plus ses alliés une fois les alliances conclues même si la situation tourne mal, c'est assurer la fermeté de son armée, la force de ses places et l'effroi de ses ennemis. Un pays unifié, qui tient manifestement ses engagements, inspire confiance à ceux avec qui il est en relation et, si petit qu'il soit, il en impose à tout l'Empire. Ce fut le cas des pays des Cinq Hégémons [3]. Ce n'est ni par leur politique de sagesse, ni en magnifiant ce qu'il y a de plus haut, ni en se

2. Fondateurs respectivement de la dynastie des Shang en 1765 A.C. et des Zhou en 1121 A.C.
3. Voir plus bas.

fondant sur la culture rituelle et le sens profond des choses, ni par la conquête du cœur des hommes qu'ils s'imposèrent mais par tactique, en sachant doser travail et repos, en s'occupant efficacement de l'approvisionnement et des réserves, en étant bien préparés militairement, en veillant à ce que le haut et le bas de la société soient en confiance réciproque. Nul sous le ciel ne s'avisa de vouloir les égaler. C'est ainsi que Huan de Qi, Wen de Jin, Zhuang de Chu, He Lu de Wu et Ju Jian de Yue, qui étaient tous des Princes de petits États, en imposèrent à l'Empire tout entier et acquirent une puissance qui fit trembler le monde chinois. Il n'y a point d'autre cause à cela qu'une tactique fondée sur la confiance. C'est là ce qui s'appelle établir son autorité sur la confiance et être un Hégémon.

Gouverner un pays par souci de réussite et d'intérêt matériels, en ne se préoccupant ni d'y accroître le sens de l'équité rituelle ni d'y faire régner la confiance mais simplement de satisfaire des appétits matériels, c'est, à l'intérieur, ne craindre ni de tromper son peuple ni de rechercher le moindre petit profit et, à l'extérieur, ne pas craindre de tromper ses alliés dans l'espoir de profits plus grands. Non seulement on néglige, dans ce cas, de gérer correctement ce qu'on a, mais on s'en va convoiter ce qu'ont les autres. Devant une telle situation, tous, des Ministres jusqu'au petit peuple, ont un cœur faux face au Prince. Le haut ment au bas, le bas ment au haut et cela les sépare. Alors la tâche des ennemis devient aisée et plein de doute le regard des alliés. La soif de pouvoir s'accroît chaque jour et le pays ne peut éviter la décadence et finalement la ruine. Le Roi Min de Qi et son Ministre Xuan Gong en sont l'exemple. En effet, pour étendre la puissance du pays de Qi, ils ne s'appuyèrent ni sur les Rites et l'équité rituelle, ni sur une politique de sagesse, ni sur l'unité de l'Empire mais sur la poursuite sans relâche d'un jeu d'alliances extérieures. Ainsi le pays de Qi réussit-il à être suffisamment puissant pour, au sud, mettre à mal le pays de Chu, à l'est, soumettre le pays de Qin, au nord, défaire le pays de Yan et, au centre, mettre la main sur le pays de Song. Mais les pays de Yan et de Zhao finirent par l'attaquer et le bousculer comme on secoue un arbre pour en faire tomber le bois mort. Le Roi Min perdit la vie et son pays fut vaincu [4], on le regarda comme infâme par tout l'Empire et son nom fut voué à l'exécration des générations à venir. Voilà qui doit faire réfléchir. Cela n'a point d'autre cause que d'avoir pris pour appui non pas les Rites et l'équité rituelle mais la soif du pouvoir.

Ces trois façons de gouverner sont des points sur le choix

---

4. En 284 A.C.

desquels un Souverain éclairé doit être particulièrement attentif et qu'un homme de Haute Vertu doit s'appliquer à bien comprendre. Ceux qui auront fait un bon choix mènent les autres et ceux qui n'auront pas su le faire sont menés par les autres.

Les États sont les instruments principaux de l'Empire. Un État est une très lourde charge pour laquelle on ne peut se permettre de mauvais choix car des choix peu sûrs entraînent de gros risques. De même on ne saurait choisir une voie mauvaise et la suivre car un chemin couvert de ronces a tôt fait de devenir impraticable. Or les risques combinés à une voie impraticable mènent à l'anéantissement. Se charger d'un État ne veut pas dire se contenter d'en délimiter les frontières mais aussi savoir quelle loi sera sa voie et qui le gouvernera. Ainsi donc suivre la loi des Rois et mettre en place des gouvernants dignes des Rois, c'est mériter d'être Roi; suivre la loi des Hégémons et mettre en place des gouvernants dignes des Hégémons, c'est mériter d'être Hégémon; suivre des lois de perdition, mettre en place des hommes de perdition, c'est assurément se perdre. Ces trois chemins sont des points sur lesquels un Souverain éclairé doit faire attentivement son choix et qu'un homme de Haute Vertu doit s'appliquer à bien comprendre.

Avoir la charge de l'État est donc une très lourde tâche et ceux qui s'y attellent sans posséder les qualités requises n'y réussissent point. En fait, les nouveautés qui se produisent à chaque époque dans les affaires de l'État sont des changements de famille régnante et non des transformations du fonctionnement même de l'État, ce sont les insignes du pouvoir qui changent de mains. Mais si les hommes et les dynasties ont des vies si brèves, comment se fait-il que des États atteignent des milliers d'années? Je dirai que c'est parce que des lois dignes de confiance y ont été instaurées depuis des milliers d'années et que ce sont des officiers dignes de confiance qui les appliquent depuis tout ce temps. La vie d'un homme n'atteint pourtant pas cent années, comment y aurait-il des officiers dignes d'une confiance millénaire? A cela, je répondrai que ce sont ceux-là mêmes qui fondent leur vie sur la pratique de lois millénaires qui bénéficient de cette confiance. C'est pourquoi l'homme accompli dont l'action sera fondée sur les Rites et l'équité rituelle sera digne d'être Roi, l'homme qui saura établir honnêtement une sincère confiance méritera d'être Hégémon tandis que celui qui détournera tout par soif de pouvoir ira à la ruine. Un Souverain éclairé se doit d'être particulièrement attentif au choix à faire entre ces trois possibilités et un homme de Haute

Vertu doit bien les comprendre. Celui qui a bien choisi mène les autres, celui qui a mal choisi est mené par les autres.

Il n'est pas possible de tenir seul en main les destinées d'un État. La puissance ou les revers, l'honneur ou la honte d'un pays résident donc aussi dans le choix que fait le Prince de son Premier Ministre. Si les capacités du Prince se conjuguent avec celles du Premier Ministre, les conditions sont réunies pour qu'il y ait un Roi véritable. L'incapacité du Prince, tempérée par la conscience qu'il a du danger qu'elle représente et par le fait qu'il appelle à ses côtés des hommes de talent, permet cependant la puissance. Un Prince incapable, inconscient du danger que cela représente et qui voudrait s'entourer d'hommes de talent ne trouvera que des gens qui lui ressemblent. Il sera en grand danger et, s'il persiste, il ira à sa perte.

Si un État est grandement gouverné, il sera grand, il sera petit s'il est gouverné avec petitesse. Le comble de la grandeur est la Royauté et le comble de la petitesse est la disparition. Entre ces deux courants, il y a place pour qui ne fait que se maintenir. Ceux qui gouvernent grandement placent d'abord l'équité des devoirs rituels et ensuite le profit, ils ne regardent pas si quelqu'un est un parent ou un allié, s'il est noble ou roturier, mais ils ne cherchent que la sincérité et les capacités. C'est cela que j'appelle en user grandement. Gouverner petitement, c'est placer d'abord le profit et l'équité rituelle ensuite, c'est ne pas regarder si quelqu'un est bon ou mauvais, n'avoir cure ni des qualités ni des défauts et ne songer à s'entourer que de gens aussi médiocres que soi. Voilà ce que j'appelle en user petitement. Tels sont donc un grand et un petit gouvernement. Entre les deux, il y en a d'autres qui penchent plutôt vers l'un ou vers l'autre. Voilà pourquoi je disais que la réunion de toutes les qualités fait un Roi, la réunion de plusieurs qualités fait un Hégémon et l'absence de toutes mène à la ruine.

Un État sans Rites n'a pas de rectitude, car les Rites sont ce sur quoi se fonde le caractère de rectitude d'un État, ils sont l'étalon d'après lequel on jauge l'important et l'accessoire, ils sont le cordeau avec lequel on mesure le droit et le courbe, ils sont le compas et l'équerre grâce auxquels on connaît le rond du carré. En s'y tenant, on ne saurait proférer aucune erreur. le *Livre des Odes* dit fort bien à ce propos : « Comme la neige et le givre qui partout se répandent, comme le soleil et la lune qui partout illuminent. Les appliquer fait vivre, les négliger fait mourir [5]. »

Il n'est point de joie pour le Prince d'un pays en péril et

5. Fragment d'une Ode perdue.

point de souci pour celui d'un pays en paix. Le désordre est source de péril et une politique d'ordre engendre la paix, or les Princes d'aujourd'hui sont aussi empressés à rechercher les joies que peu enclins à bien administrer leurs États. N'est-ce pas là une très grave erreur? Ils ressemblent à des gens qui, aimant les couleurs et les sons, se trouveraient privés d'oreilles et d'yeux. Quel dommage! L'instinct de l'homme fait que son œil veut voir le mieux possible, son oreille veut entendre le mieux possible, sa bouche veut goûter le mieux possible et son nez sentir le mieux possible, son cœur enfin, son esprit, souhaite le plus grand bien-être. Ces cinq plaisirs sont d'inévitables propensions de la nature humaine et leur satisfaction obéit à certaines modalités qui, si elles ne sont pas mises en œuvre, ne permettent pas d'obtenir ce que l'on recherchait.

On peut dire d'un État de dix mille chars qu'il est vaste, important, riche et prospère, mais si l'on ajoute à cela une voie d'ordre, d'intelligence, de puissance et de solidité, c'est à coup sûr le bonheur qui s'offre à lui, loin des soucis et des difficultés. Voilà donc la façon de satisfaire les cinq propensions naturelles. C'est ainsi que cent joies éclosent dans les pays bien gouvernés tandis que peines et soucis surviennent dans les pays de désordre. Ceux qui s'empressent à la recherche des plaisirs en négligeant le gouvernement de leur État ne savent pas ce qu'est la vraie joie. Car un Prince éclairé commence évidemment par bien gouverner son pays et cent joies en découlent, tandis qu'un mauvais Prince, cherchant impérieusement son plaisir en négligeant les affaires de l'État, s'attirera d'insurmontables ennuis et reproches qui ne prennent fin qu'avec sa propre mort et la ruine de son pays. Quel dommage! Ce qu'il prenait pour joie ne lui aura apporté que peine, ce qu'il prenait pour la paix ne lui aura apporté que le péril, ce qu'il prenait pour le bonheur ne lui aura apporté que la ruine et la mort. Hélas, quel dommage! Que les Princes prennent bien garde à ce que je dis là. Car il y a une voie à suivre pour bien gouverner un État et des qualités requises pour être à la tête d'un pays. Considérant que le fait de réussir à accomplir en un seul jour des tâches qui prennent ordinairement plus longtemps en obtenant de tous les fonctionnaires qu'ils y participent ne saurait troubler la paix et l'harmonie nécessaires au Prince, sachant que le choix d'un Premier Ministre qui sache prendre les affaires en main et faire en sorte que tous, depuis les Ministres jusqu'aux scribes demeurent dans le droit chemin et y fassent diligence, sachant qu'un tel choix est primordial, nous avons là les qualités requises pour un Souverain. C'est en procédant de la sorte qu'il unifiera l'Empire et gagnera une gloire égale à celles de

Yao et de Yu [6]. Un tel Souverain conserve une parfaite sobriété et son action est couronnée de succès, sa tâche est parfaitement paisible et elle s'accomplit heureusement. Il lui suffit de demeurer serein sur une natte avec de longs vêtements aux plis immobiles, et nul entre les quatre mers ne manque de lever les yeux vers lui en le regardant comme un Empereur. C'est là ce que j'appelle la sobriété parfaite et il n'est pas de joie plus grande.

Le Souverain a pour talent de gouverner les hommes, l'homme vulgaire pour talent de tirer parti de lui-même. Le Souverain obtient des autres qu'ils travaillent, l'homme vulgaire ne sait pas transférer certaines tâches. Par exemple, un champ de cent mus est l'affaire d'un seul homme et, lorsqu'il y a achevé son travail, il n'a pas lieu d'en transférer une partie sur autrui, mais si l'on prend le cas d'un homme qui aurait la haute main sur l'Empire, la journée n'est pas encore terminée qu'il n'y a plus rien dont il doive s'occuper car il a donné ses instructions aux autres. Si au contraire, à l'échelle vaste de l'Empire ou à celle plus restreinte d'une Principauté, le Souverain considère qu'il n'a rempli sa tâche qu'après avoir tout fait par lui-même, il ne saurait rien exister de plus pénible, fastidieux, compliqué et difficile. Même un esclave à ce compte ne consentirait pas à échanger sa place contre celle du Fils du Ciel! Gouverner l'Empire, tout unifier entre les quatre mers, comment le pourrait-on à soi seul? Entreprendre cela est un travail de forçat, c'est pourtant la théorie de Mo Zi [7]. Prôner en revanche la vertu et savoir faire appel aux talents d'autrui, telle est la Voie des Sages Rois, celle que les Confucéens s'efforcent de préserver. La tradition rapporte que « les paysans partagent les champs puis les cultivent, les marchands partagent les denrées puis les négocient, les artisans partagent l'ouvrage puis l'exécutent, les Hauts Fonctionnaires partagent les tâches puis les accomplissent, les feudataires partagent les territoires puis en assument les destinées, les Trois Ducs [8] traitent les affaires de l'État et ce n'est qu'en la Personne du Fils du Ciel que tout est réuni ». Si c'est ainsi que se règlent toutes les affaires intérieures et extérieures, rien sous le ciel ne saurait être troublé ou injuste et nul ne manquera de recevoir les bienfaits d'un bon gouvernement. C'est là ce qu'ont en commun tous les Rois véritables

6. Souverains mythiques, ayant régné respectivement de 2357 à 2257 A.C. et de 2207 à 2197 A.C. Le second est le fondateur de la dynastie Xia.

7. Lequel propose en effet de restreindre le nombre des fonctionnaires et de faire travailler les gouvernants à la même enseigne que le petit peuple. Cf. *Mo Zi*, chap. « Jie Yong » (« Du bon usage de l'épargne »).

8. Les trois premiers dignitaires hiérarchiquement placés juste après le Souverain.

et qui est le fruit de la grande répartition opérée par les Rites et la loi.

Il n'est pas utopique de prétendre qu'un petit domaine de cent lis puisse subjuguer l'Empire tout entier. Toute la difficulté réside dans le savoir-faire du Prince. Ce que j'appelle subjuguer l'Empire, ce n'est pas assumer la charge de son territoire en suivant ses propres principes, c'est connaître une voie qui unifie le cœur des hommes. Si quelqu'un est capable de cela, nul territoire ne se détournera de lui pour se donner à d'autres. Car un domaine de cent lis a suffisamment de grades et de dignités à attribuer pour en accorder à tous les sages de l'Empire, il comporte suffisamment de postes à pourvoir pour y appeler tous les gens capables de l'Empire, s'y conformer aux anciennes lois en choisissant ce qu'elles ont de meilleur et en l'appliquant avec clairvoyance est suffisant pour convaincre et soumettre les gens intéressés. Réunir tous les sages, donner des postes aux gens capables, obtenir l'obéissance des gens intéressés, ces trois caractéristiques font qu'on accourt de tout l'Empire sans qu'il y ait besoin d'autres raisons.

Ainsi donc un domaine de cent lis peut-il assumer toutes les responsabilités de l'Empire. Le summum de la loyauté et de la confiance, l'éclat de la Vertu Suprême et de l'équité rituelle, voilà qui suffit à conquérir le cœur des hommes. Réunir les deux, c'est subjuguer l'Empire, et les Grands qui viendront ensuite se joindre à celui qui aura réussi cela auront commencé par se sentir en danger. Il est dit dans le *Livre des Odes* : « De l'Orient à l'Occident, du Midi au Septentrion, chacun se soumit à lui de cœur [9]. » C'est là ce que j'appelle unir les hommes.

Yi et son disciple Feng Meng furent des archers excellents, Wang Liang et Zao Fu étaient d'excellents conducteurs de char. Un homme accompli, s'il est clairvoyant et avisé, doit exceller dans l'art de guider les hommes. Lorsque les hommes se sentent guidés, l'autorité est alors reconnue mais s'ils ne suivent pas, l'autorité se perd. C'est pourquoi tout l'art d'être Roi consiste à savoir guider les hommes. Un Souverain, s'il cherche un excellent archer, doit le choisir tirant de loin sur une cible petite et nul ne saurait en cela surpasser un Yi ou un Feng Meng. Si c'est un excellent conducteur de char qu'il recherche, capable d'aller vite et loin, nul là-dessus ne surpassera un Wang Liang ou un Zao Fu. S'il cherche à édifier et à unifier l'Empire en soumettant les pays de Qin et de Chu [10], nul pour cela ne surpassera un homme accompli, clairvoyant et avisé qui use

9. *Cheu King, op. cit.,* Ode 244, 6e strophe.
10. Les deux États les plus puissants du temps de Xun Zi, c'est le Qin qui réussit à unifier la Chine et à créer l'Empire historique en 221 A.C.

sobrement de son intelligence, dont l'action est efficace sans être laborieuse, dont les mérites et le renom sont immenses, qui occupe aisément sa place et goûte ainsi la joie véritable. C'est pourquoi un Prince éclairé le considère comme un trésor et un Prince stupide comme un obstacle.

Être noble comme le Fils du Ciel, riche comme l'Empire tout entier, avoir la gloire des Sages Rois, exercer le pouvoir sur tous les hommes et qu'il ne s'en trouve aucun à l'exercer sur soi-même, c'est ce dont rêvent tous les humains et que seul le Roi détient. Porter des vêtements somptueux, se nourrir de mets aux riches saveurs, se servir d'une multitude d'objets magnifiques, faire régner la concorde dans l'Empire et en être le Prince, avoir à sa table les meilleures nourritures, entendre les plus grandes musiques, avoir les pavillons et les terrasses les plus élevés, les parcs et les jardins les plus vastes, soumettre les Grands et unifier l'Empire, voilà encore ce dont rêvent tous les hommes et que les Rites pratiqués par le Fils du Ciel permettent de réaliser de cette façon. Des règlements bien agencés, une politique soigneusement menée, la peine de mort pour les fonctionnaires qui ont failli à leur tâche, la prison pour les Grands et les Hauts Dignitaires qui manqueraient aux Rites, la destruction irrévocable pour les États des quatre coins de l'Empire qui s'écarteraient de la droiture, une gloire qui ait l'éclat de la lune et du soleil, des mérites aussi grands que le ciel et la terre, les peuples de l'Empire répondant comme l'ombre et l'écho, c'est là toujours ce dont rêvent les humains et qu'il est entre les mains du Roi véritable de pouvoir réaliser.

Il est naturel pour les humains que la bouche apprécie les saveurs et que rien ne lui soit plus plaisant qu'un goût agréable, de même l'oreille apprécie les sons et rien n'est plus grand pour elle que la musique, l'œil apprécie l'aspect des choses et rien ne le sollicite davantage que l'élégance des parures et la beauté des femmes, le corps apprécie le bien-être et rien ne lui est plus plaisant que le calme et la paix, le cœur humain est sensible à l'intérêt et rien ne lui paraît plus précieux en la matière qu'un bon traitement de fonctionnaire. Tout ce que les habitants de l'Empire désireraient avoir, il le possède et il exerce l'autorité suprême en guidant le peuple comme on guide ses enfants et ses petits-enfants. A moins d'être insensé, douteux, stupide, obtus, qui n'éprouverait de la joie en contemplant cela ? Ceux qui désireraient un tel Souverain sont légion, ceux qui sont capables de former de tels hommes se trouvent à chaque génération, alors pourquoi ne se sont-ils point réunis depuis un millénaire ? Je dirai que la cause en est l'indifférence des Princes pour le bien public et le manque de loyauté de leurs sujets. Les Souverains écartent les sages et choisissent par faveur, les sujets se disputent les places et jalousent les sages, voilà pourquoi nul facteur d'union ne peut se faire jour. Pourquoi donc les Souverains n'ont-ils pas l'esprit vaste, étranger à tout favoritisme et à toute interprétation sollicitée de ce qui est noble et de ce qui est vil, en quête seulement de sincérité et de capacité? S'il en était ainsi, leurs sujets n'accorderaient pas tant d'importance à la position sociale mais céderaient le pas à la sagesse et suivraient son exemple. On reverrait alors le temps d'un Shun et d'un Yu, l'œuvre royale s'accomplirait à nouveau, le Souverain réussirait à unir l'Empire et sa gloire égalerait celle de Shun et de Yu. Comment y aurait-il au monde un plus grand bonheur? Hélas! Les Princes devraient bien prêter attention à de tels propos.

A la croisée de plusieurs chemins, Yang Zhu [11] se lamentait : « Si je manque d'un demi-pas le bon chemin, je sens bien que cela me coûtera mille lis d'erreur. » Et cela le consternait. Cette croisée est celle des chemins de l'honneur et de la honte, de la paix et du danger, de la subsistance ou de l'anéantissement, c'est donc à juste titre qu'on peut y éprouver une profonde inquiétude. Hélas, hélas! Nos Princes depuis un millénaire ne s'en rendent plus compte.

Sans État, il n'y a point de bonne ni de mauvaise législation, sans État, il n'y a point de sages ni de mauvaises gens, il n'y a point de peuple zélé ni de peuple difficile, il n'y a point de mœurs admirables ni de mœurs détestables. Si les deux côtés cohabitent dans un même État, il peut subsister; si le premier l'emporte, la paix règne mais si c'est le second, le pays est en péril. Là où le premier est tout entier réuni, un Roi véritable apparaît, là où tout le second est réuni, la catastrophe se fait jour. Ainsi donc, bien gouverner par la loi, un entourage de sages, un peuple plein de zèle et des coutumes admirables sont les quatre piliers de l'ordre, c'est ce que j'appelais réunir le premier côté. S'il en va de la sorte, point n'est besoin de combattre pour vaincre ni d'efforts pour réussir et, toutes armes étant au repos, l'Empire se soumet. Tang à partir de la cité de Bo et le Roi Wu à partir de Hao, les deux étant de petits domaines de quelques centaines de lis, unifièrent l'Empire, assujettirent les Grands et étendirent leur autorité aux quatre coins de l'Empire sans que rien ne leur échappe. Il n'y a pas d'autre cause à cela que ces quatre piliers de l'ordre. Jie et Zhou, bien qu'ils eussent la haute main sur l'Empire, ne purent trouver de gens disposés à collaborer avec eux. Il n'y a pas

---

11. Penseur du temps des Royaumes Combattants (fin du Ve-début du IVe siècle, A.C.), connu pour sa célébration de l'égoïsme s'opposant à la fois à la Vertu d'Humanité des Confucéens et à l'amour universel des partisans de Mo Zi.

d'autre cause à cela que la réunion des quatre facteurs de perdition. Bien que les lois de tous les Rois n'aient pas toujours été en tous points identiques, elles se sont toutes référées à un principe unique.

Nul, en haut de la société, ne doit manquer d'aimer ses inférieurs et de les guider à l'aide des Rites. Ceux d'en haut doivent se conduire envers ceux d'en bas comme envers des enfants que l'on protège. Les décisions politiques, les édits, les règlements sont le moyen de codifier les relations avec le peuple, mais si quelqu'un s'en écarte un tout petit peu, surtout s'il s'agit d'un sans-soutien, abandonné, veuf ou orphelin, il ne faut pas les appliquer dans toute leur rigueur. Ainsi ceux d'en bas aimeront-ils leurs supérieurs et les regarderont-ils comme leurs pères et mères, et ils se feront tuer plutôt que de faillir à leur devoir envers eux. Princes et sujets, supérieurs et inférieurs, nobles et vilains, aînés et puînés, tous jusqu'au petit peuple ne manqueront pas en cela d'exalter la rectitude. Chacun alors, méditant sur soi-même, observe scrupuleusement la répartition rituelle des tâches. C'est là-dessus que tous les Rois insistèrent d'une seule voix et c'est l'axe des Rites et de la loi. A partir de là les paysans se répartissent les champs et les cultivent, les marchands se répartissent les denrées et les écoulent, les artisans se répartissent les travaux et les mènent à bien, les officiers et les Hauts Fonctionnaires se répartissent les responsabilités et sont obéis, les Princes Feudataires fondent des États en se répartissant les territoires et les ont en bonne garde, les Trois Ducs [12] veillent à ce qui est de leur ressort et en assurent le bon fonctionnement, et le Fils du Ciel, en qui tout est personnifié, règne alors dans la paix. Si les choses se déroulent ainsi, tout n'est que calme et justice, tout n'est qu'ordre et discernement, c'est ce qui est commun à tous les Rois et qui constitue la grande répartition opérée par les Rites et la loi.

C'est ainsi que les jours passent et que demeurent l'ordre et la paix, toutes choses sont jaugées et chacune reçoit son usage, les vêtements et les parures de cérémonie prennent forme, palais et maisons sont dessinés, les servants sont en nombre, les rituels religieux et funéraires sont pourvus de tous les objets convenables requis et il en va de même pour toutes choses sous le ciel. Le pied, le pouce, la mesure de huit pieds, la toise deviennent strictement conformes, ce qui permet aux mesures, aux dénombrements et aux estimations d'être convenables. Cela est en effet l'affaire des scribes et des fonctionnaires et n'a pas à être traité devant un Prince accompli. C'est pourquoi un Prince qui place au plus haut la rectitude à sa Cour et qui le montre, qui choisit

12. Il s'agit des trois plus hauts dignitaires.

un homme sincèrement empreint de Vertu Suprême pour s'occuper des affaires, peut demeurer tranquille : le pays sera en ordre. Grand sera son mérite et immense, sa gloire. S'il est un homme de tout premier plan, il sera Roi, sinon il sera Hégémon. Mais s'il ne consent pas à placer au plus haut la rectitude à sa Cour, s'il ne choisit pas pour Premier Ministre un homme sincère et de Haute Vertu, il aura bien de la peine et son pays sera en désordre, son mérite sera nul et sa gloire, ternie, il mettra en danger la terre de ses pères. Voilà qui est crucial pour un Prince. Ainsi donc, s'il est capable de bien choisir un seul homme, l'Empire se donnera à lui mais s'il s'en montre incapable, la terre de ses pères se trouvera en danger. Car il n'y eut jamais personne sous le ciel qui, incapable de bien choisir un seul homme, en pût choisir cent et mille. Une fois, donc, qu'il se sera montré capable du choix heureux de cet homme adéquat, quelle peine éprouverait-il dans son action ? Il portera avec sérénité les vêtements de sa charge et l'Empire sera stable. C'est pour cela que Tang fit appel à Yi Yin, le Roi Wen à Lu Shang, le Roi Wu à Shao Gong et le Roi Cheng à Zhou Gong. Les Cinq Hégémons se montrèrent moins élevés, tel Huan de Qi qui, dans le gynécée de son Palais, n'avait cure que de plaisirs et de musiques lascives et ne passait guère aux yeux du monde pour un homme de bien. Il rassembla cependant les Grands et sut unifier et redresser l'Empire. Il n'y a point d'autre cause à ce qu'il ait pu être le plus important des Cinq Hégémons que le choix qu'il fit de confier le gouvernement à Guan Zhong. C'est là une qualité primordiale pour un Prince. Lorsqu'un homme intelligent parvient à drainer les forces vives de la société, il attire la réussite et la gloire. Qu'y aurait-il à faire sans cela ? C'est ainsi que ceux parmi les Anciens dont les mérites et la gloire furent grands ont évidemment suivi cette voie-là et ceux qui, menant leur pays à sa perte, encourent eux-mêmes les plus graves dangers, font tout le contraire. C'est pourquoi Confucius a dit : « Le savoir de l'homme intelligent couvre bien des domaines mais il sait en délimiter l'exercice. Sa compétence n'est-elle pas manifeste ? Le savoir du sot ne va pas bien loin mais il touche à tout. Sa compétence n'est-elle pas bien faible ? » Tel était le sens de mon propos.

De bons gouvernants ont soin d'établir une répartition précise des fonctions de chacun. Ainsi le Souverain, le Premier Ministre, les Ministres et tous les fonctionnaires subalternes savent-ils tous ce dont ils ont à connaître et ne vont pas s'enquérir de ce dont ils n'ont point à connaître. Chacun veille bien à ce qui le regarde et ne va pas voir ce qui ne le regarde pas. Chacun veille sincèrement à ce que soit bien fait tout ce qui est de son ressort. Alors les populations, même des régions les plus lointaines, les plus obscures, les plus reculées ne se hasardent point à ne pas respecter la répartition rituelle établie, l'ordre, le règlement et obéissent à leurs supérieurs. Voilà ce qui témoigne d'un bon gouvernement.

La voie du Souverain est de faire régner l'ordre ici, non là-bas; de le faire dans la clarté, non dans l'obscurité; dans l'unité, non dans la multiplicité. S'il est capable de bien gouverner ici, l'ordre régnera là-bas; s'il est capable de le faire dans la clarté, l'obscurité s'éclaircira; s'il le fait dans l'unité, toutes choses seront rectifiées. S'il est obéi de tout l'Empire, il aura plus de temps dans une journée que de tâches à accomplir et cela, c'est le summum du bon gouvernement. Certains croient pouvoir régir ce qui est proche et en même temps s'occuper de ce qui est loin, ils croient pouvoir en même temps agir dans la clarté et aller voir ce qui est obscur, se consacrer à une chose et en rectifier des centaines. Cela est excessif et excéder ne vaut guère mieux que ne pas atteindre. C'est la situation d'un arbre bien droit qui voudrait avoir une ombre courbe! D'autres, incapables de régir ce qui est autour d'eux, veulent s'occuper de régir ce qui est loin; incapables de discerner clairement une situation, ils s'en vont scruter ce qui est obscur; incapables d'un seul bon choix, ils veulent s'occuper de centaines d'affaires. Ce sont des fauteurs de troubles, ils ressemblent à un arbre tors qui voudrait avoir une ombre droite!

Car un Souverain éclairé s'attache à ce qui est primordial, tandis qu'un Souverain obscur s'attache à chaque petit détail. Or, si le Souverain s'attache à ce qui est primordial, toutes les affaires seront faites en détail mais s'il s'attache lui-même à chaque détail, les affaires s'en porteront fort mal. Le Prince doit procéder au choix d'un Premier Ministre, il doit mettre en place une législation unique, définir clairement un unique principe directeur afin que tout soit tenu, régi et illuminé, sa réussite alors sera visible aux yeux de tous. Un Premier Ministre doit être bon juge du choix de ceux qui dirigent la multitude des fonctionnaires, veiller à ce que toutes les affaires soient bien conduites afin que les tâches soient convenablement réparties tant à la Cour que parmi les Ministres et jusqu'au sein des petits fonctionnaires. Il jauge les mérites et les peines de chacun, distribue récompenses et félicitations et, une fois l'année terminée, présente au Prince un bilan du travail accompli. S'il a été bien choisi, il peut faire tout cela, sinon il manquera à sa tâche. C'est pourquoi le choix d'un Premier Ministre est un grand souci pour le Prince et il peut être tranquille s'il y a réussi.

Ceux qui sont à la tête des pays reçoivent les richesses provenant du travail de leur peuple, ils reçoivent une puissance à la mesure du sacrifice que le peuple leur fait de sa vie, ils reçoivent les honneurs que le peuple leur prodigue. S'ils reçoivent bien ces trois choses, l'Empire trouve sa voie mais s'ils les gaspillent, l'Empire tombe en décadence. Celui qui met l'Empire sur la Voie est appelé Roi, celui qui le mène en décadence est appelé à disparaître. Tang des Shang et Wu des Zhou ont suivi la Voie, ils ont pratiqué l'équité rituelle, ils ont suscité ce qui allait dans l'intérêt de tout l'Empire et ont évité ce qui pour tout l'Empire était nuisible. L'Empire de la sorte a trouvé sa voie. Ainsi la profondeur, la vertu, le prestige sont-ils ce par quoi l'on prime; la clairvoyance, les Rites et l'équité rituelle sont les moyens de diriger; agir dans la loyauté et la confiance permet l'affection; exalter la sagesse et employer le talent sont le moyen d'établir une hiérarchie; les dignités, les responsabilités, les récompenses, les félicitations témoignent de l'importance accordée à ceux qui se les voient décerner; accomplir à temps sa tâche et accepter d'un cœur léger de s'en voir chargé, cela assure le règne de l'harmonie; rassembler et dominer le peuple, le nourrir et l'éduquer, c'est s'en occuper comme on le ferait d'un enfant.

Assurer la vie du peuple, c'est faire œuvre de grandeur; employer le peuple, c'est aller dans le sens des choses. Les décisions politiques, les édits, les règlements sont les moyens de codifier les relations avec le peuple, mais si quelqu'un s'en écarte un tout petit peu, surtout s'il s'agit d'un sans-soutien, abandonné, veuf ou orphelin, il ne faut pas les appliquer dans toute leur rigueur. Le peuple alors honorera le Souverain à l'égal des Empereurs de l'Antiquité, il le chérira comme ses pères et mères, il sera prêt pour lui à sacrifier sa vie avec joie et il n'y aura pas d'autre cause à cela que la Voie, la vertu, la sincérité, la clairvoyance, l'intelligence et la profondeur du Souverain.

Durant les époques de désordre, il n'en va pas ainsi : des éléments troubles, fâcheux, violents, malhonnêtes sont mis en avant; la soif de pouvoir et un goût pervers de l'autorité se manifestent; on fait venir des bouffons, des nains et des courtisanes pour semer la perturbation; on appelle des sots pour enseigner aux gens intelligents et des gens indignes pour gouverner les sages; le peuple est maintenu dans une misère extrême et on le fait travailler avec la plus grande dureté. C'est pourquoi les peuples méprisent leurs Princes comme des sorcières, ils les exècrent comme des démons et n'attendent que l'occasion de s'unir pour les renverser et les chasser. Lorsque les choses tournent mal pour un Prince de cette sorte et qu'il s'attend à ce que son peuple se sacrifie pour lui, il n'en obtient rien et il n'arrive à convaincre personne avec ses théories.

Confucius disait bien : « Prends garde à la façon dont tu en uses avec autrui, c'est ainsi qu'autrui en usera envers toi. »

Comment font certains pour mettre un pays à mal ? Voici : ils mettent à la tête du peuple des gens de rien qui font les importants, des gens sans foi ni loi manipulent le peuple et lui déguisent la vérité, c'est là le plus grand malheur qui puisse frapper un pays. Le Souverain d'un grand pays qui s'attache à regarder ses petits intérêts met son pays à mal. Celui qui, mêlant la musique, la débauche, le luxe des pavillons, des terrasses, des parcs et des jardins, ne pense qu'à son plaisir et à rechercher des sensations neuves, celui-là met son pays à mal. Celui qui, loin de se consacrer à cultiver et améliorer ce qu'il a, jalouse ce qu'ont les autres et les envie, celui-là met son pays à mal. Avoir en soi ces trois vices et s'attacher à détourner les tâches de leur fin en les faisant exécuter par des hommes qui ont soif de pouvoir et un goût pervers pour l'autorité, c'est mettre son pouvoir en mauvaise posture, couvrir son nom de honte, mettre en danger la terre de ses pères. Voilà qui est mettre à mal son pays. Le Souverain d'un grand État qui déroge aux principes de la moralité, qui ne tient pas en honneur les lois anciennes et qui s'attache à tromper et mentir entraîne toute la Cour à suivre son exemple en prenant pour habitude de n'honorer ni les Rites ni l'équité rituelle mais de préférer un goût pervers de l'autorité. Si la Cour adopte de telles coutumes, le petit peuple suivra à son tour et prendra l'habitude de n'honorer ni les Rites ni l'équité rituelle, préférant avidement ses intérêts matériels immédiats. A partir du moment où tous, du Prince aux sujets, auront acquis une telle mentalité, le pays aura beau être vaste, le pouvoir sera amoindri ; les hommes auront beau être nombreux, les armées seront faibles ; les peines et les châtiments auront beau être multipliés, les ordres ne passeront plus. Voilà ce que j'appelle conduire un pays sur la voie du danger, et c'est bien là mettre un pays à mal.

Les Confucéens n'agissent pas de la sorte : ils savent définir une bonne politique. La Cour, chez eux, sait parfaitement honorer les Rites et l'équité rituelle et discerner le noble du vil. Ainsi tous les officiers et les Hauts Fonctionnaires respectent-ils, fût-ce au péril de leur vie, les règles fondamentales. Les fonctionnaires veillent à une équitable application des règlements et particulièrement à leurs propres travaux et rétributions, de sorte que tous les petits employés de l'État craignent la loi et respectent sa justesse. Les passes, les marchés, les douanes ne sont pas prétextes à impôts, les règlementations du commerce et les interdictions ne sont pas tournées, de sorte que tous les marchands sont francs, honnêtes et ne fraudent pas. Les artisans procèdent à temps aux coupes de bois et ne sont pas avares de leur temps en regard de la qualité de leur travail, ainsi nul d'entre eux ne manque à la loyauté et à la confiance et il n'y a pas de tricheur parmi eux. Les cantons et les villages voient diminuer les impôts sur les terres, les taxes baissent, le poids des corvées est allégé, on ne prend pas aux paysans de temps sur les travaux agricoles, ainsi aucun d'entre eux ne délaisse-t-il les tâches paysannes pour faire autre chose.

Or, lorsque les officiers et les Hauts Fonctionnaires respectent, fût-ce au péril de leur vie, les règles fondamentales, les armées sont fortes. Lorsque les employés de l'État craignent la loi et en respectent la justesse, le pays pour longtemps est exempt de désordres. Lorsque les marchands sont francs et honnêtes, ne fraudent pas et voyagent en sécurité, les biens et les denrées circulent et le pays voit ses besoins satisfaits. Lorsque les artisans travaillent en toute loyauté et confiance, sans tricherie aucune, ils fabriquent des objets utiles et sans défauts. Lorsque les paysans s'adonnent aux travaux agricoles à l'exclusion de toute autre tâche, en haut le rythme céleste est respecté, en bas l'intérêt de la terre est préservé, et au milieu l'harmonie règne parmi les humains. Toutes tâches sont alors menées à bien sans faillir. C'est là ce que j'appelle une politique et des ordres efficaces, des us et coutumes admirables. Ainsi ce que l'on garde est assuré, les conquêtes sont affermies, on demeure dans la gloire et on entreprend avec succès. C'est là ce que j'appelais la manière dont les Confucéens savent définir une bonne politique.

XII

LA VOIE DU PRINCE

Il y a des Princes de désordre, il n'y a pas de pays de désordre; il y a des hommes qui assurent l'ordre, il n'y a pas de règles qui assurent l'ordre. Les règles de l'archer Yi n'ont certes pas été oubliées mais il n'y a pas de Yi à toutes les époques, les règles de Yu le Grand sont toujours valables mais les Xia n'ont pas toujours donné des Rois véritables. Car une règle ne s'érige pas d'elle-même, une méthode ne saurait être efficace par elle-même, elles subsistent si elles rencontrent les hommes qu'il faut, sinon elles disparaissent. La règle est le commencement de l'ordre, l'homme accompli est à l'origine de la règle. C'est pourquoi s'il se trouve un homme accompli, quelque modeste que soit la règle, elle deviendra universelle, mais s'il ne s'en trouve point, quelque élaborée que soit la règle, les choses se succéderont en ordre incohérent, nulle réponse ne sera apportée aux situations nouvelles et l'anarchie s'installera. Si l'on n'est pas conscient de la valeur de la règle et que l'on veuille légiférer, on aura beau le faire aussi grandement que possible, cela tournera au désordre. C'est pourquoi le Souverain éclairé consacrera tous ses efforts au choix des hommes tandis que le mauvais Souverain ne se préoccupera que de son pouvoir. En se préoccupant avant tout du choix des hommes, le premier sera serein et son pays en ordre, sa réussite sera grande et sa gloire admirable. S'il est un homme de tout premier plan, il pourra être Roi et, sinon, Hégémon. Mais si, au lieu de se préoccuper du choix des hommes, il se consacre avant tout à accroître son pouvoir, il ne connaîtra pas le repos et son pays sombrera dans le désordre, son succès sera compromis, son nom couvert de honte et la terre de ses pères en grand danger. C'est pourquoi un Prince doit consacrer beaucoup d'efforts au choix de ceux qui le secondent afin de pouvoir se reposer sur ceux qu'il a choisis. Le *Livre des Documents* dit : « Le Roi Wen était parfaitement scrupuleux, il alla choisir un seul homme[1]. » Cela illustre bien mon propos.

---

1. Extrait d'un chapitre perdu.

Réunir les tablettes de bambou, scinder en deux les tablettes contractuelles, c'est ainsi que se témoigne la confiance [2]. Mais si, en haut lieu, on se montre assoiffé de pouvoir, les Ministres, les fonctionnaires de tout rang et les gens malhonnêtes en prendront exemple et tromperont leur monde. Des calculs scrupuleux et une bonne répartition des richesses vont dans l'intérêt du bien public, mais si, en haut lieu, on se plaît à détourner à son profit, les Ministres et les fonctionnaires de tout rang en prendront exemple et détourneront à leur tour. Une rigoureuse honnêteté dans le maniement des poids et des balances est une garantie de justesse, mais si, en haut lieu, on se plaît à les fausser, les Ministres et les fonctionnaires de tout rang en prendront exemple et se méconduiront. L'exactitude du contenu des mesures à grain [3] est ce qui les rend dignes de foi, mais si, en haut lieu, on se complaît dans l'avidité, les Ministres et les fonctionnaires de tout rang, prenant beaucoup et donnant peu, dépouilleront le peuple sans vergogne. Ainsi donc les poids et les mesures sont-ils à intégrer à une bonne politique, mais ils n'en constituent point la source, qui est l'homme accompli. Le fonctionnaire doit veiller à la justesse des calculs, l'homme accompli s'occupe de ce qui est la source même [du bon fonctionnement de la société]. Si la source est pure, ce qui en découle est pur, si elle est trouble, trouble est ce qui en découle. C'est pourquoi, si en haut l'on aime les Rites et l'équité rituelle, si l'on honore la sagesse et que l'on emploie le talent, si l'on n'a nulle avidité au cœur, en bas on sera humble et effacé, tout à fait loyal et confiant, remplissant avec scrupule les devoirs incombant aux fils et aux sujets. Alors, même si l'on a affaire à de petites gens, point ne sera besoin de réunir les tablettes de bambou ni de partager les tablettes contractuelles pour que la confiance règne, de surveiller les comptes et la répartition des richesses pour que le bien public soit sauf, de vérifier les poids et les balances pour que règne l'équité, d'inspecter les mesures à grain pour que règne l'honnêteté. Il n'est plus la peine, alors, d'utiliser les récompenses pour que le peuple soit encouragé ni les châtiments pour qu'il obéisse, ceux qui occupent des charges viennent sans peine à bout de leurs tâches, la politique suivie et les ordres donnés le sont simplement et chacun prend d'excellentes habitudes, il n'est personne au sein du peuple qui ose ne pas obéir à la loi

2. La notification d'une investiture ou d'une mission, la matérialisation d'accords ou de contrats se faisaient au moyen de tablettes de bambou, de bois ou d'autre matériau dont le Souverain confiait à l'un de ses sujets une moitié alors qu'il gardait l'autre, ou bien que les deux parties contractantes se partageaient.

3. L'un des grands griefs qui traverse toute l'histoire de la Chine...

émanant du Prince, ne pas conformer ses volontés aux siennes, ne pas abonder dans le sens de ses entreprises et cela dans la paix et la joie. Ainsi les impôts et les taxes cessent-ils d'être excessifs, les tâches et les travaux trop fastidieux, les incursions ennemies si lourdes en pertes. Dans de telles conditions, villes et places n'ont pas besoin d'être renforcées pour tenir, ni les armes d'être fourbies pour intimider, les pays ennemis n'attendent pas d'être réduits pour s'incliner et les peuples entre les quatre mers n'attendent pas qu'on leur en donne l'ordre pour s'unir. C'est là ce que j'appelle la perfection de ce qui est juste. Le *Livre des Odes* dit : « Les intentions de l'Empereur sont certaines et sincères, aussi les habitants de Xu se donnent-ils à lui [4]. » Ce qui illustre bien mon propos.

« Peut-on demander comment doit agir un Prince ? » Je dirai qu'il doit, par le moyen des Rites, procéder à une convenable répartition des tâches, en ayant constamment le souci d'être équitable en toutes choses. « Peut-on maintenant demander comment doit se comporter un sujet ? » Je dirai qu'il doit servir son Prince par le moyen des Rites et suivre les règles de la loyauté sans en rien négliger. « Comment doit se comporter un père ? » Large et bienveillant, il observe les Rites. « Et un fils ? » Respectueusement affectueux, il est toute bonté. « Comment doit se comporter un frère aîné ? » Indulgent et affectueux, il se montre comme un ami. « Et un frère cadet ? » Il s'incline avec respect et n'a aucune suffisance. « Que doit faire un époux ? » Il atteint l'harmonie en évitant tout laisser-aller, il est vigilant et observe les différenciations rituelles. « Et une épouse ? » Si son mari observe les Rites, elle est douce, soumise, obéissante, serviable ; si son mari néglige les Rites, elle en conçoit de l'effroi mais conserve une attitude respectueuse. Suivre mal cette voie, cela est source de désordre, bien l'observer est gage d'ordre et que tout soit à sa place. « Peut-on demander comment combiner les talents ? » Voici : il faut accorder aux Rites une attention profonde. Les Anciens Rois étaient profondément attentifs aux Rites et une universelle grandeur a régné sur l'Empire. Tout ce qu'ils entreprenaient était adéquat. Ainsi l'homme accompli est-il plein de bonté et il ne rencontre pas de difficultés, il est respectueux et vit sans crainte, même réduit à la misère, il est sans contrainte, riche et honoré, il est sans orgueil, aucune situation ne le voit sans ressource, il accorde aux Rites une attention profonde. L'attitude de l'homme accompli envers les Rites est donc de respect et de sérénité. Face aux affaires du monde, il va son chemin et ne faiblit pas. Dans ses rapports avec autrui, il est aussi avare de reproches qu'ouvert et généreux

---

4. *Cheu King, op. cit.,* Ode 263, 6ᵉ strophe.

mais sans tomber dans la flatterie. Vis-à-vis de lui-même, il s'efforce de garder une attitude correcte sans jamais s'en départir. Sa réponse aux changements extérieurs est efficace et rapide, il ne connaît pas là le doute. En regard du ciel, de la terre, des dix mille êtres, on ne saurait dire qu'il est à leur origine mais il sait tirer le meilleur parti de leurs qualités. Pour ce qui est des tâches des fonctionnaires, de l'habileté et de l'industrie des hommes, loin d'entrer en compétition avec eux, il sait au mieux utiliser leurs compétences. Envers ses supérieurs, il est d'une loyauté et d'une obéissance sans faille et il est tout à fait juste et impartial envers ses inférieurs. Il recherche ses pairs pour amis, dans le respect des devoirs rituels. Envers ceux qui demeurent dans des campagnes retirées, il est large d'esprit sans bousculer les Rites. C'est pourquoi il connaîtra la gloire même s'il est dans la misère et il réussira, quelque lointain que soit son but. C'est, avec lui, la plus profonde Vertu qui tiendra sans défaillance les rênes de l'Empire, son intelligence pénétrante saura aller dans le sens profond du ciel et de la terre et répondre avec certitude aux multiples transformations du monde. Un caractère et une énergie tournés vers l'harmonie et la justice, des intentions et des pensées aussi vastes qu'élevées, une conduite et un sens de l'équité rituelle qui rayonne partout entre ciel et terre, le summum de la Vertu et de l'intelligence, voilà qui fait ce que j'appelle un Grand Sage accordant aux Rites une attention profonde.

« Peut-on demander ce que doit faire un pays ? » A cela je répondrai que, si l'on m'a instruit des efforts à entreprendre pour se cultiver soi-même et s'améliorer, jamais je n'ai entendu parler de ce que doit faire un pays. La conduite du peuple est le reflet de la conduite du Prince, une conduite correcte appelle donc un reflet correct. Le Prince est un récipient et le peuple est l'eau qui est dedans : si le récipient est rond, l'eau est ronde aussi. Si le Prince est un archer, ses sujets sont le doigtier qu'il porte à la main droite. Le Roi Ling de Chu aimait les tailles fines, aussi y avait-il à sa Cour des gens qui souffraient de la faim. C'est pourquoi je disais qu'on m'a bien instruit sur les efforts qu'il convient de faire pour se cultiver et s'améliorer soi-même, mais jamais je n'ai entendu parler de ce que doit faire un pays.

Le Prince est la source du peuple : si la source est pure, les eaux qui s'écoulent sont pures, si elle est trouble, les eaux sont troubles elles aussi. C'est pourquoi ceux qui, ayant en main les destinées de la terre de leurs pères, ne sont pas capables d'aimer leur peuple ni d'en défendre les intérêts auront beau exiger de lui une affection filiale, ils n'en obtiendront rien. Or, exiger d'un peuple qui ne nourrit envers

soi nulle affection filiale un dévouement jusqu'à la mort, cela
ne se peut pas. Attendre d'un peuple que l'on ne peut ni
employer ni inciter au dévouement qu'il fournisse des armées
puissantes et des places fortes imprenables, cela ne se peut
pas non plus. Exiger d'une armée sans force et de villes sans
défense qu'elles arrêtent l'ennemi, voilà qui est impossible.
Les ennemis une fois entrés, s'attendre à ne subir aucun
danger, aucun dommage, aucune ruine, ce n'est pas possible.
Accumuler les occasions de risques, de dommages et de ruines
tout en attendant la paix et la joie, c'est pure folie, car c'est
folie de ne penser qu'à son plaisir immédiat. Si, en effet, un
Souverain désire affermir sa puissance et goûter au bonheur
dans la paix, il n'a rien de mieux à faire que de se pencher
sur son peuple et s'il souhaite asseoir son autorité et unifier
le peuple, il ne saurait rien faire de mieux que d'en revenir
à une bonne politique. S'il espère instaurer une bonne politique
et assainir les mœurs, rien ne vaut pour cela d'aller quérir
les gens qu'il faut. Or ceux-ci sont légion et il y eut toujours,
à chaque époque, des hommes capables de les trouver; bien
qu'ils soient nos contemporains, ils tournent leurs pensées vers
la Voie d'autrefois. Même s'ils ne sont guère prisés des Rois
et des Princes, que l'homme de bien les apprécie, quitte à
être le seul. Si Rois et Princes n'agissent point de la sorte,
que l'homme de bien le fasse tout de même, quitte à être le
seul. Même si apprécier une telle conduite mène à la pauvreté,
même si agir ainsi aboutit à la misère, c'est ce que fera un
homme de bien, sans se décourager un seul instant. De toute
évidence, il est le seul à comprendre clairement les raisons
pour lesquelles les Anciens Rois acquirent et perdirent le
pouvoir, le seul aussi à savoir distinguer aussi bien que le
blanc du noir les facteurs de paix et de danger, de force et
de faiblesse d'un pays. Utiliser grandement un tel homme,
c'est unifier l'Empire et assujettir les Grands; l'utiliser moin-
drement, c'est déjà tenir en respect ses voisins et ses ennemis;
être incapable de l'employer mais ne pas le laisser quitter le
pays, c'est assurer au pays une existence sans catastrophes.
Ainsi donc, si un Prince porte de l'affection à son peuple, la
paix règne et s'il apprécie les gens de valeur, il est honoré.
Mais s'il n'a aucune de ces deux qualités il est voué à
disparaître. Le *Livre des Odes* dit bien que : « Les hommes
d'une grande vertu sont comme la haie de l'Empire, la
multitude du peuple en est le mur[5]. »

    « Qu'est-ce donc que la Voie ? » Je dirai que c'est le chemin
que doit suivre le Prince. « Que dire alors du Prince ? » Je dirai

---

5. *Ibid.*, Ode 254, 7e strophe.

que c'est celui, primant sur les autres, qui sait les rassembler [6].
« Qu'est-ce que ce talent de rassembler les hommes ? » Je dirai
que cela consiste à exceller dans l'art de les faire vivre et de
les éduquer, de les répartir et de les gouverner, de les mettre
en valeur et de les employer, de les former et de les cultiver.
Celui qui excelle à faire vivre et à éduquer les hommes est
traité par eux en père, celui qui excelle à les répartir et à les
gouverner en est paisiblement obéi, celui qui excelle à les mettre
en valeur et à les employer reçoit d'eux toutes sortes de joies,
celui qui excelle à les protéger et à les cultiver en est honoré.
L'Empire reviendra à celui qui saura cumuler ces quatre qualités.
Voilà ce que j'appelais le talent de rassembler les hommes.
Celui qui est incapable de faire vivre et d'éduquer les hommes
ne saurait être traité par eux comme un père, celui qui ne sait
ni les répartir ni les gouverner n'en est point obéi paisiblement,
celui qui est incapable de les mettre en valeur et de les employer
ne reçoit d'eux nulle joie, celui qui ne sait ni les former ni les
cultiver n'est pas honoré d'eux. L'Empire se détournera de celui
qui néglige ces quatre points et il est ce que j'appelle un homme
vil. C'est pourquoi l'on dit que tant que subsiste la Voie, l'État
lui aussi subsiste mais si la Voie se perd, l'État se perd lui aussi.

Qu'on réduise le nombre des artisans et des marchands pour
rendre plus nombreux ceux qui travaillent la terre, qu'on mette
fin aux agissements des voleurs et des brigands, qu'on mette
hors d'état de nuire les gens mauvais et pernicieux, c'est ainsi
qu'on fait vivre et qu'on éduque les hommes. Que le Fils du
Ciel soit assisté des Trois Ducs, les Grands d'un Premier
Ministre et les Hauts Fonctionnaires des fonctionnaires de tous
les services [7], que les officiers prennent leur tâche à cœur et
que nul ne s'écarte de la loi ni du souci du bien public, c'est
ainsi qu'on répartit et qu'on gouverne les hommes. Que la place
de chacun lui soit attribuée selon ses vertus, que des postes de
fonctionnaires viennent reconnaître les aptitudes, que partout il
y ait la bonne personne au bon endroit, que les plus grands
sages soient choisis pour être les Trois Ducs, que ceux qui les
suivent en sagesse soient les Grands et ceux qui viennent après,
hauts fonctionnaires et officiers, c'est ainsi qu'on met les hommes
en valeur et qu'on les emploie. Qu'on veille aux coiffes et aux
vêtements de cérémonie, à l'élégance et au raffinement des
manchettes et des parements brodés, aux objets ciselés, gravés,

6. C'est en introduisant le jeu de mots français Prince-primer que nous avons
tenté de rendre une équivalence du jeu de mots chinois entre *jun* (Prince) et
qun (rassembler) qui contient la graphie du précédent.
7. Il faut voir ici une critique des Princes qui s'entouraient indûment de
l'apparat rituellement dévolu au seul Fils du Ciel, usurpant ainsi les prérogatives
revenant au Trône.

entaillés, sculptés correspondant tous à un rang et à une situation donnés, c'est ainsi qu'on forme et qu'on cultive les hommes. Alors, depuis le Fils du Ciel jusqu'au petit peuple, il n'est personne qui ne mette ses aptitudes en valeur, qui ne reçoive ce qu'il espérait, qui n'accomplisse sa tâche dans la paix et la joie, cela est commun à tous. On a de quoi se vêtir confortablement et se nourrir à satiété, la paix règne où l'on demeure et voyager est agréable, tout est fait en temps utile, les règlements sont clairs, rien ne manque, cela aussi est commun à tous. Et si l'on voit une profusion d'ornements de toutes sortes et de mets rares et précieux, cela est signe d'abondance. Les Sages Rois utilisaient les signes de cette abondance pour rendre manifeste une hiérarchie parmi les hommes : il s'agissait, en haut, de souligner les mérites des sages et des gens de valeur et de différencier clairement le noble du vilain; en bas, il s'agissait de souligner la prééminence des aînés sur les plus jeunes et de différencier clairement la famille des relations. Ainsi, que ce soit à la Cour ou dans les familles, l'Empire tout entier avait-il conscience qu'on ne faisait pas cela pour introduire des discordances mais bien pour rendre évidente une répartition sociale capable de sécréter un ordre qui dure des siècles et des siècles. Le Fils du Ciel et les Grands doivent donc avoir à cœur de ne pas se livrer au gaspillage, les officiers et les Hauts Fonctionnaires, de ne pas observer une conduite relâchée ni licencieuse; les fonctionnaires et les employés, de ne pas négliger leurs tâches; le peuple, de ne pas prendre de mauvaises habitudes, de façon que plus personne ne se rende coupable de vol ou de banditisme et que les aptitudes de tous soient au service de l'équité rituelle et contribuent à la rendre universelle. C'est pourquoi j'affirme que l'ordre permet de faire régner l'abondance jusque dans le peuple alors que le désordre engendre la nécessité jusque chez les Rois et les Princes. Tel était le sens de mon propos.

La forme la plus élevée de la Voie consiste, d'une part, à exalter les Rites et à atteindre la perfection de la loi afin que l'État connaisse la pérennité, d'autre part, à honorer la sagesse et à employer les talents afin que le peuple soit conscient de la direction à suivre, elle consiste aussi à prendre en compte l'intérêt et le point de vue du bien public afin que le peuple ne doute pas, à récompenser l'effort et à punir la paresse afin que le peuple ne soit pas négligent. Que l'on obéisse à tout cela, faisant régner ordre et intelligence, alors l'Empire retrouvera la Voie. Après quoi, on procédera à une claire répartition des responsabilités, on établira une hiérarchie des tâches, on choisira des méthodes efficaces et des fonctionnaires compétents. On veillera à ce que tout soit en ordre et dans le sens des choses. Alors la Voie commune, en réussissant pleinement, barrera la route aux intérêts particuliers, un sens commun de l'équité rituelle se fera jour, faisant cesser toute recherche de profits personnels. Ainsi, ceux dont les vertus sont profondes se manifesteront tandis qu'il sera mis fin aux agissements des beaux parleurs, les gens avides et intéressés reculeront, laissant la place à des hommes frugaux et désintéressés. Il est dit dans le *Livre des Documents* : « Celui qui devance le temps opportun sera condamné sans rémission, celui qui laisse passer le temps opportun sera condamné sans rémission [8]. » Lorsque les gens s'accoutument à leurs tâches et s'y tiennent, ils deviennent aussi peu interchangeables que ne le sont entre eux les organes des sens, oreilles, yeux, nez et bouche. C'est pourquoi le peuple n'est pas négligent lorsque les responsabilités sont bien réparties, les choses se font dans l'ordre lorsqu'une hiérarchie est bien établie, nulle tâche ne reste en souffrance lorsque, faisant régner ordre et intelligence, on obéit à tout cela. Tous alors, depuis les Ministres et les fonctionnaires subalternes jusqu'au petit peuple, veillent sur eux-mêmes et savent garder paisiblement la place qui est la leur, ils exercent sincèrement leurs compétences et reçoivent les responsabilités correspondantes. Le peuple s'améliore, les gens de peu s'amendent et nul, parmi les jaloux et les méchants, ne manque de se repentir. C'est là ce qui s'appelle le summum d'une bonne politique d'éducation. Dans ces conditions, le Fils du Ciel n'a pas besoin de regarder pour voir, d'écouter pour entendre, de réfléchir pour savoir ni d'entreprendre pour réussir. Il siège, seul, et tout l'Empire lui obéit comme un seul corps, comme les quatre membres obéissent à une même volonté. C'est là ce qui s'appelle la forme la plus élevée de la Voie. Le *Livre des Odes* dit : « Un caractère enclin à la déférence et au respect est le fondement de la vertu [9]. » Tel était le sens de mon propos.

Parmi ceux qui détiennent le pouvoir, il n'en est aucun qui ne désire la puissance et qui n'ait la faiblesse en aversion, aucun qui ne désire la paix et n'ait le péril en aversion, qui ne désire l'honneur et n'ait la honte en aversion, c'est là ce que Yu le Grand et l'infâme Jie ont en commun. Quelle voie faut-il suivre pour obtenir les trois premiers et éviter les trois derniers ? Je dirai qu'il n'y a pas de meilleure marche à suivre que de choisir judicieusement son Premier Ministre. Ni un homme intelligent mais sans Haute Vertu, ni un homme vertueux mais dépourvu d'intelligence ne saurait convenir car c'est la combinaison des deux qui fait d'un Premier Ministre le trésor d'un Souverain et

8. Extrait d'un chapitre perdu.
9. *Cheu King*, op. cit., Ode 256, 9e strophe.

le bras droit d'un Roi ou d'un Hégémon. Ne pas tout faire pour le trouver, c'est manquer d'intelligence; l'avoir et ne pas l'utiliser, c'est manquer de Haute Vertu. Compter sur la chance pour réussir, en l'absence de l'homme qui conviendrait, est la plus grande sottise que l'on puisse faire.

Les Princes d'aujourd'hui ont de graves défauts : ils veulent bien utiliser les compétences des sages mais ils prennent des gens indignes pour les évaluer, ils veulent bien laisser réfléchir les gens intelligents mais ils prennent des sots pour les juger, ils veulent bien des officiers à la conduite irréprochable mais ils prennent des gens troubles et malfaisants pour mettre leur droiture en doute. Qu'obtiennent-ils donc, malgré tout leur désir de réussir? Ils ressemblent à un arbre bien droit qui aurait peur que son ombre ne soit courbe. C'est la plus grande erreur de jugement que l'on puisse faire.

Un proverbe dit que la beauté des femmes fait le malheur des sots, de même un homme droit et dévoué au bien public est une souffrance pour le vulgaire, un homme qui suit la Voie est un ennemi pour les gens troubles et malfaisants. On laisse aujourd'hui ces derniers étaler leurs turpitudes tout en cherchant des hommes sans défauts. Comment les trouverait-on? Cela ressemble à un arbre tors qui voudrait avoir une ombre droite, il n'y a pas plus grande incohérence.

C'est pourquoi les Anciens n'en usaient pas ainsi : ils suivaient la Voie dans le choix des hommes, ils suivaient la loi dans l'emploi des hommes. La voie à suivre pour choisir les hommes, c'est de les considérer à la lumière des Rites et la loi à suivre pour l'emploi des hommes, c'est de les discipliner par la hiérarchie. Les diverses façons d'agir et de se comporter, d'être calme ou actif, ce sont les Rites qui en donnent la mesure. L'intelligence, la réflexion, les refus et les acceptations, cela se juge selon le savoir-faire, puis, le temps passant, c'est sur les résultats que l'on en juge. Voilà pourquoi les gens méprisables n'obtenaient pas, autrefois, de régenter des gens respectables, des gens de peu ne réussissaient pas à l'emporter sur des gens de poids, les sots n'allaient pas conseiller les gens intelligents et nulle faute n'était commise dans la conduite des affaires. Car, en jaugeant les hommes selon les Rites, on voit s'ils sont capables de respect; en les changeant de postes et d'affectations, on observe leurs aptitudes à répondre à des situations nouvelles; en leur accordant paix et loisirs, on voit s'ils sont capables de ne pas se laisser aller à la licence; en les mettant au contact de la musique, de la beauté, du pouvoir, de l'intérêt, de la colère, du reproche, du danger, on s'aperçoit si les hommes sont ou non capables de ne pas perdre ce qu'il faut garder. Entre ceux qui demeurent fermes et ceux qui n'y parviennent pas, la différence est aussi grande qu'entre le noir et le blanc, il n'y a aucune erreur possible! De même que le fameux Bo Le ne pouvait se tromper en chevaux, de même l'homme accompli ne se trompe pas en appréciant les hommes. Telle était la Voie des Rois éclairés.

Un Souverain à la recherche d'un excellent archer choisira celui qui, de loin, atteint une cible étroite et il multipliera honneurs, dignités et récompenses pour l'attirer à sa Cour. Se refuser à accorder sa préférence à ses enfants ou à ses frères, ou bien à exclure de son choix ceux qui viendraient de trop loin pour ne prendre que celui qui aura réellement été capable d'atteindre la cible, n'est-ce pas la voie qui le mènera immanquablement vers le bon choix? Le plus sage de tous les hommes ne pourrait rien changer à cela. Si c'est un habile conducteur de char que recherche le Souverain, capable d'aller vite et loin, de parcourir mille lis en un jour, il multipliera honneurs, dignités et récompenses pour l'attirer à sa Cour. Se refusant, d'une part, à donner la préférence à ses enfants ou à ses frères et, d'autre part, à exclure de son choix ceux qui viendraient de trop loin, il prendra celui qui sera réellement capable et c'est là la marche à suivre pour le trouver à coup sûr. Le plus sage de tous les hommes ne pourrait rien changer à cela. S'il désire faire régner l'ordre dans son pays et guider son peuple, instaurer l'unité au sein de la société, faire en sorte qu'à l'intérieur des frontières les places soient fortes et qu'à l'extérieur l'ennemi soit tenu en respect, il lui faut gouverner bien, de façon à mener les autres et à n'être point mené par eux, car s'il gouverne dans le désordre il n'aura pas longtemps à attendre pour voir arriver le péril, la honte, les destructions et l'anéantissement. Par conséquent, le choix d'un Premier Ministre selon des critères personnels au lieu de ceux de l'intérêt public constitue une lourde erreur, et aussi le fait, pour le Souverain, de ne choisir comme conseillers que ses parents et ses favoris. Ceux qui ont entre leurs mains les terres de leurs Ancêtres désirent tous la puissance mais il ne faut qu'un instant pour qu'ils deviennent faibles, ils désirent tous la paix mais il ne faut qu'un instant pour qu'ils se mettent en péril, ils désirent tous durer mais il ne faut qu'un instant pour qu'ils disparaissent. Des milliers d'États qui existaient autrefois, à peine plus d'une dizaine subsistent aujourd'hui et il n'y a pas d'autre cause à cela que les mauvais choix qui y ont été faits des hommes de gouvernement. Ainsi donc un Souverain éclairé manifestera-t-il son affection envers quelqu'un de façon privée, par des présents en or, en pierres précieuses, en perles et en jade mais non pas en attribuant des postes, des charges, des responsabilités. Pourquoi cela? Parce qu'en réalité cela ne profiterait pas à ceux qu'il aime. Que des incompétents soient employés par un Souverain est la preuve que celui-ci est un esprit obtus; qu'un Ministre incapable se prétende compétent, cela montre la fausseté du Ministre. Or un Souverain obtus et des Ministres fourbes ne seront pas longs à plonger le pays dans la ruine et la désolation : ils sont la voie de la destruction.

Le Roi Wen n'était dépourvu ni d'une noble parenté, ni d'enfants, ni de cadets, ni d'amis personnels, il est pourtant allé choisir son Premier Ministre Tai Gong parmi les nautoniers. Nous voici loin des préférences personnelles! S'agissait-il de l'un de ses parents? Le nom de clan des Zhou est Ji et celui de cet homme était Jiang. S'agissait-il d'une ancienne connaissance? Ils ne s'étaient jamais rencontrés. Tai Gong était-il d'une beauté remarquable? C'était un homme de soixante-douze ans qui avait perdu toutes ses dents. Si le Roi Wen a fait appel à lui, c'est qu'il désirait que soit suivie une noble voie, acquérir un noble renom pour le plus grand bien de l'Empire et, cela ne pouvant se faire seul, rien n'en aurait été possible sans l'aide de cet homme. C'est pour cela qu'il le choisit et fit appel à lui, grâce à quoi il suivit effectivement une noble voie, mérita de façon éclatante un noble renom, organisa l'Empire, édifia soixante et onze Principautés, apanagea cinquante-trois membres du clan Ji et fit de tous les descendants des Zhou, à moins qu'ils ne fussent incapables ou faibles d'esprit, des personnages en vue parmi les Grands. Il a montré ainsi son altruisme.

Si l'on a choisi la plus grande voie pour l'Empire, si l'on a accompli une grande œuvre pour l'Empire, on peut penser ensuite à ses préférences personnelles, alors des inférieurs pourront fort bien occuper des places en vue parmi les Grands. C'est pourquoi je dis que seul le Souverain éclairé peut tenir compte de ses préférences tandis que le Souverain obscur devrait les craindre. Hors les murs, l'œil ne voit pas ce qu'il y a et l'oreille ne perçoit pas ce qui est à plus d'un *li*, mais s'agissant de ce qui relève du Souverain, ce dernier ne saurait rien ignorer, que ce soit au plus loin de l'Empire ou tout près dans son domaine personnel. Lorsque, parmi les changements qui interviennent dans l'Empire ou au sein des affaires du domaine privé, quelque chose qui est négligée ou qui se déroule mal vient à être ignorée du Souverain, cela marque le commencement des obstacles, des désordres, des empêchements de toutes sortes. Le domaine des perceptions sensorielles est étroit mais le domaine placé sous l'autorité du Souverain est vaste et il ne saurait demeurer dans l'ignorance des dangers qu'il comporte. Comment le Souverain doit-il donc s'y prendre pour être informé? Je dirai que son entourage, ses conseillers, sa suite constituent pour le Souverain autant de moyens d'avoir l'œil sur ce qui se passe partout et qu'il se doit d'utiliser. C'est pourquoi il doit veiller à ce que son entourage, ses conseillers, sa suite comprennent des hommes en qui il ait suffisamment confiance pour être à même de remplir sa propre tâche, dont l'intelligence soit assez grande pour estimer les choses, dont l'honnêteté et la sincérité soient assez profondes pour prendre des décisions afin qu'il puisse être à même de régner. Tels sont ce que j'appelle les outils de l'État.

Un Souverain ne peut manquer de connaître aussi bien des moments de loisir, de voyage, de calme, de bien-être, que les épreuves de la maladie et de la mort. Or, la situation d'un pays est comparable à celle d'une source : si quelque chose en contrarie le cours, c'est le commencement du désordre. C'est pourquoi je disais que le Souverain ne saurait seul accomplir sa tâche, le Premier Ministre et les conseillers sont comme la table basse du Souverain lorsqu'il est assis et sa canne lorsqu'il marche, il se doit de les utiliser. C'est pourquoi il doit veiller à ce qu'ils exercent leurs responsabilités afin qu'il soit lui-même en position de remplir sa propre tâche, à ce que le renom de leur vertu soit assez grand pour maintenir le peuple en paix, à ce que leur pensée soit assez vaste pour leur permettre de faire face à toutes les situations. Tels sont ce que j'appelle les outils de l'État.

Les relations entre Princes voisins, si elles ne peuvent pas être absentes, ne sont cependant pas toujours cordiales. C'est pourquoi un Souverain doit veiller à trouver des hommes par l'entremise desquels il puisse faire connaître même aux États lointains ses intentions et ses décisions, afin d'être à même de remplir sa propre tâche. Leur discernement doit être suffisant pour trancher les difficultés, leur intelligence doit pouvoir lever les équivoques et leur détermination régler les questions délicates sans qu'ils se préoccupent de leurs intérêts personnels et aillent s'opposer à leur maître. Alors seulement les obstacles seront levés, les problèmes seront résolus, le domaine ancestral sera maintenu et le Souverain pourra gouverner. Tels sont ce que j'appelle les outils de l'État.

Ainsi donc, un Souverain dont l'entourage et les conseillers ne sont pas dignes de confiance est un Souverain obscur, s'il n'a ni Premier Ministre ni hommes compétents qui exercent leurs responsabilités, il est isolé et s'il n'a pas de fidèles à envoyer auprès des Princes voisins, on peut dire qu'il est abandonné. Or, être obscur, isolé et abandonné, c'est bien être en péril. Dans un cas semblable, même si un pays semble subsister, les Anciens disaient qu'il a déjà disparu. Il est dit dans le *Livre des Odes* : « Les officiers sont très nombreux, Wen Wang se tient assuré qu'ils soutiendront la dynastie [10]. » Tel était le sens de mon propos.

Il faut savoir choisir les hommes : être honnête, diligent,

10. *Ibid.*, Ode 235, 3ᵉ strophe.

travailleur, tenir compte de la moindre chose sans rien négliger ni laisser perdre, ce sont là les qualités des fonctionnaires et des employés. Veiller à être droit et irréprochable, tenir la loi en honneur et respecter la répartition rituelle des tâches, avoir un cœur exempt de tout mauvais penchant, garder ses responsabilités et veiller à sa tâche sans rien y ajouter ni en rien retrancher de façon à transmettre un héritage intact aux générations futures, telles sont les qualités des Hauts Fonctionnaires et de ceux qui dirigent les fonctionnaires. Être conscient qu'exalter les Rites et l'équité des devoirs rituels, c'est honorer le Prince, qu'apprécier les gens de bien, c'est s'attirer une excellente réputation, qu'aimer le peuple, c'est assurer la paix à son pays, que la pérennité des lois est garante de l'unité des coutumes, que mettre les sages au premier rang et employer les talents est la garantie d'une durable réussite, que s'appliquer à développer les activités fondamentales [11] en réduisant les activités annexes [12] est la condition de la prospérité, que ne pas disputer les petits profits aux classes inférieures facilite les affaires du pays, être conscient enfin que de bonnes institutions, une juste appréciation et des mesures adéquates évitent de s'embourber, voilà les qualités d'un Premier Ministre et d'un conseiller du Prince. Mais tout cela ne constitue pas encore la Voie du Prince. Être capable de faire appel à des hommes qui possèdent ces trois sortes de qualités sans toutefois se tromper sur leurs places respectives, c'est là ce que j'appelle la Voie du Souverain. S'il la suit, il peut être tranquille, l'État sera bien gouverné, sa réussite sera grande et sa gloire considérable. S'il est un homme supérieur, il sera Roi et sinon, Hégémon. Tels sont les points auxquels un Souverain doit prêter toute son attention. Mais s'il s'avère incapable de discerner ceux qui possèdent ces trois sortes de qualités, s'il ne sait pas suivre cette voie-là, il avilira son autorité et s'épuisera en vains efforts, à en perdre les plaisirs de l'œil et de l'oreille. Voulant toujours lui-même assurer toutes les tâches du gouvernement, il en viendra, un jour, à perdre le jugement, à le disputer à ses sujets en étroitesse d'esprit et à user au plus mal des aptitudes de chacun. Depuis l'Antiquité jusqu'à nos jours, on ne vit jamais qu'une telle situation manque d'engendrer le désordre. C'est exactement là ce qui s'appelle regarder sans pouvoir voir, écouter sans pouvoir entendre, entreprendre sans pouvoir réussir.

11. Les activités agricoles.
12. Les activités artisanales et commerciales.

XIII

LA VOIE DU MINISTRE

Il y a plusieurs sortes de Ministres : les Ministres d'apparence, les Ministres usurpateurs, les Ministres diligents et les Sages Ministres.

Les premiers sont aussi incapables d'unifier le peuple, à l'intérieur du pays, que de faire face aux difficultés à l'extérieur. Le peuple ne les aime pas, les Grands ne leur font pas confiance, mais ils excellent dans l'art de distiller des paroles fallacieuses et de capter les faveurs de leurs supérieurs. Les Ministres usurpateurs, pour leur part, sont déloyaux envers leur Prince mais savent fort bien briller auprès du peuple. Ils se moquent du bien public, de la Voie, des règles sociales et forment des coteries qui, au mépris des desseins du Souverain, n'agissent que dans leur propre intérêt. Les Ministres diligents unifient le peuple et font face aux difficultés extérieures, le peuple les aime et les gens de bien les ont en confiance. Ils ne cessent jamais d'être loyaux envers leur Prince ni d'aimer le peuple. Quant aux Sages Ministres, ils savent à la fois respecter le Prince et exprimer leur sollicitude envers le peuple, leur politique et l'éducation qu'ils donnent se reflètent sur le peuple comme son ombre suit le marcheur. Ils répondent sur l'instant à ce qui se présente aussi vite et aussi sûrement que l'écho répond à la voix. Ils promulguent des règlements capables de faire face à l'imprévisible, ils apportent tous leurs soins à élaborer une législation.

Ainsi donc, celui qui fera appel à des Sages pour Ministres sera Roi, celui qui fait appel à des Ministres diligents sera puissant, celui qui emploie des Ministres usurpateurs se met en péril et celui qui s'entoure de Ministres d'apparence est appelé à disparaître. L'emploi de ces derniers est en effet gage de mort, l'emploi de Ministres usurpateurs est gage de danger, l'emploi de Ministres diligents est gage d'honneur et l'emploi de Sages Ministres est un gage de respect.

On peut dire que Su Qin au pays de Qi, Zhou Hou à Chu et Zhang Yi à Qin furent des Ministres d'apparence. Zhang Qu Ji à Han, Fang Yang à Zhao, Meng Chang à Qi furent des

Ministres usurpateurs. Guan Zhong à Qi, Jiu Fan à Jin, Sun Shu Ao à Chu furent des Ministres diligents. On peut dire enfin de Yi Yin sous la dynastie Yin et de Tai Gong sous la dynastie Zhou qu'ils ont été de Sages Ministres.

Telles sont les différentes sortes de Ministres ainsi que les critères d'heur et de malheur, de sagesse et d'indignité. Il faut être particulièrement vigilant à ce propos et faire de bons choix, ce sont les conditions pour voir où l'on va.

Obéir à ce qui est prescrit et agir dans l'intérêt du Prince, c'est être conforme à la Voie; obéir à ce qui est prescrit sans tenir compte des intérêts du Prince, c'est être faux; contrevenir à ce qui est prescrit pour sauvegarder les intérêts du Prince, c'est faire preuve de loyauté; contrevenir à ce qui est prescrit et aussi aux intérêts du Prince, c'est être un usurpateur. Ne regarder ni à l'honneur du Prince ni au bien du pays, capter la confiance et agir au mépris des principes afin de conserver sa place en favorisant ses relations sans se soucier d'autre chose, c'est être ce qui s'appelle un ennemi de l'État.

Si le Prince est déraisonnable dans ses actions comme dans ses projets, mettant le pays en péril et faisant courir les plus grands dangers à la terre de ses Ancêtres, les Ministres de haut rang ou les parents qui sont capables d'aller lui parler puis de redresser la situation s'ils sont écoutés ou sinon de s'en aller méritent le titre de censeurs. Si, s'étant montrés capables d'aller parler au Prince, ils redressent la situation, s'ils sont écoutés et préfèrent mourir si le Prince ne les écoute pas, je dirai qu'ils font acte de combat. Si, réunissant dans une même volonté les esprits éclairés, ils parviennent à rassembler Ministres et fonctionnaires pour renforcer de concert l'autorité du Prince et l'inciter à suivre la Voie, ils se montrent incapables de désobéir au Prince même s'il s'écarte d'une paisible attitude, cela évitera au pays de grandes catastrophes et le sauvera de la ruine. Faisant régner la paix dans le respect du Prince, ils sont à proprement parler des conseillers. Certains ont l'audace de s'opposer aux prescriptions du Prince, d'aller contre sa toute-puissance et de lutter contre ses entreprises afin de tirer le pays du danger et le Prince du déshonneur. Ils consacrent tous leurs efforts à agir dans l'intérêt supérieur du pays et méritent d'être appelés redresseurs. Or les censeurs, ceux qui font acte de combat, les conseillers et les redresseurs sont, lorsqu'ils sont Ministres en leur pays, les trésors de l'État et du Prince. Ils sont tenus en grand honneur par les Princes éclairés, tandis que les Souverains obscurs et les Princes douteux les considèrent comme leurs ennemis personnels. Ce que le Souverain éclairé récompense est châtié par le Souverain obscur tandis que ce dernier récompense ce que réprime le premier.

Yi Yin et Ji Zi peuvent être appelés des censeurs, Bi Gan et Zi Xu ont fait acte de combat, ce qu'a accompli Ping Yuan Jun à Zhao peut être qualifié d'œuvre de conseiller tandis qu'on peut appeler œuvre de redressement le travail effectué à Wei par Xin Ling Jun. La tradition rapporte en effet qu'il faut suivre la Voie et non le Prince, tel était le sens de mon propos.

Si le Prince fait appel à des Ministres empreints de rectitude et d'équité rituelle, la Cour ne saurait faillir, et si les censeurs, ceux qui font acte de combat, les conseillers et les redresseurs sont écoutés, le Prince n'ira pas loin dans l'erreur. L'emploi d'officiers déterminés et braves décourage toute entreprise ennemie, tandis que le soin apporté par les Ministres à la garde des frontières permet de ne pas perdre un pouce de terre, c'est pourquoi le Prince éclairé aime à être secondé alors que le Souverain obscur gouverne seul. Le premier exalte la sagesse, fait appel aux compétences et sait reconnaître les mérites, le second jalouse la sagesse, craint les compétences et s'acharne sur les mérites. A punir la loyauté et à récompenser la forfaiture, on atteint le fond de l'obscurantisme, c'est ce qui a perdu des tyrans comme Jie et Zhou.

Pour servir un Sage-Prince, il n'y a qu'à écouter et obéir sans censure ni combat. Pour servir un Prince moyen, il faut censurer et combattre mais sans mentir ni flatter. Si l'on sert un Prince violent, il y a lieu de corriger et de retrancher certaines choses sans toutefois dépasser les limites et se rebeller. Si l'on se trouve contraint en des temps de désordres et qu'on éprouve les plus grandes difficultés à demeurer en poste sous un gouvernement violent sans rien pouvoir faire pour y échapper, il faut alors faire remarquer ce que le Prince a d'admirable, vanter ses qualités, taire ses défauts, cacher ses exactions, dire ce qu'il a de grand et ne pas nommer en quoi il est petit, se référant ainsi aux anciennes coutumes. Il est dit dans le *Livre des Odes* : « Lorsque l'État subit une grande épreuve, il n'en faut rien aller raconter mais seulement s'efforcer de se garder soi-même [1]. » Tel était le sens de mon propos.

Le respect accompagné de bonté et d'humilité, l'obéissance et la soumission accompagnées de diligence, le scrupule de ne rien choisir ni décider en fonction de ses propres intérêts, de ne rien prendre ni donner en regardant son propre profit, avoir pour ambition de se conformer au désir du Prince, telle est la façon de rendre ses devoirs à un Sage-Prince. Lorsqu'on sert un Prince moyen, il faut une loyauté et une fidélité exemptes de toute flatterie, le courage de censurer et de combattre mais sans dénigrement, le pur et net tranchant d'une pensée droite

---

1. Extrait d'une Ode perdue.

et d'un cœur sans détour ni compromission, le souci enfin d'appeler vrai ce qui est vrai et faux ce qui est faux. Les principes qu'il faut observer lorsqu'on sert un Prince violent sont d'harmoniser sans laisser-aller, d'être doux sans fléchir, large sans relâchement, de montrer ostensiblement le chemin de la Voie sans que cela se fasse au détriment de l'harmonie et de la concorde, se montrer enfin capable d'amender le Prince en ayant avec lui de fréquents entretiens. Il faut procéder envers lui avec les mêmes précautions que pour dresser des chevaux sauvages, pour élever des enfants, pour nourrir des affamés. Ainsi, c'est par le biais de ses appréhensions que l'on corrigera les excès du Prince, par le biais de ses soucis qu'on le fera réfléchir sur les mobiles de ses actes, par le biais de ce qu'il aime qu'on l'aidera à regagner la Voie, par le biais de ses colères qu'on le débarrassera de ses rancunes. Voilà ce à quoi je faisais allusion en parlant d'amender le Prince. Il est dit dans le *Livre des Documents :* « Suivre les ordres sans opposer de résistance, censurer peu mais inlassablement, voilà qui donnera des lumières à ceux d'en haut et le sens de l'obéissance à ceux d'en bas [2]. » Tel était le sens de mon propos.

Servir quelqu'un sans lui obéir, c'est refuser tout effort. Accepter l'effort et ne pas obéir, c'est refuser le respect. Respecter sans obéir, c'est manquer de loyauté. La loyauté sans obéissance est aussi sans mérite, le mérite sans obéissance est aussi sans vertu. Celui qui sans vertu voudrait suivre la Voie ne ferait que nuire à ses efforts, perdre sa peine et détruire ses qualités. Ce n'est donc pas ce que fera un homme accompli.

Il y a les hommes tout à fait loyaux, les hommes loyaux, les hommes médiocrement loyaux et les ennemis de l'État. Ceux dont les vertus assistent le Prince et l'aident à s'améliorer sont tout à fait loyaux, ceux dont les vertus accompagnent et secondent le Prince sont loyaux, ceux qui critiquent à juste titre les défauts du Prince et n'ont que reproches à la bouche sont médiocrement loyaux, ceux qui, n'ayant à cœur ni l'honneur du Prince ni le salut de l'État, usurpent une honnête réputation en ne songeant qu'à obtenir de gros traitements et à favoriser leurs relations, ceux-là sont des ennemis de l'État.

Ceux qui ont en eux la Vertu Suprême respectent tous les autres. Or il y a deux catégories de gens : les sages et les gens indignes. Manquer de respect aux sages, c'est être une bête sauvage et manquer de respect aux gens indignes, c'est être un tigre de paille. Se comporter en bête sauvage engendre le désordre tandis que se comporter en tigre de paille engendre le danger. Le *Livre des Odes* dit : « Il serait très téméraire

---

2. Extrait d'un chapitre perdu.

d'attaquer un tigre ou de vouloir traverser le Fleuve Jaune en marchant sur les eaux, l'Empereur et ses Conseillers le comprennent. Mais il est une autre chose qu'ils ne comprennent pas [à savoir, le péril de l'Empire]. Je tremble de peur et je prends garde à moi comme si je mettais le pied sur le bord d'un gouffre ou marchais sur une glace très mince [3]. » Tel était le sens de mon propos. Ceux, donc, qui ont en eux la Vertu Suprême respectent toujours autrui. Or il existe une voie à suivre pour respecter autrui : il faut honorer les sages et les respecter, il faut craindre les gens indignes et les respecter, il faut traiter les premiers en parents tout en les respectant et les seconds en relations lointaines tout en les respectant aussi. Car le respect est un, tandis que le sentiment qui l'accompagne diffère. Pratiquer la loyauté, la confiance, l'intégrité, l'honnêteté sans nuire ni blesser et ne rien accepter qui ne leur soit conforme, telles sont les caractéristiques fondamentales de l'homme à la Haute Vertu. La loyauté et la confiance en sont le fondement, l'intégrité et l'honnêteté en sont le ferment, les Rites et l'équité des devoirs rituels en sont l'expression culturelle, les règles et les principes en donnent le sens profond tandis que la moindre action ou parole constitue un exemple pour les autres. Il est dit dans le *Livre des Odes* : « Ne commets aucune erreur, aucune injustice, il sera presque impossible que le peuple ne te prenne pas pour modèle [4]. » Tel était le sens de mon propos.

La bonté et le respect, ce sont les Rites; la concorde et l'harmonie, c'est la musique; la diligence et l'attention sont l'intérêt bien compris; la querelle et la colère sont des nuisances. C'est pourquoi l'homme accompli vit sereinement au rythme des Rites et sait jouir de la musique, il est diligent et attentif sans querelle ni colère, moyennant quoi ses choix ne sont jamais excessifs. L'homme de peu fait tout le contraire.

L'obéissance jusqu'à la loyauté parfaite, un sens de la justice qui pèse tous les risques, un acquiescement aveugle qui mène à la catastrophe, voilà trois choses dont seul un Souverain éclairé est conscient.

Débattre avec le Prince pour que l'excellence triomphe, s'opposer à lui pour que le mérite réussisse, encourir la mort sans se soucier de son propre intérêt, se montrer d'une loyauté irréprochable et avoir le souci du bien public, voilà ce que j'appelle l'obéissance jusqu'à la loyauté parfaite. Xin Ling Jun était de cette trempe-là. Recourir à la confiscation pour que règne ensuite l'équité rituelle, à l'exécution pour faire triompher

---

3. *Cheu King, op. cit.,* Ode 256, 8ᵉ strophe.
4. *Ibid.,* Ode 195, 6ᵉ strophe.

la Vertu Suprême, intervertir les places de certains d'en haut avec certains d'en bas pour parvenir à une situation correcte, récolter les fruits du ciel et de la terre, couvrir le peuple de ses bienfaits, voilà ce que j'appelle un sens de la justice qui pèse tous les risques. Tang et Wu possédaient cette qualité-là. Demeurer, malgré les excès du Prince, en accord avec lui, ne pas prêter attention à ce qui est vrai ou faux, ne pas se demander où sont le tort et la raison, approuver toujours le Prince pour préserver sa situation, s'enfouir dans les désordres et les compromissions, voilà ce que j'appelle un acquiescement aveugle qui mène à la catastrophe. C'est ainsi que se comportèrent Fei Lian et E Lai.

La tradition rapporte que « l'ordre survient après les fautes commises, l'obéissance survient après les manquements à la droiture, l'unité triomphe des dissemblances ». De son côté, le *Livre des Odes* dit ceci : « Les Princes de tous les États, grands et petits, allèrent à lui avec les tablettes de jade [insignes de leur dignité]; ils devinrent pour lui ce que sont les pendants pour un étendard [ils se mirent sous sa dépendance] [5]. » Tel était le sens de mon propos.

---

5. *Ibid.*, Ode 304, 4e strophe.

XIV

FAIRE VENIR LES GENS AVISÉS

Voici la méthode pour écouter à bon escient, éclaircir ce qui est sombre, faire régner la clairvoyance et reculer les mauvais penchants pour que les bons se développent :

Le conseil de prendre le parti de ses amis plutôt que celui de l'intérêt général, l'homme accompli ne l'écoute pas. Accuser autrui de malversations et de malhonnêteté par esprit de dénigrement, l'homme accompli ne le fait pas. Pas davantage il ne fréquente les envieux et les faiseurs d'obstacles ni n'admet qu'on lui offre des richesses, du gibier ou des animaux domestiques pour le solliciter. L'homme accompli évite soigneusement tout laisser-aller dans les concertations, les propos tenus, les projets ainsi que les louanges ou les accusations trop rapidement colportées. Il s'informe, écoute, réfléchit, puis il établit ce qui est juste ou non, après quoi il décide des châtiments et des récompenses qu'il décernera. Ainsi, personne ne hasardera de conversations, de propos, d'affaires, de projets, de louanges ou d'accusations malséants et tout cela au contraire sera empreint de loyauté et d'intelligence, pour le plus grand bonheur du Prince. C'est là ce que j'entendais par « méthode pour écouter à bon escient, éclaircir ce qui est sombre, faire régner la clairvoyance et reculer les mauvais penchants afin que les bons se développent ».

Là où les cours d'eau sont abondants et les pièces d'eau profondes, poissons et tortues accourent; là où montagnes et forêts ont une végétation généreuse, les animaux sauvages accourent; là où les lois pénales et les méthodes de gouvernement sont justes, les populations accourent; là où l'on pratique les Rites et l'équité des devoirs rituels, les hommes accomplis accourent. Car les Rites parfont la personnalité et donnent une conduite réfléchie, les devoirs rituels parfont l'État et donnent une politique clairvoyante; être capable de s'appuyer en toutes choses sur les Rites procure honneur et gloire, permet d'être admiré de tout l'Empire, de voir ses ordres et ses instructions suivis, d'être à même enfin d'accomplir toutes les fonctions royales. Il est dit dans le *Livre des Odes :* « Faites du bien à cette capitale et vous procurerez la paix à tout l'Empire [1]. » Tel était le sens de mon propos. Cours et pièces d'eau sont le lieu des dragons et des poissons, monts et forêts sont le lieu des oiseaux et des animaux sauvages, pays et foyers sont le lieu de tous ceux qui forment le peuple. Si les premiers s'assèchent, ceux qui les habitaient les désertent, si les seconds perdent leur végétation, ceux qui les habitaient les désertent, si les derniers sont gouvernés en dépit du bon sens, ils se dépeuplent.

Sans territoire, les hommes ne sauraient demeurer en paix; sans hommes, un territoire n'est pas protégé; sans Voie et sans loi, les hommes n'arriveraient à rien; sans hommes accomplis, la Voie ne serait pas prônée. Ainsi la relation entre la terre et les hommes et celle entre la Voie et la loi constituent-elles le fondement même de l'État et du foyer. L'homme accompli, pour sa part, est l'ordonnateur de la Voie et de la loi et ne saurait se permettre le moindre écart ni la moindre négligence. L'ordre règne s'il réussit, et s'il vient à faiblir c'est le désordre. C'est la paix dans le premier cas, le péril dans le second, l'existence assurée dans le premier et l'anéantissement dans le second. C'est pourquoi, s'il peut survenir une situation de désordre malgré de bonnes lois, on ne vit jamais, depuis l'Antiquité jusqu'à nos jours, un homme accompli faire régner le désordre. La tradition rapporte qu'« un bon gouvernement naît d'un homme accompli et le désordre d'un homme de peu ». Tel était le sens de mon propos.

(*Ici prend place une phrase interpolée :* Le grand nombre des hommes transforme la nature; une belle pensée allonge le cours de la vie; la sincérité et la confiance font ressembler à des Immortels; un verbe haut et excessif dérange les âmes [*hun*].)

Le défaut des Souverains n'est pas de ne pas prétendre qu'il faille faire appel aux sages mais de ne pas traduire sincèrement cette nécessité dans les faits. Car dire que l'on fera appel aux sages, c'est parler, tandis que leur action est de les tenir à l'écart. Or maintenir une telle contradiction entre ce que l'on dit et ce que l'on fait, tout en souhaitant que les sages viennent à vous et que les gens de peu s'éloignent, voilà qui paraît bien difficile! Les cigales sont attirées par la clarté du feu, il suffit alors de secouer les arbres où elles se tiennent; mais sans un feu bien clair, on aura beau secouer les arbres, ce sera en vain. Un Souverain n'a qu'à manifester l'éclat de ses vertus pour que l'Empire se donne à lui comme les cigales accourent lorsque brille la clarté du feu.

Bien gérer les affaires et avoir des égards envers le peuple, trouver des réponses rituellement satisfaisantes à tous les chan-

---

1. *Cheu King, op. cit.,* Ode 253, 1re strophe.

gements qui se peuvent présenter, avoir l'esprit large et compréhensif, mettre au premier rang la bonté et le respect, voilà par quoi commence une bonne politique. Une observation judicieuse et un bon sens de l'analyse venant ensuite donner leurs précieux conseils assurent l'heureux développement d'une politique. Ce sont enfin la venue des sages et le départ des indésirables, la condamnation de ceux-ci et la récompense de ceux-là qui sont l'aboutissement d'une bonne politique. C'est pourquoi une année est nécessaire pour mettre en route une bonne politique et il en faut trois pour voir son aboutissement. Si l'on veut commencer par la fin, le chemin sera impraticable, le haut et le bas également fâchés et contraints. C'est ainsi que survient le désordre. Il est dit dans le *Livre des Documents* : « Il faudra que la peine capitale et les autres peines graves soient appliquées conformément à la justice mais il ne faut pas les appliquer précipitamment car il faut vous avouer à vous-mêmes que tout n'est peut-être pas encore réglé conformément à la justice [2]. » Ce qui signifie qu'il faut tout d'abord éduquer.

Peser, c'est s'assurer du juste poids des choses; vivre selon les Rites, c'est assurer du juste rythme des choses. On pèse en calculant les poids, on ritualise en définissant les relations. C'est selon les vertus que sont attribuées les positions sociales et selon les aptitudes que sont confiés les postes. La juste mesure du rituel réclame le plus grand sérieux et prendre soin du peuple réclame un esprit ouvert, de ce premier point naît la culture et du second, la paix. Que le haut de la société soit cultivé et le bas en paix, voilà le summum du mérite et de la gloire et l'on ne saurait rien y ajouter.

Le Prince est le sommet de l'État, le père est le sommet de la famille. Un sommet unique est facteur d'ordre, deux sommets engendrent le désordre. De l'Antiquité jusqu'à nos jours, on n'a jamais vu deux sommets rivaux subsister longtemps.

Voici quatre manières d'être un Maître, au nombre desquelles je ne compte pas le souci d'élargir ses connaissances. Une attitude grave et respectueuse entraîne la considération et cela rend possible d'être un Maître. Inspirer la confiance due à l'âge, cela rend possible d'être un Maître. Transmettre et expliquer sans excès ni contradiction, cela permet d'être un Maître. Connaître les détails et les expliquer, cela permet d'être un Maître. Ce sont là quatre manières d'être un Maître, au nombre desquelles je ne compte pas le souci d'élargir ses connaissances.

Si les eaux sont profondes, le courant les brasse bien; si les arbres perdent leurs feuilles, cela nourrit leurs racines; si les

---

2. Cette phrase résulte d'un amalgame entre plusieurs passages du *Livre des Documents*, notamment *Chou King, op. cit.,* IVᵉ part., chap. IX, § 13.

disciples en comprennent bien l'intérêt, la pensée du Maître se perpétue. Il est dit dans le *Livre des Odes* : « Toute bonne parole reçoit sa récompense, toute bonne action est payée de retour [3]. » Tel était le sens de mon propos.

Il ne faut ni trop décerner de récompenses ni trop infliger de châtiments car les récompenses décernées trop libéralement favorisent les gens de peu et les châtiments infligés avec excès nuisent aux gens de bien. Si par malheur la mesure doit être dépassée, l'excès de récompenses est préférable à l'excès de châtiments, car mieux vaut encore encourager la licence que nuire à la vertu.

3. *Cheu King, op. cit.,* Ode 256, 6e strophe.

XV

DES AFFAIRES MILITAIRES

Lin Wu Jun[1] et Xun Zi débattaient un jour des affaires militaires devant le Roi Xiao Cheng de Zhao[2]. Le Roi demanda : « Puis-je m'enquérir des points principaux de l'art militaire ? » Lin Wu Jun répondit : « Tirez parti en haut de la succession des saisons et en bas de la configuration des terrains, observez les mouvements et les déplacements de l'ennemi, attaquez-le si vous le suivez et atteignez avant lui le but si vous le précédez. Voilà la méthode qui permet de bien utiliser ses armées. » « Non pas, intervint Xun Zi, ce qu'a entendu Votre serviteur concernant la Voie suivie par les Anciens, c'est que le fondement même de la manière d'utiliser une armée et de mener une guerre réside dans l'unité du peuple. Si l'arc et la flèche ne vont pas bien ensemble, même le fameux Yi ne saurait atteindre la cible; avec six chevaux qui ne s'accordent pas, même Zao Fu n'irait pas loin; si les officiers et le peuple ne considèrent pas le Prince comme le chef de famille, même un Prince comme Tang et Wu ne viendrait pas à bout de sa tâche. C'est pourquoi celui qui excelle à obtenir l'accord de son peuple est le même que celui qui excelle dans l'art militaire car le point important en matière militaire est bien d'emporter l'adhésion de son peuple. »

A quoi Lin Wu Jun répliqua : « Certes non. Ce qu'il y a de plus précieux dans le domaine militaire, ce sont l'autorité et l'avantage, ce qu'il faut employer, ce sont la mobilité et la ruse. La meilleure utilisation que l'on en puisse faire réside dans le secret et la soudaineté des opérations, de façon que nul ne sache d'où et comment elles surviennent. Sun et Wu[3] agirent ainsi et n'eurent plus d'ennemis sous le ciel. Pourquoi donc serait-il nécessaire d'attendre l'accord de son peuple ? » Xun Zi lui répondit : « Il n'en est pas ainsi. La Voie dont je parlais est celle de l'art militaire des hommes de Haute Vertu, elle est l'intention d'un Roi véritable. Ce que Votre Seigneurie considère

---

1. Stratège de l'État de Chu.
2. Il régna de 265 à 244 avant notre ère.
3. Stratèges respectivement au service du Roi He Lu de Wu et du Marquis Wu de Wei, le premier contemporain de Confucius et le second antérieur.

comme le plus précieux, c'est de soupeser Son autorité et Son avantage, ce qu'Elle préconise d'appliquer, ce sont les coups de force, la mobilité et la ruse. Mais cela est bon pour les Grands, car les armées d'un homme de Haute Vertu ne sauraient être trompées. Ceux qui peuvent être bernés, ce sont les gens irréfléchis qui perdent leurs forces, ceux que le fossé creusé entre le Prince et ses sujets, entre le haut et le bas de la société éloigne de toute vertu. Si un tyran comme Jie cherche à tromper un autre Jie, il se peut bien qu'il y réussisse, mais qu'un Jie cherche à tromper un Souverain éclairé comme Yao, voilà qui est aussi absurde que de prendre un œuf à la place d'une pierre, remuer de l'eau bouillante avec la main ou vouloir marcher sur les eaux ou dans le feu sans prévoir qu'on se brûlera ou noiera.

« Sous la férule d'un homme de Haute Vertu, le haut et le bas de la société ainsi que tous les généraux n'ont qu'un seul cœur et les trois armées voient leurs forces unies. Les sujets se comportent envers leur Prince, les inférieurs envers les supérieurs comme un fils sert son père et un cadet son aîné, comme des mains et des bras protégeant la tête et les yeux, couvrant la poitrine et le ventre. Ruser pour surprendre reviendrait au même, dans ce cas, que prévenir d'abord et attaquer ensuite. Car un homme à la Haute Vertu, s'il est à la tête d'un domaine de dix lis, est écouté cent lis à la ronde, et mille lis à la ronde s'il a un domaine de cent lis. S'il possède un pays de mille lis, tout le monde l'écoutera entre les quatre mers, son intelligence et ses conseils feront régner l'harmonie et l'unité. C'est pourquoi l'armée d'un homme de Haute Vertu forme des centuries bien groupées lorsqu'elle se rassemble et des files ordonnées lorsqu'elle se disperse. Lorsqu'elle progresse, elle a le tranchant d'une lame sans défaut tel le fameux glaive Mo Ye et fauche ceux qui l'attaquent. Lorsqu'elle se fait incisive, elle a le mordant d'une lame sans défaut tel le glaive Mo Ye et elle défait ceux qui se trouvent sur son chemin. Lorsqu'elle est campée en carré sur ses positions, elle est un roc inébranlable contre lequel viennent se heurter en vain des agresseurs qui n'ont plus alors qu'à prendre la fuite, défaits et lamentables.

« Qui le Prince d'un pays agressif enverrait-il contre un tel État ? Son peuple bien sûr. Mais ce peuple aura appris à aimer notre Prince excellent et à le regarder comme ses père et mère, à l'apprécier comme le doux parfum des plantes odoriférantes. S'il se tourne alors vers son propre Prince, il le verra comme bon à marquer au fer rouge et haïssable. Or les sentiments naturels de l'homme, fût-il aussi mauvais que Jie ou Zhi, sont de refuser son concours à ce qu'il déteste et de ne vouloir pas détruire ce qu'il aime. Cela reviendrait à vouloir que des enfants fassent tort à leurs parents, ils iront plutôt prévenir celui que

leur Prince n'arrivera jamais à tromper. Ainsi un pays gouverné
par un homme de Haute Vertu est-il chaque jour plus brillant.
Les Grands qui se soumettent à lui les premiers goûteront la
paix, ceux qui tardent à se soumettre prennent des risques, ceux
qui songeraient à résister seront réduits et ceux qui s'opposent
à lui disparaîtront. Il est dit dans le *Livre des Odes* : " Ce Prince
martial dressa son étendard et, soumis avec respect [aux ordres
du ciel], il prit sa hache d'armes. Son ardeur égalait celle du
feu, personne n'osa nous résister [4]. " Tel était le sens de mon
propos. »

Le Roi Xiao Cheng et Lin Wu Jun s'écrièrent : « Fort bien.
Peut-on maintenant demander de quelle façon il convient qu'un
Roi véritable utilise ses troupes ? » Xun Zi répondit : « Le
principal réside dans la grandeur morale du Roi, généraux et
stratèges étant secondaires par rapport à cela. Permettez à Votre
serviteur d'exposer les causes de la force ou de la faiblesse, de
la durée ou de la disparition des Rois et des Grands ainsi que
les raisons qui les font vivre en paix ou en danger. Un Prince
sage a un pays en ordre, un Prince incapable a un pays en
désordre. S'il exalte les Rites et met en honneur l'équité des
devoirs rituels, son pays est en ordre ; s'il traite légèrement les
Rites et foule aux pieds l'équité rituelle, son pays connaît le
désordre. Or un pays en ordre est puissant et un pays en
désordre est faible. Voilà le fondement de la force et de la
faiblesse. Si ceux d'en haut méritent la considération, ceux d'en
bas peuvent être employés mais si, en haut, on ne mérite nulle
considération, en bas, on ne peut pas être employé. Dans le
premier cas, le pays est fort et dans le second, faible. Telles
sont les modalités de la puissance et de la faiblesse. Exalter les
Rites et réussir un travail efficace, voilà qui est tout à fait
méritoire ; accorder de l'importance aux rémunérations tout en
mettant en honneur la retenue, voilà qui est encore assez
méritoire, mais placer avant tout l'efficacité au mépris de toute
retenue, voilà qui est beaucoup moins méritoire. Telles sont les
manifestations de la force et de la faiblesse. Ceux qui traitent
bien les officiers sont puissants, ceux qui ne les traitent pas bien
sont faibles ; ceux qui aiment leur peuple sont puissants, ceux
qui ne l'aiment pas sont faibles ; ceux dont la politique et les
instructions inspirent confiance sont puissants, ceux dont la
politique et les instructions n'inspirent pas confiance sont faibles ;
ceux dont le peuple est uni sont puissants, ceux dont le peuple
est désuni sont faibles ; ceux dont les récompenses sont importantes sont puissants, ceux dont les récompenses sont maigres
sont faibles ; ceux dont les châtiments portent sont puissants,

---

4. *Cheu King, op. cit.,* Ode 304, 6e strophe.

ceux dont les châtiments sont sans portée sont faibles; ceux chez qui sont bien conduites la fabrication et l'utilisation des armes offensives et défensives sont puissants, ceux qui les négligent sont faibles; ceux qui utilisent avec précaution leurs forces armées sont puissants, ceux qui les utilisent avec légèreté sont faibles; ceux dont le pouvoir procède d'une unique origine sont puissants, ceux dont le pouvoir procède de plusieurs sources sont faibles. Telles sont les conditions de la force et de la faiblesse.

« Les gens du pays de Qi placent au-dessus de tout l'adresse dans la bataille, ils emploient toute leur habileté à se procurer des têtes d'ennemis qui leur servent à obtenir des gratifications ou à racheter des condamnations, sans qu'il y ait de récompense proprement liée à l'issue de la bataille. Une telle méthode peut à la rigueur être utilisée contre un ennemi faible et peu dangereux mais elle est loin de suffire lorsqu'on a affaire à un ennemi puissant. L'armée aura tôt fait, dans ce cas, de se disperser comme un vol d'oiseaux et elle n'attendra pas long-temps une défaite complète. C'est là l'armée d'un pays perdu et il ne saurait y en avoir de plus faible car elle applique à la guerre des méthodes proches de celles du marché où l'on troque tout à prix d'argent.

« Pour les armées du pays de Wei, on a eu recours à des critères précis : les soldats doivent revêtir une triple cuirasse, ils sont armés d'arbalètes d'une force de douze dans (1 440 livres), ils sont chargés en outre de cinquante traits et d'une hallebarde, ils sont casqués, portent un glaive et ont sur eux des vivres pour trois jours, ils doivent pouvoir franchir cent lis en moins d'une journée au pas rapide. Moyennant quoi leur foyer est exempté de corvée et on leur verse des intérêts sur leurs terres, privilèges que l'on ne peut plus leur retirer lorsque, les années passant, ils vieillissent. Il est en outre fort difficile d'assurer la relève, c'est pourquoi, bien que ce pays soit étendu, le produit des impôts y est très faible et son armée est celle d'un pays en danger.

« Les gouvernants du pays de Qin éduquent leur peuple de la façon la plus stricte et le traitent avec sévérité; on le contraint avec autorité et on lui rend la vie pénible, on l'incite par des félicitations et des récompenses, on le réprime par des peines et des châtiments, faisant en sorte que le peuple n'ait d'autre moyen que la guerre pour obtenir quelque profit de la part de ses supérieurs. On rend le peuple misérable avant de l'employer puis on en obtient des victoires qui portent leurs fruits, récom-penses et efficacité se répondent l'une l'autre. Pour cinq têtes d'ennemis coupées, on obtient de commander à cinq foyers. De là un État bien peuplé, fort et assuré pour longtemps, ayant conquis un grand nombre de territoires imposables. Si le pays de Qin est victorieux depuis quatre générations, ce n'est donc pas par hasard mais bien par calcul.

« Ainsi donc l'adresse de Qi dans la bataille ne saurait venir à bout de la solide infanterie de Wei, laquelle ne saurait l'emporter sur la détermination des officiers de Qin qui n'égalerait pourtant pas l'efficace retenue d'un Huan ou d'un Wen [5], elle-même impossible à opposer à la Vertu Suprême et au sens de l'équité rituelle d'un Tang ou d'un Wu. Se mesurer à eux serait en effet aussi absurde que de chauffer des pierres pour en faire un brouet ! Ces trois pays ont en commun d'avoir des armées où l'on attend les récompenses et où l'on agit par intérêt. C'est là se conduire en mercenaires et en marchands bien éloignés de comprendre ce qu'est honorer ses supérieurs, appliquer les lois et se conduire avec retenue. Que quelque Grand se manifeste, capable d'un profond et sincère attachement au rituel, et l'on verra bientôt ces pays en grand péril. Car cette façon d'attirer et d'enrôler les soldats, d'exalter l'autorité et la ruse, de mettre en avant l'intérêt et le profit est finalement une façon de tromper le peuple. Ce sont en effet les Rites, l'équité rituelle, l'éducation et la civilisation qui l'unifient véritablement. C'est pourquoi, lorsque la ruse rencontre la ruse, l'habileté peut encore l'emporter, mais si l'on veut par la ruse se mesurer à un peuple uni, c'est la pointe d'un couteau qui voudrait abattre le Tai Shan [6] et nul, fût-il le plus sot de tous les hommes, ne s'y hasarderait. L'armée d'un Roi véritable n'a donc pas à hésiter : lorsque Tang et Wu ont défait Jie et Zhou, à peine avaient-ils fait signe de la main et montré leurs étendards qu'aucune Principauté, même parmi les plus puissantes, n'a manqué de se mettre au plus vite à leurs ordres et ils ont anéanti Jie et Zhou comme s'il s'était agi de criminels isolés. Le *Livre des Documents* dit bien : " Zhou est abandonné de tous [7]. "

« Une armée fondée sur une grande unité prendra le contrôle de l'Empire, une armée fondée sur une unité moins profonde ne fera qu'en imposer à ses ennemis voisins. Si l'on attire et que l'on enrôle les soldats [par l'appât du gain] qu'on exalte l'autorité et la ruse, que l'on mette en avant le profit et l'intérêt, cela rend aussi peu sûre la victoire que la défaite : tantôt on est fort et tantôt on est faible, tantôt on subsiste et tantôt on est anéanti, les périodes où l'on a l'avantage alternent avec celles où l'on est dominé. C'est là le propre des bandes armées dont

5. Huan de Qi (685-643) et Wen de Jin (635-628) furent tous deux Hégémons.
6. L'une des montagnes sacrées de la Chine, située dans le Shandong.
7. *Livre des Documents, op. cit.*, IVe part, chap. Ier, art. III, § 3.

l'homme accompli ne partage pas les mobiles. C'est ainsi que Tian Dan de Qi, Zhuang Jiao de Chu, Wei Yang de Qin, Miao Ji de Yan [8] ont tous la réputation d'avoir été experts dans l'art militaire mais en fait aucun d'entre eux n'a été assez adroit ni assez puissant pour s'imposer à tous car la voie qu'ils ont suivie a été la même et ils n'ont pas atteint l'harmonie ni l'unité parfaites. Ils ont eu recours aux attaques-surprises et à la ruse, leur pouvoir et leurs projets étaient contraires à la Voie et ils n'ont eu finalement que des bandes armées. En revanche Huan de Qi, Wen de Jin, Zhuang de Chu, He Lü de Wu et Gou Jian de Yue ont tous eu des armées où régnaient l'harmonie et l'unité. On peut dire qu'ils sont entrés dans le domaine des vrais principes, mais il leur a manqué la compréhension des vérités fondamentales qui leur aurait permis, au lieu des Hégémons qu'ils furent, de devenir des Rois véritables. Telles sont les manifestations de la force et de la faiblesse. »

Le Roi Xiao Cheng et Lin Wu Jun répliquèrent : « Fort bien! Peut-on maintenant demander comment doit se comporter un général? » Xun Zi répondit : « Dans le domaine de la connaissance, rien n'est plus important que d'écarter les points douteux, dans le domaine de l'action, rien n'est plus important que de ne pas faire d'erreur; dans ce que l'on entreprend, rien n'est plus important que de ne pas avoir à se repentir. Si l'on parvient à ne pas avoir à regretter une entreprise, il faut s'y tenir sans exiger de savoir comment elle finira. En ce qui concerne l'élaboration des instructions et la transmission des ordres, il faut de la rigueur pour en imposer; les châtiments et les récompenses doivent correspondre à une nécessité afin d'inspirer confiance; les campements, les retranchements, les dépôts de vivres doivent être bien gardés pour être sûrs; les déplacements et les mouvements de troupes doivent être faits dans le calme pour être efficaces et avec diligence pour être rapides; épier l'ennemi et observer chaque changement de situation demande de la discrétion pour que les informations soient valables, ainsi que des équipes de reconnaissance pour qu'elles se mêlent à l'ennemi; si, rencontrant l'ennemi, on décide de livrer bataille, il faut suivre ce dont on est sûr et jamais ce qui comporte un doute. Voilà ce qu'on appelle les six méthodes.

« Il ne faut pas ne penser qu'à conserver son grade et ne craindre que de le perdre; il ne faut pas voler vers la victoire en oubliant les défaites; il ne faut pas accorder toute son attention aux affaires intérieures en négligeant ce qui se passe à l'extérieur; il ne faut pas ne voir que les profits qu'on pense

---

8. Quatre fameux stratèges du temps des Royaumes Combattants, parmi lesquels le très célèbre légiste Shang Yang, ici appelé Wei Yang.

retirer d'une opération sans en regarder les aspects nuisibles; il faut être prodigue de réflexion et matériellement généreux. Ce sont là les cinq facteurs qu'il faut savoir peser.

« Il existe trois cas dans lesquels un général récuse les ordres de son Souverain : mieux vaut être tué que d'occuper une place qui n'est pas défendable, mieux vaut être tué que de livrer bataille lorsqu'on ne peut vaincre, mieux vaut être tué que de tromper le peuple. Ce sont là les trois extrêmes.

« Lorsque l'ordre est reçu du Souverain, le général prend la tête des trois armées, il les dispose comme il convient, chaque officier bien à son rang et toutes choses en ordre. [Il est alors tout à son devoir et] la faveur du Souverain a aussi peu le pouvoir de le mettre en joie que les manœuvres de l'ennemi de le mettre en colère. C'est là le plus haut accomplissement de la tâche d'un Ministre.

« La réflexion doit précéder toute entreprise et être menée avec la plus grande attention, il faut accorder les mêmes soins à la fin d'une opération qu'à son commencement en considérant les deux comme une seule et même chose. C'est là la grande réussite, car les opérations menées à bien sont celles auxquelles un grand soin a été apporté et celles qui ont échoué ont souffert de négligence. Il y a réussite si l'attention prime sur la négligence, mais si c'est le contraire, l'échec est cuisant. Lorsque les projets réfléchis l'emportent sur les désirs aveugles, on arrive à ce qu'on voulait, mais dans le cas contraire, c'est une catastrophe qui se produit. Il faut combattre comme on garde une place, avancer comme on combat et recevoir la victoire comme une chance. Il faut prévoir sans relâche et sans relâche veiller à ses entreprises, au comportement des officiers, des soldats, de l'ennemi. Ce sont là les cinq points sur lesquels il faut veiller sans relâche.

« Si l'on observe attentivement les six méthodes, si l'on pèse attentivement les cinq facteurs et que l'on observe attentivement les trois extrêmes, si l'on sait occuper sa place avec cœur et diligence, sans jamais se relâcher, on mérite alors d'être appelé un grand général sous le ciel et on possède un esprit aussi lumineux que les Immortels ! »

« Fort bien, s'écria Lin Wu Jun. Peut-on maintenant s'enquérir de la façon dont un Roi doit réglementer les affaires militaires ? » Xun Zi répondit : « Le général doit être prêt à mourir dès que retentissent les tambours [9], les conducteurs de char doivent être prêts à mourir dès qu'ils saisissent les rênes, les officiers doivent être prêts à mourir à leur poste, les gens d'armes et les Hauts Fonctionnaires doivent être prêts à mourir plutôt que de quitter le rang. L'armée avance lorsqu'elle entend le tambour et bat

---

9. Signal donné aux troupes pour qu'elles avancent.

en retraite à l'écoute des gongs. La première chose est l'obéissance aux ordres, le mérite personnel vient ensuite. Il est aussi coupable d'avancer sans en avoir reçu l'ordre que de reculer sans en avoir reçu l'ordre. Qu'on ne tue pas les vieillards ni les faibles, qu'on ne saccage pas les récoltes, qu'on ne s'empare pas de ceux qui se soumettent mais qu'on ne relâche pas ceux qui ont résisté, qu'on ne garde pas prisonniers ceux qui viennent faire acte de sujétion.

« D'une façon générale, condamner à mort ne veut pas dire condamner un peuple à mort mais condamner ceux qui, au sein de ce peuple, fomentent des désordres. Et ceux qui, parmi ce peuple, rejoindraient ces éléments seraient à leur tour considérés comme des criminels. Il convient donc de laisser la vie sauve à ceux qui se sont inclinés devant les armes, de tuer ceux qui résistent et d'infliger un tribut à ceux qui viennent faire acte de sujétion. C'est ainsi que Wei Zi Kai [10] reçut un fief à Song, que Cao Chu Long [11] fut exécuté devant toute l'armée et que le peuple des Yin qui s'était soumis fut aussi bien traité que le peuple des Zhou. Alors ceux qui étaient près chantèrent et se réjouirent, ceux qui étaient au loin accoururent en foule pour suivre les armées des Zhou et aucune Principauté, si obscure et arriérée qu'elle fût, ne manqua de se rallier aux Zhou et de se réjouir en paix. Il n'y eut plus qu'une seule famille entre les quatre mers et tout le monde partout se soumit. C'est là le fait d'un meneur d'hommes. Le *Livre des Odes* dit fort bien : " De l'Orient à l'Occident, du Midi au Septentrion, chacun se soumit à lui de cœur [12]. "

« Un Roi véritable, s'il procède à des exécutions, ne déclare pas de guerre ; il n'attaque pas les places fortes bien gardées et ne provoque pas au combat des armées qui lui résisteraient. Si dans les autres pays le haut et le bas de la société sont en harmonie, il les en félicite. Il ne massacre pas les villes ennemies, il ne prend pas une armée par surprise, il ne maintient pas trop longtemps ses troupes en campagne et évite que les temps d'armée n'empiètent sur les travaux agricoles. C'est pourquoi les peuples des pays qui connaissent des troubles voudraient jouir des bienfaits de sa politique et, mécontents de leurs propres gouvernants, voudraient qu'il vienne régner chez eux. » « Fort bien ! » s'exclama Lin Wu Jun.

Un autre jour, son disciple Chen Xiao posa à Xun Zi la question suivante : « Vous parlez, Maître, de l'art militaire et vous évoquez toujours la Vertu Suprême et l'équité des devoirs

---

10. Demi-frère du tyran Zhou dernier des Yin. Indigné par les pratiques de son parent et Souverain, il se soumit aux Zhou.

11. Autre membre de la Cour de Zhou des Yin.

12. *Cheu King, op. cit.,* Ode 244, 6e strophe.

rituels comme son fondement, or le propre de la Vertu Suprême est l'amour du prochain et le propre de l'équité rituelle est la conformité avec le sens profond des choses. Cela a-t-il quelque chose à voir avec l'art militaire ? Car on considère généralement que les armées sont faites pour batailler et pour conquérir. »

Xun Zi répondit : « Tu n'as pas bien compris. La Vertu Suprême consiste à aimer son prochain et cet amour est cause que l'on a en aversion ce qui nuit à l'homme et, l'équité rituelle consistant à suivre le sens profond des choses, elle est cause que l'on a le désordre en aversion. L'armée, dans ces conditions, est donc faite pour enrayer la violence et éviter les nuisances et non pour batailler et conquérir. C'est pourquoi là où est installée l'armée d'un homme à la Vertu Suprême, il règne une atmosphère véritablement divine et là où elle est passée, la civilisation fleurit. Elle est comparable à la saison des pluies bienfaisantes que tous voient arriver avec joie. C'est pour cette raison que Yao défit Huan Dou, que Shun défit le peuple San Miao, que Yu le Grand défit Gong Gong, que Tang défit Jie des Xia, que le Roi Wen des Zhou défit la Principauté de Chong et que le Roi Wu des Zhou défit Zhou des Yin. C'est grâce à des armées mues par la force de la Vertu Suprême et de l'équité rituelle que ces Souverains gagnèrent l'Empire tout entier. Ceux qui leur étaient proches avaient pour leur perfection morale une affection filiale, ceux qui étaient au loin étaient pénétrés de leur sens de l'équité rituelle. Leurs armées n'avaient rien de sanguinaire et, lointains ou proches, tous se soumirent. Leurs vertus et leurs qualités permirent cela et se répandirent aux quatre orients du monde. Le *Livre des Odes* dit fort bien : « L'honnête homme, le vrai sage est irréprochable dans sa conduite. Sa conduite est irréprochable, il réforme tout notre pays [13]. »

Li Si [14] dit un jour à Xun Zi : « Voici quatre générations que le pays de Qin demeure invaincu, que son armée est la plus forte entre les quatre mers et qu'il tient les Grands en respect. Ce n'est pourtant ni à la Vertu Suprême ni à l'équité des devoirs rituels qu'il le doit mais bel et bien à la façon dont les affaires y sont avantageusement menées. »

Xun Zi lui répondit : « Tu as mal compris la situation. Ce que tu appelles " avantageux " n'est pas un réel avantage mais ce que j'appelle, moi, Vertu Suprême et équité rituelle, cela est réellement d'un grand avantage car c'est ce qui permet de réformer la politique, de conduire donc le peuple à aimer ses

---

13. *Ibid.*, Ode 152, 3e strophe.
14. Très fameux disciple de Xun Zi, Ministre légiste de Qin à qui on attribue la perte de son ancien condisciple Han Fei Zi.

supérieurs, à être heureux de son Prince et à accepter d'un
cœur léger de mourir pour lui. C'est pourquoi je dis que le
plus important est le Prince, généraux et stratèges ne venant
qu'ensuite. Qin est certes invaincu depuis quatre générations
mais il vit dans la crainte que le monde ne s'unisse pour abattre
sa puissance, il a ce que j'appelle une armée d'un temps de
décadence qui ne porte pas en elle les ferments des bons
principes. Ainsi, lorsque Tang déposa Jie des Xia, il n'avait pas
attendu le moment de la bataille de Ming Tiao, et le Roi Wu,
lorsqu'il fit exécuter Zhou des Yin, n'avait pas eu à attendre la
matinée du jour *jia-zi* pour remporter la victoire, car tous deux
s'étaient depuis longtemps préparés par leur rigueur morale.
Voilà ce que j'appelle des armées fondées sur la Vertu Suprême
et l'équité rituelle mais toi, ce n'est pas à la racine que tu vas
chercher mais au bout des branches. C'est pour cela que ces
temps sont si troublés. »

Les Rites sont la plus haute forme de l'ordre et de l'organisation, ils constituent le fondement même de la puissance d'un
État, ils sont la voie de la pratique morale et de l'autorité
reconnue, ils sont le nœud de la réussite et de la gloire. Ils
sont ce qui met l'Empire entre les mains des Rois et des Grands
mais qui, délaissé, ruine leurs territoires. Car il ne suffit pas de
blinder les cuirasses ni de renforcer son armée pour vaincre, il
ne suffit pas d'élever des murailles ni de creuser des douves
pour être en sécurité, il ne suffit pas d'être sévère dans ses
instructions et rigoureux dans les châtiments pour avoir de
l'autorité, mais on n'avance que si l'on suit la voie des Rites,
sinon on s'égare.

Les gens de Chu ont des cuirasses faites de peaux de cétacés
et de rhinocéros, aussi résistantes que du métal ou de la pierre,
ils ont des pointes de flèche en fer dur de Wan aussi dangereuses
que le dard empoisonné des abeilles, leur armée, bien entraînée,
est rapide et vive comme le vent. Ils furent pourtant défaits à
Chui Sha, et Tang Mei y a trouvé la mort [15]. Zhuang Jiao se
tourna alors contre Chu et le pays fut morcelé. Cela ne peut
pourtant pas être imputé à la faiblesse de son armée mais au
fait qu'il n'était pas gouverné selon la Voie. Les gens de Chu
considéraient les rivières Ru et Ying comme un obstacle à toute
invasion, le fleuve Jiang et la rivière Han leur paraissaient
comme des douves, la forêt montagneuse de Deng leur semblait
une barrière naturelle et ils pensaient que le mont Fang Cheng
les protégerait aussi. Les armées de Qin entrèrent pourtant dans
leur pays et la capitale Yan-Ying tomba entre leurs mains aussi

15. En 301 avant notre ère, le pays de Chu fut défait par une coalition
comprenant entre autres les pays de Qin, Qi, Han et Wei.

facilement que casse la branche d'un arbre sec [16]. Cela ne peut
pas être imputé à la faiblesse de leur système de défense, mais
bien au fait qu'ils n'étaient pas gouvernés selon la Voie.

Le tyran Zhou des Yin fit ouvrir la poitrine de Bi Gan et
mettre Ji Zi aux fers, il inventa le supplice de la colonne
incandescente, il tuait et faisait exécuter selon son humeur, et
ses sujets vivaient dans l'angoisse de perdre à chaque instant la
vie. Mais voici que survint l'armée de Wu des Zhou et les ordres
du tyran demeurèrent sans effet sur ses subordonnés, il ne put
trouver aucun appui chez son peuple. Ce n'est pourtant pas
faute d'avoir été sévère dans ses instructions et rigoureux dans
ses châtiments, mais c'est qu'il ne suivait pas les principes de
la Voie.

Autrefois, les seules armes étaient les hallebardes (ge), les
lances, les arcs et les flèches, les ennemis pourtant n'attendaient
pas qu'on les utilisât pour se soumettre. Les villes et les bourgs
n'avaient pas besoin d'être renforcés, on ne creusait ni douves
ni fossés, on ne construisait ni remblai ni défenses, on n'avait
recours à aucun stratagème, pourtant la paix régnait dans tout
le pays, on ne craignait pas ses voisins et l'on était en sécurité.
Il n'y avait aucune autre cause à cela que les lumières de la
Voie et une équitable répartition des tâches. Tout se faisait en
temps opportun, la sincérité et l'affection étaient de mise. Le
haut et le bas se répondaient comme l'ombre suit un corps et
l'écho, un son. S'il se trouvait quelqu'un pour contrevenir aux
ordres, il était alors soumis au châtiment, et il suffisait de châtier
un seul homme pour soumettre l'Empire. Le coupable ne s'en
prenait pas à ses supérieurs, conscient que c'est en lui-même
que se trouvait la responsabilité de sa faute. C'est pourquoi les
châtiments et les peines étaient rares, alors que l'autorité et la
rigueur morale avaient cours. Il n'y avait point d'autre raison à
cela que d'avoir suivi les principes de la Voie. Au temps des
Empereurs de l'Antiquité, Yao, pour faire régner l'ordre dans
l'Empire, mit un homme à mort, en châtia deux et cela suffit.
La tradition dit : « L'autorité et la rigueur dissuadent, les
châtiments sont institués mais inusités. » Tel était le sens de
mon propos.

Si c'est l'espoir des félicitations et des récompenses qui meut
les hommes, ce qui les blesse ou leur nuit les arrête. C'est
pourquoi ni les félicitations ni les récompenses, ni les peines ni
les châtiments, ni l'autorité ni la ruse ne suffisent à convaincre
les hommes de consacrer toutes leurs forces à une cause en
allant jusqu'au sacrifice de leur vie. Si le Souverain et la classe
supérieure ne fondent pas leurs relations avec le peuple sur les

16. En 278 avant notre ère.

Rites, l'équité rituelle, la loyauté et la confiance, mais plutôt sur l'usage des récompenses et des félicitations, des peines et des châtiments, de l'autorité et de la ruse, de la crainte et de l'intimidation, ils en obtiendront bien quelque concours mais rien de plus. Que survienne alors une invasion ennemie, et les villes que le Prince croyait fortes et sûres se détourneront de lui, ses armées, venant à rencontrer l'ennemi sur un champ de bataille, tourneront le dos, son peuple fuira au plus vite une situation pénible et difficile, le bas se retournera contre le haut. Car la voie consistant à utiliser les récompenses, les châtiments, l'autorité et la ruse est une voie de mercenaire et de marchand et ne saurait suffire à unir tout un peuple ni à faire la grandeur d'un pays, c'est pourquoi les Anciens auraient eu honte de la suivre. Car c'est la gloire d'une profonde vertu qu'il faut mettre en premier, ce sont les Rites et leurs lumières qu'il faut suivre, c'est avec une parfaite loyauté et confiance qu'il faut aimer, c'est en rendant honneur à la sagesse et en employant les compétences qu'il faut établir une hiérarchie, c'est en distribuant des titres, des dignités, des félicitations et des récompenses qu'il faut distinguer, c'est en veillant à ce que les tâches soient accomplies en temps utile et à ce que le travail de chacun ne soit pas trop lourd que l'on nourrit et que l'on éduque, que l'on maintient dans l'ordre et l'harmonie, comme si l'on prenait soin de petits enfants.

Une fois fixées la politique à suivre et les instructions à donner, les mœurs du peuple sont unifiées. Si quelqu'un alors s'en écarte et désobéit à ses supérieurs, il deviendra pour tout le peuple un objet d'opprobre, on le repoussera comme on conjure une force malfaisante. C'est alors qu'on pourra lui infliger un châtiment. Voici le cas qui mérite un grand châtiment et il ne saurait y avoir de honte plus grande. Si c'est par intérêt que l'on s'est ainsi comporté, le châtiment doit être sévère, car à moins d'être fou, obtus ou franchement dévoyé, qui ne s'amenderait à le voir ? Le peuple après cela aura manifestement compris qu'il faut suivre la loi de ses supérieurs, prendre modèle sur leur tournure d'esprit et jouir de la paix qu'ils lui procurent. Ceux alors qui montrent quelque aptitude à s'améliorer, à se cultiver, à mettre en pratique les principes moraux, à suivre les Rites et l'équité rituelle, à respecter la Voie et la vertu, nul parmi le peuple ne manquera de les honorer, de les aimer et de les louer. Alors ils pourront recevoir des récompenses, car y a-t-il quelque chose de plus honorable à leur attribuer que de hautes dignités et des postes prestigieux et rémunérateurs ? Et s'ils venaient à faillir, leur dignité et leur rang auraient tôt fait de leur indiquer le droit chemin. Qui, parmi le peuple, ne désirerait un tel sort ?

Si l'on a bien clairement devant soi honneurs, dignités et récompenses et derrière soi honte et châtiments, comment n'avancerait-on pas, même sans le vouloir, sur le chemin de la civilisation? Le peuple alors se rallie à son Prince comme l'eau qui s'écoule, le pays gouverné ainsi connaît une divine paix et la civilisation y fleurit [au sein d'un peuple obéissant [17]]. Les gens violents, autoritaires, insolents et agressifs s'amendent et deviennent respectueux, les gens partiaux, mesquins et égoïstes s'amendent et deviennent conscients de l'intérêt public, les gens précipités et négligents s'amendent et trouvent un juste équilibre. Voilà ce que j'appelle la grande transformation civilisatrice qui conduit à l'unité. Le *Livre des Odes* dit : « Les intentions de l'Empereur sont sincères et certaines, aussi les habitants de Xu se donnent à lui [18]. » Tel était le sens de mon propos.

Il y a trois méthodes pour rassembler les hommes : il y a la vertu, il y a la force et il y a la richesse. Certains, rendant hommage à notre gloire, admirant notre conduite vertueuse, souhaitent devenir notre peuple. C'est pourquoi ils nous ouvrent les portes et nous font le chemin pour mieux nous recevoir lorsque nous entrons chez eux. Si nous respectons leurs peuples et leurs terres en leur faisant goûter les bienfaits de la paix, ils ne manqueront pas de se soumettre de bon cœur aux lois que nous aurons instaurées et aux instructions que nous aurons données. Ainsi donc, accroître son territoire et augmenter sa puissance, rassembler les hommes et renforcer son armée, cela se fait ici par la vertu. D'autres, sans pour autant rendre hommage à notre gloire ni admirer nos vertus, craignent notre majesté et se sentent contraints par notre autorité. Bien que le cœur de ces peuples soit alors tourné contre nous, ils n'osent pas nous résister. Il nous faut alors entretenir des armées nombreuses et cela est fort coûteux. C'est ainsi qu'on accroît son territoire en diminuant sa puissance, qu'on rassemble les hommes mais qu'on affaiblit son armée. Cela, c'est rassembler les hommes par la force. D'autres enfin, qui ne sont pas mus par le désir de rendre hommage à notre gloire ou d'admirer nos vertus, sont pauvres et désirent des richesses, ils sont affamés et veulent de quoi se rassasier, ils ont le ventre vide, le clament bien haut et c'est chez nous qu'ils viennent chercher de la nourriture. Si l'on ouvre alors les greniers à riz et qu'on leur en distribue le contenu, si on leur attribue force biens pour les enrichir et qu'on désigne de bons fonctionnaires pour les encadrer, il faudra encore trois années écoulées avant qu'ils ne deviennent un peuple en qui nous puissions avoir confiance.

17. Le passage entre crochets correspond à deux caractères peu sûrs.
18. *Cheu King, op. cit.*, Ode 263, 6e strophe.

Dans ce cas-là, nous aurons gagné des territoires mais diminué notre puissance, gagné des populations mais diminué la richesse de notre pays. C'est ce que j'appelle rassembler les hommes par la richesse. Voilà pourquoi je dirai que rassembler les hommes par la vertu, c'est être un Roi véritable, les rassembler par la force est gage de faiblesse et les rassembler par la richesse est gage de pauvreté. Il en a toujours été ainsi.

Il est aisé de rassembler des peuples et de s'adjoindre des territoires, mais la difficulté est de maintenir fortes ces unions. Ainsi Qi a-t-il pu s'adjoindre Song, mais il n'a pu consolider cette conquête et Wei l'en a privé, Yan avait pu s'adjoindre Qi mais ne put consolider cette conquête dont Tian Dan le priva. Han atteignit Shang Dang, occupa des centaines de lis de terre riche et peuplée mais dut les céder à Zhao qui à son tour ne sut pas consolider sa conquête et la laissa à Qin. Ainsi un pays capable de s'adjoindre des territoires mais qui s'avère incapable de consolider ses conquêtes les perdra. Quant à celui qui n'est capable ni d'acquérir des territoires nouveaux ni de conserver ceux qu'il a déjà, il disparaîtra infailliblement. Ceux qui sont capables de consolider leurs acquis sont évidemment capables d'acquérir. A celui qui conquiert et qui sait garder, nul ne sera assez fort pour résister. C'est ce qui se passa autrefois avec Tang à partir de Bo et avec Wu à partir de Hao. Tous deux, partis d'un domaine de cent lis, unifièrent l'Empire et assujettirent les Grands. Il n'y a pas d'autre cause à cela que leur aptitude à consolider leurs acquis. Que l'on s'assure des officiers grâce aux Rites et du peuple grâce à une bonne politique : l'observance des Rites conduit en effet les officiers à la soumission et une politique équitable maintient le peuple en paix. Des officiers soumis et un peuple en paix, voilà ce que j'appelle une grande solidité et grâce à quoi l'on est en sécurité si l'on reste chez soi et en position de force si l'on en sort. On verra alors ses ordres suivis et ses interdictions respectées. Tout cela est le propre d'un Roi véritable.

XVI

RENFORCER UN PAYS

Si la forme et le moule sont corrects, le métal d'une trempe magnifique, le travail habile et le passage au feu satisfaisant, on obtient, à l'ouverture du moule, un glaive digne du fameux glaive « Mo Ye ». Mais si on ne le polit ni ne l'aiguise, il ne sera pas même bon à trancher une corde tandis que, une fois poli et aiguisé, il tranchera des pièces de vaisselle plate aussi aisément qu'il tuera un bœuf ou un cheval [1]. Pour être fort, un pays doit lui aussi sortir d'un bon moule. Si l'instruction et l'éducation y sont négligées, si l'on ne s'y soucie ni d'harmonie ni d'unité, il n'aura ni la force de se préserver à l'intérieur ni l'énergie pour se battre à l'extérieur. Si au contraire l'instruction et l'éducation y sont soignées, s'il y règne l'harmonie et l'unité, ses armées sont fortes et ses villes imprenables et l'ennemi ne se hasardera pas à l'attaquer. Un pays lui aussi doit être poli, il faut le policer par les Rites, l'équité rituelle, le sens de la mesure. Car si le destin de l'homme dépend de la céleste nature, le destin des États, lui, réside dans les Rites. Si un Prince exalte les Rites et respecte la sagesse, il a l'étoffe d'un Roi; s'il accorde à la loi la première importance et qu'il aime son peuple, il a l'étoffe d'un Hégémon; s'il est intéressé et rusé, il sera en danger et s'il est avide de pouvoir, injuste et dévoyé, il disparaîtra.

Il existe trois façons d'en imposer : par la Voie et la vertu, par la violence et la manie de l'information, par la démesure et l'extravagance. On ne peut pas manquer de les identifier. Celui qui s'améliore constamment grâce aux Rites et à la musique, qui établit clairement la répartition des tâches et l'équité rituelle, qui accomplit toutes choses au moment opportun, qui aime les autres et respecte leurs intérêts, celui-là est honoré par le peuple à l'égal des Empereurs de l'Antiquité, on le trouve aussi haut que le ciel, on l'aime comme son père et sa mère, on le révère comme une intelligence divine. Dans ce

---

1. Ces opérations étaient effectuées dans l'Antiquité lors de la mise en service d'épées remarquables. Cf. divers passages du *Zhan Guo Ce* (Chronique des Royaumes Combattants).

cas, il n'est pas la peine de faire appel aux récompenses pour exhorter le peuple ni aux châtiments pour lui en imposer. C'est là ce que j'appelle en imposer par la Voie et la Vertu. Celui qui, négligeant les Rites et la musique, n'établit pas clairement la répartition des tâches et l'équité rituelle, n'accomplit pas ce qu'il faut en temps opportun, ne fait montre d'aucun amour envers son prochain ni de respect pour ses intérêts, celui-là ne peut qu'interdire, user de violence et exiger d'être informé de tout, il doit être très attentif à condamner tous ceux qui ne lui obéissent pas, il achète la confiance au prix de lourds châtiments et il est contraint de recourir à de cruelles exécutions s'il veut être aussi terrible que le tonnerre et aussi solide qu'un rempart. Le peuple, dans ce cas, est tenu en respect par la peur, il méprise le Prince s'il relâche sa sévérité, il n'est rassemblé que par la contrainte et à la moindre occasion il se fragmente, si l'ennemi survient, il se donne à lui. Si, dans ces conditions, le Prince n'assoit pas son autorité par la contrainte, s'il n'incite pas son peuple à l'obéissance par des condamnations et des exécutions, il n'en obtiendra rien. C'est là ce que j'appelle en imposer par la violence et la manie de l'information. Avoir un cœur à ne pas aimer les hommes, conduire les affaires en ne tenant pas compte des intérêts d'autrui, suivre toujours la voie des gens de désordre, c'est induire le peuple à faire grand tapage. On en vient alors à la répression, on décime le peuple par des châtiments et l'on divorce du cœur des hommes. Alors ceux d'en bas fomentent des complots et prennent la fuite pour échapper à leurs supérieurs. Ces agissements dévoyés et pervers mènent à la ruine et à l'anéantissement, à peine un tel régime est-il instauré que l'on en peut prévoir la fin. C'est là ce que j'appelle en imposer par la démesure et l'extravagance. On ne peut pas manquer d'identifier ces trois façons d'en imposer. Celle qui se fonde sur la Voie et la vertu s'accomplit dans la paix et la puissance, celle qui se fonde sur la violence et la manie de tout épier mène au péril et à la faiblesse, celle qui se fonde sur la démesure et l'extravagance s'achève dans la ruine et la désolation.

Gong Sun Zi [2] raconte que Zi Fa, à la tête d'une armée, défit le marquisat de Cai. Il en fit la conquête et s'empara du Marquis. A son retour, il alla rendre compte de sa mission en ces termes : « Le Marquis de Cai a cédé la terre de ses Ancêtres et elle revient à Chu. Aidé de quelques-uns de ses hommes, Votre serviteur a mis ce territoire en ordre. » Comme le pays de Chu voulait lui décerner des récompenses, Zi Fa refusa en disant : « Des édits ont été promulgués et des ordres donnés, à la suite

---

2. Inconnu par ailleurs.

de quoi l'ennemi a reculé. Grâces en soient rendues au
Souverain. Nos armées ont attaqué de concert et l'ennemi a
reculé, grâces en soient rendues aux généraux. Nos troupes ont
rassemblé leurs forces pour combattre et l'ennemi a reculé,
grâces en soient rendues à nos soldats. Il n'y aurait donc aucune
raison pour que Votre serviteur bénéficie d'une récompense qui
revient à tous. » Voici les critiques qu'on pourrait lui adresser :
si la façon dont Zi Fa a rendu compte de sa mission est fort
bonne, il y a cependant quelque opiniâtreté dans son refus de
toute récompense. Lorsqu'en effet on exalte la sagesse et qu'on
fait appel aux compétences, des récompenses viennent sanction-
ner les services rendus et des châtiments, les fautes commises.
Il ne s'agit pas là de la pratique d'un individu isolé mais bien
de la Voie suivie par les Anciens Rois, car le fondement de la
conduite de chaque homme doit être de comprendre comment
le bien répond au bien et le mal, au mal[3]. C'est de là que doit
partir un bon système de gouvernement, il en a toujours été
ainsi. Les Rois éclairés de l'Antiquité entreprenaient de grandes
tâches et reconnaissaient la grandeur des services rendus : ces
grandes tâches une fois accomplies et ces grands services une
fois rendus, le Prince jouissait de la réalisation de son projet et
le sujet jouissait du fruit de ses mérites. Officiers et Hauts
Fonctionnaires recevaient des titres, les fonctionnaires recevaient
de l'avancement et la multitude recevait des avantages matériels.
C'est ainsi qu'on incite à bien faire et qu'on dissuade de mal
faire, alors le haut et le bas vibrent d'un même cœur, les trois
armées mettent en commun leurs forces et toutes les entreprises
réussissent pour la plus grande gloire de ceux qui les mènent
à bien. Or, il se trouve que le seul Zi Fa n'est pas en accord
avec tout cela, il contrevient à la Voie des Anciens Rois, il
malmène les lois du pays de Chu et il porte atteinte aux mérites
des sujets de ce pays en couvrant de honte ceux qui ont reçu
des récompenses, en empêchant leur famille d'en ressentir les
bienfaits, en déconsidérant leur descendance. Tout cela en vertu
de la seule opinion d'un particulier. N'est-ce pas vraiment
excessif ? C'est pourquoi je disais que si la façon dont Zi Fa a
rendu compte de sa mission est satisfaisante, il y a quelque
opiniâtreté dans son refus de toute récompense.

Xun Zi dit un jour au Premier Ministre du pays de Qi : « Être
établi quelque part et l'emporter sur autrui par son autorité,

3. Nous avons hésité avant d'employer, pour faciliter la lecture de la traduction,
ces mots de « bien » et de « mal » qui correspondent si peu à ce qui se dit *shan*
et *e* en chinois, on pourrait presque à leur place écrire « agréable » et
« désagréable » ou bien « moralement efficace », « moralement inefficace » dans
la perspective de l'édification d'une société « bonne », c'est-à-dire viable, sans
connotation métaphysique.

agir et l'emporter sur autrui par sa pratique de la Voie sans
que nul murmure, c'est être un Tang ou un Wu. Être en place
et l'emporter en autorité sans forcer le respect par une pratique
meilleure de la Voie, avoir exercé sur l'Empire un pouvoir
considérable et essayer de finir en humble sujet sans y parvenir,
c'est être un Jie ou un Zhou. L'emporter sur l'autrui par autorité
ne vaut donc pas, et de loin, l'emporter par une pratique
meilleure de la Voie. Être sur le Trône ou occuper la fonction
de Premier Ministre, c'est l'emporter sur autrui par autorité.
L'emporter par la pratique de la Voie, c'est considérer comme
vrai ce qui est vrai et faux ce qui est faux, considérer comme
capable celui qui est capable et comme incapable celui qui n'est
pas capable, mettre de côté ses désirs égoïstes et estimer
indispensable de suivre la voie du bien public en universalisant
l'équité des devoirs rituels pour parvenir à des relations sociales
harmonieuses. Vous avez un pays qui a déjà son propre Souverain,
lequel règne sur un État déjà constitué. Pour ce qui est de
l'emporter sur autrui par autorité, voilà qui manifestement est
le cas. Mais pourquoi ne pas dépasser le fait de l'emporter par
autorité, pourquoi ne pas aller jusqu'à l'emporter par la pratique
de la Voie, pourquoi ne pas chercher un homme accompli à la
Haute Vertu et à la grande intelligence et le proposer au Roi
afin qu'il puisse le conseiller sur la politique à suivre et la claire
définition de ce qu'il convient de faire ou non ? Qui, alors, dans
ce pays, se hasarderait à ne pas suivre les principes de l'équité
rituelle ? Et si Prince et Ministres, gouvernants et gouvernés,
nobles et vilains, jeunes et vieux, tous, jusqu'au petit peuple se
conforment à l'équité rituelle, qui sous le ciel aurait envie d'y
contrevenir ? Les sages souhaiteront venir à la Cour, les hommes
capables voudront devenir fonctionnaires de ce pays et il n'est
personne, parmi le peuple intéressé, qui n'espère se mettre sous
l'égide du pays de Qi. Cela sera l'unification de l'Empire. Mais
que votre pays délaisse cette politique et ne la suive en rien,
faisant ce que fait aujourd'hui tout un chacun, on verra alors
la Reine semer le désordre au Palais, des Ministres fourbes
semer le désordre à la Cour, des employés cupides semer le
désordre parmi les fonctionnaires et les gens du peuple prendre
l'habitude de se quereller et de se spolier avidement les uns les
autres. Comment, dans de telles conditions, pourrait-on maintenir un pays ? Voici devant nous le puissant pays de Chu, le
pays de Yan nous malmène sur nos arrières, la vivacité de Wei
mord notre aile droite et les territoires de l'Ouest sont loin de
nous être une défense. Ceux de Lu possèdent en outre les
places de Xiang Fei et de Kai Yang pour contraindre notre aile
gauche. Ainsi donc, pour peu qu'un pays veuille entreprendre
une opération contre nous, en voici trois qui viendront nous

attaquer. Il faudra bien alors que Qi se scinde en plusieurs parties comme s'il avait à rendre aux autres puissances des territoires empruntés! Quel ridicule à la face du monde et comme on voit la justesse de nos observations de tout à l'heure! »

Les tyrans Jie des Xia et Zhou des Yin étaient les descendants et faisaient partie de dynasties qui étaient sur le Trône, ils devaient la place et l'autorité qui étaient les leurs aux tablettes de leurs Ancêtres. Leurs territoires étaient immenses et leur domaine personnel se comptait en milliers de lis, ils avaient des myriades et des myriades de sujets. Pourtant, l'Empire en un instant s'est détourné d'eux pour suivre Tang et Wu, il s'est mis à exécrer Jie et Zhou pour honorer Tang et Wu. Pourquoi cela? Pourquoi Jie et Zhou ont-ils tout perdu, pourquoi Tang et Wu ont-ils tout reçu? Je dirai qu'il n'y a pas d'autre cause à cela que d'avoir aimé faire, dans le cas des deux premiers, tout ce qu'exècrent les humains et, pour les deux derniers, ce que les humains prisent. Qu'est-ce que les hommes exècrent? Je dirai que c'est la fange morale, l'agressivité et la cupidité. Que prisent-ils? Je dirai que ce sont les Rites, l'équité rituelle, l'humilité, la loyauté, la confiance. Les Princes d'aujourd'hui se comparent volontiers à Tang et à Wu, mais si l'on voit la façon dont ils agissent, cela ne diffère parfois en rien des agissements de Jie et Zhou. Or ils voudraient avoir la gloire de Tang et de Wu. Comment le pourraient-ils? D'une façon générale, obtenir la victoire se fait à l'aide des hommes, mais obtenir l'adhésion des hommes, cela se fait à l'aide de la Voie. Quelle est cette Voie? Celle des Rites, de l'équité rituelle, de l'humilité, de la loyauté et de la confiance. Si un pays réussit à avoir quatre ou cinq dizaines de milliers de soldats et au-delà et qu'il se montre puissant et victorieux, il ne le doit pas à la force du nombre mais à l'effet de la confiance qui y règne. Si un pays réussit à s'étendre sur des centaines de lis et au-delà, qu'il soit paisible et sûr, il ne le doit pas à sa taille mais à la bonne politique qui y est en honneur. Mais nous voyons aujourd'hui des pays forts de dizaines de milliers d'hommes déployer toutes sortes de ruses pour former des alliances et se battre contre d'autres, nous voyons des pays qui possèdent déjà des centaines et des centaines de lis utiliser les procédés les plus bas et les plus malhonnêtes pour aller disputer des territoires aux autres. C'est là abandonner ce qui leur donne paix et puissance pour s'en aller chercher le péril et la faiblesse. Ils se défont de ce qui leur manque pour s'encombrer de ce dont ils ont trop. En agissant de la sorte, les Princes commettent de lourdes fautes mais ils voudraient tout de même avoir la réputation d'être des Tang et des Wu. Comment le pourraient-ils? Ils ressemblent à un homme qui, rampant par terre, voudrait lécher le ciel ou qui, voulant porter secours à un pendu, le tirerait par les pieds. Cela ne peut certes pas réussir, plus on fait d'efforts et plus on s'éloigne du but recherché. Certains Ministres, ne regardant pas à l'immoralité de leur conduite, se satisfont de la recherche de leurs intérêts personnels. Autant s'imaginer qu'il est rentable d'employer une machine de guerre pour forcer un trou de souris. L'homme de Haute Vertu répugne à ce genre d'agissements et il ne s'y commet pas. Ce qu'il y a de plus précieux pour l'homme est en effet la vie et son plus grand bonheur est la paix. Or, le meilleur moyen de préserver la vie en assurant le bonheur, ce sont les Rites et l'équité des devoirs rituels. L'homme conscient de ce que vaut la vie et du bonheur qu'est la paix et qui délaisserait les Rites et l'équité rituelle ressemble à quelqu'un qui, désireux d'une vie très longue, mettrait fin à ses jours. Il n'y a pire sottise. Si un Prince aime son peuple, il lui assure la paix et s'il apprécie les gens de qualité, il les honore, si ces deux sentiments lui manquent, il est perdu. Le *Livre des Odes* dit fort bien : « Les hommes d'une grande vertu sont comme la haie [de l'Empire], la multitude du peuple en est le mur [4]. »

La force a ses limites, l'équité rituelle permet d'avancer. Quel est le sens de cette phrase ? C'est que je veux parler du pays de Qin [5]. Il est plus imposant et plus puissant que les États de Tang et Wu, plus vaste et plus étendu que les États de Shun et de Yu le Grand. Il n'arrive pourtant pas au bout de ses peines ni de ses soucis, car il vit dans la crainte que le reste de l'Empire en s'unissant ne parvienne à l'écraser. C'est là ce que j'appelais les limites de l'emploi de la force. Peut-on vraiment dire qu'il est plus imposant et plus puissant que les États de Tang et de Wu ? Tang et Wu faisaient en sorte que leurs sujets fussent heureux de travailler pour eux. Après la mort du père de l'actuel Roi de Chu, son pays fut défait et il dut se résoudre à lui voir arracher trois fiefs; le Roi dut s'enfuir entre Chen et Cai et vécut dans l'attente du moment favorable pour renverser la puissance de Qin. Mais en réalité, si Qin voulait qu'il aille à gauche, il allait à gauche et si Qin voulait qu'il aille à droite, il allait à droite, car le Qin possède l'art de faire travailler ses ennemis pour lui. Voilà pourquoi on dit qu'il est plus imposant et plus puissant que les États de Tang et Wu. Mais peut-on dire que le Qin soit plus vaste et plus étendu que les États de Shun et de Yu ? Le lieu où les Rois d'autrefois unissaient l'Empire et se faisaient obéir des Grands n'était pas étendu sur des milliers et des milliers de lis. Mais aujourd'hui, Qin a pris,

4. *Cheu King, op. cit.*, Ode 254, 7ᵉ strophe.
5. Dont la puissance culmina peu après avec la fondation de l'Empire mais dont la dynastie s'effondra peu après la mort de son premier Empereur.

au sud, la région de Sha Yi, outre celle de Jiang Nan, il a pour voisins du Nord les tribus Hu et Mo, à l'ouest, les Rong du pays de Ba, à l'est, il est allé chercher dans le pays de Chu une frontière avec Qi ; dans le pays de Han, il a dépassé Chang Shan et s'est approprié Lin Lü, à Wei, il a mis la main sur Yu Jin et il est arrivé à cent vingt lis de la capitale Da Liang, tandis qu'au pays de Zhao, il s'est adjugé Ling, a fait main basse sur les marches forestières jusqu'à l'Occident et de l'autre côté s'est assuré Chang Shan. Son domaine s'étend partout sous le ciel, c'est pour cela que l'on dit qu'il est plus vaste et plus étendu que les États de Shun et de Yu. Il en impose partout entre les quatre mers et sa puissance met en danger tous les pays chinois. Pourtant, il n'arrive pas au bout de ses peines et de ses soucis et il vit dans la crainte que tout l'Empire en s'unissant ne parvienne à l'écraser. Que faudrait-il donc faire ? Modérer sa soif d'autorité et en revenir à la culture rituelle, faire appel, pour gouverner l'Empire, à des hommes accomplis empreints d'honnêteté, de sincérité et de confiance qui soient de précieux conseillers politiques afin de définir correctement ce qu'il faut faire et ne pas faire, séparer le bon grain de l'ivraie, faire obéir les ordres venus de Xian Yang [6], laisser en poste ceux qui s'y conforment et condamner ensuite ceux qui refusent d'obéir. Ainsi l'armée n'aura-t-elle plus à entreprendre de lointaines campagnes, les ordres reçus seront-ils partout exécutés et même si le pays de Qin s'avise de construire un Ming Tang [7], les Grands viendront y rendre hommage et il atteindra vraisemblablement son but. Au lieu de cela, il ne travaille aujourd'hui qu'à accroître ses territoires au lieu d'accroître la confiance.

Le Marquis de Ying [8] demanda à Xun Zi : « Vous êtes allé à Qin, qu'y avez-vous observé ? » Xun Zi répondit : « Les frontières naturelles de ce pays sont redoutables, ce qui lui est un grand avantage. Les montagnes, les forêts, les cours d'eau, les vallées y sont fertiles et les dons de la nature ne lui font pas défaut, ce qui est fort heureux pour lui. Si l'on y entre et qu'on y observe les mœurs, on voit que le peuple est sans artifice, la musique n'est pas licencieuse, les vêtements sont sans recherche excessive, on craint fort les gouvernants et on leur obéit. On dirait un peuple d'autrefois. Les administrateurs locaux et régionaux et tous les fonctionnaires sans exception sont bons, économes, soumis, respectueux, loyaux, dignes de confiance et

6. La capitale du pays de Qin.

7. « Le Ming Tang constitue une prérogative purement royale et la marque d'un pouvoir solidement établi. C'est une Maison du Calendrier où l'on voit comme une concentration de l'Univers » (Marcel GRANET, *La Pensée chinoise*, Paris, 1950, p. 102).

8. Originaire du pays de Wei, il fut Premier Ministre du Roi Zhao de Qin.

exempts de mauvais penchants. On dirait des fonctionnaires d'autrefois. Si l'on se rend à la capitale et qu'on y observe les Hauts Fonctionnaires, on voit qu'ils partent de chez eux pour se rendre dans les lieux officiels d'où ils ne sortent que pour regagner leur foyer. Nulle affaire privée ne les retient, pas de partis, pas de factions, rien vraiment qui, en eux, ne soit tout à fait clair et équitable. On dirait des Hauts Fonctionnaires d'autrefois. Qu'on se tourne vers la Cour : lorsqu'elle siège, elle entend et conclut sans surseoir toutes les affaires qui lui sont soumises avec la même impassibilité que s'il n'y avait rien à gouverner. On dirait une Cour d'autrefois. Si donc ce pays remporte tant de succès depuis quatre générations, on peut bien voir que ce n'est pas le fruit du hasard mais celui du calcul [9]. On dit bien que c'est à loisir qu'il faut gouverner, que c'est par la simplicité que l'on résout les grandes questions et que la réussite est ennemie de la complication. Là réside tout l'art du bon gouvernement et celui du pays de Qin est de cette trempe. On peut cependant concevoir quelque crainte pour ce pays. Qu'on mette en balance d'un côté tous les procédés de calcul et leur complète application et de l'autre la gloire et les réussites des Rois véritables, le premier terme est bien loin de faire le poids du second! Pourquoi cela? C'est que le danger de Qin est l'absence chez lui de la sagesse confucéenne, car on dit bien que la suivre mène à la Royauté, s'en inspirer conduit à l'Hégémonie et ne faire ni l'un ni l'autre est gage de ruine. Et c'est là justement le point faible de Qin. »

C'est petit à petit que se font les choses, il vaut mieux compter en jours qu'en mois, en mois qu'en saisons et en saisons qu'en années. La plupart des gens se plaisent à traiter à la légère les affaires mineures et ce n'est qu'au moment où se présente quelque grande affaire qu'ils consentent à s'en occuper sérieusement. Mais ils n'y réussissent alors pas aussi bien que ceux qui savent traiter les affaires moindres. Pourquoi cela? Parce que les affaires mineures sont fort nombreuses, fort nombreuses aussi les journées que l'on y consacre, et que l'expérience que l'on en retire est grande, alors que les grandes affaires sont plus rares, plus rares aussi les journées qu'on leur consacre, et que par conséquent on en retire une expérience plus mince.

Qui excelle à reconnaître l'importance de chaque jour a l'étoffe d'un Roi, qui ne sait bien compter que par saison a

9. Cette notion de calcul (*shu*) est importante dans le légisme. On remarquera l'éloge surprenant d'un État légiste sous le pinceau d'un Confucéen et l'on se souviendra que Xun Zi est le plus légiste des Confucéens, sinon le plus confucéen des Légistes (cf. L. VANDERMEERSCH, *La Formation du Légisme*, Paris, 1965).

l'étoffe d'un Hégémon, qui ne fait que parer au plus pressé se met en danger et qui se laisse porter par le courant est appelé à disparaître. Ainsi le Roi véritable est-il attentif à chaque jour, l'Hégémon est attentif à chaque saison, le pays de celui qui est à peine capable de se maintenir court de gros risques et ce n'est qu'après cela qu'il se fait du souci. De même, ce n'est qu'une fois consommée la ruine d'un pays que l'on devient conscient de ce qu'est la ruine comme ce n'est qu'en présence de la mort que l'on prend conscience de ce qu'elle est. Or le désastre qu'est la ruine d'un État est un remords qu'on ne peut jamais effacer. Les qualités d'un Hégémon sont certes éclatantes et l'on peut les relater au fil des saisons, mais les mérites et la gloire d'un Roi, une relation journalière n'en épuiserait pas le récit. C'est leur taille qui rend considérables les biens, les richesses, les trésors. Il n'en est pas de même pour la politique, l'éducation, le mérite et la gloire : c'est par une succession de petites touches qu'ils s'accomplissent heureusement. Le *Livre des Odes* dit : « La vertu est légère comme un poil, cependant peu d'hommes sont capables de la soulever [10]. » Tel était le sens de mon propos.

D'une façon générale, c'est le mépris dans lequel est tenue en haut lieu l'équité rituelle qui suscite de mauvaises gens. Celle-ci, en effet, est justement ce qui retient de fréquenter les mauvaises gens et si, en haut lieu, on n'honore ni ne respecte l'équité rituelle, le petit peuple la délaissera lui aussi et s'empressera d'emplir son cœur de mauvaises pensées. C'est ainsi que sont suscités les mauvaises gens, car ceux d'en haut sont des maîtres pour ceux d'en bas et la relation entre le haut et le bas est comparable à celle d'un son avec son écho ou d'une forme avec son ombre. C'est pourquoi celui qui est placé au-dessus des autres se doit d'être particulièrement attentif à cela. L'équité rituelle, c'est d'observer la mesure aussi bien avec les hommes qu'avec les choses, c'est d'être en paix avec le Souverain et en harmonie avec le peuple. Le propre de l'équité rituelle, c'est le sens de la mesure envers l'intérieur et l'extérieur, envers le haut et le bas. Ce qui est le plus important pour le monde, c'est de prendre pour fondement l'équité des devoirs rituels, la confiance vient ensuite. Dans l'Antiquité, Yu et Tang ont pris pour fondement l'équité rituelle, ils se sont efforcés d'établir la confiance, et l'Empire connut l'ordre. Jie et Zhou ont délaissé la première et trahi la seconde et l'Empire sombra dans le désordre. Ainsi donc, celui qui est au-dessus des autres doit, s'il veut réussir, être particulièrement attentif aux Rites et à l'équité rituelle et s'efforcer d'établir la loyauté et la confiance. Telle est la grande base de l'art d'être Prince.

---

10. *Cheu King, op. cit.,* Ode 260, 6ᵉ strophe.

Si la Grande Salle n'est pas tenue en ordre, il n'y a pas de
raison pour que les terres alentour soient défrichées, celui dont
un glaive étincelant a frappé la poitrine ne voit pas les flèches
qui volent autour de lui, celui dont une hallebarde a frappé la
tête ne prend plus garde de ne pas se faire trancher les doigts.
Cela ne signifie pas que l'on ne se préoccupe pas de ces choses,
mais qu'il faut comprendre l'ordre de leur priorité.

XVII

DU CIEL [1]

La marche du ciel est pérenne, ni la venue de Yao ni la chute de Jie ne changent rien à cela. Si on lui répond par l'ordre, le ciel est faste et néfaste si on lui répond par le désordre. Si l'on renforce l'agriculture et qu'on se montre économe, le ciel ne saurait appauvrir. Si l'on assure bien les activités vitales en temps utile, le ciel ne saurait affliger. Si l'on suit la Voie sans dévier, le ciel ne saurait envoyer de catastrophes. Car alors les inondations et les sécheresses ne pourront affamer ni assoiffer, les grands froids et les canicules ne causeront point de dommages et les hommes ne subiront pas les effets des déchaînements de la nature. Mais si l'on néglige l'agriculture et que l'on gaspille, ce n'est pas le ciel qui pourra rendre riche. Si l'on apporte du retard aux activités vitales en faisant les choses à contretemps, ce n'est pas le ciel qui complétera [ce qui manque]. Si l'on tourne le dos à la Voie et qu'on se conduise en dépit du bon sens, le ciel ne risquera pas de se montrer faste. Il ne sera point besoin d'inondations pour que survienne alors la famine, ni de gels ou de canicules pour endommager, pas davantage de déchaînements de la nature pour subir un destin néfaste. Les saisons, dans ce cas, se succèdent aussi bien que lors des périodes de bon gouvernement, seulement ce sont les catastrophes qui surviennent tout différemment et il ne faut pas les imputer au ciel mais à la mauvaise voie que l'on a suivie. Faire clairement la part entre ce qui relève du ciel et ce qui relève de l'homme, cela est d'un homme véritable.

Ne rien faire et que les choses s'accomplissent, ne rien demander et que les choses viennent, tel est ce que j'appellerai le mode d'activité du ciel. Quelque profonde que soit la pensée de l'homme, elle n'a pas lieu de s'exercer là-dessus; quelque grandes que soient les aptitudes de l'homme, elles n'ont pas lieu de s'y exercer; quelle que soit sa perspicacité, l'homme n'a pas lieu de l'y exercer, car l'homme n'a pas à entrer en

1. Par « ciel », il faut constamment entendre aussi « nature »; cf. plus haut chap. IV, p. 63, n. 5.

compétition avec le ciel. Le ciel a ses saisons, la terre a ses richesses, l'homme a son organisation. C'est ce qu'on appelle la possibilité de former une triade, mais laisser de côté ce grâce à quoi l'on fait partie de cette triade pour aller se pencher sur les autres composantes de la triade, cela est insensé [2]. Le cours des étoiles, les alternances du soleil et de la lune, le cycle des quatre saisons, l'alchimie du yin et du yang, le fait pour chacun des dix mille êtres de recevoir ce qui lui permet de venir au monde, d'y croître et d'y prospérer, nous n'en voyons pas les causes mais seulement les effets, alors nous appelons cela « divin ». Tout le monde saisit le processus d'accomplissement des phénomènes mais personne ne comprend ce qui ne se présente pas sous une forme déterminée, alors on l'appelle « ciel ». Seuls les Grands Sages sont capables de ne pas chercher à comprendre ce que serait ce ciel.

Lorsque l'activité naturelle du ciel s'est déployée et que ses résultats sont arrivés à leur accomplissement, la forme humaine s'incarne et l'esprit humain naît, l'amour et la haine, la joie et la colère, l'affliction et le bonheur y trouvent leur place. Voilà ce qu'on appelle « sentiments naturels [3] ». Les oreilles, les yeux, le nez, la bouche ont chacun une forme qui leur permet de recevoir des sensations déterminées. Ils ne sont pas interchangeables et on les appelle les « organes naturels ». Le cœur [4] est au milieu de la cage thoracique et il y dirige les cinq organes. Il est appelé « Souverain naturel ». Ne pas utiliser, pour se nourrir, d'individus de sa propre espèce voilà ce que l'on appelle « instinct naturel de la nutrition ». Être conforme aux lois qui régissent sa propre espèce est appelé un bonheur, ne pas être conforme à la loi de l'espèce, cela est appelé un malheur, voilà ce qui constitue « l'ordre naturel ». Obscurcir le Souverain naturel, perturber les organes naturels, négliger l'instinct naturel de nutrition, aller contre l'ordre naturel, tourner le dos aux sentiments naturels, anéantissant ainsi le travail de la nature, du ciel, cela s'appelle le comble du néfaste. Le Sage au contraire purifie en lui le Souverain naturel, il use correctement de ses organes naturels, veille à l'équilibre de la nutrition naturelle, se conforme à l'ordre naturel et nourrit des sentiments naturels afin que puisse pleinement s'accomplir le travail de la nature, du ciel. Ainsi est-il bien conscient de ce qu'il doit faire et de

2. Ce sont ici les spéculations métaphysiques, par exemple celles des Taoïstes, qui sont visées.

3. Les sentiments « naturels », les organes « naturels », le Souverain « naturel » (le cœur) sont ainsi qualifiés, on l'a vu, par le même mot qui désigne en chinois le ciel. Ce qui est naturel est céleste et Xun Zi entend montrer que ce que l'on appelle communément céleste est en fait naturel.

4. Rappelons que le cœur est pour les Chinois le siège de la pensée.

ce qu'il ne doit pas faire et le ciel et la terre remplissent leurs
fonctions tandis que les dix mille êtres le servent. Sa conduite
est parfaitement en ordre, sa santé est parfaite, sa vie est sans
heurt. Voilà ce qu'on appelle connaître la nature, le ciel. C'est
pourquoi la suprême habileté consiste à ne pas agir à tout prix
et la suprême intelligence consiste à ne pas penser à tout propos.
Ce qu'il y a à connaître du ciel, ce sont les phénomènes qui se
produisent régulièrement; ce qu'il y a à connaître de la terre,
ce sont ses possibilités d'assurer la subsistance; ce qu'il y a à
connaître des quatre saisons, c'est l'importance qu'elles ont pour
les entreprises humaines; ce qu'il y a à connaître du yin et du
yang, c'est leur équilibre susceptible de faire régner l'ordre dans
le monde. Que les fonctionnaires qui en sont chargés observent
les phénomènes célestes et que les autres s'en tiennent à la
Voie.

L'ordre et le désordre sont-ils des phénomènes naturels
relevant du ciel? A cela, je répondrai que le soleil, la lune, les
étoiles, le calcul du cours des astres, tout cela était identique
au temps de Yu et à celui de Jie. Or l'ordre régnait sous le
premier et le désordre sous le second. Ordre et désordre ne
sont donc pas des phénomènes naturels relevant du ciel.

Sont-ils donc à mettre en rapport avec les saisons? Je dirai
ceci : tout germe et croît au printemps et en été, puis est récolté
et engrangé en automne et en hiver et ce mêmement sous les
règnes de Yu et de Jie. Or le premier fut un Souverain d'ordre
et le second, de désordre. L'ordre et le désordre ne relèvent
donc pas non plus des saisons. Relèvent-ils alors de la terre?
Avoir de la terre, c'est vivre, la perdre, c'est mourir et cela aussi
bien sous le règne de Yu que sous celui de Jie. Le fait que le
premier ait imposé l'ordre et le second le désordre montre bien
qu'il ne s'agit pas là de phénomènes relevant de la terre. Il est
dit dans le *Livre des Odes :* « Le ciel a fait cette haute montagne,
Tai Wang a défriché les terres environnantes. Il a commencé
l'ouvrage, Wen Wang l'a terminé [5]. » Tel était le sens de mon
propos.

Le ciel ne met pas fin à l'hiver parce que l'homme a horreur
du froid, la terre ne supprime pas les vastes étendues parce que
l'homme n'aime pas les grandes distances, l'homme accompli
ne suspend pas son action à cause de l'humeur querelleuse des
gens de peu. Le ciel a une voie constante, la terre obéit à des
lois numériques constantes, l'homme accompli suit la voie de
la constance tandis que l'homme de peu se hâte de compter ses
succès. Le *Livre des Odes* dit : « Si l'on ne tourne le dos ni aux

---

5. *Cheu King, op. cit.*, Ode 270, strophe unique.

Rites ni à l'équité rituelle, pourquoi faire attention à ce que disent les autres [6] ? » Tel était le sens de mon propos.

Les chars de la suite du Roi de Chu comptaient un millier d'attelages, ce n'est pas là un signe d'intelligence. Un homme accompli se nourrit de fèves et boit de l'eau claire, ce n'est pas là un signe de bêtise. Tout cela est question de circonstances. Mais avoir des intentions et des pensées droites, pratiquer amplement les vertus, avoir l'esprit et les idées claires, vivre aujourd'hui et savoir se référer au passé, ce sont des choses que l'on a en soi. C'est pourquoi l'homme accompli porte son attention sur ce qui dépend de lui au lieu de se tourner vers ce qui dépend du ciel et c'est en cela qu'il progresse chaque jour. L'homme de peu, pour sa part, néglige ce qui dépend de lui et attend tout du ciel, ce qui le fait chaque jour régresser davantage. C'est donc la même chose qui fait progresser l'homme accompli et régresser l'homme de peu, la différence entre eux résidant dans la manière dont ils s'en servent.

La chute des étoiles, le bruissement des arbres sacrés inspirent de l'effroi aux foules. Pourquoi cela ? En fait, je dirai qu'il n'y a pas de raison. Ce sont là les changements du ciel et de la terre, les révolutions du yin et du yang, ce sont certes des événements rares au sein des dix mille êtres, on peut les trouver étranges mais non point effrayants. Aucune époque, en effet, n'est exempte d'éclipses de soleil et de lune, de pluies et de vents intempestifs, de soudaines apparitions d'étoiles. Si de tels phénomènes se produisent même tous ensemble, sous un Souverain éclairé et un gouvernement équitable, ce sera sans dommage, alors que sous le règne d'un Souverain obscur qui mène une politique périlleuse, leur absence n'en sera pas pour autant bénéfique. C'est que la chute de certaines étoiles et le bruissement de certains arbres sont bien des phénomènes inhérents à des changements célestes et terrestres et aux révolutions du yin et du yang. Pour rares qu'ils soient, on peut bien considérer qu'ils sont étranges mais non pas effrayants.

Parmi ce qui s'est déjà produit au sein des dix mille êtres, le plus effrayant ce sont les extravagances humaines. Gâcher les semailles par l'emploi de mauvaises méthodes de culture, perdre les récoltes en soignant mal la terre, perdre le peuple à cause d'une politique périlleuse, laisser les champs incultes et les récoltes pourrir, laisser enchérir le grain et affamer le peuple, et des cadavres le long des chemins, voilà ce que j'appelle l'extravagance des hommes. Une politique et des prescriptions obscures, des travaux entrepris à contretemps, l'agriculture négligée, voilà ce que j'appelle l'extravagance des hommes. Ne

---

6. Extrait d'une Ode perdue.

pas cultiver les Rites et les devoirs rituels, confondre le dedans et le dehors, semer la débauche entre les sexes, le doute entre le père et le fils, la distance et la discorde entre le haut et le bas, laisser arriver des bandes armées, voilà ce que j'appelle l'extravagance des hommes. Ces extravagances prennent naissance dans le désordre et lorsque sous ces trois formes elles surviennent dans un pays, c'en est fait pour lui de la paix. Les causes en sont proches et leurs ravages vont loin.

(Si l'on appelle intempestivement les paysans pour accomplir les corvées, les animaux s'uniront en désordre, les chevaux s'accouplant aux vaches, et les six animaux domestiques auront un comportement effrayant. Cela certes est bien étrange mais il n'y a pas lieu d'en avoir peur [7].)

La tradition rapporte que les anciens écrits ne faisaient pas mention des étrangetés survenant au sein des dix mille êtres. Il ne faut pas s'engager dans des discussions stériles et des observations inutiles, mais il faut les laisser de côté sans se soucier de les mener à terme. C'est à ce prix que l'équité rituelle entre Prince et sujet, l'affection entre père et fils, les différences que les Rites marquent entre les époux sont jour après jour polies et aiguisées sans jamais être abandonnées.

Si l'on récite les prières pour la pluie et qu'il pleuve, quelle raison y a-t-il à cela? Je dirai qu'il n'y en a aucune, c'est exactement la même chose que de ne pas réciter les prières et qu'il pleuve. Accomplir les cérémonies lors des éclipses de soleil et de lune [8], réciter les prières pour la pluie lorsque le ciel demeure sec, procéder à des opérations de divination avant de prendre des décisions importantes, ce n'est pas agir réellement pour obtenir quelque chose mais pour que vive la culture. Là où l'homme accompli voit la culture rituelle, le peuple voit le surnaturel. Or il est faste de respecter la culture ancestrale et néfaste de voir partout l'intervention des Esprits.

Rien dans le ciel n'est plus clair que le soleil et la lune, rien sur la terre n'est plus clair que l'eau et le feu, rien parmi les dix mille êtres n'est plus clair que la perle et le jade, rien en l'homme n'est plus clair que les Rites et l'équité rituelle. Et si le soleil et la lune n'étaient pas si haut, leur éclat ne serait pas aussi grand; si l'eau et le feu n'étaient pas en une telle abondance, leur nature ne se répandrait pas aussi généreusement; si les perles et le jade ne brillaient pas autant, Rois et Princes ne les thésauriseraient pas; si les Rites et l'équité rituelle ne venaient pas enrichir un pays ou un foyer, ses mérites et sa gloire ne

---

7. Cette phrase est vraisemblablement interpolée ici et est à replacer plus haut.

8. Afin qu'ils réapparaissent.

seraient pas manifestes. Ainsi la destinée des hommes ressortit à la nature, au ciel, et la destinée des pays ressortit aux Rites. Les Princes, s'ils exaltent les Rites et respectent la sagesse, ont l'étoffe de Rois; si, tout en aimant le peuple, ils donnent la primauté à la loi, ils ont l'étoffe d'Hégémons; ils se mettent en danger s'ils sont intéressés et fourbes et auront tôt fait de disparaître s'ils sont avides de pouvoir, dévoyés et obscurs.

Au lieu de magnifier le ciel et de s'en remettre à lui, ne vaut-il pas mieux pourvoir à l'existence des dix mille êtres et les diriger? Au lieu de suivre les volontés du ciel et de chanter ses louanges, ne vaut-il pas mieux se saisir de sa destinée et en tirer parti? Au lieu de regarder passer les saisons en attendant qu'elles soient propices, ne vaut-il pas mieux agir en correspondance avec elles de façon à les utiliser à son avantage? Au lieu de laisser toutes choses croître et se multiplier, ne vaut-il pas mieux se servir de ses talents pour les transformer? Au lieu de considérer passivement toutes choses en les laissant à elles-mêmes, ne vaut-il pas mieux comprendre leur sens profond de façon à n'en rien laisser perdre? Au lieu de se poser des questions sur la façon dont les choses viennent au monde, ne vaut-il pas mieux aider celles qui y sont à atteindre leur accomplissement? Ainsi donc, négliger l'homme pour ne penser qu'au ciel, c'est laisser perdre les propensions naturelles des dix mille êtres.

Ce qui n'a point subi d'altération sous les Rois successifs suffit à désigner ce qui est le plus précieux, le principe même de la Voie. Une dynastie tombe, une autre survient qui doit répondre à ce principe. En comprendre le sens profond, c'est éviter tout désordre; le méconnaître, c'est méconnaître l'art de répondre aux situations qui changent. On ne saurait rien perdre en respectant cette grande idée, le désordre naît de sa mauvaise application et l'ordre est le fruit de sa minutieuse exécution. Ce que la Voie a d'excellent permet de progresser si on le suit, on ne peut rien faire si on le transgresse et c'est une très lourde faute que de le pervertir. Si l'on passe un gué, il faut éprouver la profondeur de l'eau, on tombe si on l'a mal estimée. Il faut être attentif à la Voie quand on gouverne un peuple, car le désordre s'instaure si on l'avait mal estimée. Les Rites en sont le témoin. Sans eux, on tombe dans la confusion des époques sombres, c'est-à-dire dans un grand désordre. Or la Voie n'a rien que de lumineux, elle rend manifeste la différence entre le dedans et le dehors; ce qui est caché et ce qui est éclatant reçoivent d'elle leurs propres et constantes modalités et cela permet d'éviter les pièges dans lesquels pourrait tomber le peuple.

Les dix mille êtres participent de la Voie, chacun d'entre eux participe des dix mille êtres et le sot lui-même est l'un d'entre eux, seulement il est sûr de connaître la Voie alors qu'il ne la connaît pas. Shen Dao[9] a su regarder derrière lui mais pas devant, Lao Zi a vu ce qui était tordu mais pas ce qui était droit, Mo Zi s'est penché sur l'universel mais il n'a pas vu le particulier, Song Zi[10] a perçu ce qui était en petit nombre mais il n'a pas vu l'innombrable. Or, voir ce qui est derrière et non ce qui est devant, c'est n'offrir aucune issue aux humains; si l'on a le tors et jamais le droit, on mélange ce qui est noble et ce qui est vil; si l'on a l'universel et jamais le particulier, on donne des ordres inadéquats; si l'on a le rare et non pas le nombreux, on laisse la foule des hommes à l'écart de la civilisation. Il est dit dans le *Livre des Documents*: « Nulle affection particulière et désordonnée, suivons les principes que l'Empereur nous enseigne par son exemple. Aucune aversion particulière et déréglée, suivons la voie que l'Empereur nous montre par son exemple[11]. » Tel était le sens de mon propos.

9. L'un des penseurs qui furent à l'origine du Légisme. Cf. chap. VI et VIII.
10. Contemporain de Mo Zi, il affirmait que les désirs de l'homme sont simples, peu nombreux et faciles à satisfaire.
11. *Chou King, op. cit.,* Vᵉ part., chap. IV, § 14.

XVIII

DE LA RECTITUDE

Ceux qui font aujourd'hui profession d'avoir des idées sur tout [1] disent que « la Voie du Souverain s'entoure volontiers de secret ». Il n'en est rien. Le Souverain est le grand chantre du peuple et le haut constitue pour le bas un modèle. Ainsi, à l'écoute du grand chantre, le peuple lui répond et, observant le modèle, il s'y conforme. Si le grand chantre se tait, le peuple ne saurait répondre, si le modèle est caché, il ne peut s'y conformer et, en l'absence de réponse et de conformité, les relations entre le haut et le bas ne se déroulent pas bien. Tout se passe alors comme s'il n'y avait pas de Souverain et il ne saurait y avoir de plus grande infortune. Car c'est le haut qui fonde le bas, si le haut répand ses lumières, le bas connaît l'ordre et le discernement, si le haut est scrupuleux et sincère, le bas est diligent et honnête, plus le haut est juste et correct, plus le bas est simple et droit. L'ordre et le discernement permettent de s'unir aisément, l'honnêteté et la diligence permettent l'accomplissement aisé des corvées d'intérêt public, simplicité et droiture permettent une compréhension aisée. Voilà ce qui préside à la naissance de l'ordre.

Si en revanche le haut s'enferme dans le secret, le bas vivra dans le doute, si le haut se complaît dans le risque et l'obscurité, le bas s'engluera dans le mensonge, si le haut est partial et dévoyé, le bas sera comploteur. Or vivre dans le doute empêche de s'unir, s'engluer dans le mensonge empêche l'accomplissement des travaux obligatoires, fomenter des complots empêche toute compréhension et ce qui empêche de s'unir est un obstacle à la puissance, ce qui empêche l'accomplissement des travaux obligatoires est un obstacle à la réussite [des entreprises de l'État], ce qui empêche la compréhension est un obstacle à toutes lumières. C'est là tout ce qui préside aux agissements du désordre. C'est pourquoi la Voie du Souverain consiste à privilégier les lumières et non l'obscurité, à faire connaître et non à garder secret, car si la voie du Souverain est lumineuse,

1. On peut les comparer aux Sophistes du temps de Socrate.

le peuple est en paix, tandis que si elle est ténébreuse, le peuple est en danger. Un peuple en paix honore ses supérieurs, un peuple en danger les méprise; si le haut se comprend aisément, le bas l'aimera, il le craindra s'il est malaisé à comprendre. Lorsque le bas aime le haut, le haut est en paix et il est en danger lorsqu'il est craint du bas, c'est pourquoi il n'est pas de pire voie pour un Souverain que d'empêcher qu'on le comprenne et il n'est rien de plus dangereux pour lui que d'être craint de ses sujets. La tradition dit : « Il est dangereux de semer la haine dans le cœur du nombre »; le *Livre des Documents* dit : « Il savait rendre sa vertu éclatante [2] », et le *Livre des Odes :* « Une vertu extraordinaire brille sur la terre [3]. » Ainsi les Anciens Rois possédaient-ils ces lumières, comment eussent-ils pu s'enfermer dans le secret?

Ceux qui font profession d'avoir des idées sur tout disent : « Jie et Zhou avaient l'Empire, Tang et Wu les en ont dépossédés par usurpation. » Il n'en est pas ainsi. Si l'on considère qu'ils étaient détenteurs des prérogatives attachées au Trône, cela est vrai, mais si l'on veut dire par là qu'ils les possédaient à titre personnel, cela est faux. Considérer que l'Empire était inhérent à Jie et à Zhou, cela est faux. Le Fils du Ciel autrefois avait un millier de fonctionnaires et les Grands une centaine. Avec ces mille, les ordres étaient exécutés par tout le pays Xia et c'était cela, être Roi. Avec ces cent, les ordres étaient exécutés à l'intérieur des frontières de chaque Principauté et, malgré quelques désordres, celles-ci ne sombraient pas dans la décadence et la ruine. C'était là être Prince. La postérité des Sages-Rois recueillit l'héritage de l'Empire, le Trône et les registres officiels, la position de clan détenteur des Autels. Mais lorsqu'elle se mit à se comporter indignement et sans mesure, on vit à la fois ses sujets la haïr et les Grands se rebeller contre elle. Ceux mêmes qui étaient proches du domaine royal ne furent plus unis, les Grands qui étaient au loin refusèrent d'obéir, les ordres cessèrent d'être exécutés, même à l'intérieur du domaine royal que les Grands commencèrent à envahir et à dépecer. Dans ces conditions [4], bien qu'il y eût encore un Souverain, je dirai qu'il ne détenait plus l'Empire. Après la disparition des Sages-Rois, ceux qui détenaient l'autorité et les registres officiels s'affaiblirent au point de ne plus pouvoir tenir l'Empire et celui-ci demeura sans chef. Il se trouva alors parmi les Grands des hommes à la fois capables, vertueux, éclairés et considérés que tous les peuples entre les quatre mers désirèrent avoir pour Princes et maîtres

---

2. *Chou King, op. cit., passim.*
3. *Cheu King, op. cit.,* Ode 236, 1ʳᵉ strophe.
4. De telles conditions sont en tout point celles du temps de Xun Zi...

et ils purent défaire un gouvernement violent, vaniteux et isolé sans nuire en rien à un peuple innocent en condamnant ces Princes malfaisants comme s'ils eussent été des criminels isolés. C'est ainsi qu'ils purent se rendre maîtres de l'Empire et celui qui est capable de se rendre maître de l'Empire est appelé Roi. Tang et Wu n'ont pas fait main basse sur l'Empire, ils ont suivi la Voie et pratiqué l'équité rituelle, ils ont assumé les intérêts communs de l'Empire en bannissant ce qui lui nuisait, alors l'Empire est venu à eux. Jie et Zhou n'ont pas abandonné l'Empire mais, en s'opposant aux vertus de Yu et de Tang, en perturbant les différenciations rituelles, en se conduisant comme des bêtes sauvages, ils ont accumulé les facteurs d'infortune et perpétré d'innombrables méfaits, si bien que l'Empire s'est détaché d'eux. Celui à qui l'Empire se donne est appelé Roi, celui que l'Empire abandonne est appelé à disparaître. C'est pourquoi Jie et Zhou ne possédaient point l'Empire et Tang ni Wu n'ont commis de régicide, ainsi que nous venons de le voir. Tang et Wu furent les pères et mères du peuple, Jie et Zhou maltraitaient et exploitaient le peuple. Ainsi nos beaux parleurs voudraient nous faire croire que Jie et Zhou étaient les Princes légitimes et que Tang et Wu furent des régicides, ce qui revient à condamner les pères et mères du peuple et à encenser ceux qui l'exploitent et le maltraitent. Il n'y a rien de plus pernicieux. Si c'est en unissant l'Empire qu'on en est le chef, ce ne fut certes pas le cas de Jie ni de Zhou, et personne n'a jamais prétendu que Tang et Wu fussent des régicides, ce qui serait calomnie pure. Il n'est que de voir quel homme doit être le Fils du Ciel : l'Empire est ce qu'il y a de plus lourd et nul ne saurait en être chargé qui ne soit le plus fort, il est ce qu'il y a de plus grand et nul ne saurait bien tout y discerner qui ne soit le plus intelligent, il est ce qu'il y a de plus peuplé et nul ne saurait y faire régner l'harmonie qui ne soit le plus clairvoyant. Ces trois qualités-là, aucun homme ne les possède s'il n'est réellement un Grand Sage, c'est pourquoi seul un Grand Sage peut en être le Roi. Un Grand Sage est celui qui accomplit la Voie, qui resplendit de toutes les qualités et qui tient entre les mains le fléau de la balance de l'Empire. Le savoir et la pensée de Jie et de Zhou n'ont été que danger, leurs ambitions et leurs projets ne furent qu'obscurité et leurs agissements, le comble du désordre. Leurs parents prirent des distances, les sages les méprisaient, leur peuple murmurait contre eux. Postérité de Yu et de Tang, ils ne trouvèrent pas un seul homme pour les soutenir. Zhou fit ouvrir la poitrine de Bi Gan pour lui arracher le cœur, il fit emprisonner Ji Zi et dès sa mort son État disparut. Tous deux furent des objets de honte pour l'Empire, et les générations futures les retiendront comme exemples d'abomination. Voilà des hommes qui ne furent pas même capables de garder leurs femmes [5]. Ceux qui, parvenus à la sagesse, surent garder le monde, ce sont Tang et Wu et ceux qui déchurent au point de ne pas même garder leurs femmes, ce sont Jie et Zhou. Nos beaux parleurs affirment pourtant que, Jie et Zhou étant sur le Trône, Tang et Wu étaient leurs sujets et leur devaient obéissance. Quelle grossière erreur! On dirait une sorcière bossue et boiteuse qui prétendrait vaniteusement détenir la connaissance. Il est possible, en effet, par la force, de déposséder un homme d'une Principauté mais certes pas de l'Empire, on peut par adresse s'emparer d'un État mais pas de l'Empire, et celui qui dépossède autrui par force obtiendra peut-être une Principauté mais pas l'Empire, celui qui s'empare de territoires par ruse fera peut-être la conquête d'une Principauté mais pas de l'Empire. Pourquoi cela? C'est qu'un État reste quelque chose de petit dont un homme petit peut s'emparer par des moyens petits et qu'il peut le conserver avec de petites forces, tandis que l'Empire est si grand qu'il n'est pas à la portée d'un homme petit, il ne se laisse ni gagner en suivant une voie petite ni garder avec de petits moyens. Ainsi donc un État est-il possédable par un homme petit, mais il n'échappera pas à la ruine dans ce cas, tandis que l'Empire est ce qu'il y a de plus grand et nul ne le saurait posséder qui ne soit un Grand Sage.

Ceux qui font profession d'avoir des idées sur tout disent : « L'heureux gouvernement des Anciens n'usait point des châtiments corporels mais de peines symboliques : marquage à l'encre au lieu du tatouage pénal, port d'un bonnet infamant au lieu de l'ablation du nez, arrachage des genouillères à la place de la castration, port de chaussures de chanvre au lieu de l'ablation des pieds, port de vêtements rouges sans bordures à la place de la décollation. C'est ainsi que l'on faisait sous l'heureux gouvernement des Anciens. » Or il n'en est rien. Considérons, en effet, qu'un gouvernement soit bon, les hommes alors ne commettent point de délits et non seulement on n'aura pas recours aux châtiments corporels mais les châtiments symboliques eux-mêmes seront sans utilité. Si, en revanche, on considère qu'un homme a commis un crime et que l'on allège sa peine, il n'en coûtera plus la vie pour avoir tué et l'on ne sera plus châtié pour avoir blessé autrui. Si plus la faute est lourde et plus légère est la peine, l'homme ordinaire ne saura plus où est le mal et il ne saurait y avoir pire désordre. Les châtiments existent à l'origine pour empêcher la violence et inspirer de l'aversion envers les actions mauvaises afin de les

---

5. Chacun d'entre eux fut quitté par une concubine.

prévenir pour le futur. Laisser la vie à un assassin et ne pas
châtier celui qui a blessé autrui, c'est encourager la violence et
favoriser les coupables, ce n'est certes pas inspirer de l'aversion
envers les actions mauvaises. C'est pourquoi le danger que
représentent les châtiments symboliques ne saurait avoir pris
naissance sous l'heureux gouvernement des Anciens mais bien
au sein de notre époque troublée. Les bons gouvernements de
l'Antiquité n'en usaient pas ainsi : les dignités, la hiérarchie, les
postes de fonctionnaires, les charges, les félicitations et les
récompenses, les peines et les châtiments constituaient la juste
réponse apportée au comportement de chacun. Qu'une chose
soit mal estimée et c'est le début du désordre. Si la vertu ne
correspond pas au rang, si la compétence ne répond pas au
poste occupé, si la récompense ne correspond pas au mérite et
si le châtiment ne correspond pas à la faute, c'est la pire des
calamités. Le Roi Wu, autrefois, détrôna les Shang en condamnant Zhou à qui il fit couper la tête pour la suspendre ensuite
à une bannière rouge. Et de fait, réprimer la violence et
condamner la force brutale, voilà qui est le summum du bon
gouvernement. L'exécution des assassins et le châtiment de ceux
qui ont porté atteinte à autrui sont ce à quoi tous les Rois
véritables ont recouru et l'on ignore quelle en est l'origine. Si
le châtiment est à la mesure de la faute, l'ordre règne et c'est
le désordre dans le cas contraire. C'est pourquoi un bon
gouvernement inflige de lourdes peines tandis qu'un gouvernement de désordre n'en inflige que de légères, ainsi est-ce une
lourde faute que de s'opposer à un bon gouvernement, tandis
que s'opposer à un mauvais gouvernement est une faute légère.
Le *Livre des Documents* dit bien : « Les peines sont plus ou
moins graves [...] selon les époques [6]. »

Les beaux parleurs disent encore ceci : « Tang et Wu n'ont
pas su se faire obéir. » Comment cela ? « Parce que, affirment-
ils, les pays de Chu et de Yue n'admirent pas leur autorité. »
Or cela n'est pas vrai. Tang et Wu réussirent excellemment à
se faire écouter de l'Empire. Tang possédait Bo et Wu possédait
Hao, qui sont deux domaines d'une centaine de lis, et pourtant
l'Empire fut par eux unifié, les Grands, soumis, et tous les
endroits accessibles virent leur population les craindre, leur
obéir et s'amender pour devenir conforme à leurs instructions.
Pourquoi les seuls pays de Chu et de Yue [7] n'auraient-ils pas
reconnu leur autorité ? Car l'œuvre accomplie par ces Rois a
tenu grand compte des différences d'usages et de formes entre
les régions et ils établirent des tributs différents selon la proximité

6. *Chou King, op. cit.*, IVᵉ part., chap. XVII, § 9.
7. Situés à l'extrême sud du monde sinisé.

ou l'éloignement des contrées. Comment tout cela, en effet, pourrait-il être identique ? C'est ainsi que là où les gens du pays de Lu utilisent un bol, ceux de Wei prennent une assiette et ceux de Qi une écuelle de cuir. La configuration des pays étant différente, comment les objets qu'on y fabrique ne différeraient-ils pas ainsi que leur ornementation ? Tous les habitants des États centraux rendaient hommage au Souverain de la même façon mais les États périphériques des Man, des Yi, des Rong, des Di, s'ils rendaient tous eux aussi hommage, le faisaient selon des modalités qui différaient. Ceux qui étaient à l'intérieur du domaine royal rendaient directement hommage au Souverain, ceux qui étaient à l'extérieur du domaine rendaient un hommage dit féodal, les pays situés aux marches de l'Empire rendaient un hommage dit respectueux, les Man et les Yi rendaient un hommage dit obligé, les Rong et les Di, un hommage dit intermittent. Les premiers pratiquaient des cérémonies quotidiennes, les seconds, des cérémonies mensuelles, les troisièmes, des cérémonies saisonnières, les quatrièmes offraient un tribut annuel tandis que les derniers se contentaient de reconnaître le Souverain. C'est là ce que j'appelais « tenir grand compte des différences d'usage et de formes entre les régions et établir des tributs différents selon la proximité ou l'éloignement des contrées » et cela est l'œuvre des Rois. Ainsi donc Chu et Yue, qui appartenaient aux groupes rendant des hommages saisonniers, annuels ou reconnaissant simplement le Souverain, eussent-ils dû rendre des hommages quotidiens ou mensuels pour être réputés soumis à l'autorité du Trône ? Ce serait mal jouer sur les mots et ce n'est pas avec celui qui croupit au fond d'un fossé que l'on pourrait parler de l'œuvre accompli par les Rois. Il est bien un proverbe qui dit : « Ce n'est pas en mesurant une flaque que l'on pourra connaître la profondeur des eaux, ce n'est pas en voyant un sot que l'on aura une idée de ce qu'est l'intelligence, ce n'est pas avec une grenouille au fond d'un puits que l'on pourra disserter des merveilles de la Mer de l'Est. »

Ceux qui font aujourd'hui profession d'avoir des idées sur tout prétendent que Yao et Shun ont arbitrairement cédé le Trône. Mais cela est inexact, le Fils du Ciel occupe la position la plus honorable, il n'a pas de pair sous le ciel, à qui donc devrait-il céder le Trône ? Sa voie et sa vertu sont pures et efficaces, son intelligence et sa bonté sont tout à fait lumineuses, il siège face au Sud et il est à l'écoute de l'Empire et, parmi tous les peuples qui y vivent, il n'en est aucun qui ne le craigne, ne lui obéisse, ne se soumette à lui et ne s'amende pour être conforme à ses instructions. Au temps de Yao et de Shun, l'Empire ne comptait donc ni noble cœur caché ni qualités inemployées, car ce qui allait en accord avec ces Souverains était bon et ce qui s'écartait de leur vouloir était mauvais. Comment eussent-ils pu disposer arbitrairement de l'Empire ? Ils disent : « C'est après leur mort qu'ils ont cédé arbitrairement l'Empire. » Mais cela non plus n'est pas vrai. Lorsque les Sages-Rois étaient sur le Trône, c'est d'après les vertus de chacun qu'ils ont décidé de son rang, selon les aptitudes qu'ils ont attribué les postes, de façon que le peuple, accomplissant son devoir, en soit rémunéré comme il convient. Ceux qui étaient incapables de vertu voyaient leur avidité tempérée par l'équité rituelle, ceux qui étaient inaptes à un bon travail se voyaient amendés par l'artifice de l'éducation, ils pouvaient alors être comptés parmi le peuple. A la mort d'un Sage-Roi, si l'Empire ne comptait nul Sage [capable de monter sur le Trône], personne alors ne se trouvait digne que l'Empire lui fût cédé. Mais si, au contraire, il se trouvait un tel Sage et qu'il fût de la lignée du Souverain défunt, l'Empire ne quittait pas cette famille, la dynastie ne changeait pas et l'État ne modifiait rien à ses règles. L'Empire donc se soumettait sans faire aucune différence, car lorsque Yao succède à Yao, qu'y aurait-il à changer ? Si ce n'était pas dans la descendance du Souverain défunt mais dans la famille des Trois Ducs que se trouvait ce Sage, l'Empire alors se donnait à lui et il en était vivifié à nouveau, se soumettant sans faire aucune différence, car lorsque Yao succède à Yao, qu'y aurait-il à changer ? Ce n'est que lorsque la Cour était perturbée et que l'on changeait les lois que survenaient les difficultés. Mais lorsque le Fils du Ciel était en vie, il était l'unique objet du respect unanime de l'Empire, il était obéi et l'ordre régnait, il jaugeait les vertus de chacun et établissait les préséances en sorte qu'après sa mort c'était celui-là même qui en était le plus capable qui accédait au Trône. Car lorsque les Rites et l'équité des devoirs rituels président à une parfaite répartition des tâches, quel besoin y aurait-il d'aller céder arbitrairement le Trône ? « C'est à cause de l'affaiblissement de l'âge qu'ils ont ainsi cédé arbitrairement le Trône », insistent nos beaux parleurs. Mais cela non plus n'est pas vrai. Le sang, le tempérament, les muscles et la force déclinent certes, mais point l'intelligence, la pensée, ni la faculté de choisir ce qu'on accepte ou ce qu'on refuse. Ils ajoutent : « Leur grand âge les empêcha d'assumer leur charge et les contraignit au repos. » Voilà bien l'idée de gens que le travail effraie ! Le Fils du Ciel est certes investi de la plus lourde des charges mais il l'accomplit de la façon la plus paisible, son cœur goûte une joie parfaite et rien ne vient contrarier sa volonté, il ne se fatigue pas et il n'est rien de plus respectable que lui. Ses vêtements sont parés des cinq couleurs, rehaussés des teintes intermédiaires et enrichis de broderies précieuses, de perles et de jade. Sa table est garnie de nombreux plats de viandes et de préparations soigneusement élaborées, summum de goût et de parfum, qui lui sont présentés en cadence, car le tambour retentit alors qu'il prend ses repas. C'est au son de l'Ode *Yong* que sont faites les cinq offrandes de nourriture, tandis que cent officiers de bouche se tiennent dans la Salle de l'Ouest. Lorsqu'il siège à la Cour, on dispose une tenture et un écran et lorsqu'il se tourne vers l'écran brodé de haches, les Grands se hâtent de descendre de la Salle d'Audiences. Lorsqu'il franchit les portes du Palais, sorciers et sorcières font leur travail [d'exorcistes]. Lorsqu'il franchit les portes de l'enceinte, les servants des cérémonies sacrificielles officient. Lorsque le Fils du Ciel prend place sur le Char Impérial, celui-ci est garni d'une épaisse natte de jonc afin d'être confortable; des herbes parfumées y sont disposées de chaque côté afin de flatter l'odorat; devant, des plaques d'or adornent les jougs pour charmer l'œil; tandis que le tintement des clochettes suspendues, les musiques *Wu* et *Liang* qui retentissent lorsque le Char avance au pas et les musiques *Shao* et *Hu* qui accompagnent le galop ravissent l'oreille; les Trois Ducs présentent le brancard et tiennent les rênes, les Grands soit tiennent les roues, soit se disposent autour du char, soit conduisent les chevaux de tête et ils sont immédiatement suivis par les Marquis des grandes Principautés, puis viennent les Hauts Fonctionnaires, les Marquis des petites Principautés, les officiers supérieurs, enfin des gens d'arme cuirassés ferment le cortège. Le petit peuple alors s'enfuit et se cache, et nul ne se hasarde à regarder un tel spectacle. Le Fils du Ciel siège tel un Grand Esprit et il se meut comme le Souverain Céleste. Quel meilleur soutien pourrait-il y avoir contre le déclin de l'âge? L'âge en effet a besoin de repos mais quel repos plus paisible et plus heureux y aurait-il que celui-ci? C'est pourquoi je dirai que, si les Grands sont sensibles à l'âge, il n'en est point ainsi pour le Fils du Ciel. De même, on peut céder une Principauté mais non l'Empire arbitrairement et il en a toujours été ainsi. Dire que Yao et Shun ont cédé arbitrairement le Trône est une parole creuse, c'est se référer à une tradition sans fondement, cela est un racontar qui va en dépit du bon sens, qui change le grand en petit et la réussite en échec, c'est manquer le sens profond de ce qu'est l'Empire.

Ceux qui font aujourd'hui profession d'avoir des idées sur tout prétendent ceci : « Yao et Shun furent incapables d'enseigner les bienfaits de la civilisation. La preuve, c'est qu'ils n'ont civilisé ni Zhu ni Xiang [8]. » Cela aussi est contraire à la vérité. Yao et Shun excellèrent tout à fait à enseigner les bienfaits de la civilisation, ils siégèrent face au Sud [9], à l'écoute de l'Empire, et parmi leurs peuples nul ne manqua de les craindre, de leur obéir et de s'amender pour se conformer à leur désir. Seuls Zhu et Xiang ne s'amendèrent point, mais cela n'est pas la faute de Yao et Shun, les coupables en furent Zhu et Xiang eux-mêmes. Yao et Shun furent la fleur de l'Empire, Zhu et Xiang en ont été la faille, le défaut passager mais nos doctes esprits, au lieu de blâmer Zhu et Xiang, s'en prennent à Yao et à Shun. Quelle grossière erreur, quels propos absurdes! Yi et Feng Men furent les meilleurs archers de l'Empire, mais ce n'est pas avec un arc déformé ou une flèche tordue qu'ils atteignaient la cible, Wang Liang et Zao Fu furent les meilleurs conducteurs de char de l'Empire mais ils ne seraient pas allés bien loin avec des chevaux boiteux, Yao et Shun furent les meilleurs éducateurs de l'Empire mais ils ne pouvaient faire que s'amendent des esprits fêlés et défectueux. Quelle époque en est exempte? Depuis le temps de Fu Xi et de Sui Ren [10], nulle génération n'y a échappé. Ceux qui ont forgé de semblables idées ne s'en sont guère trouvés heureux et cela n'a pas non plus réussi à ceux qui les propagent, mais la fortune sourit plutôt à leurs contradicteurs. Le *Livre des Odes* dit fort bien : « Ce n'est pas le ciel qui envoie des malheurs à la terre. Lorsque les détracteurs sont en face de nous, ils ne tarissent pas d'éloges et en secret ils nous poursuivent de leur haine. Les principaux auteurs de nos souffrances sont les hommes [11]. » Tel était le sens de mon propos.

Ceux qui font aujourd'hui profession d'avoir des idées sur tout affirment que « dans la haute Antiquité, les funérailles étaient beaucoup plus simples. Le bois des cercueils, disent-ils, n'avait que trois pouces d'épaisseur, le défunt n'était revêtu que de trois linceuls, le lieu d'inhumation n'empiétait pas sur les terres cultivées [12], aussi personne n'allait-il piller les tombes. Notre époque de désordre a fait que les funérailles aujourd'hui sont fastueuses, les cercueils luxueux et les tombes pillées ». Voilà qui démontre à la fois une ignorance de la voie de l'ordre et un manque d'observation des raisons qui font qu'on pille ou non les tombes. Il est des raisons pour lesquelles les voleurs

---

8. Respectivement fils du premier et frère du second, qui se méconduisirent l'un comme l'autre.

9. C'est-à-dire occupèrent le Trône.

10. Respectivement le Premier Souverain, l'inventeur des trigrammes et l'inventeur du feu, *i.e.* depuis les temps les plus reculés.

11. *Cheu King, op. cit.,* Ode 193, 7e strophe.

12. Il ne s'agit pas là, on s'en doute, d'enterrements de simples particuliers.

agissent. Si ce n'est point par manque du nécessaire, c'est parce que certains possèdent trop. Or les Sages-Rois faisaient en sorte que leur peuple soit largement pourvu et connaisse ses besoins sans amasser de richesses démesurées. C'est pourquoi nul voleur ne songeait à dérober, nul bandit ne faisait main basse sur quoi que ce soit, les chiens et les porcs étaient nourris à en vomir de bonnes céréales, les paysans et les marchands avaient tant de denrées qu'il leur était facile d'en céder, les mœurs étaient douces, hommes et femmes ne prenaient rien sur les routes et l'on aurait eu honte de dérober ce qu'un autre avait égaré. Confucius disait : « Si l'Empire suit la Voie, les voleurs seront les premiers à s'amender. » Et l'on pouvait alors couvrir le corps de jades et de perles, orner précieusement le premier cercueil, recouvrir d'or le second, y ajouter du cinabre et l'alourdir de cuivre très pur, user d'ivoire et de corne de rhinocéros comme s'il s'agissait de bois, l'enrichir encore de corail blanc et d'autres joyaux, il ne se trouvait personne, même ainsi, pour venir l'exhumer. Pourquoi cela ? Parce que l'appât du gain était faible tandis que la honte de contrevenir aux règles sociales était fort grande. Mais les désordres d'aujourd'hui ont abouti au contraire : ceux d'en haut n'ayant ni foi ni loi, ceux d'en bas ont perdu toute mesure. A ceux qui savent, on ne demande point de penser, ni de gouverner à ceux qui en sont capables, les sages demeurent inemployés. Voilà comment on perd, en haut, les règles naturelles, en bas, les fruits de la terre et, au milieu, l'humaine harmonie. Ainsi les choses se font-elles mal, les richesses disparaissent et les catastrophes arrivent. En haut lieu, Rois et Ducs souffrent de pénurie et en bas le petit peuple connaît le froid, la faim et la misère. C'est dans de telles circonstances qu'on voit partout installés des hommes comme Jie et Zhou et que les brigands attaquent et pillent, allant jusqu'à mettre en danger les gouvernants. Ce sont alors des agissements de fauves qui ont cours, il règne une avidité de tigres et de loups, de grands hommes sont transformés en viande séchée [13] et de petits enfants sont dévorés. Comment, dans ces conditions, s'étonner qu'on vienne déterrer les tombes et détrousser les morts par appât du gain ? Quand bien même c'est nus que l'on enterrerait les corps, il se trouverait encore des gens pour aller les déterrer. Comment assurer la liturgie funéraire et le repos des morts lorsqu'on va jusqu'à manger leurs chairs et ronger leurs os ? Affirmer que c'est à la simplicité des funérailles antiques qu'on devait l'antique respect pour les tombes et que c'est à leur richesse, en notre époque troublée, qu'il faut imputer

---

13. C'est ce qui arriva à un sage qui faisait des remontrances à Zhou des Yin.

leur pillage est le propos d'un homme particulièrement peu sensé [14] et provient d'une théorie absurde qui abuse les ignorants et fait déchoir les hommes en les rendant intéressés [15]. Voilà qui est grandement insensé. Un proverbe dit : « Mettre autrui en péril et rester à l'abri, aller nuire à autrui et bien faire son profit. » C'est là ce que je voulais dire.

Maître Song [16] dit ceci : « Comprendre qu'il n'est rien de honteux à recevoir une offense éviterait bien des querelles. Les hommes sont tous persuadés qu'il est honteux d'être insulté, alors ils se battent. Prendre conscience que recevoir une insulte n'a rien de honteux ferait qu'on ne se battrait plus pour cela. » J'y répondrai en demandant s'il n'est pas dans le caractère propre de l'homme de détester les offenses. Les tenants de Song Zi rétorquent : « On peut détester sans ressentir de la honte. » A quoi je réplique que s'il en était ainsi, Song Zi et ses disciples ne risqueraient pas d'atteindre leur but, car la plupart des querelles entre les hommes ont précisément l'aversion pour cause et non la honte. Aussi bien voit-on aujourd'hui s'insulter les acteurs, les nains et les bouffons sans pour autant qu'ils en viennent aux mains. Est-ce à dire qu'ils ont pris conscience qu'il n'est point de honte à être insulté? En fait, s'ils ne se battent pas, c'est qu'ils n'ont cure de ces insultes-là. Prenons maintenant quelqu'un qui s'est introduit chez un autre par l'égout pour lui dérober ses porcs. L'autre sort son glaive et sa lance et se met en devoir de poursuivre notre homme, lequel ne manquera pas d'être blessé ou même tué. Cela signifie-t-il que la perte de ses porcs soit une honte? S'il ne craint pas d'aller se battre, c'est simplement qu'il a horreur de ce qu'on vient de lui faire. Ainsi, même si l'on considère qu'une insulte reçue est une honte, on ne se battra point si l'on n'est pas mû par une réelle aversion, et même si l'on a pris conscience qu'il n'est point honteux de se voir insulté, on se battra si l'on conçoit une aversion réelle. Par conséquent, se battre ou ne pas se battre ne dépend pas de la honte que l'on éprouve ou non mais bien de l'aversion que l'on ressent ou non. Et voilà que Maître Song, incapable de comprendre que les hommes ont l'insulte en aversion, s'acharne à convaincre les hommes que la honte n'existe pas! Quelle grande erreur! Quand bien même il aurait une langue d'or et serait le plus beau parleur du monde, cela ne servirait à rien. Si l'on ne sait pas ce qui ne sert à rien, on est inconscient; si on le sait et qu'on trompe les gens, on est malhonnête. Or la malhonnêteté et l'inconscience sont ce qu'il

14. Il s'agit en l'occurrence de Mo Zi.
15. A cause des économies que Mo Zi pousse à réaliser sur les frais funéraires.
16. Cf. plus haut, p. 209, n. 10.

y a de plus honteux. Croire qu'on apporte quelque chose à autrui et en fait ne rien apporter du tout, c'est se couvrir de honte et n'avoir plus qu'à se retirer. Il ne saurait y avoir de doctrine plus pernicieuse.

Maître Song affirme donc qu'il n'est pas honteux de recevoir une insulte. Voici ce que j'ai à répondre : lors de toute discussion, il est nécessaire de définir les critères auxquels on se réfère avant de pouvoir discuter. Sinon, il est impossible de distinguer le vrai du faux et d'émettre quelque jugement que ce soit. C'est pourquoi l'on nous enseigne que « la plus haute référence qui soit sous le ciel, ce qui trace les frontières du vrai et du faux, ce d'après quoi sont établies la répartition des tâches et des fonctions ainsi que les dénominations de toutes choses, c'est l'œuvre des Rois ». C'est pourquoi toutes les discussions sur les définitions et les appellations, sur le vrai et le faux, ont les Sages-Rois pour modèles et la répartition qu'ils ont effectuée dans la société est la juste mesure de l'honneur et de la honte. Ceux-ci ont deux aspects : il y a l'honneur qui procède du sens de l'équité rituelle qu'on possède en soi-même et il y a l'honneur qu'on reçoit d'une autorité extérieure, il y a la honte qui procède d'un mépris profond envers l'équité rituelle et il y a la honte imposée par une autorité extérieure. Veiller à ses pensées et à ses intentions, se conduire d'une façon profondément vertueuse, avoir une intelligence et une capacité de réflexion lumineuses, c'est porter en soi les ferments de l'honneur. C'est là le premier des deux aspects de l'honneur. Des titres et un rang respectables, recevoir des tributs ou des traitements considérables, des pouvoirs étendus qui soient, en haut, ceux du Fils du Ciel ou des Grands et, en bas, ceux de Ministre, de Haut Fonctionnaire ou d'officier, voilà les marques que l'on reçoit de l'honneur extérieur et cela est le second aspect de l'honneur. Vivre dans le laisser-aller, la débauche, la fange, l'ignominie, s'opposer à la répartition rituelle des tâches, transgresser le sens profond des choses, se montrer hautain, violent, intéressé, cupide, c'est porter en soi les ferments de la honte, c'est là le premier des deux aspects de la honte. Être insulté, tiré par les cheveux, souffleté, bâtonné, avoir le pied tranché, avoir son cadavre coupé en morceaux, être écartelé, être attaché à l'envers, c'est recevoir de l'extérieur les marques de la honte et cela en constitue le second aspect. Tels sont les deux aspects de l'honneur et de la honte. Il peut se faire qu'un homme accompli reçoive de l'extérieur les marques de la honte mais non point qu'il porte en lui-même la honte procédant du mépris de l'équité rituelle, et de même il peut arriver qu'un homme de peu reçoive les marques extérieures de l'honneur mais pas qu'il ait en lui-même cet honneur véritable qui procède du sens de l'équité rituelle. Recevoir les marques extérieures de la honte n'empêche pas d'être en réalité un Yao et recevoir les marques extérieures de l'honneur n'empêche pas d'être en réalité un Jie. Mais seul un homme accompli peut être revêtu des deux aspects de l'honneur et seul un homme de peu est susceptible de rassembler sur lui les deux aspects de la honte. Telles sont les différences de l'honneur et de la honte. C'est là ce qu'ont les Sages-Rois pour loi, les Hauts Fonctionnaires et les officiers pour voie, les fonctionnaires pour gouverne et dont le peuple fait sa coutume. Dix mille générations n'y sauraient rien changer. Pour Song Zi, cependant, il n'en est pas ainsi, il entend seul déformer les faits pour les plier à son idée et il voudrait tout changer en un jour, si bien que sa doctrine est évidemment inexplicable. On dirait quelqu'un qui voudrait obstruer fleuves et mers avec des boulettes de terre ou un nain qui voudrait soulever le Tai Shan, il ne tient pas un instant debout et s'effondre immédiatement. Que les admirateurs de Song Zi prennent garde de ne pas persévérer dans cette voie de peur d'en subir les fâcheuses conséquences.

Song Zi dit ceci : « L'homme a, d'instinct, peu de désirs mais les humains s'imaginent tous qu'il est naturel d'en avoir beaucoup, cela est une erreur. » Et de guider ses disciples en expliquant ses théories éclairées de force exemples dans l'idée de persuader tout le monde que l'homme, par nature, a peu de désirs. Ma réponse à cela est de demander s'il est ou non naturel pour l'homme d'éprouver les cinq désirs que sont celui de l'œil envers beaucoup de couleurs, celui de l'oreille envers beaucoup de sons, celui de la bouche envers beaucoup de saveurs, celui du nez envers beaucoup de senteurs et celui du corps envers beaucoup de confort. Les tenants de Song Zi affirment que ce sont bien là les désirs naturels de l'homme. Je rétorque que s'il en est ainsi la théorie ne tient pas, qui prétendrait à la fois que ces cinq désirs sont naturels à l'homme et que l'homme éprouve naturellement peu de désirs. Cela équivaudrait à affirmer que l'homme désire richesses et honneurs mais qu'il ne souhaite aucun bien, qu'il aime la beauté mais trouve laide la superbe Xi Shi [17]. Les Anciens voyaient autrement les choses : il leur paraissait naturel que les désirs de l'homme fussent nombreux et non point rares, c'est pourquoi ils accordaient de grandes richesses comme récompenses et usaient de la confiscation comme d'un châtiment. C'est là un point commun entre tous les Rois. Ainsi les plus vénérables parmi les sages jouissaient de l'Empire tout entier, ceux qui venaient ensuite recevaient une Principauté et ceux dont les qualités étaient moins éclatantes bénéficiaient d'un domaine, tandis que le peuple honnête et

17. Célèbre beauté du pays de Yue, offerte au Roi de Wu.

diligent se voyait à profusion assurer le gîte et le couvert. Or voici Song Zi qui soutient que l'homme par nature ne désire pas beaucoup mais peu. Il faudrait donc supposer que les Anciens Rois eussent accordé en récompense ce que les hommes ne désiraient point et qu'ils les eussent punis à l'aide de ce dont ils avaient envie. C'est le monde à l'envers! Et Song Zi, avec le plus grand sérieux, émet des théories, rassemble des disciples, fonde un enseignement, écrit des ouvrages alors que ses idées, tout en visant le plus bel ordre, ne sauraient manquer d'arriver au pire désordre. Quelle énorme erreur!

XIX

DES RITES

D'où proviennent les Rites ? La réponse est que les hommes naissent avec des désirs. Ces désirs étant insatisfaits, il ne peut pas ne pas y avoir d'exigences. Ces exigences étant sans retenue, sans mesure, sans partage et sans limites, il ne peut pas ne pas y avoir de conflits. Or, les conflits engendrent le désordre et celui-ci, la misère. Les Anciens Rois, par aversion pour un tel désordre, créèrent les Rites et l'équité des devoirs rituels afin de procéder à des répartitions, de satisfaire aux désirs des humains, de répondre à leurs exigences. Faire en sorte que les désirs n'aillent point excéder les choses et que les choses ne viennent point manquer aux désirs, faire régner entre les deux un durable équilibre, c'est cela qui a présidé à la naissance des Rites. Les Rites sont donc une nourriture. De même la viande, le riz, le millet et l'accommodation des mets à l'aide des cinq saveurs sont une nourriture pour la bouche ; les plantes aromatiques et parfumées sont une nourriture pour le nez ; la sculpture, la gravure, l'entaille, la ciselure, la broderie, le brocart et la recherche de l'élégance sont une nourriture pour l'œil ; les cloches, les tambours, les flûtes *guan,* les pierres musicales, le luth *qin,* la guitare *se,* le pipeau et la flûte *sheng* sont une nourriture pour l'oreille ; les maisons vastes et les temples profonds, les nattes de jonc, les lits, les tables basses et les nattes de bambou sont une nourriture pour le corps ; de même, les Rites constituent une nourriture. L'homme accompli, une fois qu'il a reçu cette nourriture, s'attache aux distinctions. Qu'entend-on par « distinctions » ? Voici : du vil au noble, il y a des classes ; du nourrisson à l'aîné, il y a des degrés. Riche et pauvre, important et insignifiant ont leurs convenances. C'est ainsi que le Char Officiel du Fils du Ciel est garni d'une natte de jonc afin de pourvoir à son confort, on y accroche des herbes parfumées qui flattent son odorat, il comporte des placages d'or sur le devant du joug pour le plaisir de ses yeux, tandis que le tintement des clochettes suspendues ainsi que les musiques *Wu* et *Liang,* qui se font entendre au pas, et les airs *Shao* et *Hu,* au galop, ravissent son oreille, la bannière endragonnée et les neuf emblèmes élèvent son esprit, le rhinocéros endormi et le tigre figurés sur les roues, le harnachement des chevaux fait de peaux de crocodiles et les pièces de soie sur l'appui du Char, les dragons peints sur les limons concourent à sa majesté. Les chevaux du Char Officiel sont tout à fait dignes de confiance et n'y sont attelés qu'après un bon dressage, afin d'assurer la sécurité du Souverain.

Qui a compris que risquer la mort en recherchant la gloire est quelque chose qu'on fait pour satisfaire les désirs de la vie ? Qui a compris que dépenser de l'argent est un moyen de s'enrichir ? Qui a compris que la bonté, le respect, l'humilité et l'effacement sont des moyens de demeurer en paix ? Qui a compris que les Rites, l'équité des devoirs rituels, la culture, l'entente du sens profond des choses sont autant de moyens de développer en nous ce qui est naturel ? C'est pourquoi celui qui ne recherche manifestement qu'à sauver sa vie rencontrera la mort, celui qui n'agit manifestement que par intérêt rencontrera la ruine, celui qui irait quérir la paix au moyen de la paresse, de la négligence, de la malhonnêteté et de la faiblesse courrait bien des risques et celui qui prendrait les plaisirs des sensations naturelles pour la vraie joie irait à sa perte. Car si l'homme recherche l'unité à travers les Rites et l'équité rituelle, il gagnera dans les deux domaines [1], tandis que s'il la recherche à travers ses élans naturels, il sera perdant des deux côtés. C'est pourquoi le Confucianisme permet à l'homme d'être gagnant sur les deux tableaux tandis que le Moïsme le rend perdant sur les deux. Telle est la différence entre le Confucianisme et le Moïsme.

Les Rites ont trois racines : le ciel et la terre, sources de vie; les Ancêtres, source générique; Princes et Maîtres, source pratique. Sans les premiers, quelle naissance serait possible ? D'où serions-nous issus sans les seconds ? Quel ordre régnerait sans les derniers ? Si l'on néglige l'un des trois, c'en est fait de toute paix pour l'homme. C'est pourquoi les Rites servent en haut le ciel, en bas la terre, respectent les Ancêtres et honorent Princes et Maîtres. Voilà ce que sont les trois racines des Rites. C'est pourquoi le Roi rend un culte au ciel à travers son Grand Ancêtre, les Grands n'osent pas déplacer leur Temple des Ancêtres, tandis que les officiers et les Hauts Fonctionnaires conservent toujours un autel familial. Cela est la première différence entre les divers degrés de noblesse, et la source première de la noblesse est la racine même de la vertu. Le droit de sacrifier au ciel s'arrête au Fils du Ciel, le droit de sacrifier à la terre s'arrête aux Grands, les officiers et les Hauts

---

1. Nature et culture.

Fonctionnaires peuvent encore conduire les cérémonies funéraires. Ainsi ce qui distingue les plus honorables est-il le service
cultuel le plus honorable et ce sont les humbles qui effectuent
les humbles services. Il convient que ce qui est grand échoie
aux grands et que ce qui est petit échoie aux petites gens. C'est
pourquoi celui qui est sur le Trône de l'Empire sacrifie aux
sept générations précédentes, celui qui est à la tête d'une
Principauté sacrifie aux cinq générations précédentes, celui qui
possède un domaine donnant droit à cinq chars de guerre
sacrifie à trois générations, nombre ramené à deux pour un
domaine de trois chars, et ceux qui travaillent de leurs mains
pour se nourrir n'ont pas lieu de bâtir un temple des Ancêtres.
Ainsi distingue-t-on ceux dont les éclatants mérites répandent
longtemps leurs bienfaits et ceux dont les mérites plus modestes
ont des effets plus discrets.

Lors des offrandes solennelles, on présente de l'eau pure dans
une coupe à vin, on place sur la vaisselle rituelle du poisson
cru et l'on dispose au-devant du bouillon de viande. C'est là le
témoignage du respect dans lequel est tenue la nourriture
originelle. Lors des offrandes saisonnières, on présente de l'eau
pure mais ensuite on utilise le vin et les boissons fermentées.
On dispose aussi des céréales puis du riz et du millet cuits.
Lors des offrandes mensuelles, on présente du bouillon de viande
et ensuite des mets bien préparés, ce qui est à la fois un
hommage rendu aux origines et une place faite à l'usage
quotidien. Rendre hommage aux origines, cela s'appelle la
culture; faire place à l'usage quotidien, cela s'appelle aller dans
le sens des choses; l'équilibre entre les deux constitue l'accomplissement de la culture rituelle grâce à quoi l'on revient à
l'antique unité. On peut dire que c'est ce qu'il y a de plus
important. Ainsi donc, présenter de l'eau pure dans une coupe
à vin, placer du poisson cru dans la vaisselle rituelle et disposer
sur le devant du bouillon de viande, voilà qui participe de
l'antique unité. Que le représentant du mort ne vide pas la
coupe qui lui est offerte ni ne goûte aux offrandes, qu'il soit
par trois fois exhorté à consommer sans le faire, cela participe
de l'antique unité. Que, lors des grands Rites matrimoniaux, on
attende pour donner la coupe matrimoniale au nouvel époux;
que, lors des services funéraires, le représentant du mort attende
à l'entrée du temple ancestral et que la dépouille mortelle
attende avant d'être revêtue des premiers vêtements funéraires,
voilà qui participe de l'antique unité. Que le Char Officiel du
Fils du Ciel soit garni de pièces de soie écrue, que le Souverain,
pour le sacrifice dédié au ciel, porte la coiffe de chanvre et la
large ceinture de chanvre qui enserre les vêtements de deuil,
cela encore participe de l'antique unité. Les trois années de

deuil, les pleurs dont rien ne détourne, le chant *Qing Miao*[2] entonné par une voix et repris par trois autres, la suspension d'une seule cloche, mettre en honneur le tambour *fu* et le jeu de cloches *ge,* faire passer la corde vermillon par l'ouverture pratiquée dans le luth *qin,* cela aussi participe de l'antique unité.

Les Rites commencent dans la simplicité, s'accomplissent dans la culture et trouvent leur achèvement dans le bonheur. C'est pourquoi leur expression la plus complète conjugue les deux aspects émotionnel et culturel. Cette complétude sera moindre si l'un de ces deux aspects est privilégié et ce n'en est que la forme la moins élevée qui s'efforcera de retrouver l'unité antique par un biais purement émotionnel. C'est grâce à eux que le ciel et la terre sont en harmonie, que le soleil et la lune resplendissent, que les quatre saisons se succèdent en ordre, que la marche des astres et des étoiles est régulière, que fleuves et rivières suivent leurs cours, que les dix mille êtres prospèrent, que le bien et le mal reçoivent leur mesure, que la joie et la colère sont opportunes. Ils font qu'en bas on obéit et qu'en haut on est éclairé, ils permettent de s'adapter sans désordre aux transformations des dix mille êtres. S'en écarter, c'est courir à sa perte. Comment ne seraient-ils pas ce qu'il y a de plus grand ? Établis à leur juste importance, ils sont le plus grand principe et nul sous le ciel ne saurait rien leur retrancher ni rien leur ajouter. Leurs tenants et leurs aboutissants s'équilibrent, leur commencement et leur fin se répondent, leur haut niveau de culture apparaît dans les différenciations qu'ils établissent, leur haut niveau d'observation apparaît dans les idées dont ils sont porteurs. L'ordre règne sous le ciel lorsqu'ils sont suivis et le désordre lorsqu'ils ne le sont pas. Ceux qui leur obéissent connaissent la paix, ceux qui leur contreviennent se mettent en danger. Les premiers subsistent tandis que les seconds disparaissent. Les petits esprits ne comprennent rien à cela.

Le sens profond des Rites est véritablement abyssal et si des discussions sur la permanence de la blancheur ou sur la différence de l'identique[3] veulent le pénétrer, elles seront submergées. Le sens profond des Rites est véritablement très grand et si ceux qui s'arrogent le droit de composer des traités et de forger des théories absurdes veulent le pénétrer, ils y seront ensevelis. Le sens profond des Rites est véritablement très élevé et si des gens paresseux, violents, têtus et légers veulent le pénétrer, ils s'effondreront. Le cordeau et l'encre indiquent véritablement la ligne droite et avec eux on ne peut

---

2. Il s'agit de l'Ode 266 du *Livre des Odes.*
3. Arguties fameuses de l'École des Noms.

pas tricher en déviant; si la balance est véritablement suspendue comme elle doit l'être, on ne peut pas tricher sur le poids; si le compas et l'équerre sont véritablement employés, on ne peut pas tricher sur le rond ou le carré; si l'homme accompli observe scrupuleusement les Rites, on ne peut tricher avec lui par mensonge ou artifice. Car le cordeau est ce qu'il y a de plus droit, la balance est ce qu'il y a de plus juste, le compas et l'équerre désignent ce qu'il y a de plus rond et de plus carré et les Rites sont le sommet de la Voie humaine. C'est pourquoi je dirai de ceux qui ne prennent pas les Rites pour loi et qui ne s'en satisfont pas qu'ils sont des gens désorientés, tandis que ceux qui prennent modèle sur les Rites et qui y trouvent satisfaction, je les appellerai avisés et bien orientés. Pouvoir méditer profondément au sein des Rites, c'est savoir vraiment penser; pouvoir demeurer immuable au sein des Rites, c'est être vraiment capable de fermeté. Celui qui peut à la fois penser et demeurer ferme et qui de surcroît apprécie les Rites, celui-là est un Grand Sage. Le ciel est le comble de la hauteur, la terre est le comble de la profondeur, l'infini est le comble de l'étendue, le Sage est le comble de la Voie. Celui qui étudie doit le faire avec fermeté pour devenir un Sage car s'il le fait sans résolution particulière, il s'en ira rejoindre les rangs des gens désorientés.

Les Rites montrent l'usage qu'il faut faire des biens et de toutes choses, ils distinguent culturellement le noble du vilain, ils établissent des différences quantitatives, ils indiquent quand il convient d'amplifier et quand il convient de simplifier. Les Rites sont amplifiés lorsqu'il y a profusion de culture et de sens accompagnée de peu de sentiments, ils sont simplifiés lorsque la culture et le sens s'y restreignent tandis que les sentiments se découvrent à profusion. Lorsque ces deux côtés s'équilibrent et se répondent comme le dedans et le dehors, comme un vêtement et sa doublure, les Rites empruntent la voie médiane. Ainsi l'homme accompli amplifie-t-il les Rites lorsqu'il se tourne vers le haut, il les simplifie lorsqu'il se tourne vers le bas et il observe le milieu lorsqu'il se tourne vers le milieu. Marcher au pas, trotter, galoper, cela entre dans le champ d'application des Rites, et là aussi l'homme accompli se sent chez lui. Celui qui possède cela est un gentilhomme accompli, celui qui reste à l'extérieur est un rustre et celui qui, parcourant le domaine des Rites et s'y maintenant, adopte leur système de valeurs, celui-là est un Grand Sage. C'est pourquoi la profondeur réside dans la constante pratique des Rites, la grandeur réside dans l'étendue des Rites, la hauteur réside dans l'élévation des Rites et l'éclat réside dans l'accomplissement des Rites. Le *Livre des Odes* dit fort bien : « Toutes les cérémonies, grandes ou petites, sont observées conformément aux prescriptions. Les sourires et les paroles sont tout à fait comme il convient [4].

Les Rites sont la stricte observance du bon ordre en ce qui concerne la naissance et la mort. La naissance est pour l'homme le commencement et la mort est la fin. Si le commencement et la fin se déroulent dans les meilleures conditions, la voie humaine est parachevée. C'est pourquoi l'homme accompli a respect pour le commencement et considération pour la fin, il regarde le début et la fin comme procédant d'un principe unique. Telle est la voie de l'homme accompli, telles sont la culture et l'équité rituelles. Et en effet, accorder beaucoup d'importance à la naissance et traiter légèrement la mort [5], c'est respecter ce que l'on connaît et négliger ce que l'on ne connaît pas, c'est suivre la voie des insensés et avoir un cœur perverti. Or, l'homme accompli aurait honte de faire montre d'un cœur perverti, même envers des esclaves ou des enfants ignorants. A plus forte raison lorsqu'il s'agit de rendre ses devoirs à ceux qu'il honore et affectionne. Car on ne suit qu'une fois la voie de la mort, on ne peut plus y revenir et c'est au moyen des Rites funéraires qu'un sujet manifeste toute l'importance qu'avait pour lui son Prince, de même pour un fils envers son père. Servir les vivants sans une profonde loyauté, sans respect et sans culture, cela s'appelle être un sauvage; accompagner les morts sans la même profonde loyauté, le même respect et la même culture, cela s'appelle avoir le cœur desséché. Or l'homme accompli n'a que mépris pour la sauvagerie de mœurs et dédain envers ceux qui ont le cœur desséché.

Les cercueils intérieur et extérieur du Fils du Ciel comportent sept épaisseurs, ceux des Grands en ont cinq, ceux des Hauts Fonctionnaires trois, et ceux des officiers, deux. Puis les corps sont revêtus de vêtements et de linceuls dont le nombre et l'épaisseur varient. Tous ont en outre de grands éventails à long manche, ornés et décorés selon leur rang, afin d'honorer et de marquer leur position en sorte qu'elle soit la même dans la mort que dans la vie. Une telle unité est conforme au désir des humains, elle est conforme à la Voie des Anciens Rois et constitue la plus haute expression de la loyauté des sujets comme de la piété des fils.

Les funérailles du Fils du Ciel concernent le monde entier et requièrent les Grands, les funérailles d'un Grand concernent plusieurs Principautés et requièrent les Hauts Fonctionnaires, les funérailles d'un Haut Fonctionnaire concernent toute la Principauté et requièrent les officiers supérieurs, les funérailles

---

4. *Cheu King, op. cit.*, Ode 209, 3ᵉ strophe.
5. Ainsi que le recommande Mo Zi en voulant simplifier les Rites funéraires.

d'un officier supérieur concernent la préfecture et requièrent ses pairs et ses amis, les funérailles d'un homme du peuple concernent le village ou le district et rassemblent sa famille et ses apparentés, les funérailles d'un condamné ne sauraient rassembler sa famille et ses apparentés, elles ne concernent que sa femme et ses enfants, ses cercueils intérieur et extérieur ne doivent pas avoir plus de trois pouces d'épaisseur, il ne doit pas avoir plus de trois vêtements et linceuls, ni de cercueil orné, il ne peut y avoir dans ce cas aucun cortège pendant le jour, et l'enterrement doit avoir lieu au crépuscule avec sa veuve qui suit dans un costume ordinaire. Contrairement aux autres cas, il n'y a dans celui-ci ni pleurs ni larmes, pas de vêtements de deuil, aucune période de deuil à observer selon les degrés de parenté avec le défunt et chacun, dès la fin des funérailles, retourne à ses occupations et se retrouve comme auparavant, comme s'il n'y avait rien eu, et cela est le comble de la honte [6].

Il y a lieu, en matière de Rites, d'être particulièrement attentif à ce qui est faste et néfaste afin de ne pas créer de confusion entre les deux. Ainsi, au moment où l'on approche le flocon d'ouate pour épier le souffle du mourant et où l'on écoute pour savoir s'il respire encore, le loyal sujet ou le fils pieux comprennent l'imminence de l'heure, c'est alors seulement qu'on prépare ce qui est nécessaire à la mise en bière ainsi qu'au vêtement du défunt qu'on n'avait pas encore requis. C'est l'heure des pleurs et des craintes, l'espoir de la vie n'a pas tout à fait quitté les cœurs et la maintenance des choses de la vie n'a point encore cessé. Une fois le décès survenu, on utilise ce qu'on avait apprêté mais il faut impérativement, quelque préparée que soit la maison, laisser passer une journée encore avant de disposer le corps pour la mise en bière et trois jours pleins avant de prendre le deuil. Après quoi, ceux qui sont chargés d'annoncer au loin la nouvelle quittent la maison et ceux qui sont chargés de procéder aux funérailles se mettent à l'œuvre. La durée de la présence du corps dans le cercueil provisoire ne doit pas excéder soixante-dix jours ni, en cas d'urgence, être inférieure à cinquante jours. Pourquoi cela? Pour permettre à ceux qui sont loin d'arriver, se procurer tout ce qui est nécessaire et remplir toutes les obligations. Ainsi agit-on avec une loyauté parfaite, se montre-t-on très mesuré et les formes culturelles sont respectées. Puis on procède, en début de mois, aux opérations divinatoires qui permettront de choisir la date des funérailles et en fin de mois à celles qui permettront d'en établir le lieu, après quoi l'on y procède. Alors prend fin la signification

6. Cette description des funérailles d'un criminel reprend intentionnellement celle que donne Mo Zi (chap. 25) des funérailles simplifiées qu'il préconise.

rituelle des cérémonies. Qui s'aviserait de les prolonger ? Et de même, qui s'aviserait de les interrompre tant que leur signification rituelle s'exerce ? Ces trois mois consacrés aux funérailles constituent donc pour les vivants le moyen de préparer et d'embellir leur hommage au défunt, car ils ne sauraient le laisser de côté pour reprendre immédiatement la quiétude de leur vie. Ces trois mois ont la valeur du plus éclatant témoignage de la profondeur de leur respect pour lui.

L'ordinaire du rituel funéraire est le suivant : on orne le corps à mesure qu'il s'altère, on l'éloigne à mesure qu'on le bouge et ce laps de temps sert, pour les vivants, à recouvrer leurs esprits. C'est pourquoi il y a une façon de procéder envers les morts car ils font horreur si on ne les orne pas et cette horreur nuit à l'affliction, de même on s'habitue à leur présence s'ils restent trop près, cette habitude endort l'attention et mène à l'indifférence, laquelle engendre l'oubli du respect dû. Si, le jour où l'on enterre ses parents, on les conduit sans tristesse ni respect à leur dernière demeure, on se met à ressembler aux bêtes sauvages. Voilà qui ferait honte à un homme accompli. Il orne donc le corps du défunt à mesure qu'il s'altère afin d'éviter qu'il ne prenne un aspect horrible et il l'éloigne à mesure qu'il le bouge afin de lui témoigner son respect et pendant ce temps, il recouvre peu à peu ses esprits de façon que la vie reprenne ses droits.

Les Rites abrègent ce qui est trop long et allongent ce qui est trop court, ils retranchent l'excès et comblent le manque, ils sont la marque achevée de l'affection et du respect, ils font que s'accomplissent dans leur excellence les formes que doit revêtir l'équité des devoirs réciproques. Le raffinement et la sobriété, la musique et les pleurs, la joie et la tristesse sont opposés mais les Rites savent en unir l'usage et choisir le moment opportun pour que chacun trouve sa place. Le raffinement, la musique et la joie accompagnent sereinement les moments fastes tandis que le dépouillement, les larmes et la tristesse accompagnent le malaise des moments néfastes. Car si le raffinement passe par les Rites, il ne tombe pas dans de prodigieux excès ; si le dépouillement passe par les Rites, il ne tombe pas dans la lésine ; si la joie et la musique passent par les Rites, elles ne tombent pas dans le débridé ou dans la licence ; si la tristesse et les larmes passent par les Rites, elles ne tombent pas dans des excès qui pourraient nuire à la vie même, c'est en ce sens que les Rites empruntent la voie médiane. [Rituellement déterminés], les changements de sentiments et d'apparence manifestent à eux seuls les différences qui existent entre les occasions fastes et néfastes, entre nobles et roturiers, entre parents et relations et il faut s'en tenir là. Ce qui est

extérieur à cela est proprement extravagant et, quelque difficulté
que cela présente, l'homme accompli le tient en mépris. C'est
ainsi qu'aller compter sa nourriture et resserrer sa ceinture
[lorsqu'on est en deuil] et, de grand que l'on était, devenir
malingre, ce sont des façons extravagantes, contraires aux Rites
et à la culture et qui ne sont point le fait d'une véritable piété
filiale mais du souci de paraître. La joie et l'affabilité, l'inquiétude
et le chagrin sont les manifestations visibles des sentiments
naturels que sont le souci ou le contentement dans les occasions
fastes ou néfastes; les chants, les mélodies, les exclamations, les
rires ou bien les pleurs, les gémissements, les cris et les plaintes
en sont les manifestations sonores; les viandes de bœuf et de
porc, le riz, le millet, les boissons fermentées, le poisson, la
viande de chasse ou bien la bouillie claire, les fèves, les fanes
de légumes et l'eau de riz en sont la traduction sur le mode
alimentaire; les vêtements de cérémonie, les brocarts, les broderies, les soieries ornées ou bien les étoffes grossières des
vêtements de deuil, les tissus pauvres, les chaussures de jonc
tressé en sont la traduction sur le mode vestimentaire; les vastes
maisons, les palais profonds, les nattes douces, les lits confor-
tables, les tables basses, les nattes de bambou ou bien les huttes
de feuillage, les nattes d'herbes sèches dans de mauvaises cabanes,
des oreillers de terre en sont les manifestations dans le domaine
de l'habitat. Ces deux catégories de sentiments, c'est de naissance
que l'homme reçoit la faculté de les éprouver et c'est aux Rites
qu'il revient d'en poursuivre ou d'en interrompre le libre cours,
de les encourager ou de les limiter, de les amplifier ou de les
minimiser, de les magnifier et de les embellir, de faire en sorte
que leurs tenants et aboutissants, leur commencement et leur
fin soient en tous points conformes à un exemple qui puisse
servir de modèle à dix mille générations. Mais seul un homme
accompli soucieux de culture et de droiture morale est capable
d'en prendre conscience. C'est pourquoi je dis que le naturel
est racine, commencement, bois brut, alors que ce qui est élaboré
est culture, sens profond des choses, élévation, enrichissement.
Si le naturel n'est pas là, il n'y a rien à élaborer, mais sans être
élaboré le naturel ne saurait briller de lui-même. Leur réunion
fait la gloire du Sage et c'est par elle que peut être menée à
bien l'unification du monde. J'affirme donc que la réunion du
ciel et de la terre donne naissance aux dix mille êtres, que le
répons du yin et du yang est le moteur de toutes les transformations et évolutions et que la combinaison de la nature avec
la culture permet à ce qui est sous le ciel d'être en ordre. La
céleste nature peut donner naissance à toutes choses mais non
les organiser, la terre peut porter les humains mais non les
gouverner, les dix mille êtres qui sont entre les deux assurent

la vie de l'humanité mais ils attendent que le Sage les répartisse. Il est dit dans le *Livre des Odes* : « J'ai gagné et je me suis attaché tous les esprits tutélaires jusqu'à ceux des fleuves et des hautes montagnes [7]. » Cela illustre bien le sens de mon propos.

Les Rites funéraires servent aux vivants à embellir les défunts et à les conduire à leur dernière demeure d'une façon qui ressemble le plus possible à ce qu'était leur vie. Ainsi traite-t-on les morts comme les vivants, les absents comme les présents et commencement et fin ne font qu'un. A peine la personne est-elle décédée qu'on la lave, on la coiffe, on lui coupe les ongles et on lui donne de la nourriture avec toutes les apparences de la vie. A défaut de laver les cheveux, on les humidifie et on les peigne par trois fois et à défaut de laver le corps, on y passe un linge humide et on l'essuie par trois fois. Puis on lui bouche les oreilles avec des jades, on lui donne du riz cru en guise de nourriture et on lui met dans la bouche des cauris blancs, contrairement cette fois à ce qu'on fait pour les vivants. On revêt le défunt de trois épaisseurs de tuniques et on lui passe, sans l'agrafer, sa ceinture de cérémonie, on lui recouvre le visage et on lui noue les cheveux sans y mettre de coiffe ni d'épingle de tête. On écrit ensuite son nom, qu'on appose sur une tablette disposée de façon que le nom ne soit visible que sur le devant du cercueil. On présente les objets rituels et l'on met, en guise de coiffe, un bonnet sans filet pour les cheveux. La vaisselle rituelle est vide et on ne l'emplit pas. On utilise une natte d'herbe tendre et non un lit garni de bambou tressé, les objets de bois ne sont pas complètement achevés, les objets d'argile sont juste façonnés mais incomplètement réalisés, les objets de bambou ne sont pas faits comme s'ils étaient destinés à être utilisés, les flûtes *sheng* et *yu* sont préparées mais non pas accordées, de même le luth *qin* et la guitare *se*. Le char funéraire est enseveli et l'on en renvoie les chevaux pour bien montrer qu'ils sont désormais inutiles. Les objets usuels du défunt le suivent dans la tombe comme s'il s'agissait pour lui d'un déménagement mais on a tout simplifié sans l'achever, on a suggéré l'aspect des choses sans les destiner à un usage réel et, si le char funéraire est bien mené à la tombe et enseveli, c'est sans harnais et sans rênes, ce qui montre bien qu'il n'est destiné à aucun usage réel. Tout ce semblant de déménagement n'est manifestement pas fait sur un mode réaliste mais n'a pour objet que de souligner la tristesse du moment [8]. C'est pourquoi la présence des objets de la vie quotidienne est rituelle et non

---

7. *Cheu King, op. cit.*, Ode 273, 2ᵉ strophe.
8. Et non de préparer le mort à une vie ultérieure à laquelle Xun Zi ne croit de toute évidence pas.

utilitaire et les objets fabriqués pour l'occasion sont suggérés et non utilisables.

Lorsqu'ils servent les vivants, les Rites rendent plus belle la joie et plus belle la tristesse lorsqu'ils servent les morts. Lorsqu'ils se font cérémonies d'offrandes, ils rendent plus beau le respect et, militaires, ils rendent plus belle la majesté du pouvoir. Cela est commun aux règnes de tous les Rois et n'a pas changé depuis l'Antiquité jusqu'à aujourd'hui. Nul n'en a jamais découvert l'origine. Ainsi les tumuli et les caveaux ont-ils la forme de maisons et de chambres; les cercueils ont comme des dais de chars et ils ont les ornements des chars; les tissus, draperies de soie et les grands éventails ressemblent aux tentures et aux rideaux que l'on met aux portes dans les maisons, les protections de terre que l'on dispose ressemblent à des murs crépis, au faîtage des toits et aux clôtures des maisons. Les Rites funéraires n'ont pas d'autre raison d'être que de rendre évidentes les valeurs respectives de la vie et de la mort, ils accompagnent le défunt avec tristesse et respect et le conduisent jusqu'au bout de son ensevelissement. La sépulture est donc le respectueux ensevelissement de la dépouille du défunt, tandis que les sacrifices et les cérémonies sont les devoirs respectueusement rendus à son esprit et que l'inscription de ses mérites pour la postérité est la respectueuse transmission de son nom et de son renom. Rendre ses devoirs aux vivants, c'est rendre plus beau le commencement; conduire le mort à sa dernière demeure, c'est rendre la fin plus belle. Remplir tous les devoirs concernant le commencement et la fin, accomplir tout ce que dicte la piété filiale, c'est pratiquer la Voie du Sage.

Restreindre ce que l'on doit aux morts et exagérer ce que l'on doit aux vivants, c'est suivre une voie obtuse [9]; restreindre ce que l'on doit aux vivants et exagérer ce que l'on doit aux morts, c'est suivre une voie douteuse; immoler des vivants pour qu'ils accompagnent des morts, cela est criminel. Offrir aux morts une image ressemblant à leur vie, faire en sorte que la vie et la mort, le commencement et la fin soient traités comme il convient et dans l'amour du bien, telles sont la manière d'agir et la règle des Rites et de l'équité rituelle. C'est ainsi que se comportent les Confucéens.

Pourquoi le deuil de trois ans? Je dirai que c'est en accordant leur juste place aux sentiments que s'est instaurée la culture rituelle, car celle-ci, tout en policant la vie sociale, permet de distinguer les différents degrés de parenté, d'une part, et, d'autre part, de noblesse et l'on ne saurait rien y ajouter ni rien y

---

9. Ou bien: c'est être un sectateur de Mo Zi, selon qu'on lit le caractère *mo* comme un adjectif ou comme un nom propre.

retrancher. C'est pourquoi j'affirme que c'est là un principe qui
ne souffre ni écart ni changement. Plus la douleur est grande
et plus elle dure, plus un chagrin est profond et plus il est long
à s'apaiser. Un deuil de trois ans accorde leur juste place aux
sentiments par l'entremise de la culture rituelle, il est l'expression
de la peine la plus profonde. Les vêtements de deuil, la canne
de bambou, la cabane où l'on se retire, la nourriture maigre, la
simple natte de roseau et la motte de terre en guise d'oreiller
sont les manifestations de la peine que l'on éprouve. Le deuil
de trois ans est accompli au bout de vingt-cinq mois [10], mais le
chagrin n'en est pas terminé pour autant, ni effacé le souvenir
du défunt. C'est même pour cela que les Rites prescrivent la
fin du deuil. Ne faut-il pas, une fois toutes les cérémonies
funéraires achevées, que ceux qui restent reviennent à la vie ?

Parmi tout ce qui vit entre ciel et terre, ceux qui ont sang
et souffle ont la faculté d'avoir conscience, et nul qui possède
cette faculté ne manque d'être attaché à ceux de son espèce.
Prenons les grands oiseaux et les animaux sauvages : s'ils
viennent à perdre leurs compagnons, ils reviennent hanter les
lieux où ils vivaient, même après un mois ou une saison, et ils
ne passent pas devant leur ancienne demeure sans va-et-vient,
cris, appels et détours. Les petites espèces, comme les hirondelles
ou les moineaux, semblent eux aussi pousser des cris de tristesse
en ces moments-là et ne s'éloignent qu'ensuite. Or, parmi ceux
qui ont sang et souffle, aucun n'a plus de conscience que
l'homme. C'est pourquoi la mort elle-même ne saurait venir
à bout de ce qu'il éprouve envers ses parents. Et s'il s'agit
d'hommes stupides et bornés, dépravés et pervers, qui le soir
ont déjà oublié leurs morts du matin ? S'ils suivent ce chemin-
là, ils ne valent même pas les bêtes sauvages. Comment leur
comportement envers leurs semblables ne serait-il pas une source
de désordres ? Mais s'il s'agit d'hommes accomplis soucieux de
culture ? Dans ce cas, ils franchiront le temps de deuil de trois
ans, révolu au bout de vingt-cinq mois, comme un quadrige
bondit au-dessus d'une crevasse mais dans leur cœur le deuil
ne sera pas levé. Aussi les Anciens Rois et les Sages ont-ils
instauré l'usage raisonnable et mesuré qui consiste, une fois
accompli le rituel et respecté le sens profond des choses, à lever
le deuil au moment convenable. Comment alors a-t-on fractionné
cette période ? Au bout d'une année révolue, il y a une
interruption dans le deuil que l'on porte de ses parents. Pourquoi
cela ? Le cycle de la terre et du ciel est de quatre saisons pour
être complet et au bout de ce temps il n'est rien qui ne se

10. Dès qu'on entre dans la troisième année, c'est d'ailleurs ainsi que les
Chinois comptent leur âge.

renouvelle, c'est pour cela que les Anciens Rois l'avaient pris comme modèle. Mais pourquoi ces trois années ? Pour ajouter à la solennité de cette circonstance, on double la durée de ce cycle d'un an en lui en adjoignant un autre. Pourquoi les deuils de neuf mois et moins [11] ? Pour montrer qu'il s'agit de deuils moindres que celui que l'on observe pour ses propres parents. Ainsi le deuil de trois ans est-il le plus important ; le petit deuil, où l'on porte pour trois mois le vêtement de toile fine, est le moins important et le deuil de neuf mois est le degré inter-médiaire. En haut, nous prenons modèle sur le ciel et en bas, sur la terre ; au milieu, c'est l'homme qui est la référence. Ainsi l'homme permet-il le plein épanouissement du sens profond du lien social, de l'harmonie et de l'unité. Le deuil de trois ans constitue la plus haute expression culturelle de la Voie humaine, c'est celui que j'ai désigné comme le plus solennel. Tous les Rois l'ont prôné et cela n'a point changé depuis l'Antiquité.

Pourquoi le deuil d'un Prince Souverain dure-t-il trois ans ? C'est que le Prince est le maître de l'ordre et du gouvernement, il est la source de la culture et des principes, le parangon des sentiments et des attitudes, tout le monde ne doit-il pas se rassembler pour lui rendre les plus grands honneurs ? Le *Livre des Odes* dit : « Un Prince sage, aimable et bon est le père et la mère du peuple [12]. » Il y a bien là l'idée que le Prince est à la fois le père et la mère de son peuple : le père, en effet, peut engendrer mais non point nourrir tandis que la mère, si elle peut nourrir, ne saurait éduquer ni enseigner. Or, le Prince non seulement peut nourrir ses sujets, mais il excelle en outre à les former et à les éduquer. Trois ans de deuil sont-ils suffisants ? Une nourrice nous donne à boire et à manger et nous portons trois mois son deuil, une nourrice sèche nous couvre et nous habille et nous portons neuf mois son deuil, or le Prince fait tout cela, trois ans de deuil sont-ils suffisants ? Recevoir les bienfaits du Prince, c'est vivre dans l'ordre ; en être privé, c'est le désordre. Voilà toute la puissance de la culture rituelle. Recevoir les bienfaits du Prince, c'est vivre en-paix ; en être privé, c'est vivre dans l'inquiétude. Voilà toute la puissance des sentiments. Pour avoir joui de la puissance des deux, trois années consacrées à porter le deuil du Prince et à servir sa mémoire semblent bien insuffisantes. Il ne convient cependant pas de les prolonger. [De même qu'il y a des degrés dans les Rites funéraires], il est des sacrifices périodiques que l'on fait aux Dieux locaux du terroir, d'autres, plus importants, que l'on

11. Observés lors du décès de parents plus éloignés.
12. *Cheu King, op. cit.*, Ode 251, 1re strophe.

offre au Dieu de l'Agriculture et le plus sacré enfin où l'on associe les Rois et le ciel.

Pourquoi le corps demeure-t-il trois mois dans le cercueil avant l'enterrement ? Je dirai que c'est pour souligner la grandeur et l'importance de la circonstance. Les Anciens Rois ont craint que, si l'on faisait quitter à la hâte le toit familial pour la tombe à ceux que l'on chérit et vénère le plus, cela ne se passe pas convenablement. C'est pour cela qu'ils ont allongé le temps de préparation des funérailles au nombre de jours suffisant. On a ainsi fixé à sept mois pour le Fils du Ciel, cinq mois pour les Grands et trois mois pour les Hauts Fonctionnaires le temps nécessaire à l'accomplissement de tout ce qui doit être fait pour que les devoirs leur soient rendus comme il convient, que la culture rituelle soit respectée et que par là toutes choses soient en ordre. La parfaite exécution de tout cela suit la Voie, on peut le dire.

Les cérémonies sacrificielles sont l'expression de ce que l'on pense, espère et se rappelle. Il ne se peut pas qu'il n'y ait des moments où l'on ressente des émotions et des changements en soi-même, ainsi lorsque les autres sont dans la joie, la paix, l'harmonie et le bonheur d'être ensemble et qu'on éprouve soudain très fortement la tristesse du loyal sujet [dont le Prince est mort] ou celle du fils pieux [qui a perdu son père]. Si cela se produit sans que l'on puisse y donner suite, les sentiments que l'on porte en soi demeurent comme vains, sans pouvoir trouver la satisfaction de s'exprimer, et ce qui serait traduit au moyen des Rites demeure inachevé. C'est à cette fin que les Anciens Rois ont institué la culture rituelle, respectant ceux qui sont respectables et témoignant de l'affection aux parents. C'est pourquoi je disais que les cérémonies sacrificielles sont l'expression de ce que l'on pense, espère et se rappelle, qu'elles sont la plus haute forme de la loyauté, de la confiance, de l'affection et du respect et qu'elles constituent la plus généreuse manifestation des Rites et de la culture. Nul, à moins d'être un Sage, n'est capable d'en prendre conscience. La lumineuse intelligence du Sage le sait, les hommes accomplis et avisés le pratiquent, les fonctionnaires en assurent l'observance, le peuple le traduit dans ses mœurs. L'homme accompli considère cela comme la Voie de l'homme, le peuple, comme le service que l'on doit aux Esprits.

Les cloches, les tambours, la flûte *guan,* les pierres musicales, le luth *qin,* la guitare *se,* les flûtes *yu* et *sheng,* les musiques des Souverains Shun, Yu, Tang et Wu, les Odes des Rois Wu et Wen et d'autres Odes du *Livre des Odes* sont les moyens par lesquels l'homme accompli exprime rituellement toutes les formes de sa joie. Les vêtements de deuil, la canne de bambou, la cabane de deuil, la nourriture maigre, la simple natte de roseau et la motte de terre comme oreiller sont les moyens par lesquels il exprime les différentes formes de son chagrin. Les armées ont leur règlement, les lois ont leurs critères, de façon que nul n'échappe à sa faute, c'est là pour l'homme accompli le moyen d'exprimer les différentes formes de son horreur pour le mal.

On recherche les jours propices par des opérations divinatoires, on se purifie, on prépare tout ce qui est nécessaire aux cérémonies, on dispose les tables basses, les nattes et les offrandes, on récite les prières, comme si quelqu'un devait profiter de tout cela; on présente les offrandes en sacrifice comme si quelqu'un devait les goûter; on présente la coupe et celui qui mène le deuil offre du vin comme si quelqu'un devait vider la coupe; lorsque les hôtes partent, celui qui mène le deuil les salue et les reconduit, il va reprendre ses vêtements de deuil [qu'il avait quittés pour des vêtements de cérémonie] et se met à pleurer comme si quelqu'un s'en était allé. Quel chagrin, quel respect! On sert les morts comme les vivants, les absents comme les présents et, bien que l'on ne soit que devant des apparences sans formes ni épaisseur, on réalise alors pleinement la culture rituelle.

XX

DE LA MUSIQUE

La musique est joie [1], expression incontournable du sentiment humain. L'homme, en effet, ne saurait être sans joie, laquelle joie entraîne la production de sons et s'incarne en une alternance de mouvements et de repos. La voie propre de l'homme, l'expression qu'en constituent les sons et les mouvements, les changements intérieurs qui lui sont naturels, la musique comprend tout cela. De même que l'homme ne saurait être sans joie, la musique ne saurait demeurer sans forme, et si elle prend une forme dévoyée elle devient immanquablement une source de désordres. Or les Anciens Rois avaient le désordre en horreur, c'est pourquoi ils ont créé les mélodies des Odes *Ya* et *Song* [2] qui soient conformes à la Voie, faisant en sorte qu'elles expriment convenablement la joie sans tomber dans la licence, que la culture dont elles sont porteuses traduise clairement ce qu'il faut sans risque d'erreur, que leur côté allusif ou direct, simple ou foisonnant, leurs rythmes et leurs poses rencontrent les meilleurs élans et sentiments du cœur humain sans que les caractères troubles et vicieux y trouvent à s'alimenter. Tels sont les principes qui inspiraient les Anciens Rois lorsqu'ils ont créé la musique, mais Mo Zi s'y oppose. Qu'y faire ?

Lorsque la musique résonne dans le Temple des Ancêtres, le Prince et les Ministres, ceux d'en haut et ceux d'en bas l'écoutent ensemble et tous éprouvent un sentiment d'harmonie et de respect. Dans les appartements privés, pères et fils, aînés et cadets l'écoutent ensemble et tous éprouvent un sentiment d'harmonie et d'affection familiale. Lors des assemblées de village ou de clan, grands et petits l'écoutent ensemble et tous éprouvent un sentiment d'harmonie et d'obéissance. Car la musique discerne et unifie afin de fixer et d'harmoniser, elle groupe les instruments afin de combiner les sons et les rythmes, elle réunit et elle ordonne afin de faire naître le raffinement.

---

1. Les deux mots « musique » et « joie » sont deux prononciations du même caractère chinois.
2. Cf. *Livre des Odes*.

Et cela est assez pour conduire vers une voie unique tout en régissant les dix mille transformations. Telle est la méthode que suivirent les Anciens Rois pour créer la musique, mais Mo Zi s'y oppose. Qu'y faire ? En écoutant les Odes *Ya* et *Song,* on sent grandir ses pensées et ses aspirations ; la ferme tenue des boucliers et des haches d'arme, l'exercice des mouvements rythmés donnent une allure et un maintien imposants ; la pratique des mouvements d'ensemble et les combinaisons de leurs rythmes assurent la rectitude des rangs et des files ainsi que le bon ordre des avancées et des reculs. Car la musique sait se faire agressive lorsqu'il s'agit de réprimer et d'attaquer, et courtoise lorsqu'il s'agit d'être humble et retenu. Mais cette attaque et cette humilité ont la même signification : agressive lorsqu'il s'agit de réprimer et d'attaquer, elle contraint à l'obéissance ; courtoise s'il faut être humble et retenu, elle fait que l'on obéit. Elle est un grand facteur d'ordre sous le ciel, elle est la fibre dont est tissée la juste harmonie, elle est l'incontournable expression des instincts de l'homme. C'est ainsi que l'ont créée les Anciens Rois, mais Mo Zi s'y oppose. Qu'y faire ?

La musique est donc ce au moyen de quoi les Anciens Rois exprimaient leur contentement, tandis que les troupes et les armes offensives étaient le moyen d'exprimer leur colère. Ainsi le contentement et la colère reçurent-ils des Anciens Rois des formes appropriées. Lorsqu'ils étaient satisfaits, l'Empire était en harmonie et lorsqu'ils étaient en colère, les violents et les fauteurs de troubles tremblaient. La Voie des Anciens Rois consistait à porter les Rites et la musique à leur plus haut degré, mais Mo Zi s'y oppose. C'est pourquoi je dis que Mo Zi est en regard de la Voie comme un aveugle en face du blanc et du noir, comme un sourd en présence d'un son pur et d'un bruit composite, comme quelqu'un qui, désirant se rendre au pays de Chu, irait vers le nord !

Les sons et la musique pénètrent profondément l'homme et l'influencent rapidement, c'est pourquoi les Anciens Rois ont particulièrement veillé à ce qu'ils fassent partie de la culture. Lorsque la musique est modérée et équilibrée, le peuple goûte l'harmonie et ne tombe pas dans la licence ; lorsqu'elle est grave et incite au respect, le peuple est d'humeur égale et ne penche pas vers le désordre. Un peuple d'humeur égale et qui goûte l'harmonie fait des armées fortes et des villes sûres que les Principautés ennemies ne se hasardent pas à attaquer. Ainsi nul, parmi le peuple, ne manque d'être en paix à sa place, heureux dans sa région et satisfait de ses supérieurs. Cela finit par se savoir et le bruit s'en répand, l'éclat en est considérable, et tous les peuples entre les quatre mers se mettent à vouloir vivre sous un tel Prince. Voilà ce que sont les prémices de l'œuvre des Rois. Au contraire, une musique frivole et maniérée est funeste, incitant le peuple à la licence, au laisser-aller, à la satisfaction de vils penchants. Or la licence et le laisser-aller conduisent au désordre, les mauvais penchants engendrent des conflits, et désordres et conflits affaiblissent les armées et rendent les villes vulnérables. Les Principautés ennemies représentent alors un réel danger. Lorsqu'il en est ainsi, le peuple n'est ni en paix ni à sa place, il n'est pas heureux au sein de sa région ni satisfait de ses supérieurs. Alors les Rites et la musique se dégradent, des sonorités malséantes apparaissent et c'est la porte ouverte au danger, à la régression, à la décadence et à la honte. Voilà pourquoi les Anciens Rois tenaient les Rites et la musique en haute estime et méprisaient les sonorités malséantes. Ainsi qu'il a été dit plus haut [3], « veiller à la rédaction des lois et des édits, examiner minutieusement les odes et les textes, interdire les musiques de perdition, s'attacher à ce que les airs soient joués en temps opportun sans que les sons des musiques barbares n'en viennent gâter l'harmonie, cela est l'affaire du Grand Précepteur (*Tai Shi*) ».

Mo Zi prétend que la musique est ce à quoi les Anciens Rois étaient opposés et que les Confucéens ont le tort de prôner. Ce n'est pas ainsi qu'un homme accompli considère les choses : la musique est la joie du Sage, elle est capable de bonifier le cœur du peuple, elle touche l'homme au plus profond de lui-même, elle change les habitudes et transforme les coutumes. C'est pourquoi les Anciens Rois gouvernaient à l'aide des Rites et de la musique et leurs peuples connaissaient l'harmonie et l'affabilité. Si le peuple, face à ce qu'il aime ou déteste, ne trouve aucun moyen d'expression qui corresponde à sa joie ou à sa colère, c'est là un facteur de désordre. Or les Anciens Rois avaient le désordre en horreur, ils veillaient donc à ce que les comportements fussent irréprochables, les musiques, correctes, et l'Empire leur obéissait. Ainsi le port de vêtements de deuil et le son des cris et des pleurs attristent-ils le cœur des hommes; le port des cuirasses, des casques et des équipements de guerre, le chant des bataillons en marche stimulent le cœur des hommes; des habitudes précieuses et maniérées, les mélodies des pays de Zheng et de Wei poussent le cœur des hommes vers la débauche; les vêtements et les ornements rituels des dignitaires, la danse *Shao* et le chant *Wu* [4] mettent de la dignité dans le cœur des hommes. C'est pourquoi les oreilles d'un homme accompli sont fermées aux musiques lascives, ses yeux ne s'attachent pas au spectacle de la luxure, sa bouche ne profère nulle mauvaise

3. Au chapitre IX.
4. Respectivement danse de l'Empereur Shun et chant du Roi Wu des Zhou.

parole. Ce sont là trois points sur lesquels il est particulièrement vigilant. Car une musique dévoyée fait impression sur l'homme et il y répond par un caractère rebelle. Cette désobéissance se traduit dans les faits et le désordre s'ensuit. De même la musique correcte fait elle aussi impression sur l'homme et il y répond par un caractère docile. Cette docilité se traduit dans les faits et l'ordre s'ensuit. Le chant et l'harmonie qu'il engendre se répondent en bien comme en mal. C'est pourquoi l'homme accompli est particulièrement vigilant sur ceux qu'il fréquente et les lieux où il demeure. Il aiguise sa volonté au son des cloches et des tambours, il réjouit son cœur au son du luth *qin* et de la guitare *se,* le bouclier et les armes l'entraînent lors des danses guerrières, les plumes et la queue de yack l'ornent lors des danses de paix, le son des pierres musicales et de la flûte *guan* l'incite à l'obéissance. Car la pureté et la clarté des sons sont à l'image du Ciel, leur ampleur et leur grandeur sont à l'image de la Terre, tandis que les mouvements et les danses qui les accompagnent ressemblent aux quatre saisons. Ainsi, lorsque la musique est bien jouée, les intentions des humains sont pures, lorsque les Rites sont appliqués, les actions des hommes parviennent à leur résultat car ils ont l'œil vif et l'oreille prompte, ils ont un caractère et un tempérament égaux et harmonieux, us et coutumes évoluent dans le bon sens et le monde entier jouit d'une paisible existence dans le bonheur commun que procurent les bonnes qualités et les heureux penchants. C'est pourquoi je disais que la musique est joie. La joie de l'homme accompli est d'atteindre la Voie, la joie de l'homme de peu est d'assouvir ses désirs mais si l'on contrôle ses désirs par l'entremise de la Voie, la joie ne sera source d'aucun désordre, tandis que si les désirs font oublier la Voie, on erre aveuglément et il n'y a plus de joie. La musique est précisément le moyen d'aller vers la joie et les instruments de métal, de pierre, de soie et de bambou, celui de suivre le chemin de la vertu. La pratique de la musique permet au peuple de se tourner vers la bonne direction, c'est pourquoi la musique est la richesse du gouvernement des hommes et Mo Zi s'y oppose.

La musique pourtant est une harmonie immuable et les Rites constituent d'intangibles principes. La musique rassemble ce qui est commun, les Rites séparent ce qui est dissemblable et leur conjonction exerce sa gouverne sur le cœur des hommes. Aller jusqu'au plus profond du cœur humain et jusqu'à l'extrême de ses métamorphoses, telle est la nature de la musique; mettre en lumière la sincérité et bannir l'artifice, tel est le propos des Rites. Or Mo Zi s'y oppose, il aurait mérité d'être châtié mais, les Rois éclairés ayant disparu, il ne s'est plus trouvé personne pour corriger ses erreurs. Alors les ignorants les apprennent et se mettent eux-mêmes en danger. Mais l'homme accompli comprend ce qu'est la musique et c'est là sa vertu. Hélas, les époques de désordre détestent le bien et nul ne l'y écoute. On n'y peut rien faire. Pourvu que mes disciples étudient bien et n'aillent pas s'égarer!

Voici ce que représentent les sons et la musique : le son des tambours est grand et vaste, celui des cloches est ample et généreux, celui des pierres musicales est net et réglé, celui des orgues à bouche *yu* et *sheng* est sérieux et mesuré, celui des flûtes *guan* et *yue* est l'émission d'une force, celui de l'ocarina *xuan* et de la flûte traversière *chi* se répand au loin comme une brume, celui de la guitare *se* est toute bonté, celui du luth *qin* a la douceur d'une femme, les chants sont pureté et accomplissement et l'esprit de la danse rejoint la Voie du ciel, de la nature. Le tambour est vraiment le Prince de la musique, il ressemble au ciel; les cloches ressemblent à la terre; les pierres musicales à l'eau; les flûtes, les orgues à bouche et les pipeaux ressemblent aux étoiles, aux planètes, au soleil et à la lune; le tambourin *tao,* le résonateur *zhu,* le tambour *fu* empli de paille, le jeu de cloches *ge,* les instruments à percussion *qiang* et *jie* ressemblent aux dix mille êtres. Comment peut-on connaître l'esprit d'une danse? Certes, on ne se voit ni ne s'entend bien soi-même mais on contrôle ses mouvements, ses inclinations, ses déplacements au cours de la danse afin qu'ils soient bien nets et réguliers, les efforts du corps tout entier tendent à s'accorder au rythme des cloches et des tambours sans la moindre velléité de s'en écarter et tous sont animés de ce même esprit [5].

Je vois les assemblées rituelles dans les districts et je comprends combien il est aisé de suivre la Voie Royale. Celui qui reçoit va quérir lui-même ses invités de marque et leur suite et la foule des autres invités les suit. Lorsqu'on arrive aux portes du lieu de la cérémonie, celui qui reçoit salue officiellement ses hôtes de marque et leur suite, puis la foule des autres invités entre à son tour, la distinction entre nobles et roturiers étant ainsi bien établie. Après trois inclinations, les invités arrivent au bas des marches et ne montent qu'après en avoir été priés par trois fois. Arrivés à leur place, ils saluent à nouveau puis on se présente mutuellement les coupes de vin, en une longue succession d'invites et de refus dont le rituel est cependant simplifié lorsqu'il ne s'agit que de la suite des grands personnages. Puis celui qui reçoit se rend vers la foule des autres invités qui gravissent à leur tour les degrés pour recevoir eux aussi le vin. Ils prennent place, offrent des libations puis, debout, boivent

---

5. Le paragraphe suivant est extrait du *Livre des Rites (Li Ji)* dans lequel il est précédé des mots « Confucius dit ».

eux-mêmes sans toutefois échanger des invites avec celui qui reçoit. Ils redescendent ensuite. Les différents degrés de solennité des Rites sont ainsi clairement marqués. Entrent alors les chanteurs qui gravissent les degrés et interprètent trois airs, à la suite de quoi celui qui reçoit leur présente des coupes. Puis les joueurs d'orgue à bouche viennent jouer trois morceaux et des coupes leur sont aussi présentées par l'hôte. Trois autres airs sont encore chantés après un intervalle, puis tous les musiciens ensemble font entendre trois pièces et, après l'annonce par les chanteurs que la musique est terminée, ils se retirent et sortent. Deux hommes apportent alors des rhytons et un Maître de Cérémonie est désigné. On sait donc que le banquet pourra se dérouler dans la joie et l'harmonie sans jamais tomber dans la licence. Les invités de marque offrent à boire à l'hôte, l'hôte aux gens de leur suite, ces derniers à la foule des invités. Les aînés et les plus jeunes le font aussi, selon les prérogatives de l'âge, et pour finir cela va jusqu'aux servants et aux laveurs de coupes. On sait ainsi qu'on a observé le respect dû aux aînés et que nul n'a risqué d'être oublié. Tous descendent ensuite enlever leurs chaussures avant de regravir les marches, puis ils prennent place pour d'innombrables échanges d'invitations à boire. Le déroulement de ces agapes, s'il a lieu le matin, ne doit cependant pas empêcher le déroulement des tâches matinales, ni celui des tâches vespérales s'il a lieu le soir. Lorsque les invités s'en vont, l'hôte les salue et les reconduit. Les cérémonies se terminent ainsi et l'on sait qu'elles ont pu se dérouler dans une agréable sérénité et sans désordre aucun.

Bien distinguer les nobles des roturiers, marquer clairement les différents degrés de solennité, faire régner la joie et l'harmonie sans tomber dans la licence, assurer le déroulement des cérémonies dans une agréable sérénité et sans désordre aucun, voilà cinq points qui, bien remplis, garantissent la correction des individus et la paix des États. Or si les Principautés sont en paix, l'Empire tout entier est en paix, c'est pourquoi je disais : « Je vois les assemblées rituelles dans les districts et je comprends combien il est aisé de suivre la Voie Royale. »

Les époques de désordre se manifestent par le port de vêtements au luxe outrageant, des mœurs efféminées, des habitudes de débauche, des penchants intéressés, un comportement dispersé, des musiques dangereuses, une culture et un raffinement dévoyés et clinquants. On y traite les vivants sans mesure et les morts selon les fâcheux préceptes de Mo Zi, les Rites et l'équité des devoirs rituels y sont objets de mépris tandis que l'on y honore la force et la témérité. Pauvre, on y devient voleur et riche, bandit. Les époques de bon gouvernement connaissent exactement l'inverse.

XXI

VENIR A BOUT DES OBSTACLES

Un défaut général des humains est qu'une vision partielle fait obstacle, dans leur esprit, à la compréhension du sens profond des choses. Pour se bien gouverner, il faut en revenir à des principes constants car suivre deux chemins à la fois, c'est s'égarer dans le doute et le monde ne saurait comporter deux Voies ni le Sage avoir deux cœurs. De nos jours, les Grands appliquent des politiques divergentes et les Cent Écoles professent des doctrines divergentes, il y en a donc de toute évidence qui ont tort et d'autres raison, il y en a qui gouvernent bien et d'autres qui sont en pleine incohérence. Les Princes des pays de désordre et les sectateurs des Écoles incohérentes, même s'ils cherchent sincèrement la rectitude et considèrent qu'ils agissent pour le mieux, ne cessent de s'écarter de la Voie et de subir de mauvaises influences. Ils se cantonnent dans leur point de vue et ne craignent que de voir leurs défauts dévoilés. Leur partialité fait que lorsqu'on leur présente d'autres doctrines, ils appréhendent d'en entendre louer les bons aspects. Ainsi ne font-ils que s'éloigner des bons principes sans cesser un instant de se croire dans le vrai. Comment, dans ces conditions, leur vision partielle ne leur serait-elle pas un obstacle et ne leur ferait-elle pas perdre la bonne direction ? Si l'on n'utilise pas son esprit, on aura beau être en face du noir et du blanc que l'œil ne les verra pas, le tonnerre et le tambour retentiront à côté que l'oreille ne les entendra pas, à plus forte raison sera-t-on sourd et aveugle aux obstacles de l'esprit. L'homme qui a trouvé la Voie, les Princes des États de désordre s'opposent à lui du haut de leurs trônes et les sectateurs des Écoles incohérentes du bas de leurs incompétences. Quelle tristesse !

Or voici ce qui peut faire obstacle à une claire vision des choses : le désir et l'aversion, le commencement et la fin, le lointain et le proche, l'ancien et le moderne. Les différents aspects des dix mille êtres sont autant d'obstacles potentiels et constituent un danger pour toutes les formes de pensée.

Parmi les Princes de l'Antiquité qui rencontrèrent des obstacles

sur le chemin de la Voie, il y a Jie des Xia et Zhou des Yin.
Jie rencontra comme obstacles Mo Xi [1] et Si Guan [2], il ne sut
pas reconnaître la valeur de Guan Long Feng [3] et le doute fut
en son cœur autant que le désordre dans ses actes. Zhou à son
tour trouva Da Ji [4] et Fei Lian [5] comme obstacles, il ne sut pas
reconnaître la valeur de Wei Zi Qi [6] et le doute fut en son
cœur autant que le désordre dans ses actes. Alors leurs sujets
perdirent le sens de la loyauté et ne virent plus que leurs intérêts
personnels, le peuple ne fut plus que reproches et haine et ne
servit plus ses supérieurs, les hommes bons et sages se retirèrent
de la vie publique pour se réfugier dans l'ombre, et à cause de
tout cela les Neuf Provinces [7] déclinèrent et ce fut la perte des
États que ces Princes avaient reçus de leurs Ancêtres. Jie mourut
au mont Ding et la tête de Zhou fut suspendue à une bannière
pourpre. Ils n'avaient rien su prévoir et n'avaient accepté les
remontrances de personne. Tels sont les malheurs qui sanctionnent les obstacles qu'on laisse s'accumuler. Cheng Tang des
Shang [8] tira les leçons des agissements de Jie des Xia, il fut
maître de lui et veilla à gouverner sagement. Il fit longuement
appel à Yi Yin [9] et ne s'écarta point de la Voie. Pour ces raisons
il prit la place du Souverain des Xia et reçut les Neuf Provinces.
Le Roi Wen des Zhou tira les leçons des agissements de Zhou
des Yin, il fut maître de lui tout en veillant à gouverner
sagement. Il fit longuement appel aux services de Lü Wang [10]
et ne s'écarta point de la Voie. Pour ces raisons il prit la place
du Souverain des Yin et reçut les Neuf Provinces. Aucune
région, même parmi les plus éloignées, ne manqua de leur offrir
ses trésors et leurs yeux contemplèrent de parfaites beautés,
leurs oreilles ouïrent des sons parfaits, leur bouche goûta des
saveurs parfaites, ils vécurent dans des palais parfaits et ils
reçurent de parfaites appellations. L'Empire tout entier chanta
leurs louanges leur vie durant et les pleura après leur mort.
C'est là ce qui s'appelle le comble de la prospérité. Il est dit
dans le *Livre des Odes* : « Les phénix mâle et femelle déploient
leur agilité, leurs ailes sont comme des boucliers, leur chant,
tel celui d'une flûte de Pan ; une fois c'est l'un et une fois c'est

1. Concubine Impériale.
2. Peut-être un Ministre.
3. Premier Ministre de Jie, ses remontrances lui coûtèrent la vie.
4. Concubine Impériale.
5. Ministre de Zhou des Yin.
6. Frère de Zhou des Yin.
7. C'est-à-dire la Chine.
8. Premier Souverain de la dynastie Shang-Yin.
9. Premier Ministre de Tang.
10. Premier Ministre de Wen des Zhou.

l'autre, le cœur du Souverain est en joie [11]. » Tel est le bonheur de celui qui ne se laisse arrêter par aucun obstacle.

Parmi les Ministres de l'Antiquité qui rencontrèrent des obstacles sur le chemin de la Voie, il y eut Tang Yang [12] et Xi Qi [13]. Pour Tang Yang, c'est la soif du pouvoir qui lui fut un obstacle et il chassa Tai Zi [14]. Quant à Xi Qi, il fut égaré par l'envie de posséder une Principauté et fit condamner Shen Sheng [15]. Or Tang Yang fut tué au pays de Song et Xi Qi au pays de Jin, l'un avait chassé un sage Premier Ministre, l'autre fait condamner son pieux frère aîné et ils payèrent cela de leur vie sans même en avoir pris conscience. Tel est le malheur de celui qui se laisse arrêter par des obstacles sur le chemin de la Voie. C'est pourquoi, depuis l'Antiquité jusqu'à aujourd'hui, on n'a jamais vu quelqu'un d'avide, vil, rebelle et assoiffé de pouvoir qui ne soit pas en grand danger de déshonneur, de désastre et de destruction.

Bao Shu, Ning Qi et Xi Peng [16], aussi parfaitement vertueux qu'intelligents, surent ne se laisser arrêter par aucun obstacle. Ils purent ainsi assister Guan Zhong [17], et leur nom, leur fortune, leurs revenus furent égaux à ceux de Guan Zhong lui-même. Shao Gong [18] et Lü Wang, aussi parfaitement vertueux qu'intelligents, surent ne se laisser arrêter par aucun obstacle, ils purent ainsi assister Zhou Gong, et leur nom, leur fortune et leurs revenus furent égaux à ceux de Zhou Gong lui-même. On dit que « reconnaître les sages, c'est avoir l'esprit lumineux, assister les sages, c'est être capable. Affermir et renforcer ces qualités, c'est s'assurer un long bonheur ». Tel était le sens de mon propos et telle est la chance de ceux qui ne se laissent arrêter par aucun obstacle.

Parmi les lettrés itinérants d'autrefois, il en est qui se laissèrent arrêter par des obstacles, ce sont les sectateurs des Écoles absurdes. Ainsi Mo Zi s'égara-t-il à propos de l'utilitaire et il méconnut la culture rituelle, Song Zi s'égara à propos des désirs de l'homme et il méconnut le moyen de les satisfaire, Shen Dao s'égara à propos de la loi et il méconnut le rôle du sage, Shen Bu Hai s'égara à propos de l'autorité et méconnut le rôle

11. Extrait d'une Ode perdue.
12. Ministre du Roi Kang de Song, qui fut finalement exécuté par ordre du Roi.
13. Fils du Duc Xian de Jin, trois siècles avant Xun Zi.
14. Tai Zi ou Tai Huan, Premier Ministre du pays de Song.
15. Xi Qi était le fils d'une concubine et calomnia le Prince Héritier pour prendre sa place.
16. Ministres du Duc Huan de Qi.
17. Premier Ministre du Duc Huan de Qi, auteur prétendu du recueil qui porte son nom, l'un des modèles du Premier Ministre idéal.
18. Membre du clan Ji, famille royale des Zhou.

de l'intelligence, Hui Zi s'égara à propos des mots et il méconnut les choses. Zhuang Zi s'égara à propos de la nature, du ciel, et il méconnut l'homme. Et en effet, définir la Voie à partir de l'utilitaire, c'est tout rapporter à l'intérêt; définir la Voie à partir du désir, c'est tout rapporter à la satisfaction matérielle; définir la Voie en partant de la loi, c'est tout rapporter à un calcul; définir la Voie en partant de l'autorité, c'est tout rapporter à la commodité; définir la Voie en partant des mots, c'est tout rapporter à la théorie; définir la Voie à partir de la nature, du ciel, c'est tout rapporter à une causalité naturelle. Or tout cela n'est à chaque fois qu'un seul aspect de la Voie et celle-ci ne prend corps, de façon rémanente, qu'en passant par toutes ces transformations et un seul de ses aspects ne saurait suffire à en rendre compte. Ceux dont l'entendement est ainsi morcelé ne perçoivent qu'un seul aspect de la Voie sans pouvoir l'envisager dans sa totalité mais ils s'en satisfont et brodent à partir de là, ce qui les rend à la fois confus en eux-mêmes et douteux vis-à-vis des autres. Dans de telles conditions, le haut devient un obstacle pour le bas et le bas, pour le haut. Tels sont les malheurs qui sanctionnent les obstacles accumulés. Confucius, qui était un homme de Haute Vertu et d'intelligence, ne se laissait arrêter par aucun obstacle, il se pencha sur les théories absurdes avec tant de justesse d'esprit qu'il devint l'égal des Anciens Rois. Il fonda la seule École qui ait envisagé la Voie dans sa totalité, qui en ait rendu compte et qui l'ait mise en œuvre sans que le poids des idées reçues lui soit un obstacle. C'est pourquoi sa vertu fut égale à celle de Zhou Gong et sa gloire aussi grande que celle des trois Rois Fondateurs [19]. Tel est le bonheur de celui que n'arrête aucun obstacle sur le chemin de la Voie.

Le Sage connaît les défauts de la façon dont les hommes usent de leur cœur, de leur esprit et il voit bien les malheurs qu'entraînent les obstacles accumulés, c'est pourquoi il ne se laisse guider ni par le désir ni par l'aversion, il ne penche ni vers le commencement ni vers la fin, ni vers le proche ni vers le lointain, ni vers le trop vaste ni vers le superficiel, ni vers l'ancien ni vers le moderne. Il met toutes choses à leur juste place et s'en tient au milieu avec l'exactitude d'une balance. Ainsi les nombreuses différences qui existent ne lui sont-elles pas autant d'obstacles qui l'empêcheraient d'avoir une claire vision. Qu'appelle-t-on ici une balance? Je dirai que c'est la Voie. C'est pourquoi le cœur, l'esprit ne saurait méconnaître la Voie car s'il la méconnaît, non seulement il ne pourra pas la

19. Les Souverains qui fondèrent les dynasties des Xia, des Shang-Yin et des Zhou.

suivre mais il prendra un chemin contraire à elle. Quel homme en effet, agissant de son plein gré, s'appliquerait à ce qu'il ne sait pas faire et s'interdirait ce qu'il sait faire? Si c'est avec un cœur éloigné de la Voie que l'on va vers les hommes, on rejoindra fatalement ceux qui ne suivent pas la Voie et non ceux qui la suivent, et si, avec un cœur dévoyé, on fraye avec des gens dévoyés pour tenter avec eux de convaincre ceux qui suivent la Voie, quelle source de désordres! Alors comment savoir? Il faut d'abord que le cœur, l'esprit connaisse la Voie avant qu'on puisse la suivre et ce n'est que si on la suit qu'il devient possible de la garder et d'empêcher qu'on la quitte. Aller vers autrui avec un cœur ouvert à la Voie, c'est s'accorder avec ceux qui la suivent et non avec ceux qui s'en détournent. Argumenter d'un cœur ouvert à la Voie avec ceux qui la suivent à propos de ce qui lui est contraire, voilà qui est gage d'ordre. Pourquoi fait-on reproche de la méconnaître? Parce que la base même de l'ordre réside dans la connaissance de la Voie.

Comment faire pour connaître la Voie? Je dirai: par le cœur, l'esprit. Et comment le cœur parvient-il à la connaissance? Par le vide, l'unité et la sérénité. Le cœur, l'esprit ne cesse jamais de recevoir des impressions, c'est là qu'intervient le vide; il ne cesse jamais d'être en relation avec plusieurs objets à la fois, c'est là qu'intervient l'unité; il est sans cesse en mouvement, c'est là qu'intervient la sérénité. L'homme, de naissance, possède la faculté de connaître. Il connaît et il se souvient. Se souvenir, c'est emmagasiner. C'est à partir de là qu'intervient le vide: faire le vide, c'est faire en sorte que ce que l'on a déjà emmagasiné n'empêche pas de recevoir autre chose. Le cœur, l'esprit possède de naissance la faculté de connaître, laquelle s'exerce sur des objets divers. Cette diversité est prise de conscience simultanée de plusieurs choses et prendre simultanément conscience de plusieurs choses, c'est se multiplier. C'est à partir de là qu'intervient l'unité: que l'un ne nuise pas à l'autre, c'est ce que j'appelle faire l'unité. Quand le cœur, l'esprit est en sommeil, il rêve; livré à lui-même, il vagabonde; sollicité, il forme des projets. Il ne demeure donc jamais sans rien faire, c'est là qu'intervient la sérénité: être serein, c'est ne pas laisser les rêves perturber la connaissance.

Si quelqu'un n'a pas encore trouvé la Voie mais qu'il la cherche, je lui conseille le vide, l'unité et la sérénité afin qu'il les prenne pour règles. Que celui qui cherche la Voie fasse le vide et elle entrera; que celui qui veut servir la Voie fasse en lui l'unité et la Voie s'accomplira; que celui qui veut penser la Voie fasse en lui la sérénité et il la verra. Prendre conscience de la vision de la Voie, prendre conscience de la pratique de la Voie, c'est lui donner corps. Le vide, l'unité et la sérénité, voilà ce que j'appelle la grande et pure clairvoyance. Alors on voit tout ce qui a forme, on comprend tout ce qu'on voit et on accorde sa juste place à tout ce qu'on comprend. Assis dans une salle, celui qui a atteint ce stade voit tout jusqu'aux quatre mers; aujourd'hui, il comprend toute l'étendue du temps; il perçoit les dix mille êtres et connaît leur nature; il considère l'ordre et le désordre et en connaît la gouverne; il sait la chaîne et la trame du ciel et de la terre et il régente les dix mille êtres; il œuvre et travaille selon le sens profond des choses et la cohérence du monde en est assurée. Quelle grandeur, quelle profondeur! Qui en connaît les limites? Quelle ampleur, quelle immensité! Qui comprend une telle vertu? Quel foisonnement, quelle richesse! Qui prend conscience de toutes ses formes? Il est brillant et pénétrant comme le soleil et la lune, sa grandeur emplit l'espace dans les huit directions. Voilà ce qu'est un grand homme! Comment rencontrerait-il des obstacles?

L'esprit, le cœur est le maître du corps et le régent de la vie spirituelle. C'est de lui qu'émanent les ordres et il n'en reçoit point, c'est de lui que viennent les interdictions et les permissions; c'est lui qui conquiert, qui choisit, qui exécute et qui arrête. La bouche peut être contrainte de se taire ou de parler, le corps peut être contraint de se plier ou de s'étendre mais l'on ne peut contraindre le cœur à changer sa conviction : il admet ce qui lui semble juste et récuse ce qui lui paraît faux. C'est pourquoi je dis que le propre du cœur, de l'esprit est de faire ses choix sans autre limite que sa propre vision et, pour nombreux et variés que soient les objets qu'il perçoit, sa nature est de parvenir à n'être pas dispersé. Il est dit dans le *Livre des Odes* : « J'essaie à plusieurs reprises de cueillir de la bardane, je n'en remplis même pas une corbeille plate. Hélas! Je pense à mon époux et laisse la corbeille sur la grand-route [20]! » Une corbeille plate est facile à remplir et la bardane se cueille aisément, mais cette femme ne saurait avoir l'esprit dispersé et occupé à plusieurs choses à la fois. J'affirme en effet que l'esprit, s'il est partagé, ne peut connaître, que s'il se laisse détourner, il ne peut aller au fond des choses et que sa division engendre le doute et l'incertitude. Mais s'il s'unifie en suivant la Voie lorsqu'il procède à ses investigations, sa connaissance pourra embrasser les dix mille êtres. C'est une merveille que quelqu'un qui accomplit pleinement ce que justement il a à faire. Toute chose ne peut être que d'une sorte à la fois, c'est pourquoi l'homme intelligent fait un seul choix et s'y tient.

Un paysan, même s'il possède à fond son métier, ne saurait être fonctionnaire affecté à l'administration rurale; un marchand,

---

20. *Cheu King, op. cit.*, Ode 3, 1ʳᵉ strophe.

même s'il connaît à fond son métier, ne saurait être fonctionnaire affecté à l'administration des marchés; un artisan, quand même il posséderait à fond son métier, ne saurait être fonctionnaire affecté à l'administration des fabriques. Or il existe des gens qui, sans être des experts dans chacune de ces trois branches, peuvent veiller à ce qu'elles soient bien administrées. Je dis qu'il y a des experts en ce qui concerne la Voie qui ne sont pas experts en une matière précise. L'expert en une matière jugera selon sa matière, l'expert en la Voie embrasse du regard les différentes matières. C'est pourquoi l'homme accompli trouve son unité au sein de la Voie et procède grâce à cela à ses investigations. Trouver son unité au sein de la Voie, c'est être droit; procéder grâce à cela à ses investigations, c'est acquérir un regard, et si l'on est droit dans ses pensées, ses actes, son regard et ses idées, les dix mille êtres sont bien régentés.

Dans l'Antiquité, lorsque Shun gouvernait l'Empire, point ne lui était besoin de donner des instructions pour que toutes choses soient heureusement accomplies. Il s'en tenait scrupuleusement à l'unité et sa gloire emplissait le monde. Il veillait à conserver cette unité jusque dans les moindres détails et sa gloire était immense sans que l'on sût comment. Le *Livre de la Voie* dit : « Le cœur de l'homme [soumis aux impressions des sens] est sujet à s'égarer, dans la voie de la vertu, sa raison et sa volonté sont faibles [21]. » Or seul un homme accompli peut surmonter cet égarement et cette faiblesse pour accéder à la connaissance. Car le cœur de l'homme est comparable à l'eau d'un bassin : si on le dispose droit et sans bouger, les impuretés et la boue tombent au fond et le dessus est propre et clair au point que l'on y distingue, en s'y mirant, sa barbe, ses sourcils et ses rides. Que le moindre vent s'élève et voici la boue au fond qui remue, la transparence de la surface en est troublée à ne plus voir même la silhouette de celui qui est au bord. Il en est de même pour le cœur de l'homme : qu'il soit mené par le bon sens et nourri de pureté, que nul objet ne le fasse dévier, cela suffit pour qu'il discerne le vrai du faux, pour qu'il identifie le trouble et le douteux. Mais que la moindre chose le vienne solliciter et voici sa droite façade qui se modifie tandis qu'à l'intérieur il penche et devient incapable de trancher entre le bon sens et l'absurdité.

Nombreux furent ceux qui, autrefois, se plurent à l'écriture, mais seul Cang Jie [22] est passé à la postérité car il trouva le

---

21. Ce titre ne correspond à aucun traité conservé jusqu'à nous mais la sentence se trouve, presque identique, dans le *Livre des Documents* (*Chou King*, *op. cit.*, I, III, 15). Nous en donnons la traduction du P. Couvreur.

22. Inventeur légendaire de l'écriture chinoise, historiographe de Huang Di, l'Empereur Jaune.

chemin de l'unité. Nombreux furent ceux qui se plurent à l'agriculture, mais seul Hou Ji [23] est passé à la postérité car il sut trouver le chemin de l'unité. Nombreux furent ceux qui se plurent à la musique, mais seul Kui [24] est passé à la postérité car il sut trouver le chemin de l'unité. Nombreux enfin furent ceux qui se plurent à l'équité rituelle, mais seul Shun est passé à la postérité car il trouva le chemin de l'unité. Chui inventa l'arc et Fu You, les flèches, mais c'est Yi qui excella en tant qu'archer ; Xi Zhong inventa le char et Sheng Du l'attelage, mais c'est Zao Fu qui excella dans l'art de conduire les chars. Depuis l'Antiquité jusqu'à nos jours, on n'a jamais vu quelqu'un qui puisse exceller dans deux domaines. Zeng Zi [25] dit : « Voilà quelqu'un dans la cour qui regarde partout s'il y a des rats à attraper, comment pourrait-il chanter avec moi ? »

Il y avait, dans une grotte, un homme qui s'appelait Ji, il était quelque peu devin et aimait les choses de la pensée. Lorsqu'il était en butte aux sollicitations de ses yeux et de ses oreilles, cela nuisait à l'exercice de sa pensée : entendre le vol d'un moustique ou d'un taon l'empêchait de se concentrer et ce n'est qu'en bannissant toute sollicitation des yeux et des oreilles, en écartant de lui tout bruit d'insecte, en vivant au calme pour penser en toute sérénité qu'il avait l'esprit clair. D'un homme qui aurait besoin de toutes ces conditions pour méditer sur la Vertu Suprême, pourrait-on dire qu'il est vraiment subtil ? Craignant pour son sens moral, Meng Zi [26] se sépara de sa femme. C'est là se contraindre soi-même et non aboutir à une pensée. You Zi [27] se brûlait la main de crainte de céder au sommeil. C'est là se réprimer soi-même et non accéder à ce que l'on aime faire. Bannir les sollicitations des yeux et des oreilles, écarter de soi tout bruit d'insecte, c'est là se méfier de soi-même et non être subtil. Être subtil, c'est en effet réussir à être un homme véritable et quel besoin un homme véritable éprouverait-il de se contraindre, de se réprimer ou de se méfier de soi-même ? Celui qui est trouble peut être revêtu d'une clarté extérieure mais celui qui est pur possède une clarté intérieure, le Sage suit ses désirs et laisse parler son instinct et il est toujours guidé par le sens profond des choses. Pourquoi irait-il se contraindre, se réprimer ou se méfier de soi-même ? Car

23. Ministre de l'Agriculture de Shun, il fut déifié.

24. Grand Maître de Musique de Shun.

25. Disciple de Confucius.

26. Mencius. Entrant chez elle sans s'être fait annoncer, il l'aurait trouvée vautrée dans une position inconvenante. Une version de cette anecdote affirme cependant que sa propre mère lui fit le reproche d'être entré si abruptement chez sa femme.

27. Un disciple de Confucius.

lorsqu'un homme à la Haute Vertu suit la Voie, il n'a pas à s'activer et lorsqu'un Sage suit la Voie, il n'a pas à se contraindre. La pensée de l'homme à la Haute Vertu est toute bienveillance, la pensée du Sage est toute joie. C'est ainsi que se gouverne le cœur.

En regardant le monde autour de soi, on éprouve parfois de l'incertitude en son for intérieur et les choses extérieures n'apparaissent pas claires. Or, en l'absence d'une pensée claire, comment décider qu'une chose est ainsi ou autrement ? Si l'on avance dans les ténèbres, on prendra une pierre gisant sur le sol pour un tigre tapi dans l'ombre ou un bouquet d'arbres pour un groupe de gens car l'obscurité est un obstacle à voir distinctement. L'ivrogne qui passe un canal de cent pas le prend pour un fossé large d'une enjambée et il baisse la tête en franchissant la porte de la ville, la prenant pour la petite porte arrondie de l'intérieur d'une maison, car l'alcool lui embrume l'esprit. Si l'on presse sur ses yeux et qu'on regarde ensuite, on verra double. Si l'on met ses mains sur ses oreilles et qu'on écoute, le silence devient brouhaha car une force extérieure vient perturber les organes des sens. Vu de la hauteur d'une montagne, un bœuf est aussi petit qu'un mouton, mais que celui qui recherche un mouton ne descende pas le prendre car il aura été abusé par la distance. Vu depuis le bas d'une montagne, un arbre immense semble être une badine, mais que celui qui cherche une badine ne monte pas le prendre car la distance l'aura abusé. Que l'eau bouge et le reflet se trouble à sa surface, l'on ne voit même plus si celui qui s'y mire est beau ou laid, la pression exercée sur elle la trouble. L'aveugle a beau se tourner vers le ciel, il ne voit point les étoiles et personne ne sera par lui renseigné sur leur présence ou leur absence car sa vue est défectueuse. Il est pourtant des gens qui, dans de semblables conditions, considèrent qu'ils détiennent des informations sûres, ce sont les plus grands sots du monde ! Or les jugements que portent les sots sont douteux, fondés qu'ils sont sur de douteuses prémisses. Leurs décisions sont donc inadéquates. Étant inadéquates, comment pourraient-elles être exemptes d'erreurs ?

Au sud de l'embouchure de la Xia vivait un homme appelé Juan Shu Liang, il avait un caractère à la fois stupide et craintif. Une nuit, comme il marchait au clair de lune, il tourna la tête et aperçut son ombre. Il la prit pour un démon embusqué, puis, se penchant, il vit sa propre chevelure qu'il prit incontinent pour un esprit malin se dressant devant lui. Il rebroussa chemin et se mit à courir jusqu'à chez lui, où il arriva pour rendre l'âme. N'est-ce pas pitoyable ? Les témoignages sur les apparitions des esprits proviennent bien souvent de circonstances douteuses et peu explicites, de moments où l'on voit ce qu'il n'y a pas et où l'on ne voit pas ce qu'il y a. Puis, à partir de là, on décide des choses! Ainsi des gens à qui l'humidité donne des rhumatismes font-ils battre le tambour et rôtir un porc [28]. Les voilà quitte pour la fatigue du tambour et la dépense du porc, sans guérison de leurs maux. Ils ont beau ne pas habiter au sud de l'embouchure de la Xia, cela revient vraiment au même!

Connaître, c'est la nature de l'homme; être connu, c'est le sens profond des choses [29]. S'efforcer, au moyen de cette nature connaissante, de connaître le sens de tout ce qui est connaissable sans se donner de limite, aucune vie n'y suffirait car ce que l'on aura pu étudier, même si cela porte sur des millions de matières, ne suffira jamais pour embrasser toutes les transformations des dix mille êtres et ce serait se retrouver comme un ignorant. Même si l'on étudiait jusqu'à un âge avancé, ayant déjà de grands enfants, on se retrouverait comme un ignorant. Ne pas savoir quoi laisser de côté, c'est être un insensé car étudier vraiment, c'est définir les limites de son étude. Quelles sont ces limites? Elles consistent à atteindre un résultat satisfaisant. Que veut dire « résultat satisfaisant »? Je dirai que c'est ce qu'ont fait les Sages-Rois. Le Sage suit parfaitement l'ordre des choses, le Roi gouverne parfaitement et celui en qui se rejoignent ces deux perfections est à juste titre regardé comme le plus grand qui soit sous le ciel. C'est pourquoi ceux qui étudient prennent les Sages-Rois pour Maîtres et leur œuvre pour modèle, ils font leurs leurs lois car ils souhaitent devenir des hommes de leur trempe, ils cherchent en tout à les imiter et à leur ressembler. Qui s'efforce de tendre vers un tel but est un homme avisé, qui adopte ces règles de vie et approche de ces modèles est un homme accompli, qui comprend réellement tout cela est un Sage. Celui qui, intelligent, n'appliquerait pas sa pensée à ces choses, je l'appellerais malhonnête; celui qui, courageux, ne s'en tiendrait pas à cette voie, je l'appellerais bandit; celui qui, doté d'un regard pénétrant, ne distinguerait pas cette voie, je l'appellerais larron; celui qui, ayant de nombreuses capacités, ne s'en servirait pas pour cultiver ce domaine-là, je l'appellerais esprit creux; celui qui, ayant du discernement, ne traduirait pas cette voie-ci par ses propos, je l'appellerais hâbleur. La tradition nous rapporte qu'il y a deux attitudes que l'on peut prendre : chercher le vrai malgré le faux et chercher le faux malgré le vrai, ce qui désigne ceux qui sont en accord avec les principes de la Voie Royale et ceux qui ne

28. Pour effrayer les démons et apaiser les Esprits.
29. Nous suivons ici la ponctuation et la lecture de Wang Zhong Lin.

sont pas en accord avec eux. Il existe des gens qui ne prennent pas cela pour règle, comment pourraient-ils donc discerner le vrai du faux et mettre à leur place le juste et le dévoyé ? Et en ne discernant pas le vrai du faux, en ne mettant pas à leur place le juste et l'injuste, en ne distinguant pas l'ordre du désordre, en ne suivant pas la Voie de l'homme, on ne saurait rien apporter aux humains, quelque talent que l'on y mette et si l'on n'en a point, on ne saurait alors que leur nuire. Car on ne fait alors que soutenir des théories fallacieuses, se complaire dans des discours invraisemblables, s'induire mutuellement en erreur, on contraint autrui et on le berce de paroles fallacieuses, on se donne de l'importance et on se comporte honteusement, on n'a aucun sens de la rectitude et on n'en fait qu'à sa guise, on perd tout discernement et on ne voit plus que son propre intérêt ; on dédaigne l'humilité et la courtoisie, on ne respecte ni les Rites ni la mesure mais on se plaît à provoquer les autres. Ce sont là des théories de temps de désordre et de gens insensés mais parmi ceux qui brassent des idées de par le monde, nombreux sont ceux qui en professent de semblables. La tradition nous a transmis ceci : « Disséquer les mots et prendre cela pour de la pénétration, discourir sur toutes choses et prendre cela pour du discernement, l'homme accompli n'a que mépris pour cela. Être largement informé et avoir de grandes ambitions sans être en accord avec la Voie Royale, l'homme accompli n'a que mépris pour cela. » Ce qui illustre bien mon propos. Appliquer de tels principes ne mène en effet à aucune réussite, rechercher ce genre de choses ne fait rien obtenir et se mettre en peine pour cela ne résout rien. Voilà des idées que l'on peut éloigner et abandonner, il ne faut pas se laisser entraver par elles ni même les laisser un instant entrer en son cœur. Au lieu de soupirer après le passé et de s'inquiéter pour l'avenir, au lieu de se ronger le cœur d'aigreur et de souci, il faut agir au moment opportun, répondre aux affaires qui se présentent, débrouiller les situations lorsqu'elles apparaissent. Alors, que l'on soit dans une époque d'ordre ou de désordre, tout sera clair !

Il n'est pas un Prince éclairé qui considère que la dissimulation entraîne le succès de ses entreprises tandis que leur divulgation les mènerait à l'échec. De même, nul Prince obscur ne croit que la publicité de ses entreprises pourrait leur assurer la réussite tandis qu'agir dans l'ombre serait gage d'échec. C'est pourquoi les propos hypocrites affluent vers le Prince dissimulateur tandis que les propos francs ne lui parviennent pas, les gens de peu accourent autour de lui et les hommes accomplis s'en éloignent. Le *Livre des Odes* dit : « Si l'on prend l'obscur pour clair, il

faut croire que le renard est vert [30]. » Ce qui veut dire que si
l'obscurité règne en haut, la confusion règne en bas. Mais si le
Prince traite au grand jour les affaires, les propos francs viennent
à lui et les hypocrites tournent le dos, les hommes accomplis
accourent et les gens de peu s'éloignent. Il est dit dans le *Livre
des Odes* : « Lorsqu'une vertu extraordinaire brille sur la terre,
l'auguste Mandat lui est conféré dans le ciel [le ciel lui confie
le gouvernement de l'Empire] [31]. » Ce qui signifie bien que, si
la clarté règne en haut, le bas s'amendera.

30. Extrait d'une Ode perdue.
31. *Cheu King, op. cit.*, Ode 236, 1re strophe.

XXII

DE LA RECTIFICATION DES NOMS

Les dénominations qu'ont établies les Rois postérieurs empruntent aux Shang pour les noms de la législation pénale, aux Zhou pour les dignités et au *Livre des Rites* pour la culture rituelle. Quant aux multiples noms qui s'appliquent aux dix mille êtres, ils proviennent des appellations couramment utilisées dans les pays chinois, grâce à quoi des gens provenant de districts éloignés les uns des autres et ayant des coutumes différentes peuvent tout de même se comprendre. Puis il y a les termes qui s'appliquent à l'homme. Ce qu'il reçoit à la naissance est désigné du nom de nature. Cette nature constitue ce qui, né de l'union [des deux principes], permet la réponse la plus immédiate aux sensations causées par l'extérieur et qui, n'étant le fruit d'aucune élaboration, se présente de soi-même. L'attirance, l'aversion, le plaisir, la colère, la tristesse et la joie que nous ressentons naturellement sont appelés instincts. Lorsque le cœur, l'esprit opère un choix parmi ces sentiments naturels, on dit qu'il y a pensée et lorsque ainsi le cœur pense et qu'il est capable de transformer sa pensée en action, il y a à proprement parler artifice [1]. Ce qui ne vient à se réaliser qu'après un travail de la pensée et grâce à l'exercice des capacités que l'on a, c'est cela que j'appelle artificiel. Bien comprendre son intérêt et agir en conséquence, cela s'appelle travailler. Bien comprendre l'équité rituelle et agir en conséquence, cela s'appelle mettre en pratique. Ce qui, en l'homme, permet de comprendre est appelé faculté de connaissance. Ce qui fait le lien entre la faculté de connaître et les objets extérieurs est appelé intelligence. Ce que l'homme a en lui-même et qui le rend capable de faire quelque chose, cela est appelé capacité, ce qui fait le lien entre cette aptitude et les objets extérieurs

---

1. Le parallèle entre le caractère chinois *wei* et le franco-latin *artifice* est extrêmement tentant : les deux suggèrent étymologiquement l'intervention humaine, les deux ont un sens usuel souvent péjoratif qu'il n'y a pas lieu d'entendre ici où il faut les prendre dans leur sens premier, les deux enfin s'opposent à la notion de « naturel ».

est appelé aussi capacité [2]. Les manquements venant de la nature sont appelés défauts. L'ensemble des événements que l'on rencontre à toutes les étapes de la vie est appelé la destinée. Tels sont les termes qui s'appliquent à l'homme et que les Rois postérieurs ont définis.

Ainsi donc les Rois avaient-ils établi les dénominations et, celles-ci étant fixées, la réalité était distincte, la Voie était suivie, leurs intentions étaient partout comprises, le peuple était alors guidé avec attention et il était unifié.

C'est pourquoi, en coupant les mots en quatre et en fabriquant arbitrairement des dénominations pour perturber les dénominations correctes, on a induit le peuple en doute et bien des gens en de nombreuses et vaines joutes oratoires. Je dis que cela est une faute immense, que c'est un crime aussi grand que de fabriquer de faux contrats et de faux poids et mesures. Aussi les sujets des Rois d'autrefois ne se hasardaient-ils point à user de mots invraisemblables pour perturber les dénominations correctes et leurs peuples étaient honnêtes. Cette honnêteté même les rendait aisément gouvernables, ce qui entraînait d'excellents résultats. Ne se permettant pas d'user de mots invraisemblables qui perturbent les dénominations correctes, ces peuples étaient unis au sein de la Voie, dans le respect de la loi et un scrupuleux souci de suivre les ordres reçus. Le travail accompli laissait alors de durables traces. Cette durée et ces réussites constituent le summum du bon gouvernement. Tels sont les mérites d'un souci scrupuleux apporté à la conservation des dénominations admises.

Mais aujourd'hui, les Sages-Rois ont disparu et les dénominations sont conservées avec négligence, les expressions invraisemblables fleurissent, la relation entre les mots et les choses est corrompue, le vrai et le faux n'ont pas de figures claires et, bien qu'il y ait des fonctionnaires pour veiller sur les lois et des lettrés pour apprendre les textes, tout est en désordre. S'il survenait un Roi véritable, il saurait aussi bien se conformer aux anciens termes qu'en créer de nouveaux. Il ferait évidemment preuve de la plus grande circonspection en examinant les raisons pour lesquelles il faut des noms, ce qui préside aux ressemblances et aux dissemblances et les principes à partir desquels on crée des noms.

Si des personnes différentes, ayant des façons de penser divergentes, cherchent à se persuader les unes les autres, si des objets différents ont des liens obscurs avec les mots qui les désignent, le noble et le vil n'apparaîtront pas clairement, le

---

2. Nous dirions que la première est une capacité potentielle et que la seconde est une capacité réelle.

semblable et le dissemblable ne seront pas distingués. Dans ces conditions, les idées encourent le reproche de n'être pas compréhensibles et les entreprises des hommes connaissent le malheur de ne rencontrer que des difficultés. C'est pourquoi les gens intelligents ont soin de bien séparer et distinguer, ils emploient des mots qui mettent le doigt sur les réalités afin que soit claire, en haut, la distinction entre le noble et le vil et, en bas, la séparation entre le semblable et le dissemblable. Si noble et vil, semblable et dissemblable sont bien différenciés, les pensées n'encourront plus le reproche d'être incompréhensibles ni les entreprises, le malheur de buter sur mille obstacles. Voici les raisons pour lesquelles il faut des noms.

Quelles sont, maintenant, les causes des ressemblances et des dissemblances que nous percevons? Je dirai : les organes des sens. De semblables objets entraînent des sensations semblables et les sens les perçoivent semblablement. C'est pourquoi les hommes peuvent comparer et se communiquer ce qu'ils ressentent. On peut alors trouver des dénominations sur lesquelles l'accord de tous se fasse, ce qui permet de s'entendre les uns avec les autres. Ainsi l'aspect, la configuration, la couleur, la tournure des choses sont différenciés par l'œil; la clarté et le trouble des sons, les harmonies, les rythmes et les bruits sont différenciés par l'oreille; le sucré, l'amer, le salé, le piquant, le fade, l'aigre et les autres saveurs sont différenciés par la bouche; les parfums, les senteurs, les effluves, les odeurs, les exhalaisons provenant de la viande crue de cheval et de bœuf, les émanations de la pourriture et bien d'autres encore sont différenciés par le nez; les maladies, les démangeaisons, le froid, le chaud, le lisse et le rugueux, le léger et le lourd sont différenciés par le corps; l'agrément, les événements extérieurs, le plaisir, la colère, la tristesse, la joie, l'amour, la haine et les désirs sont différenciés par le cœur[-esprit]. Celui-ci possède en outre la faculté d'identifier ce qu'il perçoit. Appliquée à l'oreille, cette faculté permet de reconnaître les sons; appliquée à l'œil, elle permet de reconnaître l'aspect des objets. Pour s'exercer convenablement, cette faculté doit donc attendre que les organes des sens aient établi la relation correcte avec les objets extérieurs qu'ils sont chacun à même de percevoir. Lorsque les cinq organes des sens sont bien en relation avec des objets mais que nulle connaissance ne s'ensuit et si la faculté d'identifier ne fournit aucune explication, force est bien de dire qu'un homme dans cette situation demeure dans l'inconscience. Telles sont les causes des ressemblances et des dissemblances que nous percevons.

C'est à la suite de cela qu'on impose les noms [3] : ce qui est semblable est désigné semblablement, ce qui diffère est différemment désigné. Lorsqu'un nom unique suffit à rendre compte de quelque chose, on a recours à un nom unique et lorsqu'un nom unique ne suffit pas, on utilise une appellation composée. Si l'appellation simple et l'appellation composée ne s'excluent pas l'une l'autre, on trouve alors un nom générique dont l'usage ne nuit pas aux autres dénominations. Avoir connaissance de réalités différentes incite à les nommer différemment, c'est pourquoi, si l'on ne veut pas tomber dans l'incohérence, il ne faut jamais manquer de désigner différemment des objets différents. De même il ne faut pas manquer de désigner semblablement des objets semblables. Ainsi, pour nombreux que soient les dix mille êtres, il est des moments où l'on désire faire référence à eux tous, d'où cette appellation, laquelle est la plus générale de toutes [4]. Ayant poussé jusqu'à son plus haut degré le souci de généralisation, on parvient là où il ne saurait rien y avoir de plus général et il faut alors s'arrêter. D'autres fois on souhaite ne faire référence qu'à une partie de la réalité. On nommera alors, par exemple, les oiseaux et les bêtes sauvages, ce qui est une dénomination classificatrice large. Ayant poussé jusqu'à son ultime degré le souci de classifier, on parvient là où il ne saurait plus y avoir de différenciations et l'on s'arrête.

Les noms ne sont pas d'eux-mêmes adéquats, c'est à la suite d'un accord qu'ils viennent à être apposés sur les réalités, et ce n'est qu'une fois cet accord défini et l'habitude admise qu'on parle d'adéquation. Des termes différents de ceux qui résultent d'un tel accord sont réputés inadéquats. Les noms n'ont pas d'eux-mêmes prise sur la réalité, c'est à la suite d'un accord qu'on les impose aux objets et ce n'est qu'une fois cet accord défini et l'habitude admise que l'on parle d'appellation réelle. Lorsqu'un nom au départ possède de bonnes qualités, que son usage est aisé et qu'il se révèle exempt de toute contradiction, on dit qu'il s'agit d'une bonne dénomination.

Il faut distinguer entre des choses qui ont même aspect tout en se trouvant dans des endroits différents et des choses qui, ayant des aspects différents, se trouvent au même endroit. Si les aspects sont semblables mais que les objets en question se trouvent en des lieux différents, même s'il est possible de les réunir, on dira qu'on a affaire à plusieurs réalités. Ce dont l'aspect se modifie mais dont la réalité ne saurait être classée

---

3. Le mot chinois *(ming)* signifie aussi bien « ordre donné », ce qui permet, grâce à un jeu sur le sens étymologique et le sens courant du mot « imposer », un parallèle qui nous a paru assez heureux.

4. Et l'une des plus inconfortables pour le traducteur : il ne s'agit, on le sait, ni d'êtres, ni de choses, ni de créatures.

autrement malgré d'apparentes dissemblances est dit en évolution et lorsqu'il y a évolution mais non séparation, on dit qu'il y a une seule et unique réalité.

Tout cela constitue le moyen d'observer et d'évaluer la réalité, ce sont les exigences fondamentales présidant à la création des noms et, si des Rois à venir se préoccupent de ce domaine, ce ne saurait être sans les respecter.

« Recevoir une avanie n'est point honteux », « le Sage ne s'aime pas », « tuer un voleur n'est pas tuer un homme »[5], voilà des exemples de la façon douteuse dont certains se servent des mots pour détourner les mots. Il n'est que de se pencher sur l'origine des mots et d'examiner leur emploi pour empêcher de tels abus. « La montagne et le gouffre sont au même niveau », « les désirs naturels sont modérés », « la viande des animaux domestiques n'a pas de saveur », « les grandes cloches ne font pas de musique », voilà des exemples de la façon dont certains se servent des choses pour détourner les mots. Il n'est que de se pencher sur les causes qui nous font percevoir les ressemblances et les dissemblances et d'examiner comment les choses s'accordent pour mettre fin à ces abus. « Ôter, c'est remplir », « une bête de somme n'est pas un cheval »[6] sont des exemples de la façon dont certains se servent des mots pour détourner les choses. Il n'est, pour mettre un terme à ces abus, que d'examiner attentivement la façon dont on s'est accordé pour attribuer les dénominations et de garder ce qui y est recevable en écartant ce qui lui est contraire.

Il n'est aucune théorie fallacieuse, aucun propos erroné s'écartant de la Voie et arbitrairement prôné qui ne se laisse rattacher à l'un de ces trois raisonnements douteux, c'est pourquoi un Prince éclairé sait faire la part des choses et n'entre pas dans ce genre de disputes.

S'il est aisé d'unifier le peuple par le moyen de la Voie, on ne saurait lui en exposer les tenants et aboutissants, c'est pourquoi un Prince éclairé gouverne son peuple avec autorité, il le guide grâce à la Voie, il l'avertit par ses édits, le cultive par ses discours et le réfrène par les châtiments. Le peuple alors évolue comme par miracle dans le sens de la Voie, quel besoin y aurait-il de recourir aux arguties ? Aujourd'hui, pourtant, les Sages-Rois ont disparu, l'Empire est en désordre, les discours insensés fleurissent, les gens de bien ne jouissent d'aucune autorité pour

5. Ces sentences, ainsi que celles qui suivent (nous avons déjà rencontré la première) proviennent principalement de disciples de Mo Zi.

6. Nous suivons, pour ces deux sentences dont le texte est controversé, la leçon proposée par l'Université de Pékin. De toute façon, il s'agit de deux (ou trois) sentences à caractère « sophistique ».

redresser la situation, aucun châtiment ne réfrène personne, alors on doit argumenter.

C'est parce qu'on n'appréhende pas bien une réalité qu'on lui impose un nom, si le nom à son tour n'est pas compris, on a recours à des confrontations, lesquelles, encore insuffisantes, sont suivies d'explications qui, demeurant obscures, font place aux argumentations. C'est pourquoi les confrontations, l'imposition des noms, les argumentations et les explications sont des instruments de haute culture et constituent les prémices du métier de Roi. Que l'entente des mots fasse comprendre les choses, voilà l'utilité des mots. Assembler les mots de façon qu'ils deviennent texte, voilà ce qu'est l'appariement des mots. Lorsque utilité et appariement se conjuguent, on peut alors parler d'une connaissance des mots. Les mots sont ce au moyen de quoi l'on confronte et l'on relie les choses. Une phrase est une combinaison de mots désignant des réalités différentes en un tout organisé de manière à former une idée cohérente. Recourir au discours et à l'argumentation c'est, tout en gardant les mêmes mots pour désigner les mêmes choses, parvenir à comprendre par ce moyen quelle est la voie de la justesse. Confronter et imposer les noms, telle est la façon d'utiliser le discours et l'argumentation. L'argumentation et le discours sont la manière dont le cœur représente la Voie, et le cœur, l'esprit est le maître d'œuvre de la Voie, laquelle constitue la trame et le sens profond de l'ordre. Si le cœur s'accorde à la Voie, que le discours s'accorde au cœur et la phrase au discours, les mots sont rectifiés et confrontés comme il convient, on va au plus profond des choses et cela est clair. Alors on distingue ce qui est dissemblable, sans risque d'erreur, et l'on rassemble ce qui est de même espèce sans s'égarer, ce qu'on écoute avec attention est ce qui s'accorde avec la culture rituelle et les propos que soi-même on tient sont tout à fait fondés.

Discerner l'insensé au moyen de la rectitude de la Voie, cela est comparable à l'utilisation du cordeau pour vérifier si un objet est droit ou non. Dans ce cas, nulle théorie perverse ne peut perturber les esprits et les Cent Écoles n'ont plus d'échappatoire.

Il faut être assez intelligent pour pouvoir tout entendre sans pour autant prendre une attitude orgueilleuse; il faut être d'une extrême générosité mais sans ostentation. Si la doctrine conforme à la Voie est suivie, l'Empire est rectifié, si elle ne l'est pas, que le Sage mette en avant la Voie et rentre dans l'ombre, telle est la manière dont le Sage argumente. Il est dit dans le *Livre des Odes :* « Que votre maintien soit grave et majestueux [et votre vertu pure] comme le jade. Que votre renommée soit bonne et votre attitude distinguée. Prince aimable et bon, vous

DE LA RECTIFICATION DES NOMS

serez la loi vivante de tout l'Empire [7]. » Ce qui illustre bien
mon propos.

Que l'on observe tous les degrés de la courtoisie et de la
modestie, que les relations entre les aînés et les plus jeunes
soient conformes à ce qu'elles doivent être, que les mots tabous
ne soient pas prononcés, que des propos extravagants ne soient
pas tenus. Que l'on parle avec la Haute Vertu au cœur, que
l'on écoute avec un cœur studieux, que l'on exerce son
discernement avec un cœur juste. Que l'on ne s'émeuve pas
des louanges ou des critiques de la multitude, que l'on ne
pervertisse pas les yeux et les oreilles de ceux qui vous regardent,
que l'on ne corrompe pas le pouvoir et l'autorité des dignitaires,
que l'on ne fasse montre d'aucun intérêt envers les propos des
dévoyés. Moyennant tout cela, on sera capable de demeurer
dans la Voie sans risquer de tomber dans la duplicité, on parlera
franchement sans céder à aucune pression, on sera habile sans
se départir du droit chemin, on respectera ce qui est juste et
droit en méprisant les comportements vils et querelleurs et l'on
discourra et argumentera en véritable homme accompli. Le
Livre des Odes dit : « Au plus profond de la nuit si longue,
souvent je pense à mes erreurs. Si l'on ne démérite pas des
grands Ancêtres, si l'on ne manque ni aux Rites ni à l'équité
rituelle, pourquoi faire cas de ce que disent les autres [8] ? » Tel
était le sens de mon propos.

Le discours de l'homme accompli est profond et subtil, il est
accessible et cohérent, il unifie les disparités. Il a soin d'user
de mots corrects et de phrases appropriées afin de rendre clair
le sens de sa pensée. Mots et phrases sont les instruments de la
pensée. Dès lors qu'ils ont été suffisamment bien utilisés pour
s'être fait clairement comprendre, il faut s'arrêter. Toute négligence là-dessus serait folie. Quand un mot suffit pour désigner
quelque chose ou une phrase pour montrer là où l'on veut en
venir, il faut s'arrêter là. Sortir de cela, c'est être ce que l'on
appelle laborieux, c'est ce dont l'homme accompli ne veut pas
et dont le sot s'empare comme d'un trésor. Le discours du sot
est donc confus et pesant, querelleur et désordonné, véhément
et verbeux. C'est qu'il sollicite par trop le sens des mots et que
ses phrases sont obscurcies à plaisir. Sa pensée est bien éloignée
de toute profondeur. Aussi va-t-il chercher partout sans rien
trouver, il se donne bien du mal pour un résultat nul, il est
avide de gloire et n'obtient aucun renom. Au contraire le
discours de l'homme intelligent est aisé à comprendre pour peu
que l'on y réfléchisse, ses idées procurent aisément une vie

7. *Cheu King, op. cit.*, Ode 252, 6e strophe.
8. Extrait d'une Ode perdue.

paisible pour peu qu'on les mette en pratique et permettent aisément de s'insérer dans la société pour peu que l'on s'y tienne. En réaliser la teneur permet d'obtenir à coup sûr ce que l'on désire et d'éviter ce que l'on abhorre. Pour le sot, c'est tout l'inverse. Il est dit dans le *Livre des Odes :* « Si vous étiez un Esprit ou une tortue à trois pattes, personne ne pourrait vous atteindre. Mais vous avez un visage et des yeux qui sont très apparents, vous aussi vous voyez continuellement les hommes. J'ai composé cet excellent petit chant pour mettre à découvert votre inconstance et votre duplicité [9]. » Cela va bien dans le sens de mon propos.

Ceux qui, exprimant des idées sur l'art de gouverner les hommes, prétendent qu'il faut neutraliser les désirs n'ont cependant aucun moyen de maîtriser ces désirs et ils en éprouvent bien des difficultés. Ceux qui, dans ce même domaine, prétendent qu'il faut raréfier les désirs n'ont cependant aucun moyen de les restreindre et rencontrent bien des difficultés du fait de leur multiplicité. Avoir des désirs ou n'en avoir pas, c'est appartenir à des genres différents et cela relève de la nature, non de l'art de gouverner les hommes. Avoir peu ou beaucoup de désirs, c'est appartenir à des genres différents et cela dépend du caractère instinctif et non de l'art de gouverner les hommes. Un désir ne regarde pas à la possibilité de se satisfaire mais celui qui en recherche la satisfaction suit le chemin du possible. Que le désir ne regarde pas à la possibilité montre qu'on le reçoit par nature, que la recherche de sa satisfaction suive le chemin du possible montre qu'elle dépend de notre esprit. Les désirs que nous recevons de la nature sont des désirs simples mais ce que leur ajoute notre esprit prend de si multiples formes qu'il devient difficile d'identifier ces seconds éléments aux premiers.

Ce que l'homme désire le plus fort, c'est la vie et ce qu'il abhorre le plus est la mort. Il est pourtant des hommes qui, poursuivant la vie, trouvent la mort. Ce n'est pas qu'ils aient cessé de désirer la vie pour espérer la mort mais, n'étant plus à même de vivre, ils ne peuvent que mourir. Lorsqu'un désir est excessif et que l'action ne le suit plus, c'est que le cœur, l'esprit a mis un frein. Si le cœur sait se montrer modéré, les désirs n'engendreront point de désordre, quelque nombreux qu'ils soient. Si les désirs ne vont pas trop loin mais que les actes commis soient excessifs, cela est le fait du cœur, de l'esprit. Si le cœur est capable d'immodération, si peu nombreux que soient les désirs, comment éviter le désordre ? C'est pourquoi la clef de l'ordre et du désordre de la société se trouve dans le

---

9. *Cheu King, op. cit.*, Ode 199, 8e strophe.

cœur humain et non dans les désirs que la nature a placés en nous. Ne pas l'aller quérir où elle est mais la chercher là où elle n'est pas, c'est, même si l'on prétend l'avoir trouvée, s'en priver.

La nature est ce qui nous est donné, nos instincts en constituent la partie la plus intime et nos désirs sont la réponse apportée à nos instincts. Considérer que ce que nous désirons peut être obtenu et par conséquent le rechercher, cela nous est instinctivement inévitable. L'intelligence entre en jeu lorsque, considérant qu'il peut satisfaire son désir, l'homme en maîtrise la réalisation. Car on ne peut rendre l'homme sans désirs, même s'il n'est qu'un simple gardien de porte et, fût-il le Fils du Ciel, aucun homme ne saurait voir tous ses désirs satisfaits. Pourtant, même si les désirs ne peuvent être entièrement satisfaits, on peut s'approcher de cette satisfaction et, même si l'on ne peut se défaire de tous ses désirs, du moins peut-on les maîtriser. Ainsi peut-on se satisfaire de s'être rapproché de ce que l'on désirait, même si on ne l'a pas atteint, et l'on peut remédier aux exigences inassouvies en les modérant par la force de la pensée. Il n'est rien de comparable, en la matière, à ceux qui suivent la Voie : lorsqu'ils sont en bonne place, ils approchent de la satisfaction complète et lorsqu'ils sont en retrait ils savent se restreindre.

Tout le monde pense suivre le chemin du possible et laisser de côté ce qui est impossible. Personne n'y parvient mieux que ceux qui ont compris la Voie et quant à ceux qui ne la suivent pas, il n'y en a aucun qui y parvienne. Supposons un homme qui désire se rendre dans le Sud, peu lui importe la distance. Ajoutons qu'il ne veut surtout pas aller au Nord, même s'il n'est pas loin. Irait-il, sous prétexte de n'avoir pas atteint l'extrême Sud, quitter la route du Sud et se mettre en marche vers le Nord ? Revenons à nos désirs : peu importe s'ils sont nombreux et que ce que nous détestions soit rare, le fait est que l'on n'irait pas se défaire de ce que l'on a déjà obtenu, sous prétexte que l'on n'a pas comblé tous ses désirs, pour se mettre en quête de ce que l'on déteste. Ainsi, pouvoir suivre la Voie et le faire, comment cela serait-il enrichissant si cela créait le désordre ? Et ne pas pouvoir suivre la Voie, s'en éloigner, comment cela serait-il nuisible si cela créait l'ordre ? Car ce qui intéresse l'homme intelligent, c'est la Voie et rien d'autre et ce qui est tellement prisé par toutes les petites Écoles sont des théories absurdes.

D'une façon générale, ce que possèdent les hommes n'est jamais tout à fait ce qu'ils désiraient, de même ce qu'ils rejettent n'est jamais exactement ce qu'ils abhorrent, leur action doit donc toujours obéir à une certaine norme et être jaugée selon une certaine balance. Si la balance n'est pas juste, quelque chose de lourd aura tendance à remonter et on le croira léger, quelque chose de léger se mettra à descendre et on le prendra pour lourd. Cela induira les hommes en erreur dans leur appréciation du lourd et du léger. De même, si la norme est faussée, un malheur découlant de ce qu'on désirait sera pris pour un bonheur tandis qu'un bonheur découlant de ce qu'on croit devoir abhorrer sera pris pour un malheur, car les hommes auront été induits en erreur dans leur appréciation du bonheur et du malheur. Or la Voie a toujours été une juste balance, et quitter la Voie pour s'en remettre à des appréciations arbitraires, c'est ne pas savoir à quoi tiennent le bonheur et le malheur.

Échanger, c'est donner un pour un que l'on reçoit, on dit alors qu'on n'a rien gagné ni rien perdu. Changer un contre deux, on dit que c'est ne rien perdre et même gagner quelque chose. Changer deux contre un, c'est, dit-on, perdre quelque chose et ne rien gagner. Qui sait calculer amasse tant qu'il peut et qui sait prévoir s'efforce de faire le plus d'affaires possible. Changer deux contre un, personne ne le fait qui sache bien compter. Agir en suivant la Voie, cela est comparable à changer un contre deux. Comment y perdrait-on? Quitter la Voie et agir arbitrairement, cela est comparable à changer deux contre un. Comment y gagnerait-on? Échanger les aspirations que l'homme porte en lui depuis des siècles contre un instant d'égarement, celui qui agit de la sorte sait bien mal compter!

Efforçons-nous de sonder ce que l'homme a de plus secret et de plus difficile à connaître. Aucun de ceux qui prennent à la légère le sens profond des vrais principes ne manque d'accorder un grand poids aux choses matérielles. Or tous ceux qui accordent une grande importance aux choses matérielles ont l'esprit en souci et tous ceux qui s'écartent du sens profond des vrais principes sont mis en danger par l'extérieur. Tous ceux que l'extérieur met ainsi en danger sont rongés par une crainte intérieure. Et si l'on a le cœur empli de crainte et de souci, on ne reconnaît même pas le goût des viandes exquises qu'on mange, ni le son des cloches et des tambours qu'on entend, pas davantage l'aspect des broderies et des brocarts qu'on a sous les yeux ou le confort d'un vêtement doux et léger et d'une natte souple. Alors on a devant soi les merveilles des dix mille êtres et l'on est incapable d'en jouir et, même si l'on goûte parfois un instant de répit, on n'est jamais délivré. Avoir devant soi les merveilles des dix mille êtres et n'en retirer que du souci, avoir en main l'intérêt des dix mille êtres et n'en concevoir que du désagrément, cela montre-t-il que les appétits matériels profitent à la vie ou qu'ils compromettent la longévité? Ainsi, voulant satisfaire ses désirs, on ne fait que suivre ses instincts; voulant favoriser la nature, on ne fait que mettre son corps en danger ; voulant assurer son bonheur, on fait violence à son esprit ; voulant cultiver sa réputation, on se conduit n'importe comment. L'homme qui agirait ainsi aurait beau recevoir un vaste fief et être honoré du nom de Prince, il n'y aura point de différence entre un bandit et lui ; il aura beau prendre place dans un char de dignitaire et coiffer le bonnet de cérémonie, il n'y aura pas de différence entre un malheureux estropié et lui car c'est bien là ce que l'on appelle se faire l'esclave des choses.

Mais si l'on a au cœur une douce équanimité, on saura satisfaire son œil même d'objets dont la beauté est médiocre, on satisfera son oreille même de sons dont l'harmonie est médiocre, on satisfera sa bouche de nourritures humbles et de bouillons de plantes, on satisfera son corps de vêtements simples et de chaussures de chanvre tressé et l'on saura se contenter d'habiter une chaumière garnie d'un rideau de roseaux, d'une paillasse et d'une table basse. Alors on connaîtra la joie sans pour cela posséder toutes les beautés des dix mille êtres et on assurera sa gloire sans occuper une position élevée. Si l'Empire échoit à un homme qui se conduit de la sorte, il fera beaucoup pour le bien de tous et fort peu pour lui-même. C'est ce qui s'appelle avoir de l'amour-propre et savoir se servir des choses.

(Des discours sans fondements, une conduite excentrique et des projets extravagants sont des points sur lesquels l'homme accompli veille tout particulièrement [10].)

---

10. Cette sentence est vraisemblablement interpolée.

XXIII

LA NATURE HUMAINE
EST MAUVAISE

La nature humaine est mauvaise et ce qu'il y a de bon en l'homme est élaboré [1].

Il est naturel à l'homme de pencher pour son propre intérêt, mais s'il suit ce penchant, les querelles et les spoliations fleurissent au détriment de toute courtoisie et humilité. L'homme est naturellement porté à la haine et à la jalousie, mais s'il suit ces penchants, les torts et les dommages fleurissent au détriment de toute loyauté et fidélité. C'est de naissance encore que l'œil et l'oreille éprouvent des désirs de sons et d'aspects, mais si l'on suit ces penchants, la licence et le désordre fleurissent au détriment des Rites, de l'équité rituelle, de la culture et des principes fondamentaux. Ainsi donc, si l'homme suit sa nature, s'il obéit à ses instincts, on en vient immanquablement aux querelles et aux spoliations, on fait fi de la répartition rituelle des tâches, on bouscule les principes fondamentaux et l'on retourne à l'état sauvage. C'est pourquoi il est nécessaire que l'homme soit amendé par des Maîtres et des lois et qu'il soit guidé par les Rites et l'équité rituelle pour qu'apparaissent la courtoisie et l'humilité en même temps que la culture et les principes fondamentaux, moyennant quoi l'on en arrive à l'ordre. Ces quelques observations montrent clairement que la nature de l'homme est mauvaise et que ce qu'il y a de bon en lui est le fruit d'une élaboration.

Un morceau de bois tors doit être travaillé à la vapeur et à l'étau pour devenir droit. Une lame émoussée doit être aiguisée à la pierre pour devenir tranchante. Prenons maintenant la nature humaine : elle est mauvaise et doit être amendée par les Maîtres et les lois pour être corrigée, elle doit passer par les Rites et l'équité rituelle pour être ordonnée. En l'absence de Maîtres et de lois, l'homme est pervers et ne se corrige pas; sans Rites ni équité rituelle, l'homme est anarchique et ennemi de l'ordre. Les Sages-Rois de l'Antiquité savaient bien que la

---

1. Il s'agit du mot que nous avons traduit plus haut par « artificiel » (cf. p. 259, n. 1).

nature humaine est mauvaise, ils la considéraient comme perverse et incapable de rectitude, comme anarchique et incapable d'ordre. C'est pour cela qu'ils instituèrent les Rites et l'équité rituelle, qu'ils créèrent des lois et des normes afin de maîtriser et d'améliorer les penchants naturels de l'homme pour le corriger, afin d'adoucir et d'amender les instincts de l'homme pour le guider. Ils firent en sorte que tous respectassent l'ordre et suivissent la Voie. Et l'on voit maintenant que celui qui a connu l'influence des Maîtres et des lois, qui cumule étude et culture, qui est guidé par les Rites et l'équité rituelle, celui-là est un homme accompli. Tandis que celui qui obéit à ses penchants naturels et qui se contente de suivre ses caprices en tournant le dos aux Rites et à l'équité rituelle, celui-là est un homme de peu. Ces quelques observations montrent bien que la nature de l'homme est mauvaise, tandis que ce qu'il y a de bon en lui est le fruit d'une élaboration.

Meng Zi dit : « L'homme est capable d'étudier, sa nature est donc bonne. » Je lui répondrai qu'il n'en est point ainsi, que c'est là bien mal connaître la nature humaine et ne pas savoir discerner ce qui, en l'homme, est naturel et ce qui est élaboré. Ce qui est naturel, c'est ce qui nous est donné par le ciel, cela ne peut ni s'apprendre ni se fabriquer. Quant aux Rites et à l'équité rituelle, ils proviennent des Sages-Rois, ils constituent ce dont l'homme est capable après l'avoir appris et qui ne porte en lui ses fruits qu'après un travail. Ce qui ne s'apprend ni ne se fabrique mais qui provient du ciel, c'est ce qu'on appelle naturel. Ce dont l'homme n'est capable qu'après l'avoir appris et qui ne porte en lui ses fruits qu'à la suite d'un travail, c'est ce qu'on appelle élaboré. Telle est la différence entre le naturel et l'artificiel. Ainsi, de par sa nature, l'œil de l'homme peut voir et son oreille peut entendre. La faculté de voir n'est pas dissociable de l'œil ni celle d'entendre, de l'oreille : que l'œil voie et que l'oreille entende, cela ne s'apprend manifestement pas.

Meng Zi affirme que la nature de l'homme est bonne mais que, l'homme ayant perdu ses qualités originelles, c'est pour cela qu'il devient mauvais. J'affirme que cela est une erreur. L'homme, en effet, s'écarte de sa nature originelle dès sa naissance, il s'éloigne de ce qu'il était au départ jusqu'à le perdre et à s'en défaire complètement. Ces quelques observations permettent de conclure que la nature humaine est manifestement mauvaise. S'il était vrai qu'elle fût bonne, cela impliquerait que l'homme ne s'écartât pas de sa condition originelle pour se développer merveilleusement et qu'il n'eût pas à s'éloigner de ce qu'il était au départ pour recueillir les fruits de l'existence. Si l'on considérait que les merveilles dont l'homme est capable fussent déjà en lui au départ, que son esprit fût de naissance empreint de perfection, il faudrait admettre que ces merveilles et cette perfection fussent aussi naturelles à l'homme que la faculté de voir pour l'œil et celle d'entendre pour l'oreille, car l'on dit bien que l'œil voit de lui-même et que l'oreille entend d'elle-même. Or, ce qui est naturel chez l'homme c'est, lorsqu'il a faim, de vouloir se rassasier, de rechercher une douce température lorsqu'il a froid, de souhaiter le repos lorsqu'il peine. Tout cela est instinctif. Maintenant, si l'homme qui a faim voit ses aînés et n'ose pas manger avant eux, témoignant par là de son humilité, si, travaillant, il n'ose pas prendre de repos tant qu'il n'a pas travaillé pour ses aînés, si le fils s'efface devant son père et le puîné devant l'aîné, si le fils travaille à la place de son père et le puîné à la place de son aîné, ce sont là des comportements contraires à la nature et opposés à l'instinct. La voie du fils pieux suit en effet le sens profond de la culture dont sont porteurs les Rites. Mais si l'on obéit à la nature et à l'instinct, on ne sera ni humble ni courtois car ces deux qualités tournent le dos à la nature et à l'instinct. Ces quelques observations montrent que la nature humaine est manifestement mauvaise et que les bons côtés de l'homme sont le fruit d'une élaboration ultérieure.

A qui demande : « Si la nature humaine est mauvaise, d'où proviennent donc les Rites et l'équité rituelle ? » je répondrai ceci : les Rites et l'équité des devoirs rituels ont été élaborés par les Sages et ne tirent point leur source de la nature de l'homme. De même, lorsqu'un potier façonne l'argile et en fait un objet, cet objet est le fruit de l'élaboration de l'artisan et ne provient nullement de la nature humaine, lorsqu'un menuisier travaille une pièce de bois et en fait un objet, celui-ci a été élaboré par l'artisan et ne tire pas son origine de la nature humaine. Et les Sages ont longuement pensé, médité et exercé leur habileté pour concevoir les Rites et l'équité rituelle, pour instituer les lois et les normes, lesquelles sont donc le fruit de l'élaboration des Sages et non point de la nature humaine. Il est tout aussi évident que l'attrait de l'œil pour les couleurs, de l'oreille pour les sons, de la bouche pour les saveurs, du cœur pour ce qui l'intéresse, du corps tout entier, os, chair, peau et veines pour le confort et le bien-être proviennent de la nature de l'homme et de son instinct, ce sont choses que l'on ressent de façon immédiate et qui ne nécessitent aucun travail ni aucune préparation pour exister. Au contraire, ce qu'on ressent sans pouvoir naturellement y donner suite, ce qui nécessite un travail et une préparation pour exister, cela provient de l'élaboration qu'en font les hommes. Voilà donc ce qui est à l'origine du naturel et de l'élaboré et qui témoigne de leur différence. Ainsi les Sages ont-ils civilisé la nature et ils se sont livrés à toute une élaboration, laquelle a donné naissance aux Rites et à l'équité rituelle, dont la conception fut suivie de l'instauration des lois et des normes. Rites et lois sont donc bien le fruit du labeur des Sages. Naturel est ce que les Sages ont en commun avec la foule des hommes, ce en quoi ils ne diffèrent point des autres, tandis que ce en quoi ils diffèrent des autres et les dépassent est ce qui est élaboré.

S'attacher à ses propres intérêts et souhaiter obtenir le plus possible, voilà un trait de la nature humaine. Imaginons des frères ayant des richesses à se partager. S'ils obéissent à leur instinct, qui est d'être intéressé et avide, ils ne vont faire que se battre et se dépouiller les uns les autres. Si, en revanche, ils sont soumis à l'influence civilisatrice des principes rituels, les voici qui s'effaceront au profit d'autrui. Ainsi donc, l'instinct naturel poussera des frères à se quereller tandis que l'influence des Rites les fera s'effacer au profit d'autrui.

Si les hommes aspirent au bien, c'est que leur nature est mauvaise au départ : ainsi celui qui est superficiel voudrait être profond, le détestable se voudrait admirable, le pingre, généreux, le pauvre, riche et le misérable, honoré comme si, ne trouvant pas en eux-mêmes ce à quoi ils aspirent, ils étaient contraints de tout attendre de l'extérieur. Riches, ils n'auraient pas besoin de désirer des richesses; honorés, ils n'auraient pas à espérer les honneurs et, s'ils trouvaient en eux-mêmes ce à quoi ils aspirent, quel besoin auraient-ils de l'attendre de l'extérieur ? Ces quelques observations permettent de conclure que, si l'homme aspire au bien, c'est que sa nature est mauvaise. La nature humaine, au départ, ne comprend ni Rites ni équité rituelle. Ce sont là des choses qu'il faut acquérir à force d'études et qu'il faut vraiment vouloir. Dans la mesure où elles ne sont pas naturelles, c'est par la pensée et la méditation que l'homme parvient à les connaître, car si l'on s'en tient à ce que l'homme a au départ cela ne comporte ni Rites, ni équité rituelle, ni même la connaissance qu'ils existent. Or l'homme, sans Rites ni équité rituelle, est voué au désordre et leur méconnaissance le rend rebelle à toute autorité. S'il se contentait de ce qu'il reçoit en naissant, l'homme serait donc destiné au désordre et à la rébellion. Ces quelques observations démontrent clairement que la nature de l'homme est mauvaise tandis que ses bons côtés proviennent d'une élaboration ultérieure.

Meng Zi dit : « La nature humaine est bonne. » Je réponds qu'il n'en va pas ainsi. Et en effet, ce qu'on a toujours, depuis l'Antiquité, appelé bon, c'est la rectitude, le sens des principes, l'équanimité, l'ordre, et ce qu'on appelle mauvais, c'est la partialité, le danger, la rébellion, le désordre. C'est là et nulle part ailleurs que sont les différences entre le bon et le mauvais. Maintenant la rectitude, le sens des principes, l'équanimité, l'ordre proviennent-ils des fondements de la nature humaine ? A quoi ont servi alors les Sages-Rois, à quoi bon les Rites et l'équité rituelle ? Qu'auraient-ils pu ajouter à la rectitude, au sens des principes, à l'équanimité et à l'ordre existants ? De fait, il n'en est rien et la nature humaine est mauvaise, c'est pourquoi les Sages de l'Antiquité l'ont considérée comme telle : ils l'ont regardée comme partiale, dangereuse et incapable de se corriger d'elle-même, encline à la rébellion et au désordre et incapable d'ordre par elle-même. Ils ont donc investi un Prince de l'autorité suprême afin qu'il gouvernât les hommes, ils ont mis en lumière les Rites et l'équité rituelle afin de les amender, ils ont instauré les lois et les règles afin de faire régner l'ordre, ils ont conçu des peines et des châtiments sévères afin de réfréner les humains et ils ont fait en sorte que l'ordre régnât partout sous le ciel et qu'en même temps les cœurs fussent bons. Tel était le gouvernement des Sages-Rois et l'action civilisatrice des Rites et de l'équité rituelle. Supposons maintenant qu'on supprime l'autorité du Prince, qu'on se prive de l'influence des Rites et de l'équité rituelle, qu'on rejette l'ordre instauré par les lois et les règles et qu'on efface les peines et les châtiments. Écartons-nous pour observer le comportement mutuel des habitants de l'Empire : voici le fort qui attaque le faible et le dépouille, voici la multitude faisant violence aux isolés et couvrant leur voix, le désordre et la rébellion n'attendant pas un instant pour se répandre par tout l'Empire. Ces quelques observations montrent que la nature humaine est manifestement mauvaise et que ce qu'il y a de bon en l'homme est artificiel.

Un bon connaisseur des choses du passé se doit d'être un bon observateur du présent, un bon connaisseur de la Nature se doit d'être un bon témoin des choses humaines. Ceux qui pratiquent l'art de la discussion se plaisent aux distinctions, aux rapprochements et aux démonstrations. Ils s'installent et discourent, exposant des systèmes qui peuvent recevoir une application.

Prenons maintenant le cas de Meng Zi affirmant que la nature humaine est bonne. Il n'y a là ni distinction, ni rapprochement, ni démonstration et si l'on s'installe pour en parler, il n'en sortira aucun système qui puisse être appliqué. N'y a-t-il pas là une grosse erreur ? Car si la nature humaine est bonne, quittons la Voie des Sages-Rois, laissons là les Rites et l'équité rituelle. Ce n'est en effet que si elle est mauvaise qu'il y a lieu de suivre les premiers et d'honorer les seconds. C'est lorsqu'on a affaire à du bois tors qu'on a besoin de l'étau et de l'équerre et on n'utilise la corde et l'encre que si un objet n'est pas droit. De même on a besoin d'un Prince au sommet de la société et de la lumière des Rites et de l'équité rituelle seulement parce que la nature humaine est mauvaise. Ces quelques observations montrent que la nature humaine est manifestement mauvaise tandis que les bons côtés de l'homme sont le fruit d'une élaboration ultérieure.

Le bois droit n'attend pas l'étau et l'équerre pour être droit car il l'est par nature mais le bois tors, lui, doit nécessairement être redressé à l'aide de l'étau et de l'équerre pour devenir droit car de nature il ne l'est pas. Il en est de même pour la nature humaine : parce qu'elle est mauvaise, elle a besoin d'être mise dans le droit chemin par les enseignements des Sages-Rois et civilisée par les Rites et l'équité rituelle pour que l'ordre et la bonté puissent enfin régner entre tous les hommes. Ces quelques observations permettent de conclure que la nature humaine est manifestement mauvaise tandis que les bons côtés de l'homme sont le fruit d'une élaboration ultérieure.

Si quelqu'un objecte que « l'élaboration des Rites et de l'équité rituelle fait elle-même partie de la nature humaine et que c'est pour cela que les Sages purent y procéder », je répondrai aussitôt qu'il n'en est rien. Qu'un potier pétrisse de l'argile et en fasse une tuile signifie-t-il que la tuile participe de la nature du potier ? Qu'un artisan travaille le bois et en fasse un objet signifie-t-il que cet objet participe de la nature de l'artisan ? Or, le rapport entre les Sages et les Rites est le même que celui qui existe entre le potier et ce qu'il pétrit. Comment le fait d'élaborer les Rites et l'équité rituelle prouverait-il qu'ils participent de la nature humaine ? La nature humaine est une, qu'elle s'incarne en Yao, en Shun ou en Jie ou Zhi [2], qu'il s'agisse d'un homme accompli ou d'un homme de peu. Allons-nous considérer que l'élaboration des Rites et de l'équité rituelle participe de la nature humaine ? Pourquoi, dans ce cas, honorer Yao et Yu le Grand, pourquoi honorer l'homme accompli ? Car la raison pour laquelle on honore Yao, Yu et les hommes accomplis, c'est leur capacité d'amender la nature, de concevoir et d'élaborer jusqu'à donner naissance aux Rites et à l'équité rituelle. Il en est par conséquent des Sages et de l'élaboration des Rites comme du potier qui pétrit l'argile et en fabrique quelque objet. Après ces quelques observations, comment affirmerait-on que l'élaboration des Rites participe de la nature humaine ?

Ce qu'il y a de vil chez Jie, chez Zhi ou chez l'homme de peu, c'est de suivre sa nature, d'obéir à ses instincts, d'agir à sa guise de façon à faire ressortir un caractère intéressé, avide,

---

2. Les deux premiers sont des archétypes de Sages-Rois et les deux autres des hommes ayant suivi une mauvaise voie.

querelleur et profiteur. La nature humaine est donc manifestement mauvaise et ce qu'il y a de bon en l'homme est artificiel.
La Nature n'a pas privilégié Zeng Zi, Min Zi Qian et Xiao Ji [3]
pas plus qu'elle n'a exclu de ses bienfaits la multitude des
humains, mais ce sont eux trois qui, profondément pénétrés de
piété filiale, en ont acquis la gloire. Comment cela? En cultivant
au plus haut point les Rites et l'équité rituelle. De même, la
Nature n'a ni favorisé les peuples de Qi et de Lu ni exclu de
ses bienfaits les gens de Qin, mais pour ce qui est des devoirs
rituels entre pères et fils, des distinctions à établir entre les
époux, rien ne vaut la piété, le respect et la culture rituelle des
gens de Qi et de Lu. Comment cela? C'est que les gens de
Qin suivent la nature et leurs instincts, n'en font qu'à leur guise
et négligent les Rites et l'équité rituelle. Pourquoi prétendre
qu'ils aient des natures différentes?

« L'homme de la rue peut devenir un Yu le Grand [4]. » Qu'est-
ce que cela veut dire? Voici ma réponse : ce qui fait que Yu
est devenu Yu, c'est sa pratique de la Vertu Suprême, de l'équité
rituelle, de la loi et de la rectitude. Or la Vertu Suprême,
l'équité rituelle, la loi et la rectitude sont, de par leur sens
profond, connaissables et applicables, et l'homme de la rue a la
possibilité à la fois d'en connaître les fondements et d'en rendre
l'application possible, il peut donc parfaitement devenir un Yu.
Car si l'on considérait que la Vertu Suprême, l'équité rituelle,
la loi et la rectitude n'étaient pas, de par leur sens profond,
connaissables et applicables, en ce cas, même Yu n'aurait pu
les connaître ni les appliquer. Et si l'on considérait que l'homme
de la rue n'avait pas, au départ, la capacité de connaître les
fondements de la Vertu Suprême, de l'équité rituelle, de la loi
et de la rectitude ni la possibilité de les appliquer, il faudrait
donc admettre que l'homme de la rue ne soit capable ni, chez
lui, de comprendre les devoirs qu'il doit à son propre père ni,
au-dehors, de comprendre ce que doit être l'attitude d'un sujet
correct. Or il n'en n'est rien, car l'homme de la rue peut
parfaitement connaître ce que sont ses devoirs envers son père
et ce qu'est l'attitude d'un sujet correct [5]. Ce qu'il faut pour
connaître aussi bien que pour appliquer cela se trouve donc
manifestement en l'homme de la rue. Ce dernier ayant à la fois
la capacité de connaître et la possibilité de mettre ces quatre
points en pratique et ceux-ci contenant un principe qui les rend
connaissables et applicables, il est évident que l'homme de la
rue peut devenir un Yu. Qu'on le pousse à étudier ces quatre

---

3. Respectivement disciples de Confucius et fils de Gao Zong des Yin.
4. Cette sentence est citée par MENG ZI, *Gao Zi*, chap. II, § 2.
5. C'est le même caractère chinois *(zhi)* que nous traduisons par « connaître »
et par « comprendre ».

matières, qu'il y mette tout son cœur et toute sa volonté, qu'il s'y applique jour après jour de toute la force de sa pensée, que sans relâche il agisse bien, il deviendra aussi intelligent qu'un Esprit divin et digne de tenir sa place au sein de la triade Ciel-Terre-Homme. C'est donc à force d'accumuler études et méditations que le Sage devient ce qu'il est.

A la question : « Le Sage a pu accumuler études et méditations mais tous ne le peuvent pas, pourquoi cela ? » je répondrai que tous ont cette capacité mais que tous n'en usent pas. L'homme de la rue a en effet la capacité de devenir un homme accompli mais il n'y consent pas, de même l'homme accompli a la capacité de devenir homme de peu mais il n'y consent pas non plus. Il ne se peut pas que les deux ne jouissent pas de la capacité de prendre la place l'un de l'autre et s'ils ne le font pas c'est qu'ils n'en usent pas. S'il est bien vrai que l'homme de la rue ait la capacité de devenir un Yu, il n'est pas vrai qu'il en ait nécessairement la possibilité, mais le fait qu'il n'en ait pas la possibilité n'entame en rien cette capacité. De même, l'homme a la capacité de parcourir le monde entier mais l'on n'a jamais vu un homme avoir la possibilité de le faire. De même les artisans, les paysans et les marchands ont, au départ, la capacité d'échanger leurs places mais cela n'est pas possible dans les faits. Cela montre bien qu'avoir la capacité de faire quelque chose ne signifie pas forcément en avoir la possibilité et que l'impossibilité n'entame en rien la capacité. Il y a donc une différence considérable entre avoir ou non la capacité de faire une chose et en avoir ou non la possibilité, et les deux ne sont manifestement pas interchangeables.

Yao un jour demanda à Shun : « Que valent les instincts humains ? » Shun répondit : « Ils ne sont vraiment pas beaux, est-ce la peine de le demander ? Que viennent femme et enfants et voici la piété filiale qui décroît, que les désirs soient exaucés et voici la confiance qui décroît envers les amis, que pleuvent dignités et traitements et voici la loyauté qui décroît envers le Prince. Les instincts des hommes, ah ! les instincts des hommes, ils ne sont vraiment pas beaux. Faut-il le demander ? »

Il n'en va autrement que pour les sages. Il y a en effet l'intelligence des Grands Sages, l'intelligence des hommes accomplis et des hommes avisés, l'intelligence des gens de peu et celle des gens serviles. Savoir parler beaucoup en étant cultivé et ordonné, exposer des jours durant ce qui tient à cœur, s'en tenir à un seul fil conducteur à travers mille propos et mille situations, c'est ainsi qu'un Sage montre son intelligence. Peu disert mais allant droit au but et de façon réfléchie, à la fois clair et mesuré, ayant une pensée comme tracée au cordeau, voilà l'homme accompli et l'homme avisé faisant montre d'intelligence. L'intelligence de l'homme de peu consiste à parler pour flagorner, agir pour se rebeller et faire des affaires dont il y a tout lieu de se repentir. L'intelligence des gens serviles, enfin, est d'avoir la repartie et l'esprit vifs mais sans discernement aucun, d'avoir toutes sortes d'aptitudes dans bien des domaines sauf ceux où elles seraient utiles, d'avoir l'esprit d'analyse et le sens du détail sauf pour ce qui en vaut la peine, de ne pas se soucier du vrai ou du faux, de ne pas se demander si l'on est ou non dans le droit chemin et d'avoir pour seule préoccupation de l'emporter sur autrui.

Il y a une forme supérieure, une forme moyenne et une forme inférieure du courage. Oser se présenter lorsque l'Empire suit le juste milieu, oser traduire en actes les intentions des Anciens Rois lorsque prévaut leur Voie, ne pas obéir au Prince d'une époque de perdition ni se conformer aux mœurs du peuple dans une telle époque, ne tenir compte ni de la pauvreté ni de la misère là où se trouve la Vertu Suprême, ne tenir compte ni de la richesse ni des honneurs là où elle ne se trouve pas, s'unir à la joie de l'Empire lorsqu'on est reconnu de lui et passer paisiblement son temps en solitaire entre le ciel et la terre si l'on en est méconnu tout en ne craignant rien, c'est là la forme la plus élevée du courage. Respecter les Rites avec bienveillance et modestie, accorder la plus grande importance à la confiance et priser peu biens et richesses, oser hisser les sages aux premières places et en écarter ceux qui en sont indignes, c'est là la forme moyenne du courage. Mépriser les personnes pour ne priser que les richesses, rester en paix au milieu des désordres afin de mieux en tirer profit en évitant tout ennui, ne se soucier ni du vrai ni du faux, vivre dans l'imprévoyance et n'avoir pour idée maîtresse que le désir de l'emporter sur autrui, c'est là la forme inférieure du courage.

Fan Ruo et *Ju Shu* sont des arcs fameux de l'Antiquité. S'ils n'avaient pas été ajustés grâce aux instruments adéquats, ce n'est pas d'eux-mêmes qu'ils eussent pu le faire. L'épée *Cong* du Duc Huan, l'épée *Que* du Duc Tai, l'épée *Lu* du Roi Wen, l'épée *Fu* de Zhuang Jun, les épées *Bi Lü, Ju Que, Mo Ye* et *Gan Jiang* de He Lü [6] sont toutes de fameuses épées d'autrefois mais elles n'eussent eu aucun tranchant sans un bon aiguisage et elles n'eussent rien tranché sans la main d'un homme. *Hua Liu, Qi Ji, Xian Li* et *Lü Er* sont de fameux chevaux d'autrefois. Il a bien fallu, devant, leur mettre mors et rênes et, derrière, les inciter au fouet avant d'y ajouter tout le talent d'un cocher

6. Huan de Qi fut le premier Hégémon, le Duc Tai était un Conseiller du Roi Wen des Zhou, qui conseilla ensuite le Roi Wu, le Roi Wen des Zhou fonda la dynastie des Zhou, Zhuang Jun de Chu fut le dernier des Hégémons, He Lü fut Prince de Wu.

comme Zao Fu pour qu'ils puissent couvrir mille lis en un jour.
De même, quelles que soient au départ les qualités d'un homme,
quelque pénétrant et intelligent que puisse être son cœur, il lui
faudra recourir à l'enseignement d'un sage et le servir, il lui
faudra choisir des amis de qualité et savoir cultiver les vertus
de l'amitié. Recevoir l'enseignement d'un sage et le servir, c'est
avoir dans l'oreille la Voie de Tang, de Yu, de Shun et de Yao,
trouver des amis de qualité et cultiver l'amitié, c'est avoir sous
les yeux la pratique de la loyauté, de la confiance, du respect
et de l'humilité. On progressera alors chaque jour, sans même
s'en apercevoir, sur le chemin de la Vertu Suprême et de
l'équité rituelle grâce à ces bonnes influences. Mais si l'on fraye
avec de mauvaises gens, ce sont des tromperies, des mensonges,
des erreurs et des artifices qu'on a dans l'oreille et ce qu'on a
sous les yeux, ce sont des pratiques viles, déréglées, débauchées,
méprisables, intéressées et cupides et l'on y gagnera, sans même
s'en rendre compte, de devenir passible des châtiments les plus
sévères grâce à ces fâcheuses influences. La tradition rapporte
que « celui qui connaît mal un homme n'a qu'à voir ses amis,
qui connaît mal un Prince n'a qu'à voir qui l'entoure ».
L'entourage, voilà tout ! L'entourage, voilà tout !

XXIV

DU PRINCE

Le Fils du Ciel est au-dessus de tout rang, c'est dire que nul homme n'est son égal. Nul entre les quatre mers ne peut le traiter en hôte, c'est dire qu'il est partout chez lui. Il peut bien sûr se déplacer mais il attend qu'un héraut le précède pour entrer quelque part. Il peut parler bien sûr mais c'est par l'entremise d'un porte-parole qu'il fait connaître ses ordres. Il n'a pas besoin de regarder pour voir ni d'écouter pour entendre, il n'a besoin ni de parler pour que la confiance règne ni de réfléchir pour comprendre, il n'a pas besoin d'entreprendre pour réussir et ses instructions sont parfaitement adéquates. Le Fils du Ciel est tel que son autorité s'impose pleinement, que son attitude est tout à fait sereine et que son cœur connaît le bonheur parfait. Il ne saurait rien y avoir de trouble dans ses intentions, rien de laborieux dans son comportement, rien de plus éminemment respectable que lui. Il est dit dans le *Livre des Odes* : « Sous l'immensité des cieux, il n'est pas un endroit qui n'appartienne à l'Empereur; entre les rivages des quatre mers, il n'est personne qui ne soit sujet de l'Empereur [1]. » Ce qui illustre bien mon propos.

Lorsque les Sages-Rois étaient sur le Trône, la répartition rituelle des tâches et l'équité rituelle étaient pratiquées par leurs sujets. Les officiers et les Hauts Fonctionnaires agissaient sans licence ni débordements, toutes les catégories de fonctionnaires effectuaient leurs tâches sans paresse ni négligence, les gens du commun et le petit peuple avaient des mœurs sans vices et sans malignité, il n'y avait ni vol ni brigandage, nul n'aurait osé se rebeller contre les ordres venus d'en haut. Tout le monde savait, et cela était évident aux yeux de tout l'Empire, que les voleurs ne pouvaient s'enrichir, tous savaient que les bandits ne pouvaient vivre longtemps, tous savaient que ceux qui bravaient les ordres d'en haut ne pouvaient demeurer en paix. Suivre la Voie des Sages-Rois, c'était obtenir ce que l'on aimait, et ne pas la suivre, c'était se condamner à ce dont on ne voulait pas. C'est

---

1. *Cheu King, op. cit.*, Ode 205, 2ᵉ strophe.

pourquoi, bien que peines et châtiments fussent réduits à leur plus simple expression, la respectabilité se répandait partout comme l'eau qui s'écoule et il était évident aux yeux de tous que quiconque ayant mal agi aurait beau se cacher, s'enfuir et s'efforcer de disparaître, cela ne suffirait pas à le soustraire à ce qu'il méritait. Chacun recevait le juste prix de son comportement. Le *Livre des Documents* évoque le sort de « ceux qui se portent d'eux-mêmes à commettre des crimes »[2], c'est là ce dont je veux parler. Car si le châtiment est proportionné à la faute commise, l'autorité est respectée. Dans le cas contraire, elle est blâmée. Si les dignités sont en rapport avec la sagesse de celui qui les reçoit, il s'en trouve honoré. Dans le cas contraire, il est déconsidéré. Les châtiments autrefois n'excédaient point les fautes commises ni les dignités, les vertus de leurs récipiendaires. Ainsi, lorsqu'un père était condamné à mort, son fils était néanmoins traité en bon sujet et si un frère aîné était condamné à mort, son cadet était traité en bon sujet. Les châtiments étant proportionnels aux fautes commises et les dignités, aux vertus, tout était bien départagé et le comportement de chacun sanctionné comme il devait l'être. Ceux qui se comportaient bien détenaient alors le pouvoir et les autres en étaient écartés, c'est pour cela que les peines et les châtiments étaient réduits à leur plus simple expression tandis que la respectabilité se répandait partout comme l'eau qui s'écoule. Les ordres et les instructions étaient parfaitement clairs et ils exerçaient aisément une influence civilisatrice comme s'il se fût agi d'Esprit divin. La tradition dit que « l'excellence d'un seul homme répand ses bienfaits sur un million d'autres », et tel est le sens de mon propos.

Mais durant les époques de désordre, il n'en va pas ainsi. Peines et châtiments excèdent les fautes commises, dignités et récompenses dépassent les mérites de ceux qui les reçoivent, toute la parenté d'un criminel est réputée coupable et toute la descendance d'un homme vertueux est taxée de sagesse. Qu'un seul homme soit coupable, voici trois familles anéanties[3] et même si leurs vertus se peuvent comparer à celle de Shun, elles n'éviteront pas le châtiment. Tel est l'effet de la règle qui veut que toute la parenté d'un criminel soit réputée coupable. Avoir eu des Ancêtres honorés du nom de sages donne de l'éclat à toute une postérité et quand bien même celle-ci se comporterait comme les tyrans Jie et Zhou, elle a droit à des places et un rang honorables sous prétexte que la descendance d'un sage est réputée sage. Cette façon de considérer comme criminelle la

---

2. *Chou King, op. cit.,* IVe part., chap. IX, § 15.
3. Celles du père, de la mère et de l'épouse du condamné.

famille d'un coupable et comme sage la descendance d'un sage
est cause de bien des désordres, même si on ne les souhaitait
pas! Il est dit dans le *Livre des Odes:* «Tous les cours d'eau
bouillonnent et débordent. Les bords escarpés des montagnes
et des fleuves sont remplacés par des vallées et les vallées
profondes par des collines. Hélas! Pourquoi personne à présent
ne réforme-t-il l'administration [4]? » Tel était le sens de mon
propos.

Invoquer l'exemple des Sages-Rois, c'est comprendre ce qui
est honorable; régler les affaires publiques à l'aune de l'équité
rituelle, c'est comprendre où réside l'intérêt véritable. Bien
comprendre ce qui est honorable, c'est savoir de quoi il faut se
nourrir l'esprit, et mener les affaires en comprenant où se trouve
l'intérêt véritable, c'est agir en sachant ce qu'il faut faire. Les
deux constituent le fondement du vrai et du faux, la source de
la réussite ou de l'échec. C'est pourquoi il n'était rien que
Cheng Wang fît sans prendre l'avis de Zhou Gong [5] car il avait
compris ce qu'il faut honorer et Huan Gong ne s'occupait
d'aucune affaire d'État sans y mêler Guan Zhong [6] car il savait
où résidait son intérêt véritable. Le pays de Wu avait bien Wu
Zi Xu mais son Roi ne fut pas capable de l'utiliser et il alla à
la ruine, ayant perdu la Voie et demeurant privé de sages. C'est
pourquoi celui qui rend hommage aux Grands Sages est digne
d'être Roi, celui qui honore les sages est digne d'être Hégémon,
celui qui les respecte subsiste et celui qui les néglige va à la
ruine. Il en est de même qu'il s'agisse de l'Antiquité ou
d'aujourd'hui. Ainsi donc, attribuer de hautes places aux sages
et faire appel aux talents, établir une hiérarchie entre nobles et
vilains, différencier les degrés de parenté, instituer un ordre par
rang d'âge, telle est la Voie des Anciens Rois. Car si les sages
occupent de hautes places et que les talents soient utilisés, le
Souverain est respecté et le peuple est en paix; s'il y a une
hiérarchie entre nobles et vilains, les ordres sont exécutés et
rien n'est laissé de côté; si les degrés de parenté et de relation
sont bien différenciés, chacun tient sa place sans protester; si
les aînés et les cadets observent les prérogatives dues à l'âge,
tâches et affaires sont menées à bien tandis que ceux qui y ont
droit peuvent goûter un repos mérité. Ceux qui pratiquent la
Vertu Suprême le font selon ces principes et ceux qui pratiquent
l'équité rituelle fondent sur eux la répartition des tâches, ceux
qui ont le sens de la mesure règlent sur eux la vie et la mort,

4. *Cheu King, op. cit.,* Ode 193, 3ᵉ strophe.
5. Respectivement fils et successeur du premier Souverain des Zhou et son
oncle, dont Confucius revendiquait la filiation spirituelle.
6. Le Duc Huan de Qi fut le premier des Hégémons et eut le fameux Guan
Zhong pour Premier Ministre.

ceux qui sont loyaux les observent scrupuleusement et c'est en les rassemblant et en étant capable de les appliquer qu'on arrive au meilleur résultat. Parvenir au meilleur résultat sans s'en faire une gloire et réunir toute son énergie pour en faire le meilleur usage, c'est être ce que l'on appelle un Sage véritable. Ne pas en tirer gloire fait que nul ne vient le disputer au Sage sur le plan des capacités et qu'il peut ainsi les utiliser au mieux. Être ainsi capable et ne point s'en vanter, c'est être un noble cœur vraiment au sein de l'Empire. *Le Livre des Odes* dit : « L'honnête homme, le vrai sage est irréprochable dans sa conduite. Sa conduite est irréprochable, il réforme toute notre Principauté [7]. » Tel était le sens de mon propos.

---

7. *Cheu King, op. cit.,* Ode 152, 3ᵉ strophe.

XXV

EN ÉCOUTANT
LA MUSIQUE « XIANG »[1]

Écoutez jouer le morceau *Xiang,* il dit les malheurs de l'époque, la sottise et l'obscurantisme, la sottise, l'obscurantisme et les obstacles dressés devant la sagesse et la bonté. Les gouvernants se passent des sages, on dirait des aveugles sans guides marchant au hasard. Écoutez, je vous prie, ce que sont les fondements d'une bonne politique : sachez être très attentif car le sot qui n'écoute que lui-même pour mener les affaires n'arrive à rien et le Prince trop jaloux de son pouvoir et auquel nul Ministre n'ose présenter la moindre critique va droit au désastre. Parlons des défauts des sujets qui s'écartent de ce qu'ils devraient faire, c'est-à-dire respecter leur Prince, maintenir le pays en paix et honorer la sagesse et l'équité rituelle. Mais s'ils écartent les critiques et déguisent les erreurs, s'ils se montrent sottement complaisants envers leurs supérieurs, le pays va à la catastrophe.

Qu'appelle-t-on « indigne » ? Un pays qui comporte beaucoup d'égoïstes formant des coteries qui desservent le Prince au profit de ce qui les sert eux-mêmes, l'éloignement des sages et la présence des calomniateurs qui empêche la loyauté des sujets et détourne l'autorité du Prince. Qu'appelle-t-on « sage » ? La clarté dans les relations entre le Prince et ses sujets et le fait d'être capable, en haut, de respecter son Prince et en bas d'aimer le peuple, le fait que le Prince soit sincèrement à l'écoute de son peuple et que l'Empire, entre les quatre mers, lui obéisse tout entier. Le malheur des Souverains est la venue des calomniateurs, car les sages et les gens capables se retirent alors et le pays tombe en décadence, les sots viennent s'ajouter aux sots et les obscurantistes aux obscurantistes et cela donne le règne d'un tyran comme Jie. Le malheur des temps, c'est la

---

1. Tout ce chapitre est versifié. Chaque petit paragraphe se compose d'une suite de trois, trois, sept, quatre et sept caractères. Pour des raisons évidentes de fidélité au texte, nous n'avons pas cherché à rendre ce rythme, parfaitement régulier, dans la traduction.

jalousie envers les sages et les gens capables. Fei Lian, Ministre du tyran Zhou des Yin, exerça des responsabilités politiques et y associa son fils E Lai, leurs intentions étaient viles, immenses les parcs de leurs demeures et hautes, leurs terrasses. Wu Wang [2] en conçut de la colère, il déploya son armée à Mu Ye, les soldats du tyran Zhou changèrent de camp, Qi [3] se soumit et Wu Wang l'en a récompensé en le fieffant à Song où il établit le Temple de ses Ancêtres. La décadence d'une époque, c'est l'arrivée des calomniateurs : Bi Gan se vit arracher le cœur et Ji Zi [4] fut emprisonné. Wu Wang décida alors de châtier le tyran, Lü Shang conduisit l'armée et le peuple des Yin se soumit. Le désastre d'une époque, c'est l'aversion qu'on y témoigne envers les sages et les honnêtes gens : Zi Xu trouva la mort au pays de Wu, Bai Li s'exila de son pays pour être employé par le Duc Mu de Qin qui devint aussi puissant que les cinq Hégémons et eut six Grands Ministres [comme le Fils du Ciel]. La sottise d'une époque, c'est l'aversion dans laquelle on y tient la grande École confucéenne, c'est le fait de la tenir à l'écart sans la comprendre : Confucius fut méconnu, Zhan Qin fut, à Lu, trois fois dégradé et, à Chu, on empêcha Chun Shen de continuer son œuvre et on anéantit ce qu'il avait entrepris.

Apprenez ce que sont les fondements d'un bon gouvernement : il faut confier aux sages le soin de réfléchir et faire comme si Yao lui-même était présent durant dix mille générations et qu'il voie tout car les calomniateurs sont inlassables, ils sont dangereux, nuisibles, pervers, dévoyés et sèmeraient le doute jusque sur la Voie de Yao. Il faut partir de ces principes-là, faire la différence entre les sages et les mauvaises gens et rejoindre la Voie des Rois Wen et Wu, qui est celle de l'antique Fu Xi. Ce sont là les conditions d'un bon gouvernement et si l'on ne s'y conforme pas, c'est le désordre, comment en douter ? Je veux que l'on joue le morceau *Xiang* car il incite à discerner les bonnes méthodes de gouvernement et il restaurera ces excellents principes pour les Souverains à venir, tandis que les doctrines de Shen Dao, de Mo Zi, de Ji Zi [5], de Hui Shi et des Cent Écoles sont vraiment irrecevables. L'ordre est la restauration de l'unité et la situation la plus favorable à l'application des règles morales, l'homme accompli s'y tient de tout cœur comme s'il y était lié mais la foule n'y adhère pas car la calomnie l'égare et ce sont les châtiments qui la contiennent.

L'eau est parfaitement plane et sa surface ne penche d'aucun

2. Premier Souverain de la dynastie des Zhou, qui renversa Zhou des Yin.
3. Frère de Zhou des Yin, issu d'une concubine paternelle.
4. Membres de l'entourage de Zhou des Yin, qui osèrent le critiquer.
5. Inconnu.

côté et lorsqu'on a un cœur aussi impassible que l'eau est plane, on ressemble fort à un Sage. Si un homme exerce le pouvoir et qu'il soit capable de mener droit sa barque sur cette surface impeccable, il est digne de former une triade avec le ciel et la terre. Si une époque est privée de Roi véritable, que les hommes sages et bons y soient démunis, que les brutes y festoient tandis que les gens vertueux y font des repas de misère, si les Rites et la musique y tombent en désuétude et que les Sages y vivent cachés en baissant le front, c'est que la doctrine de Mo Zi y est appliquée. Mais si l'on suit le chemin de l'ordre, il passe par les Rites et les châtiments, car c'est ainsi qu'un homme accompli assure le bien-être du peuple, rend les vertus éclatantes et veille à ce que les châtiments soient justes. Les Principautés, les familles goûtent alors les bienfaits de l'ordre et tout est tranquille entre les quatre mers. Si l'on a pour ambition de bien gouverner, on fait passer toute soif de pouvoir ou de richesse après, l'homme accompli est sincère en cela et il s'y tient. Il s'établit fermement dans cette rigueur morale et il la creuse au plus profond de ce qu'elle donne à penser. L'acuité de la pensée, la générosité des ambitions, l'accomplissement d'un esprit foncièrement bon et tourné vers l'unicité, une acuité et une spiritualité allant de pair, la véritable atteinte de l'unité, voilà ce qui fait le Sage. Ce que la Voie de l'ordre a d'admirable ne vieillit point, l'homme accompli s'y réfère pour se parfaire. Regardant vers le bas, il éduque et instruit ses enfants et ses cadets, regardant vers le haut, il rend hommage à ses Ancêtres.

Lorsque le morceau *Xiang* a fini de retentir, son contenu n'est pas terminé, l'homme accompli s'en inspire afin d'être conforme à la Voie et de parvenir à l'appliquer, rendant ainsi honneur aux hommes sages et bons en les discernant des esprits malintentionnés. Écoutez, je vous prie, le morceau *Xiang,* il dit les Sages-Rois, il dit Yao et Shun qui honoraient les sages, qui étaient humbles et courtois, il dit Xu You et Shan Juan [6] qui prisaient fort l'équité rituelle, méprisaient leur propre intérêt et pratiquaient la vertu la plus éclatante. Yao céda sa place à un sage [7], pour le bien du peuple. Il veilla à l'intérêt de tous, étendit à tous sa sollicitude, répandant équitablement l'heureuse influence de ses vertus. Il distingua et ordonna le haut et le bas, il établit une hiérarchie entre le noble et le vil, il définit clairement les rôles du Prince et de ses sujets. Il confia le pouvoir à qui était apte à l'exercer et Shun se présenta au moment favorable. Ainsi, lorsqu'on honore la sagesse et qu'on

---

6. Hommes vertueux du temps de Yao et de Shun, à qui ces deux Souverains auraient offert le Trône et qui l'auraient refusé.
7. Yao choisit Shun pour lui succéder et non son propre fils.

favorise la vertu, l'Empire est en ordre. Pourtant, même s'il y a des sages et de Saints Hommes, qui les reconnaîtra si le moment n'est pas favorable ? Yao considérait qu'il manquait de vertu, Shun croyait qu'il manquait d'humilité. Le second épousa les deux filles du premier, puis il prit en charge les affaires de l'État. Quel grand homme que Shun! Il siégea face au Sud [8] et toutes choses furent en ordre. Shun confia le pouvoir à Yu le Grand afin qu'il régnât sur le monde, montrant ainsi qu'il honorait la sagesse, favorisait la vertu et entendait respecter une hiérarchie fondée sur elles. Évitant à l'extérieur les pressions ennemies et à l'intérieur les tentations du népotisme, il donna le Trône à un sage. Toutes ses forces, Yao les mit au service de ses vertus et il n'eut recours à aucune arme pour soumettre les San Miao [9]. Il porta son choix sur Shun, qui cultivait sa terre, lui laissa la charge de l'Empire et se retira. Il avait reçu l'aide de Hou Ji [10] pour la culture des cinq céréales, de Kui dont les talents musicaux étaient tels qu'il se faisait écouter des animaux sauvages et de Xie, dont il fit son Ministre de l'Éducation et qui enseigna au peuple la piété filiale, le respect dû aux aînés et celui que l'on doit aux gens vertueux. Yu le Grand, en réussissant à contenir les eaux, mit fin aux malheurs endurés par le peuple. Il défit Gong Gong [11], fixa le cours des neuf rivières du Nord, régularisa les douze voies d'eau et maîtrisa les trois fleuves. Il partagea le territoire de l'Empire en neuf Provinces, il dirigea l'Empire avec équanimité et se mit lui-même à rude contribution dans l'intérêt de son peuple. Il prit Yi, Gao Yao, Heng Ge et Zhi Cheng pour conseillers. Xie, que l'on appela Xuan Wang [12], eut pour fils Zhao Ming et s'établit à Di Shi puis à Shang. Au bout de quatorze générations vint Tian Yi, c'est-à-dire Cheng Tang [13]. Ce dernier, sachant prendre toutes les décisions opportunes, voulut s'effacer devant Bian Sui et Mu Guang [14]. Il suivit la Voie des anciens Sages et jeta les fondements d'une œuvre qui ne pouvait que grandir.

Je veux expliquer combien les époques de désordre détestent le bien et que ce n'est pas ainsi qu'on y gouverne : on y dissimule les fautes tandis qu'on y maltraite les sages, l'envie et le mensonge y sont monnaie courante. Comme on a peu de chances d'y échapper au désastre! Que de malheurs, que de

8. *I.e.* il occupa le Trône du Fils du Ciel.
9. Ethnie localisée dans les actuelles provinces de Hubei, Hunan et Jiangxi.
10. Ancêtre mythique de la famille royale des Zhou, inventeur de l'agriculture.
11. Géant qui savait se rendre maître des eaux et disputa à Yao le rang de Souverain.
12. Ancêtre mythique de la famille royale des Shang.
13. Premier Souverain de la dynastie des Shang-Yin.
14. Qui déclinèrent son offre.

déboires! Les mauvais sujets passent en premier, la sagesse et l'intelligence restent inemployées tandis que les sots ont la parole. Si celui qui est à l'avant du char penche trop, celui qui est à l'arrière ne sait plus comment redresser. Quand donc en prendra-t-on conscience ? Si l'on n'en prend pas conscience, on ne reconnaît pas les difficultés, on a l'esprit égaré et on intervertit le haut et le bas. La vérité alors ne monte pas jusqu'en haut [15], comme si un rêve voilait les sens et faisait obstacle à toute perception de la réalité extérieure. Une telle obstruction, un tel égarement de l'esprit font que le désordre, l'incurie et le chaos sont sans fin, le vrai et le faux se renversent et des esprits partisans trompent leur Prince en décriant tout ce qui est juste et droit. Si ce qui est juste et droit est décrié, les cœurs sont sans mesure, la malignité, le dérèglement, la perversion, la fausseté font perdre le bon chemin. Quelqu'un ira-t-il blâmer les autres, s'estimant seul au-dessus de tout reproche ? En ignorant les avertissements, on s'expose à retomber à coup sûr dans l'erreur, à y être opiniâtre et rebelle à toute critique. C'est la porte ouverte à tous les calomniateurs qui pervertissent le sens des mots et vont semant le mensonge et l'hypocrisie. Or l'hypocrisie empêche de voir la vérité, elle fait se battre les sujets pour obtenir la faveur du Prince, elle leur fait envier les sages et provoque entre eux haines et jalousies. L'envie prospère et porte tort aux sages, elle entretient, parmi les coteries des sujets, la dissimulation envers le Prince. Si le Prince a une fausse idée de la situation, il perd ses conseillers et son autorité pour recourir aux services des calomniateurs avec lesquels rien ne se peut construire. Le Ministre Guo Gong Zhang Fu en éprouva les difficultés et c'est pour cette raison que son Souverain, le Roi Li des Zhou, dut s'enfuir à Zhi [16]. Les Rois Li et You, son petit-fils, perdirent ainsi leur pouvoir pour n'avoir pas écouté de justes remontrances, et la loyauté envers le Trône en souffrit. Malheur au solitaire qui comme moi s'est trompé d'époque en naissant en ces temps troublés! Il voudrait dire ce dont son cœur est plein, mais il parle dans le vide et l'on peut craindre qu'il subisse le sort de Zi Xu qui, ayant présenté ses remontrances à son Souverain qui ne voulut point l'entendre, se vit offrir un sabre pour mettre fin à ses jours. Puis son corps fut jeté dans le fleuve.

En observant comment vont les choses, en se tenant averti,

15. *I.e.* jusqu'au Prince.
16. Le Roi Li fut chassé de sa capitale en 842 A.C. mais, dit Maspéro, « le respect de l'autorité royale était encore suffisant pour que ceux qui l'avaient renversé n'osassent ni prendre sa place ni lui donner un successeur de son vivant : il ne pouvait y avoir qu'un seul Roi " Homme unique " dans le monde » (*La Chine antique*, Paris, 1978, p. 50-51).

on peut comprendre où sont l'ordre et le désordre, où sont le vrai et le faux. Ayons confiance dans le morceau *Xiang* pour nous éclairer l'esprit. Écoutez-le, je vous en prie, il dit la façon de bien gouverner et que l'art d'être Prince comporte cinq règles dont la combinaison doit être lumineuse. Si le Prince les maintient scrupuleusement, le peuple tout entier sera paisible et droit et le pays sera florissant. Si tous les sujets font leur travail, nul n'ira au loin chercher sa subsistance, les ressources naturelles seront gérées avec économie de façon à n'en point épuiser les richesses, les tâches seront exécutées conformément aux instructions reçues sans que nul ne détourne rien à son profit et l'entière énergie du peuple sera tendue vers un seul but. Si chacun tient sa place, il sera pourvu aux besoins de tous. Chacun sera distingué selon ses mérites et recevra le rang qui lui convient, l'intérêt de tous sera entre les mains du Prince et nul ne songera à en rien distraire pour son propre compte. Lorsque le Prince adopte des lois éclairées, s'appuie sur des principes solides et fait montre de rigueur morale, le peuple sait où il va. Si l'on est promu ou rétrogradé selon des règles précises, nul n'est arbitrairement anobli ou avili. Qui pourrait alors, de son propre chef, en faire reproche au Souverain ? Si les lois du Prince sont un modèle à suivre et qu'il empêche quiconque de ne pas s'y soumettre, nul ne manque d'être heureux d'un tel enseignement. Les appellations et les titres gardent leur sens. Qui cultive cet enseignement vit dans l'honneur et qui s'en éloigne connaît la honte. Pourquoi chercher un autre Maître ? Si les châtiments se conforment à des règles établies dont on respecte les limites, les inférieurs ne sont victimes d'aucun arbitraire, les degrés de culpabilité sont définis, nul n'est châtié trop ni trop peu et l'autorité du Prince demeure sans partage.

Voyons les fondements de l'art de gouverner : les lumières du Prince doivent trouver un terrain favorable. Si un Souverain est ami de l'ordre et de la rigueur morale, ses desseins sont excellents. Si les cinq écoutes [17] satisfont à ces principes, nul n'agit en dépit du bon sens et le Souverain garde son autorité. Le principe d'une bonne compréhension réside dans une claire vision des choses. Il faut examiner à plusieurs reprises et réfléchir avec grande attention pour attribuer à bon escient récompenses et châtiments. Cela permet à ceux qui se sont illustrés d'être à coup sûr récompensés, à ceux qui s'étaient retirés de recevoir l'éclat qu'ils méritent et à la sincérité de régner à nouveau parmi le peuple. Parler avec mesure et bien

---

17. Le Rituel des Zhou affirme qu'un juge, avant de se prononcer, doit recourir aux « cinq écoutes » : les paroles, le visage, le souffle, les oreilles et les yeux.

observer la réalité permet de reconnaître ce qui est digne de confiance et ce qui en est indigne. Châtiments et récompenses tombent alors à coup sûr, le bas ne trompe pas le haut, tous les propos tenus sont véridiques et tout est clair comme le jour.

Un Prince à l'intelligence aiguisée va jusqu'au lointain et à l'inapparent, il perçoit la loi là où il n'y a pas de loi, il voit ce que l'œil n'atteint pas. Son œil et son oreille discernent si clairement que tous les fonctionnaires respectent lois et édits et que nul n'ose agir à sa guise. Les enseignements prodigués par le Prince font que chacun observe une conduite réglée, que les fonctionnaires sont scrupuleux et ne se permettent rien de répréhensible, que ceux d'en bas ne songent point à leurs intérêts particuliers et que chacun tient sa place en se gardant de tous excès ou travers.

Que les sujets aient à cœur de suivre ces enseignements, que les Princes sachent gouverner et faire face à toutes les situations nouvelles, qu'une pensée impartiale et pénétrante évite tout désordre. Si c'est ainsi que l'Empire est gouverné, les générations futures en prendront exemple pour se donner des lois.

XXVI

ÉLÉGIES [1]

Il est de grandes choses qui ne sont soies ni étoffes de prix mais dont le raffinement et la texture font toute l'élégance. Ce ne sont soleils ni lunes mais le monde en est illuminé, elles accompagnent la vie des vivants et la mort des morts, les villes et seigneuries en sont affermies et les trois armées, renforcées. Qui les respecte dans toute leur pureté a l'étoffe d'un Roi, qui les altère un peu ne peut être qu'Hégémon, ceux qui ne font aucun des deux vont à leur perte. Le malheureux ignorant que je suis a osé demander au Souverain de lui enseigner la vérité. Le Souverain a répondu : Quelque chose qui soit raffiné sans être bariolé ? Quelque chose de simple, aisé à connaître et dont le sens profond soit des plus importants ? Que l'homme accompli respecte mais qui n'importe pas à l'homme de peu ? Quelque chose qui fasse ressembler à une bête sauvage celui qui en est privé et à une personne très policée celui qui en est pourvu ? Ce qui, mis à l'honneur, fait un Sage d'un vilain et d'un Grand l'unificateur du monde ? Cela, lumineux et concis à l'extrême, donne une assise à qui s'y conforme. Rapportez-le aux Rites, je vous en prie. Les Rites.

Il est une chose que la Grande Nature a descendu sur terre pour la gouverne du peuple. Certains en ont beaucoup et d'autres en ont peu car la répartition n'en est point égale. Jie et Zhou l'ont mise au service du désordre, Tang et Wu, à celui de la sagesse. Parfois transparente et parfois chaotique, elle est parfois immense, elle est parfois minime. Elle emplit tout entre les quatre mers sans prendre même une journée. L'homme accompli sait bien en faire un bon usage mais pour le bandit Zhi, elle aide au brigandage. Grande, elle relie l'homme au ciel, petite, elle ne laisse pas trace. Aux pratiques honnêtes elle ajoute rigueur, aux travaux que l'on fait elle ajoute valeur. Elle peut arrêter la violence, remédier à la misère et le peuple

---

1. Presque tout ce chapitre est rythmé et rimé. Lorsque cela nous a paru possible, nous avons eu recours à des phrases rythmées, voire rimées, afin de suggérer au lecteur l'impression que donne le texte chinois.

l'attend pour connaître la paix. Le pauvre ignorant que je suis a voulu s'enquérir de son nom. On répondit : Est-ce ce qui donne à la paix cette grandeur sereine et qui permet de se garder du danger ? Est-ce ce qui apparente ceux qui tendent à la pureté et qui les rend étrangers à ceux qui vivent en eaux troubles ? Ce qui, enfoui au plus profond de l'homme, permet en se montrant de vaincre l'ennemi ? Si l'on prend exemple sur Yu et Shun, est-ce ce qui rend capable de suivre leurs traces ? Ce qui, accompagnant aussi bien l'activité que le repos, les rend tour à tour opportuns ? Ce qui, au plus intime de l'énergie vitale et au cœur même de toute pensée, de tout projet, procure la paix au peuple s'il sait en user et la sérénité au monde s'il sait en user, ce dont les lumières et la minutie sont sans défaut, cela s'appelle l'intelligence de l'homme accompli. L'intelligence.

Il est une autre chose. Rassemblée, elle demeure sans bouger répandue contre terre ; en mouvement, elle monte haut et loin, s'élève dans l'éther. Elle s'arrondit parfaitement si on la veut ronde et elle est à l'équerre si on la veut carrée. Elle est grande à unir le ciel avec la terre, elle a une vaste aura comme Yao et Yu, elle est menue comme un poil ou un cheveu et elle emplit le monde. Elle couvre en un instant les plus grandes distances, un autre instant suffit pour qu'elle soit de retour. A peine se tourne-t-elle que tout l'Empire en reçoit l'effet. Elle peut aller partout et rien ne lui échappe ; parée des cinq couleurs, elle est également belle. Elle va et vient, inapparente, elle a la mobilité des Esprits, elle entre et sort avec célérité et nul ne connaît les portes qu'elle emprunte. Le monde se dessèche s'il la perd et se nourrit de la recevoir. Tête légère, inattentive et qui voudrait savoir, voici l'homme accompli qui construit son propos, demande-lui d'en éclaircir le sens. Il dit : Cela est-il immense et ininterrompu ? Emplit-il tout l'espace sans laisser de lacune ? Cela s'insinue-t-il dans la moindre anfractuosité ? Cela va-t-il vite et loin sans soulever aucun écho ? Fait-il des allées et venues à peine perceptibles sans que nulle part on puisse l'arrêter ? Cela est-il susceptible d'intervenir violemment et de causer de grands dommages sans s'en préoccuper ? Peut-il emplir le monde de ses bienfaits sans en rien retirer pour soi-même ? Cela s'appuie sur la terre et voyage dans les airs, a le vent pour ami et pour enfant la pluie. C'est chose que l'hiver voit glacée et que l'été rend chaude. Vaste comme un Esprit, elle s'adapte à tout. Tournons-nous, je vous prie, vers la nuée. La nuée.

Il est une autre chose encore, un petit animal. Nu, sans poils ni plumes, il se transforme aussi habilement qu'un Esprit. Dans l'Empire tout entier il répand son ouvrage, le fruit de son travail dure à travers les âges. Les Rites et la musique savent lui emprunter, le noble du vilain il aide à discerner. Les soins qu'on prodigue aux Anciens, aux enfants, ont très besoin de lui pour être bien présents. Son nom ne sonne pas très heureusement car il évoque une expression peu amène : « honni soit » [2]. Son travail se poursuit au détriment de lui, il accomplit sa tâche au prix de sa maison. Il abandonne ses anciens, se consacrant à ceux qui viennent. Il intéresse l'homme mais l'oiseau le détruit. Le pauvre ignorant que je suis a demandé qu'un devin l'instruisît. Le devin répondit : Est-ce l'animal qui semble avoir un corps de femme et une tête de cheval ? Qui se transforme très souvent et qui ne vit pas très longtemps ? Qui donne son meilleur dans sa maturité et au soir de son âge ne fait que décliner ? Qui a bien père et mère mais n'est mâle ni femelle ? Il hiberne en hiver et s'active en été, il mange le mûrier et sécrète la soie, il trouve le désordre et laisse un fil bien droit. Il est né en été mais il craint la chaleur. L'humidité lui plaît, il craint les grosses pluies. Chrysalide est sa mère et phalène, son père. Il rentre à trois reprises, à trois reprises il sort et cela lui permet d'accomplir son devoir. Tel est le sens de la vie du ver à soie. Le ver à soie.

Voici une autre chose encore. Elle a son origine dans le flanc des montagnes [3] mais c'est dans les maisons que l'on peut la trouver. Elle n'est pas très savante, elle n'est pas très habile mais fait bien les habits et fait bien les tentures. Elle n'est pas malhonnête mais fait un petit trou et puis elle s'y glisse. Jour et nuit elle relie ce qui est séparé, faisant par son travail naître de la beauté. Elle déploie son talent à la trame, à la chaîne, en bas couvrant le peuple, ornant en haut le Prince. Son œuvre est très considérable, ses qualités ne se voient pas. Elle est de bon rapport à qui sait en user mais quelle grosse perte si elle est négligée. Le pauvre ignorant que je suis a osé demander au Roi qu'il l'instruisît. Et le Roi répondit : Est-ce cet objet qui tire son origine d'un grand volume et qui est si petit ? Qui est allongé d'un côté et pointu de l'autre ? Qui a une tête acérée et une longue queue ? Aller, venir et faire un nœud au bout, voilà son travail. Il n'a plumes ni ailes mais tournoie tant et vite et se retourne encore. Où l'on plante sa queue, la tâche est commencée, là où l'on fait un nœud, la tâche est terminée. C'est l'épingle à chignon qui lui tient lieu de père et l'étui où il dort qui lui tient lieu de mère. C'est grâce à lui que l'on a cousu la doublure, c'est par son entremise qu'on va coudre l'étoffe. Tel est le sens de l'existence de l'aiguille. L'aiguille.

---

2. Nous n'avons trouvé que ce douteux rapprochement (honni soit-ver à soie) pour rendre l'homophonie chinoise en une expression française qui n'ait pas un sens trop éloigné.

3. Dans les mines.

Le monde n'est pas en ordre, laissez-moi faire entendre quelques vers curieux : ciel et terre ont changé de place, les saisons ont changé de lieu. Voici que les étoiles dévient, matins et soirs sont obscurcis. Ce qui est sombre est bien en vue, on cache les astres de vertu. Chacun va ne pensant qu'à soi, l'esprit partisan fait la loi. Qui pense aux autres est dit coupable et on l'accuse de s'armer. Voie et vertu sont impeccables, la calomnie va son chemin. L'homme juste et bon est misérable et le bandit a tout en main. L'Empire est tout entier dans l'ombre, on craint qu'il ne perde son guide. Où l'on voit le dragon comme un petit lézard, la chouette et le hibou passent pour des phénix. Bi Gan eut le cœur arraché et Confucius fut pris à Kouang [4]. Clair, combien clair était leur lumineux esprit, mais quelle triste époque ils ont dû rencontrer. Leur désir le plus cher était de suivre les Rites mais ils se sont trouvés en un monde d'aveugles. Nul ne voit revenir la céleste lumière et notre grand souci n'a pas de frontière. Il faut passer mille ans puis cela reviendra, c'est la loi des Anciens. Étudiez bien, ô mes disciples, le ciel ne vous oubliera pas. Je vois les Sages joindre les mains et attendre des temps meilleurs. Nous, pauvres ignorants, nous connaissons le doute et souhaitons entendre un tout autre langage que celui qu'on nous tient.

Voici un petit chant qui dit [5] : Rappelez-vous la terre lointaine (*Chu*) et les épreuves qu'elle traverse. L'homme de bien y est misérable et les bandits y sont légion. La loyauté y court des risques, la calomnie donne ses ordres. Jades précieux et perles rares, nul ne sait vraiment les porter. Soie et coton sont mélangés et nul ne fait la différence. Beaux comme Lü Ju ou comme Zi She [6] s'en vont rester célibataires, de monstrueuses créatures comme sont Mo Mu ou bien Li Fu, c'est celles-là qui sont aimées. L'aveugle passe pour clairvoyant et le sourd pour bien entendant. On prend le péril pour la paix et le funeste pour le faste. Hélas, ô ciel! Ô ciel, hélas! Comment s'accorder avec eux?

4. A Kouang, Confucius fut menacé d'être arrêté, sa liberté de ton ayant déplu au Prince.
5. Il s'agit vraisemblablement d'un texte adressé par Xun Zi à Chun Shen Jun de Chu, pays dans lequel Xun Zi occupa des fonctions officielles durant la seconde moitié du IIIe siècle avant notre ère.
6. Respectivement jeune fille et jeune homme célèbres pour leur beauté.

XXVII

GRANDES RÈGLES

Les grandes règles : Parmi les Princes, ceux qui magnifient les Rites et honorent la sagesse sont dignes d'être Rois, ceux qui privilégient la loi et aiment le peuple sont capables d'être Hégémons, ceux qui s'en remettent à l'intérêt et au mensonge prennent de grands risques.

Si l'on veut être aussi proche des quatre coins du monde, c'est au centre qu'il faut se tenir, c'est pourquoi le Souverain doit nécessairement trôner au milieu de l'Empire, ce sont les Rites qui le disent.

La cloison protectrice de la porte des Appartements du Fils du Ciel est extérieure, celle qu'ont les Grands est intérieure. La première signifie qu'on n'a pas à voir ce qui est au-dehors et la seconde, qu'on n'a pas à voir ce qui est au-dedans.

Lorsqu'un Grand mande l'un de ses vassaux, ce dernier n'attend pas que son attelage officiel soit prêt, quitte à paraître avec des vêtements en désordre. Il s'habille à la hâte et se précipite, tels sont les Rites. Le *Livre des Odes* dit : « Mes vêtements mis à l'envers, je reçois un ordre de la Cour [1]. » Lorsque le Fils du Ciel mande un Grand, celui-ci fait tirer son char par des hommes afin de rejoindre plus vite les chevaux, cela aussi est rituel. Le *Livre des Odes* dit encore : « Nous avons été avec les chars jusqu'aux pâturages. De la demeure du Fils du Ciel, un ordre m'est arrivé [2]. »

Le Fils du Ciel porte une robe brodée d'un motif de montagne et la coiffe de cérémonie, les Grands portent la robe sombre et la coiffe de cérémonie, les Hauts Fonctionnaires portent la robe de seconde classe et le bonnet de cérémonie, les officiers portent le bonnet de cuir, cela est conforme aux Rites. Le Fils du Ciel porte à la ceinture la tablette de jade *ting*, les Grands, la tablette *tu* et les Hauts Fonctionnaires ont la tablette *hu*, cela est conforme aux Rites. Le Fils du Ciel possède un arc ouvragé, les Grands, un arc rouge et les Hauts Fonctionnaires en ont

---

1. *Cheu King, op. cit.*, Ode 100, 2ᵉ strophe.
2. *Ibid.*, Ode 108, 1ʳᵉ strophe.

un noir, cela est conforme aux Rites. Lorsque des Grands se rendent visite, des Ministres leur servent d'intermédiaire, suivis des officiers chargés du protocole, ainsi sont maintenus de vertueux usages. L'Ambassadeur d'un Prince voit sa mission authentifiée par l'octroi de la tablette de jade *gui*, on charge un officier d'une affaire en lui confiant la pièce de jade *bi*, pour mander quelqu'un on utilise la tablette *yuan*, on offre en signe de disgrâce une tablette semi-circulaire *jue* et l'on met fin à cette disgrâce par le don de l'anneau *huan*.

Un Souverain doit avoir le cœur empreint de Vertu Suprême, l'intelligence est l'instrument de son œuvre et les Rites la parachèvent. Ainsi, il est conforme à la nature que les Rois placent en premier lieu la Vertu Suprême et ensuite les Rites. Le chapitre « Des ambassades » du *Yi Li*[3] dit ceci : « Trop d'objets précieux encombrent les vertus, trop de biens au soleil portent atteinte aux Rites. » Les Rites ! Ah, les Rites ! Ne sont-ils donc que jades et soieries ? Le *Livre des Odes* dit : « Les mets sont exquis et variés, les mets sont excellents : ils sont tous de saison[4]. » Qui n'est pas en accord avec la saison, qui ne respecte pas la culture et n'y trouve nul plaisir, celui-là est opposé aux Rites.

Ceux qui ont à traverser les eaux doivent être avertis de leur profondeur afin que nul n'y tombe, ceux qui ont à gouverner les peuples doivent être avertis des dangers du désordre afin que nul ne s'y fourvoie. Les Rites constituent un tel avertissement. Les Anciens Rois ont utilisé les Rites pour avertir des dangers du désordre. Aujourd'hui, on délaisse les Rites et l'on perd les bienfaits de leur avertissement, c'est pourquoi les peuples sombrent dans le doute et vont de malheur en malheur. C'est pour cela aussi qu'on a multiplié les peines et les châtiments. Shun a dit : « En gouvernant selon mes désirs, j'ai obtenu que le peuple répondît à mes soins[5]. » Ainsi les Rites sont-ils nés pour que les sages se penchent sur le sort du peuple et non dans le but de faire des Sages. Ils sont cependant un instrument pour le devenir car l'on ne saurait devenir un Grand Sage sans les étudier. Yao étudia auprès de Jun Shou, Shun auprès de Wu Cheng Zhao et Yu auprès de Xi Wang Guo.

A partir de cinquante ans, on n'est plus astreint au grand deuil lors du décès de ses parents et à partir de soixante-dix ans, revêtir la tunique de chanvre suffit.

Lors des Rites précédant les épousailles, le père se tient

---

3. Le *Yi Li* est un rituel supposé remonter à une époque très antérieure à Xun Zi.

4. *Cheu King*, *op. cit.*, Ode 169, 5ᵉ et 6ᵉ strophes.

5. *Chou King* (*Livre des Documents*), *op. cit.*, 1ʳᵉ part., chap. III, § 13, où ces propos sont attribués en fait à Yu le Grand.

debout face au sud et le fils s'agenouille face au nord. Tendant
à son fils une coupe de vin, le père ordonne : « Va quérir ta
promise, rends tes devoirs à nos Ancêtres, guide ton épouse afin
qu'elle succède dignement à nos aïeules et prends soin quant à
toi de rester dans les règles. » Le fils répond : « Certes, Père, je
crains seulement de ne pas en être capable, mais comment
oserais-je être oublieux de Vos ordres ? »

Pratiquer veut dire pratiquer les Rites. Ceux-ci consistent à
respecter ceux qui en sont dignes, à témoigner aux Anciens de
la piété filiale, à s'effacer devant les aînés, à être bienveillant
envers les plus jeunes et indulgent envers ceux qui sont vils.

Être trop généreux envers les gens du Palais revient, à
l'échelle de l'État, à galvauder les récompenses. Se montrer
coléreux et autoritaire envers ses serviteurs et ses concubines
montre qu'on abusera des châtiments envers le peuple.

L'homme accompli se comporte envers son fils de façon à
l'aimer sans ostentation, à le former sans paroles inutiles, à
le guider vers la Voie sans user de contrainte. Les Rites ont
leur fondement dans le cœur de l'homme. Ainsi ce qui, sans
figurer dans le *Livre des Rites,* est conforme au cœur de
l'homme, cela est pleinement rituel. Le grand principe des
Rites est de servir les vivants en raffinant l'expression de la
joie, d'accompagner les morts en raffinant l'expression de la
douleur, de conduire les armées en raffinant l'expression de
la majesté du pouvoir.

Traiter en parents ses parents et en relations ses relations,
apprécier à leur juste valeur mérites et travaux, tels sont les
différences que nous enseigne la Vertu Suprême. Honorer ce
qui est honorable, respecter ce qui est respectable, rendre
hommage à la sagesse des sages, à l'âge des anciens, à l'aînesse
des aînés, telles sont les règles de l'équité des devoirs rituels.
En les pratiquant, on se met à l'écoute des rythmes naturels
qui sont ceux mêmes que fixent les Rites. La Vertu Suprême
est affection, elle est à l'origine de la relation familiale. L'équité
rituelle est sens profond de toutes choses, qui est à l'origine de
la pratique des Rites. Les Rites sont le rythme de l'existence,
qui en assure le devenir. Ainsi la Vertu Suprême a-t-elle son
lieu et l'équité rituelle, son issue. Si la Vertu Suprême n'occupait
pas le lieu qui lui est dévolu, elle ne serait pas la Vertu Suprême.
Si l'équité rituelle ne trouvait pas l'issue qui est la sienne, elle
ne serait pas l'équité rituelle. La bonté qui ne tient pas compte
du sens profond des choses ne saurait devenir Vertu Suprême,
aménité véritable. Comprendre le sens profond des choses mais
ne pas oser agir en conséquence, c'est avoir un comportement
qui ne deviendra jamais conforme à l'équité rituelle. Observer
les rythmes naturels et ne pas être en harmonie avec eux, cela

ne permet pas aux Rites de s'accomplir pleinement, de même que la compréhension des lois de l'harmonie, si elle ne s'accompagne de l'émission d'aucun son, ne deviendra jamais musique. C'est pourquoi je dis que la Vertu Suprême d'aménité, l'équité des devoirs rituels, les Rites et la musique convergent vers l'unité. C'est grâce à l'équité rituelle que l'homme accompli trouve le chemin de la Vertu Suprême, il peut alors devenir parfaitement amène ; c'est par le moyen des Rites que se pratique l'équité rituelle, elle peut alors être traduite en actes ; ce n'est qu'en tenant compte de tous les tenants et aboutissants des Rites que l'on peut les faire exister. C'est la compréhension parfaite de ces trois éléments qui permet de trouver la Voie.

Offrir des présents aux parents d'un défunt afin de contribuer aux funérailles se dit *fu*, leur faire don d'un char et de chevaux se dit *fong*, offrir des vêtements pour parer le défunt se dit *sui*, offrir des musiciens se dit *zeng*, offrir des jades et des cauris se dit *han*. Les dons en nature et en chars et chevaux constituent une aide aux vivants tandis que les dons de vêtements funéraires et de musiciens sont une adresse au défunt. Si ce qu'on adresse au défunt n'atteint pas le premier cercueil, si les consolations prodiguées aux vivants ne viennent pas d'un cœur sincèrement affligé, cela n'est pas rituel. Ce qui est tout à fait rituel, c'est de parcourir jusqu'à cinquante lis pour se rendre à une cérémonie de réjouissances et jusqu'à cent pour se rendre à des funérailles, ainsi que de prodiguer tous les dons nécessaires pour que celles-ci se déroulent convenablement.

Les Rites guident les hommes comme les hommes guident un char : le faire sans eux empêche d'avancer.

Lorsque le Fils du Ciel est intronisé, le Ministre Principal s'avance et dit : « Pourquoi s'abîmer dans de profonds soucis ? Le bonheur survient si l'on est capable d'éviter les malheurs et si l'on n'en est pas capable, c'est le désastre. » Et de présenter une tablette au Fils du Ciel. Le Second Ministre s'avance et dit : « Celui qui est l'égal du ciel et qui possède la terre pense aux événements avant qu'ils ne se réalisent, il pense aux malheurs avant qu'ils ne surviennent. Penser aux événements avant qu'ils ne se réalisent, cela s'appelle de la vivacité et la vivacité d'esprit est gage que toutes choses s'accomplissent heureusement. Penser aux malheurs avant qu'ils ne surviennent, cela s'appelle de la prévoyance et la prévoyance est gage que les malheurs ne surviennent point. Voir arriver les événements et n'y penser qu'ensuite, cela s'appelle de la lenteur et la lenteur d'esprit est cause que les choses se déroulent mal. Voir arriver les malheurs et n'y penser qu'ensuite, cela s'appelle de l'embarras et l'embarras est cause que l'on ne peut maîtriser les catastrophes. » Et de présenter deux tablettes au Fils du Ciel. Le Troisième Ministre s'avance alors et dit : « Il convient d'être sans relâche attentif et scrupuleux. Ceux qui viennent féliciter sont encore dans la salle et déjà l'on se presse aux portes pour les condoléances. Bonheur et malheur sont voisins et nul ne sait où ils entrent. Prudence, prudence pour Celui que dix mille peuples regardent. » Et de présenter trois tablettes au Fils du Ciel.

Lorsque Yu le Grand voyait deux laboureurs travailler, il se levait sur son char et les saluait. Lorsqu'il passait dans un hameau, ne fût-ce qu'un hameau de dix feux, il descendait de son char.

Chasser trop tôt, tenir trop tard sa Cour, cela n'est pas rituel. Gouverner son peuple sans s'appuyer sur les Rites, c'est vouer ses entreprises à l'échec.

On appelle révérence le salut consistant à fléchir les genoux en inclinant la tête à hauteur de ses mains, génuflexion le salut à genoux où l'on incline la tête jusqu'à terre et prosternation le salut à genoux où l'on touche la terre du front. Les gens de la maison d'un Haut Fonctionnaire font la révérence à leur maître et non la génuflexion. Ce n'est pas manque de respect mais parce que la génuflexion est réservée au Prince.

Les dignitaires du bas de la hiérarchie prennent place par rang d'âge avec les gens de leur localité d'origine, les Hauts Fonctionnaires prennent place par rang d'âge avec ceux de leur clan, ceux qui ont rang de Ministre, nul d'entre ceux de leur clan ne saurait les précéder, même âgé de soixante-dix ans. Il y a les Hauts Fonctionnaires de rang supérieur, ceux de rang médian et ceux de rang inférieur [6]. Pour les Rites d'actions de grâces, on se place par ordre de rang social; lors des Rites funéraires, on se place par ordre de parenté.

Mander une ambassade auprès d'un Grand, c'est lui demander quelque chose, lui offrir quelque présent, c'est lui rendre hommage; se rendre en personne auprès de lui, c'est aller par soi-même faire acte de vassal.

Les beautés du discours sont toutes de bonté, de stricte honnêteté, les beautés de la Cour sont gentilshommes en nombre et chacun à son rang.

Le rôle d'un Ministre est bien de critiquer mais non point de médire, s'il quitte le pouvoir, c'est sans acrimonie, qu'il rentre sa rancœur sans se mettre en colère.

Un Prince fera par trois fois prendre des nouvelles d'un Haut Fonctionnaire malade et par trois fois il fera transmettre ses condoléances après le décès. Pour un officier, il fera prendre une fois des nouvelles et une fois transmettre ses condoléances.

---

6. Cela dépend s'ils sont au service de l'Empereur, d'un Grand ou d'un baron.

Un Grand n'a pas à pénétrer dans la maison d'un sujet dont il ne ferait pas prendre de nouvelles s'il était malade et après le décès duquel il ne ferait pas parvenir de condoléances.

Après les funérailles, une fois qu'on a traité les amis de son Prince et de son père, on mange à son tour. Il n'est pas besoin de se priver de viande ni de céréales, mais il convient de refuser le vin rituellement proposé.

L'ornementation des appartements privés ne doit pas excéder celle du Temple des Ancêtres. De même, les vêtements que l'on porte d'ordinaire ne doivent pas être plus riches que les vêtements de cérémonie. Tels sont les Rites.

L'hexagramme *xian* (ensemble) du *Livre des Mutations* [7] concerne les époux. La Voie des époux ne saurait manquer à la rectitude, elle est à la base de la relation entre le Prince et le sujet, entre le père et le fils. Un tel ensemble (*xian*) est quelque chose que l'on ressent, grâce à quoi ce qui est élevé se penche, l'homme se penche vers la femme, la douceur monte, la force s'incline.

La valeur de l'intermédiaire choisi, la marche à suivre pour mettre en relation les familles de deux futurs époux sont une affaire aux prémices de laquelle il convient d'attacher une grande importance.

Les Rites sont le moyen pour l'homme de suivre bien sa route. S'il les perd, il ne fera que se leurrer, trébucher, tomber, s'enfoncer. Le moindre manquement en cette matière entraîne les plus grands désordres. Tels sont les Rites. Les Rites sont à la bonne gouverne de l'État et de la famille ce qu'est le fléau de la balance à l'estimation d'un poids, ce que sont le cordeau et l'encre à l'appréciation d'une verticale ou d'une courbe. Sans les Rites, les hommes ne peuvent vivre ni leurs affaires être menées à bien car, privés d'eux, pays et familles ne connaissent pas la paix. En leur absence, les relations entre Princes et sujets sont sans respect, celles entre pères et fils sont dénuées des vertus familiales, celles entre aînés et puînés ne sont pas conformes à ce qu'elles devraient être, celles entre époux ne procurent aucune satisfaction. C'est grâce à eux que les enfants grandissent et que les anciens sont pourvus du nécessaire. C'est le ciel et la terre qui font naître les hommes mais ce sont les Sages qui les rendent des hommes dignes de ce nom.

Le son harmonieux des clochettes de harnais, les musiques *Wu* et *Xiang* lorsqu'on avance au pas et les musiques *Shao* et *Hu* lorsqu'on se presse, l'homme accompli en écoute les rythmes et en prend exemple.

---

7. Cf. *Livre des Mutations (Yi Jing)*, hexagramme 31, dont ce qui suit est une paraphrase.

Lorsque survient le givre[8], il est temps de prendre femme car il sera trop tard à la fonte des glaces.

Devant son père, le fils, assis, baisse le regard vers ses genoux. Debout il baisse le regard vers ses pieds, ne le regardant en face que pour répondre à une question. Devant le Prince, il ne convient pas qu'un sujet soit debout s'il n'est à trois fois six pieds, soit trente-six pieds qui font trois toises et six pieds[9].

Il y a l'attitude que l'on adopte et il y a ce que l'on ressent. L'intérieur et l'extérieur sont comme un vêtement et sa doublure, ils s'accommodent l'un à l'autre et ce par le moyen des Rites. Être capable de penser à l'aide des Rites, cela s'appelle savoir méditer. Les Rites font concorder les tenants et les aboutissants, ils font se répondre le début et la fin. Ils donnent aux richesses leur usage, au noble et au vil leur culture respective, à la profusion et à la rareté le sens de leur différence.

Les sujets de classe inférieure servent leur Prince par des contributions matérielles, les sujets de classe médiane le servent au prix de leur personne et ceux de la classe supérieure, en lui désignant les sages.

Le *Livre des Mutations* dit : « Qui a su regagner la Voie, comment dirait-on qu'il est égaré[10]? » et les *Annales des Printemps et Automnes*[11] louent Mu Gong de Qin d'avoir été capable de changer d'attitude.

Si quelqu'un a des envieux pour compagnons, l'ami des sages ne le fréquente pas. Si un Prince a des envieux pour Ministres, les sages ne l'approchent pas. Qui fait obstacle aux justes, on l'appelle ténébreux; qui fait de l'ombre à la vertu, on l'appelle envieux et celui qui favorise les gens ténébreux et envieux, on l'appelle fourbe et menteur. Or les gens fourbes et menteurs et les Ministres ténébreux et envieux causent le déclin et la chute des États.

Que des gens doués pour la parole s'expriment et que, capables, ils agissent, cela est un trésor pour un État. Des gens peu doués pour la parole mais capables d'agir sont de bonne utilité. Des gens doués pour la parole et qui s'expriment mais qui sont incapables d'agir peuvent encore servir mais des gens qui parlent bien et agissent mal sont redoutables. Ceux qui gouvernent un pays doivent en respecter les trésors, apprécier ce qui y est utile, employer ce qui peut servir et en écarter ce qui est à redouter.

---

8. *Shuang jiang,* la tombée du givre, est le nom de la vingt et unième période de l'année chinoise qui en compte vingt-quatre.

9. La phrase est obscure.

10. Cf. *Livre des Mutations (Yi Jing),* hexagramme 9.

11. Collationnées et corrigées par Confucius, ce sont les *Annales du pays de Lu.*

Si l'on n'enrichit pas le peuple, il n'aura pas de quoi satisfaire ses besoins primordiaux; si l'on n'éduque pas le peuple, il n'aura pas de quoi développer ses possibilités naturelles. Le moyen d'enrichir le peuple, c'est que chaque famille possède une parcelle de cinq *mus* et cent *mus* [12] de champs et qu'elle puisse se consacrer à ses travaux sans qu'on vienne empiéter sur le temps des activités agricoles. Le moyen de guider le peuple, c'est d'instituer la grande étude, de construire des écoles, de veiller à la pratique des Six Rites [13] et de rendre claires les sept relations [14]. Il est dit dans le *Livre des Odes* : « Donnez-lui à boire, donnez-lui à manger, donnez-lui des avis, donnez-lui des instructions [15]. » C'est ainsi que le Roi pourvoit à ses tâches. Le Roi Wu des Zhou, dès son entrée en pays Yin, désigna à l'admiration de tous la ruelle où avait vécu Shang Rong, libéra Ji Zi de son cachot et alla pleurer sur la tombe de Bi Gan [16]. Le monde alors retrouva le chemin du bien.

Chaque pays a ses hommes remarquables, chaque génération a ses sages. Ceux qui se sont perdus n'avaient pas demandé leur chemin, ceux qui se sont noyés n'avaient pas demandé où était le gué. L'homme de perdition n'a confiance qu'en lui-même, il est pourtant dit dans le *Livre des Odes* : « Je ne vous parle que d'affaires urgentes, ne vous moquez pas de ce que je dis. Les Anciens répétaient souvent : Prenez conseil même des villageois dont le métier est de ramasser de l'herbe ou du bois pour le chauffage [17]. » C'est dire qu'il faut demander et demander encore.

Lorsque la loi existe, elle règle les comportements; lorsqu'elle n'existe pas, on procède par identification [18]. C'est en voyant le début que l'on comprend la fin, en voyant la gauche que l'on connaît la droite, car il a beau y avoir bien des différences entre les choses que l'on fait, elles sont en rapport les unes avec les autres. Félicitations et récompenses, peines et châtiments doivent être clairement identifiés pour avoir un écho. Il doit y avoir une concordance entre les principes de gouvernement, l'éducation et les mœurs pour que la société subsiste.

Le fils unique d'un homme de quatre-vingts ans doit être exempté de corvées. Toute la famille d'un homme de quatre-

---

12. Soit environ 30 ares et environ 6 hectares.

13. Prise du bonnet viril, mariage, funérailles, cérémonies cultuelles, Rites de la campagne, Rites de rencontre.

14. Père-fils, aîné-cadet, époux-épouse, Prince-sujet, ancien-jeune, amis, hôtes.

15. *Cheu King, op. cit.,* Ode 230, 1re strophe.

16. Trois victimes du tyran Zhou des Yin, tous trois exemples de vertus.

17. *Cheu King, op. cit.,* Ode 254, 3e strophe.

18. C'est au temps des Royaumes Combattants, déjà avant Xun Zi et à son époque, que le mot *fa* (loi) passe de la signification de « définition des châtiments » à celle de « corpus de règlements ». Nous avons ici un exemple de la façon dont s'est opéré le glissement de sens.

vingt-dix ans doit être exemptée de corvées. S'il se trouve un malade sans personne et incapable de subvenir à ses besoins, on exemptera un homme de corvées. Le deuil des parents exempte de corvées pour trois ans, les autres deuils familiaux sont l'occasion d'une exemption de trois mois. Quelqu'un venant d'une autre Principauté et nouvellement marié est exempté de corvées pour une année.

Le Maître [19] avait dit que Zi Jia Ju de Lu ferait sans doute un bon Haut Fonctionnaire mais qu'il ne valait pas Yan Zi de Qi; que Yan Zi à son tour, bien qu'excellent Ministre, ne valait pas Zi Chan de Zheng lequel, malgré toute sa bonté, n'atteignait pas Guan Zhong. Guan Zhong, en effet, était homme à mettre ses talents davantage au service du succès qu'à celui de l'équité rituelle, à celui de l'intelligence plus qu'à celui de la Vertu Suprême, il fut trop fruste pour se mettre au service du Fils du Ciel [20].

Meng Zi s'entretint plusieurs fois avec le Roi Huan de Qi sans aborder de sujet politique. Ses disciples s'en étonnèrent : « Comment avoir pu rencontrer plusieurs fois le Roi de Qi sans avoir parlé des affaires du pays? » A quoi Meng Zi répondit : « Je veux d'abord l'aider à purifier son cœur. »

Gong Xing Zi Zhi [21] se rendait au pays de Yan. En chemin, il rencontra Zeng Yuan [22] et lui demanda comment était le Prince de Yan. « C'est un petit esprit, répondit Zeng Yuan, et un petit esprit prend les choses à la légère. Partant, il ne demande conseil à personne. Ne demandant conseil à personne, comment pourrait-il entreprendre quelque chose? Il ressemble à ces prisonniers des tribus barbares Di ou Qiang qui ne craignent pas d'être asservis mais seulement de n'être pas incinérés après leur mort! Ruiner son pays sans aucun profit, est-ce un bon calcul? »

Regardez quelqu'un qui a perdu une aiguille. Il passe la journée à la chercher sans la retrouver et lorsqu'il la trouve, ce n'est pas que son regard soit devenu plus perçant, c'est qu'il a baissé les yeux et qu'il l'a vue. Il en est ainsi lorsque notre cœur s'applique à penser.

Le sens de l'équité rituelle et le sens du profit sont tous deux présents en l'homme. Même Yao et Shun ne pourraient faire perdre au peuple le désir du profit, du moins peuvent-ils faire en sorte que ce désir ne soit pas plus fort que l'attachement à l'équité rituelle. Même Jie et Zhou ne pourraient arracher du

19. Confucius.
20. Guan Zhong fut Premier Ministre du pays de Qi, qu'il conduisit à l'Hégémonie au VIIe siècle avant notre ère.
21. Haut Fonctionnaire du pays de Qi.
22. Fils d'un disciple de Confucius.

cœur du peuple l'attachement pour l'équité rituelle mais ils peuvent faire que cet attachement soit vaincu par l'appât du gain. Lorsque l'équité rituelle surmonte l'appât du gain, cela donne une époque d'ordre, mais lorsque l'appât du gain vainc le sens de l'équité rituelle, c'est une époque de désordre. Si en haut lieu on accorde plus de poids à l'équité rituelle, celle-ci l'emporte sur l'appât du gain, mais que l'on insiste sur le profit et celui-ci vainc l'équité rituelle. Le Fils du Ciel n'a pas à parler de quantités, les Grands n'ont pas à parler de profits ni de pertes, les Hauts Fonctionnaires n'ont pas à parler de bénéfices ni de manque à gagner, les officiers n'ont pas à parler de circulation des richesses. Un Prince qui est à la tête d'un État n'élève pas des bœufs et des moutons, un Ministre dévoué n'élève pas des volailles et des porcs, un Premier Ministre ne compte pas ses gains, un Haut Fonctionnaire ne cultive pas la terre. Tous, depuis l'officier jusqu'au haut de la société, rougiraient d'être intéressés et de disputer au peuple les travaux qui lui reviennent, ils éprouvent de la joie à se conformer à la répartition rituelle des tâches et auraient honte d'accumuler et d'engranger. Ainsi le peuple n'a-t-il aucune difficulté à se procurer des biens et même les plus misérables auront quelque chose entre les mains.

Le Roi Wen des Zhou frappa à quatre reprises, le Roi Wu, à deux reprises [23] et Zhou Gong paracheva leur œuvre de telle façon que, une fois les Rois Cheng et Kang sur le Trône, il n'y eut plus lieu de recourir à la force.

Accumuler de grandes richesses sans s'occuper de ceux qui n'ont rien, accabler le peuple de lourds travaux et frapper ceux qui ne parviennent pas à les faire, voilà comment naissent les mauvaises pratiques et comment les châtiments se multiplient. Mais si l'on prise en haut lieu l'équité rituelle, le peuple sera policé même loin de tout regard alors que si, en haut lieu, on prise la richesse, le peuple sera prêt à risquer sa vie par appât du gain. Ces deux attitudes déterminent l'ordre et le désordre. Il est un proverbe qui dit : « Tu veux la fortune ? Supporte donc la honte, ta vie ne vaut plus rien, tranche tous les vieux liens, tourne le dos à l'équité, aux distinctions rituelles. » Lorsqu'en haut lieu on aime les richesses, c'est ainsi que se comportent les gens du peuple. Comment n'en sortirait-il pas du désordre ?

Dans l'Antiquité, sous le règne de Tang, il y eut une sécheresse. Le Souverain adressa une prière aux Divinités : « Le gouvernement a-t-il manqué de mesure ? A-t-il inculqué au peuple de mauvais penchants ? Pourquoi ne pleut-il pas et en

---

23. Le Roi Wen détruisit quatre Principautés et le Roi Wu, son fils, deux lors de la fondation de la dynastie des Zhou.

sommes-nous réduits à une telle extrémité? Notre Palais est-il trop riche? Les affaires des femmes prennent-elles trop de place? Pourquoi ne pleut-il pas et en sommes-nous réduits à une telle extrémité? La corruption règne-t-elle? Les calomniateurs se montrent-ils? Pourquoi ne pleut-il pas et en sommes-nous réduits à une telle extrémité? »

Ce n'est pas pour les Princes que la Nature a fait naître les peuples mais c'est pour les peuples qu'elle a fait naître les Princes. Si les Anciens ont réparti les territoires et ont institué des Principautés, ce n'est pas dans le seul but d'anoblir les Grands; s'ils ont organisé un corps de fonctionnaires comportant une hiérarchie de dignités et de traitements, ce n'est pas dans le seul but de témoigner du respect aux Hauts Fonctionnaires.

La Voie du Souverain est de comprendre les hommes, celle du Ministre est de comprendre les affaires. Ainsi Shun, lorsqu'il dirigeait l'Empire, n'avait pas besoin de régler chaque affaire par un décret pour que toutes choses s'épanouissent. Les paysans sont la force vive du travail de la terre mais ils ne sauraient être Directeurs des Travaux Agricoles et il en est de même pour les artisans et les marchands.

Ce sont les sages qui transforment les incapables, point n'est besoin d'aller chercher un devin pour savoir où réside la bonne influence! C'est par l'ordre que l'on vient à bout du désordre, point n'est besoin d'attendre l'issue d'une bataille pour savoir qui l'emportera. Les gens de Qi auraient bien voulu abattre le pays de Lu mais ils craignaient le courage de Bian Zhuang Zi et ils n'osèrent pas aller plus loin que la place de Bian. Les gens de Jin auraient bien voulu abattre le pays de Wei mais ils eurent peur de la clairvoyance de Zi Lu [24] et ils ne se hasardèrent pas plus loin que Pu.

Les ignorants s'adressent à des Yao ou des Shun, les indigents demandent du secours aux greniers de l'État. Ce qui veut dire que Yao et Shun sont les exemples de la Voie des Anciens Rois et que les Six Classiques [25] sont le grenier de l'Empire.

L'étude de l'homme accompli ressemble à une mue, elle est vive, elle bouge, il s'instruit en marchant, il s'instruit debout, il s'instruit assis et lorsqu'il adopte un comportement, un discours, une attitude, il s'instruit encore. Loin de se reposer sur ses lauriers, il n'a de cesse qu'il n'apprenne quelque chose. Qui excelle dans l'étude va au fond du sens des choses, qui excelle dans la pratique sait creuser les difficultés.

Même s'il est réduit à la dernière extrémité, l'homme accompli

---

24. Disciple de Confucius.
25. Le *Livre des Mutations*, le *Livre des Odes*, le *Livre des Documents*, le *Livre des Rites*, le *Livre de la Musique* (entièrement perdu), les *Annales des Printemps et Automnes*.

est ferme en ses résolutions. Quand bien même le Fils du Ciel ou l'un des trois Grands Préfets lui poserait des questions sur le gouvernement, il répondrait qu'est faux ce qui est faux et vrai ce qui est vrai. Il endure les pires épreuves sans perdre ses qualités et les tâches les plus dures s'achèvent avant qu'il ne se lasse. Il sait prendre les soucis et les difficultés en gardant un ton égal. Tant que l'hiver n'est pas rigoureux, on ne se rend pas compte des aptitudes des conifères ; tant que les circonstances ne sont pas difficiles, on ne se rend pas compte que l'homme accompli ne s'éloigne pas un seul jour de la vérité.

Si peu qu'il pleuve, la rivière Han recueille de l'eau ; c'est en assemblant de petites choses que se font les grandes et en amassant des vétilles que l'on arrive au spectaculaire. Un homme aux parfaites vertus a un rayonnement et une beauté, il va jusqu'au bout de ce qu'il fait et sa gloire s'étend au loin alors que les gens de peu, n'ayant au fond d'eux-mêmes nulle sincérité, doivent s'en donner l'extérieur.

Discourir sans nommer son Maître, cela s'appelle de l'ingratitude. Enseigner sans nommer son Maître, cela s'appelle de la malhonnêteté. Or un Prince éclairé ne reçoit pas les gens ingrats et malhonnêtes et si un officier ou un Haut Fonctionnaire de la Cour en rencontre un sur son chemin, il ne lui adresse pas la parole.

Ceux qui sont faibles dans l'action parlent souvent trop et ceux à qui l'on ne peut faire que faiblement confiance ont la bouche débordante de sincérité. C'est donc dans un même esprit que les *Annales des Printemps et Automnes* se félicitent des accords solennels passés entre les Grands et que le *Livre des Odes* fustige les pactes qui demandent à être réitérés. C'est dans un même esprit aussi que ceux qui sont ferrés sur le *Livre des Odes* ne sont pas bavards, ceux qui sont ferrés sur le *Livre des Mutations* se gardent de prophétiser et ceux qui sont ferrés sur le *Livre des Rites* ne se font point hérauts dans les cérémonies.

Zeng Zi [26] dit : « Tout ce que dit le fils pieux peut être entendu et tout ce qu'il fait peut être vu. Tout ce qu'il dit peut être entendu, c'est pour cela qu'on l'écoute au loin ; tout ce qu'il fait peut être vu, c'est pour cela qu'on l'écoute autour de lui. Son entourage est donc heureux de lui être familier et ceux qui sont au loin sont heureux de compter parmi ses relations. Être familier de son entourage et en bonnes relations avec ceux qui sont loin, telle est la Voie du fils pieux. »

Yan Zi un jour accompagna jusqu'aux faubourgs Zeng Zi qui partait et il lui dit : « J'ai entendu dire qu'un homme accompli offre des paroles à celui qui s'en va tandis que les gens ordinaires

---

26. Disciple de Confucius.

lui offrent quelque chose. Je suis trop pauvre pour avoir quelque chose à vous offrir, aussi vous demanderai-je la permission de feindre d'être un homme accompli en vous offrant ces quelques mots : une roue de char doit être faite en bois du Tai Shan travaillé dans les règles et mesuré à l'équerre. Au bout de trois ou cinq mois, le bois est arrondi comme il faut et ne peut plus reprendre sa forme originelle. Il faut prêter attention aux règles et aux équerres qui façonnent l'homme accompli, prenez-y bien garde! Les plantes parfumées, baignées dans un miel à la douce fragrance, ne servent qu'une fois puis on doit les changer. Les paroles douces comme le miel dont on entoure le Prince risquent de le griser, aussi l'homme accompli prend-il garde aux influences qu'il reçoit. »

La culture et l'étude sont à l'homme ce que sont au jade la taille et le polissage. Le *Livre des Odes* dit : « [Ce Prince sage] imite l'ouvrier qui coupe et lime l'ivoire ou qui taille et polit les pierres précieuses[27]. » Voilà ce qu'est l'étude.

La pièce de jade découverte par He de Chu ressemblait à un caillou qu'on trouve dans les champs mais lorsque le lapidaire l'eut taillée, elle devint un trésor digne du Fils du Ciel. Zi Gong et Ji Lu[28] étaient d'humble origine mais lorsqu'ils furent initiés à la culture et à l'étude, lorsqu'ils s'adonnèrent aux Rites et à l'équité rituelle, ils prirent rang parmi les meilleurs.

Étudier et écouter sans relâche, aimer toujours la compagnie des lettrés, voilà des richesses dignes du ciel.

Si l'homme accompli a des doutes, il ne parle pas; s'il n'est pas informé de quelque chose, il n'en parle pas. Sa route est longue et il a chaque jour quelques pas à y faire.

Ceux qui savent beaucoup sans fréquenter de Maître, ceux qui cultivent l'étude sans avoir de méthode, ceux qui aiment tout sans savoir choisir, l'homme accompli ne les fréquente pas. Il faut, jeune, fréquenter les livres sans quoi, devenu adulte, on ne saura pas examiner et comprendre les choses et, quelque prometteur qu'on ait pu être, on ne deviendra rien.

Il y a une unité dans ce qu'enseigne l'homme accompli, il y a une unité dans ce qu'étudie le disciple et cela va très loin.

L'homme accompli qui occupe une fonction officielle peut ainsi concourir à la gloire du Prince et soulager la misère du peuple. S'il ne le peut pas et qu'il reste en place, c'est un imposteur. S'il n'est d'aucune utilité et reçoit un riche traitement, il est malhonnête. Qui a étudié ne se voit pas nécessairement confier un poste mais il est nécessaire qu'ait étudié celui à qui l'on confie un poste.

---

27. *Cheu King, op. cit.,* Ode 55, 1re strophe.
28. Disciples de Confucius.

Zi Gong dit un jour à Confucius : « Voici longtemps que j'étudie sans trêve, je voudrais m'arrêter pour entrer au service du Prince. » Le Maître lui répondit : « Il est dit dans le *Livre des Odes :* " [Nos devanciers] ont toujours été doux, respectueux et fidèles à remplir avec soin leurs devoirs [29] ". Rendre ses devoirs à son Prince est chose difficile, comment serait-il possible de servir le Prince en cessant toute étude ? » « Dans ce cas, reprit Zi Gong, je voudrais m'arrêter pour servir mes parents. » Confucius répondit : « Il est dit dans le *Livre des Odes :* " Votre fils a rempli ses devoirs parfaitement, vous jouirez à jamais des faveurs du ciel [30]. " Rendre ses devoirs à ses parents est chose difficile, comment serait-il possible de servir ses parents en cessant toute étude ? » « S'il en est ainsi, continua Zi Gong, je voudrais m'arrêter pour fonder un foyer. » « Le *Livre des Odes,* repartit le Maître, dit : " Il exerça sa loi d'abord sur sa femme, puis sur ses frères, enfin sur tous les peuples [31]. " Fonder un foyer est chose difficile, comment cela serait-il possible en cessant toute étude ? » « Alors, je voudrais m'arrêter pour jouir de l'amitié. » « Le *Livre des Odes,* dit Confucius, dit ceci : " Les amis qui vous ont aidé l'ont fait avec dignité et bienséance [32]. " L'amitié est chose difficile, comment serait-elle possible en cessant toute étude ? » « Je voudrais alors, insista Zi Gong, m'arrêter pour me consacrer aux travaux agricoles. » A quoi le Maître répliqua : « Il est dit dans le *Livre des Odes :* " Le jour, recueillons de la paille, le soir, faisons des cordes. Hâtons-nous de monter sur les toits [et de les réparer]. Au printemps nous commencerons à semer les différents grains [33]. " Les travaux agricoles sont chose difficile, comment pourrait-on les accomplir en cessant toute étude ? » « Je ne pourrai donc jamais m'arrêter ? » s'exclama Zi Gong. Le Maître lui dit : « Vois-tu ce tertre funéraire, comme son bord est haut, comme il est pentu et comme il est profond ? Tu connais désormais le lieu où tu pourras t'arrêter. » « Quelle grande chose que la mort, s'écria Zi Gong ! L'homme accompli y trouve le repos et l'homme de peu, refuge. »

Des chants d'amour du *Guo Feng,* contenus dans le *Livre des Odes,* la tradition dit : « C'est contenter ses désirs sans transgresser les interdits. Ces chants sont sincères comme l'or, comme la pierre, ils peuvent retentir aussi bien dans les Temples. » L'auteur du *Xiao Ya,* dans le *Livre des Odes,* n'a pas voulu servir un Prince corrompu et il s'est retiré à une plus humble place.

29. *Cheu King, op. cit.,* Ode 301, 4e strophe.
30. *Ibid.,* Ode 247, 5e strophe.
31. *Ibid.,* Ode 240, 2e strophe.
32. *Ibid.,* Ode 247, 4e strophe.
33. *Ibid.,* Ode 154, 7e strophe.

Souffrant du gouvernement de son temps, il s'est tourné vers le passé, son propos est cultivé, son chant est triste.

Pour qu'un État soit prospère, il faut que les Maîtres y soient en honneur et qu'on reconnaisse l'importance des précepteurs. Si les Maîtres sont en honneur et si l'on reconnaît l'importance des précepteurs, la loi et la mesure règnent. Si un pays décline, c'est qu'on y méprise les Maîtres et qu'on néglige les précepteurs, car les hommes alors n'écoutent que leur bon plaisir, et la loi et la mesure tombent en désuétude.

Les gens du peuple autrefois ne pouvaient exercer une charge qu'à partir de cinquante ans. Les fils du Fils du Ciel et des Grands recevaient le bonnet viril à dix-neuf ans et recevaient ensuite une éducation politique, ainsi avaient-ils une formation complète.

Savoir apprécier les gens accomplis, c'est être un homme digne de ce nom. Laisser un homme digne de ce nom sans éducation, cela est fort dommage. Apprécier des gens qui ne sont pas des hommes accomplis, c'est être un homme qui n'est pas digne de ce nom. Donner une éducation à un tel homme, ce serait donner des provisions à un voleur et fournir des armes à un brigand.

Ne pas être conscient de ses insuffisances fait parler trop et faux. Les sages d'autrefois vivaient d'humble façon et menaient la pauvre existence du petit peuple. Mangeant du bouillon maigre, ils portaient des vêtements grossiers, courts et ravaudés, mais si une entreprise était contraire aux Rites, ils n'en étaient pas et si un salaire venait rémunérer quelque activité contraire à l'équité des devoirs rituels, ils ne l'eussent point touché. Comment auraient-ils pu?

Zi Xia [34] venait d'une famille fort pauvre, ses vêtements ressemblaient à des oiseaux suspendus. Quelqu'un lui demanda : « Pourquoi, Maître, n'occupez-vous aucune charge officielle »; « Les Grands sont arrogants à mon égard et je ne les servirai pas, les Hauts Fonctionnaires sont arrogants à mon égard et je ne veux plus les voir. Liu Xia Hui [35] était aussi pauvrement vêtu qu'un portier sans que personne s'en étonnât et l'on ne mit pourtant pas longtemps à venir l'entendre. Lutter par appât du gain ne rapporte rien et cela use les forces. »

Un Prince ne saurait manquer de vigilance dans le choix de ses Ministres, un homme du peuple ne saurait manquer de vigilance dans le choix de ses amis. Les amis sont ceux qui s'entraident mais comment s'entraider si l'on ne suit pas la même voie? Si les fagots sont bien disposés lorsqu'on les allume,

34. Disciple de Confucius.
35. Haut Fonctionnaire du pays de Lu, contemporain de Confucius.

le feu prend bien; si l'on dirige l'eau sur un terrain régulier, elle s'écoule aisément. Ce qui est de même nature se rejoint et se suit avec cette même évidence. C'est à ses amis que l'on connaît un homme, qui en douterait? Choisir des amis de bonne qualité, et l'on ne saurait là-dessus manquer de vigilance, voilà ce qui est le fondement d'une vie vertueuse. Il est dit dans le *Livre des Odes :* « Ne poussez pas à la roue pour faire avancer la grosse charrette vous ne feriez que soulever la poussière et vous aveugler [36]. » Ce qui signifie bien qu'il ne faut pas frayer avec des gens de peu.

L'excès, la ruse, la rouerie, le mensonge [37] se donnent des airs d'intelligence mais ils n'en ont point. Les gens faibles et influençables se donnent des airs d'aménité mais ils n'en ont aucune. La cruauté, la violence, l'esprit querelleur se donnent des airs de courage mais ils n'en possèdent pas.

La Vertu Suprême d'aménité, l'équité rituelle, les Rites, les qualités morales sont à l'homme ce que les biens, les richesses, les grains et le riz sont à un foyer. En avoir beaucoup, c'est être riche; en avoir peu, c'est être pauvre et n'en avoir pas du tout, c'est être misérable. Ainsi, n'avoir ni aptitude pour les grandes choses ni savoir-faire pour les petites, c'est suivre la voie de la décadence des États et de la déchéance des personnes.

Tout a sa cause; par exemple la cause de ce qui vient de l'homme, c'est en lui qu'il faut la chercher.

Parler inconsidérément est destructeur; richesse et débauche éloignent de la Voie; les catastrophes tirent leur origine de menus faits. L'homme accompli prend très tôt soin d'éviter tout cela.

La confiance qu'on peut accorder à un discours réside dans la façon dont on y présente ce qui est sûr et ce qui est probable. Il n'y a pas lieu de discourir sur ce qui est douteux ni de parler de ce dont on est mal informé.

Les gens intelligents voient clairement les choses, ils sont méthodiques et ne peuvent s'éloigner de la vérité. C'est pourquoi l'on dit que l'homme accompli est difficile à rendre heureux car il ne saurait être heureux de ce qui ne suit pas la Voie.

Un proverbe dit : « Balle lancée en l'air arrête sa course au panier, parole lancée en l'air s'arrête à l'homme intelligent. » C'est là un propos issu d'une École dont les études s'égarent dans l'anti-confucianisme. Si l'on a, en effet, un doute sur la vérité ou la fausseté de quelque point, qu'on le mesure à l'aune du passé, qu'on l'examine à la lumière du présent, qu'on le

---

36. *Cheu King, op. cit.,* Ode 206, 2e strophe.
37. Texte corrompu, rétabli d'après le sens du reste de la phrase.

soupèse d'un cœur impartial, alors la parole en l'air s'arrêtera d'elle-même et le discours pernicieux s'éteindra de lui-même.

Zeng Zi [38] un jour avait mangé du poisson et il en restait : « Faites-en, dit-il, du bouillon. » Des disciples lui répondirent : « Le bouillon risque d'incommoder certains, mieux vaut le cuire en l'assaisonnant. » Les larmes aux yeux, Zeng Zi répliqua : « Il y a donc tant de divergences entre nous ? » Il se sentait blessé de ne l'avoir su que si tard.

Rien ne sert d'opposer ses faiblesses aux qualités d'autrui. Ce qu'il faut, c'est vaincre ses faiblesses en développant ses aptitudes. Être intelligent au mépris de la loi, avoir l'esprit pénétrant et se conduire indignement, se montrer téméraire en dépit des Rites, voilà qui est la hantise de l'homme accompli. Parler beaucoup et discerner chaque chose selon son espèce, voilà qui est d'un Sage. Parler peu et se plier à la loi, cela est d'un homme accompli. Parler beaucoup sans foi ni loi, sombrer dans la corruption malgré son intelligence, cela est d'un homme de peu.

Les lois des Principautés interdisaient à quiconque de ramasser des objets égarés, de peur que le peuple ne s'habitue à des choses dont la possession ne lui serait pas rituellement autorisée. Les distinctions et l'équité rituelles organisent l'Empire et y font régner l'ordre. Sans elles, il suffit d'une épouse et d'une concubine pour être en plein chaos.

Les habitants de l'Empire ont certes chacun leur point de vue mais ils s'accordent sur un certain nombre de points. Ainsi, en ce qui concerne le goût, tous louent le cuisinier Yi Ya de Qi, de même qu'en matière de musique on se réfère à Shi Kuang de Jin. Si l'on parle de politique, l'accord se fait sur les trois Rois Fondateurs [39]. Ceux-ci ont en effet instauré les lois et le système de mesures, ils ont organisé les Rites et la musique et ils les ont transmis. S'il en est qui veulent changer cela et faire par eux-mêmes, que feront-ils de mieux que l'harmonie des saveurs de Yi Ya, que les règles harmoniques conçues par Shi Kuang ? Sans les lois des trois Rois Fondateurs, l'Empire n'aurait pas tardé à disparaître ni les Principautés à périr.

(Boire sans manger, c'est ce que font les cigales. Certains serpents, eux, ne mangent ni ne boivent [40].)

Yu Shun et Xiao Ji étaient des fils pieux que leurs parents n'aimaient pas, Bi Gan et Zi Xu étaient des sujets loyaux que

38. Disciple de Confucius.
39. Respectivement Yu, fondateur de la dynastie des Xia, Tang, fondateur des Shang et Wen (souvent considéré, avec son fils Wu, comme fondateur unique) pour les Zhou.
40. Phrase obscure à laquelle les commentateurs chinois n'ont pas trouvé de signification satisfaisante. Peut-être s'agit-il d'une interpolation.

leur Prince ne paya point de retour, Confucius et son disciple Yan Yuan furent des hommes intelligents que leur époque méconnut. Si, opprimé par un gouvernement violent, on n'a nulle part où se réfugier, qu'on vante les qualités de ce gouvernement, qu'on exalte ses mérites, qu'on publie ses bons côtés et qu'on taise ses défauts [41].

S'être montré soumis et tomber en disgrâce, cela est imputable à la diffamation; être cultivé et laissé de côté, cela est imputable à la calomnie; dire pur et faire trouble, c'est parler trop.

L'homme accompli peut se rendre honorable, il ne peut faire en sorte d'être à coup sûr honoré; il peut se rendre précieux mais ne peut faire en sorte d'être à coup sûr apprécié.

Les Cinq Premiers Empereurs n'avaient pas besoin d'édicter ni de décréter, les Trois Rois Fondateurs n'avaient point recours aux traités solennels, les Cinq Hégémons n'échangeaient pas d'otages.

41. C'est le seul moyen de tenter de l'amender.

XXVIII

A PROPOS
DE CERTAINS VASES RITUELS

Confucius alla un jour visiter le Temple des Ancêtres des Ducs Huan de Lu. Il y avait là de ces vases inclinés qui se renversent lorsqu'ils sont pleins. Le Maître demanda au gardien du Temple : « A quoi ces vases servent-ils ? » Le gardien répondit : « Ce sont les vases qu'on dispose à la droite du siège d'honneur. » Le Maître reprit : « J'ai entendu dire que de tels vases s'inclinent lorsqu'ils sont vides, qu'à moitié pleins ils se redressent et qu'ils versent une fois remplis. » Et il ajouta, à l'adresse de ses disciples : « Versez-y de l'eau. » Ce qu'ils firent, après être allés en chercher. Et en effet les vases, une fois pleins à moitié, se redressèrent, emplis, ils versèrent et, vides, s'inclinèrent. Le Maître dit alors dans un soupir : « Ah ! Comment faire pour être empli sans se renverser ? » Son disciple Zi Lu s'approcha : « Oserai-je demander s'il existe une méthode pour atteindre le faîte et s'y maintenir ? » Confucius lui répondit : « La vivacité d'esprit, la clairvoyance, la haute Sagesse, l'intelligence, conservez-les par le moyen de l'innocence ; des mérites qui resplendissent sur tout l'Empire, conservez-les par le moyen de l'effacement ; le courage, la force, le pouvoir, gardez-les par le moyen de la prudence ; la plus grande richesse du monde, conservez-la par le moyen de l'humilité. C'est là ce qu'on appelle la voie de la discrétion et de la réserve. »

Confucius remplit quelque temps les fonctions de Premier Ministre du pays de Lu. Il n'était pas à la Cour depuis sept jours que déjà il condamnait Shao Zheng Mao. Des disciples vinrent le trouver : « Shao Zheng Mao est un homme connu dans le pays de Lu et voici, Maître, que vous inaugurez votre gouvernement par sa condamnation. N'est-ce pas dommage ? » « Prenez place, répondit Confucius, et je vais vous dire ce qu'il en est. L'homme peut avoir cinq défauts, au nombre desquels je ne compte pas le fait d'être voleur. Le premier est d'être intelligent et de se méconduire, le deuxième est d'être obstiné dans l'inconduite, le troisième est de distiller habilement des contre-vérités, le quatrième est de colliger des histoires extra-vagantes et de les répandre, le cinquième enfin est de s'adonner à la fausseté en se trouvant des justifications. Si quelqu'un possède l'un de ces cinq défauts, il ne saurait éviter la condamnation de la part d'un homme accompli. Or il se trouve que Shao Zheng Mao les rassemble tous les cinq! Il suffit qu'il soit quelque part pour que les disciples s'assemblent en foule autour de lui, il suffit qu'il parle pour travestir la vérité et semer partout le doute, il suffit qu'il exprime avec force une idée pour qu'elle soit pernicieuse et soutenue avec la dernière opiniâtreté. Cela fait de lui un phénix parmi les gens de rien, il était impossible de ne pas le condamner et cela pour les raisons mêmes qui portèrent Tang le Victorieux à condamner Yin Xie, Wen Wang à condamner Pan Zhi, Zhou Gong à condamner Guan Shu, Tai Gong à condamner Hua Shi, Guan Zhong à condamner Fu Li Yi et Zi Chan à condamner Deng Xi et Shi Fu. A des époques différentes, ces Maîtres ont agi d'un même cœur, ils ne pouvaient pas ne pas prononcer ces condamnations. Il est dit dans le *Livre des Odes :* " Le chagrin tourmente mon cœur, une troupe de personnes viles me poursuit de sa haine. [1] " Les gens de rien sont légion, c'est bien là un motif de souci. »

Lorsque Confucius exerçait à Lu les fonctions de Ministre de la Justice, il y eut un procès entre un père et son fils. Le Maître fit emprisonner ce dernier puis, de trois mois, ne trancha pas l'affaire. Le père revint alors pour demander une décision et Confucius fit relâcher le fils. Apprenant cela, le Conseiller Ji Sun s'écria, fâché : « L'honorable m'a trompé : il était d'accord avec moi pour dire que la piété filiale était indispensable à la bonne gouverne d'un État. Voici qu'il condamne un homme pour vilipender un manquement à la piété filiale et puis il le relâche! » Ran Zi [2] rapporta ces paroles au Maître. Celui-ci soupira tristement : « Hélas! En haut, on s'égare; en bas, on condamne. Comment cela est-il possible? Ne pas éduquer son peuple mais prêter l'oreille aux actions qu'il intente en justice, c'est condamner des innocents. Si les trois armées sont anéanties et qu'on ne puisse plus arrêter les coupables, si les affaires judiciaires ne sont pas convenablement instruites et qu'on ne puisse plus infliger de justes châtiments, la faute n'en incombe pas au peuple. Traiter légèrement les lois mais prononcer de lourdes condamnations, cela est destructeur. On voit aujourd'hui que la nature a un rythme mais que les impôts n'en ont point, et cela est de l'exaction. Ne dispenser aucun enseignement mais

---

1. *Cheu King, op. cit.,* Ode 26, 4e strophe.
2. Disciple de Confucius.

exiger que toutes les tâches soient accomplies au mieux, c'est de la brutalité. Ce n'est que lorsque ces trois calamités seront vaincues qu'on pourra faire usage des châtiments. Il est dit dans le *Livre des Documents :* " Il faudra que la peine capitale et les autres peines graves soient appliquées conformément à la justice, elles ne devront pas servir à satisfaire vos désirs particuliers. Dites que tout n'est peut-être pas encore réglé conformément à la justice et aux exigences du temps[3]. " C'est dire qu'il faut commencer par éduquer. »

Ainsi les Anciens Rois ont-ils mis le monde en ordre grâce à la Voie, à laquelle les Souverains ont commencé par se soumettre. Si le Souverain ne pouvait seul y parvenir, des sages éminents lui prêtaient assistance et si cela n'était toujours pas suffisant, on écartait les incapables en les tenant en respect. Dans ces conditions, il ne faut pas plus de trois ans pour que le peuple prenne de bonnes habitudes et les mauvais sujets, s'ils n'ont pas fait acte de soumission, peuvent alors être châtiés, le peuple ayant bien pris conscience de ce qui est coupable. Il est dit dans le *Livre des Odes :* « Chef de la famille des Yin[4], vous êtes Grand Maître, soutien de la dynastie des Zhou. Vous tenez la balance de l'Empire et faites la loi à tous les États. Vous êtes chargé d'aider le Fils du Ciel à empêcher le peuple de s'égarer[5]. » Et cela, au moyen d'une sévérité et d'une puissance dont il n'y a pas lieu de faire usage et de châtiments institués mais auxquels il n'est pas nécessaire de recourir. Tel était le sens de mon propos.

De nos jours, il n'en est pas ainsi, on désorganise l'éducation, on multiplie les châtiments, le peuple connaît le doute et la décadence. Cela appelle bien des mesures, les châtiments se font lourds et nombreux mais on ne vient pas à bout de ces fâcheuses tendances. Une voiture, même à vide, ne passera pas une dénivellation de trois pieds mais elle escaladera, même lourdement chargée, une montagne de sept cents pieds. Comment cela ? Parce qu'elle le fait petit à petit. On ne peut pas franchir une muraille de quelques dizaines de pieds, mais un enfant fera en se jouant l'ascension d'une montagne de sept cents pieds parce qu'il le fera peu à peu. Mais aujourd'hui, il y a longtemps que nous tombons petit à petit et le peuple ne saurait en supporter davantage. Il est dit dans le *Livre des Odes :* « La route de la capitale était unie comme une meule, droite comme la trajectoire d'une flèche. Les dignitaires la suivaient, les hommes du peuple [l'admiraient]. A présent, lorsque je tourne

3. *Chou King, op. cit.,* IVe part., chap. IX, § 13.
4. Homophone mais non homographe de la dynastie Yin.
5. *Cheu King, op. cit.,* Ode 191, 3e strophe.

mes regards vers cette route, je verse un torrent de larmes [6]. »
Comment ne pas s'affliger ?

Le *Livre des Odes* dit : « Je considère le soleil et la lune. Il
y a longtemps que je soupire après mon époux mais la distance
est grande, quand pourra-t-il être de retour [7] ? » Et Confucius a
dit : « En suivant tous la Voie, n'arriverons-nous pas ? »

Confucius alla voir les rapides de l'Est. Son disciple Zi Gong
lui demanda : « L'homme accompli, que doit-il retirer de la
contemplation d'un tel spectacle ? » Le Maître répondit : « Les
eaux profitent à tous les vivants et ne poursuivent aucun but,
elles ressemblent en cela à la vertu. Leur cours a beau se diriger
vers le bas et être sinueux, elles suivent le sens qui est le leur,
elles ressemblent en cela à l'équité rituelle. Leur ardeur ne
s'épuise jamais, elles ressemblent en cela à la Voie. Si elles
rencontrent une brusque dénivellation, elles y répondront comme
un écho, sans craindre de sauter plusieurs centaines de pieds et
elles ressemblent en cela au courage. De par leur surface plane,
elles ressemblent à la loi et lorsqu'elles emplissent quelque
chose, elles n'ont pas besoin de niveau, ressemblant en cela à
la justice. Elles s'infiltrent en douceur jusqu'au moindre petit
endroit et ressemblent en cela à la perspicacité. En sortant, en
entrant, elles purifient tout et ressemblent en cela à une
excellente éducation. Quels que soient leurs méandres, elles
finissent toujours par s'écouler vers l'est [8] et ressemblent en cela
à la volonté. Voilà pourquoi l'homme accompli, dès qu'il voit
s'écouler des eaux, va les contempler. »

Confucius a dit : « Il y a en moi de la honte, de la vilenie et
du danger. Je n'ai pas su, enfant, consacrer toutes mes forces à
l'étude ni, plus âgé, à l'enseignement et c'est là ma honte. J'ai
quitté mon pays, j'ai servi des Princes en occupant de hautes
fonctions et, rencontrant de vieilles connaissances, je n'ai pas
su leur parler le langage d'autrefois, c'est là ma vilenie. Je vis
enfin au milieu de gens de peu et c'est là mon danger. » Il a
dit aussi : « Parvenir à la hauteur d'une fourmilière et vouloir
progresser, j'approuve cela. Parvenir à la hauteur d'une colline
et vouloir s'arrêter, voilà ce que je désapprouve. » Il y en a
aujourd'hui qui ont beau étudier, ils ne valent pas une livre de
viande avariée, et voilà qu'ils se prennent pour des Maîtres !

Confucius, en voyage dans le Sud, se rendait au pays de Chu.
Entre les pays de Chen et de Cai, il rencontra des difficultés;
ses disciples et lui furent sept jours sans pouvoir rien manger
d'autre que des bouillons de plantes sans même du riz à y

6. *Ibid.*, Ode 203, 1re strophe.
7. *Ibid.*, Ode 34, 3e strophe.
8. Tous les fleuves de la Chine ont en effet un cours qui va *grosso modo*
d'ouest en est.

mettre. Ses disciples devenaient faméliques et Zi Lu vint parler au Maître : « D'après ce que j'ai entendu dire, le Ciel récompense de ses bienfaits ceux qui ont bien agi et punit ceux qui ont mal agi en leur envoyant des épreuves. Or, Maître, vous possédez toutes les vertus, vous pratiquez tant et plus l'équité rituelle, vous avez tant de qualités admirables que vous traduisez chaque jour dans les faits depuis bien longtemps. Pourquoi donc vous trouvez-vous en si triste posture ? » Confucius répondit : « Je vois, Zi Lu, que tu n'as rien compris. Je vais t'expliquer. Crois-tu que l'intelligence mène nécessairement à un emploi hono-rable ? Bi Gan, pourtant de souche royale, se vit bien arracher le cœur. Crois-tu que l'on fasse nécessairement appel aux gens loyaux ? Guan Long Feng fut bien exécuté. Crois-tu que l'on fasse forcément appel à d'honnêtes censeurs ? Wu Zi Xu fut bien dépecé à l'extérieur de la porte Est de Gu Su. Que l'occasion se rencontre ou non, c'est une question de moment, mais être sage ou indigne, c'est une question de qualités personnelles. Tant d'hommes accomplis ont beaucoup étudié, beaucoup approfondi leur jugement sans jamais rencontrer le moment propice. Regarde le nombre de ceux qui n'ont pas rencontré d'époque favorable, tu vois que Confucius n'est pas le seul ! Les plantes parfumées poussent au plus profond de la forêt, ce n'est pas parce que personne ne les respire qu'elles ne sentent rien. L'homme accompli n'étudie pas afin d'être reconnu mais pour traverser la misère sans en souffrir, supporter les soucis sans que sa pensée en pâtisse, comprendre le bonheur et le malheur, le commencement et la fin sans que son cœur verse dans le doute. Ainsi être sage ou indigne, cela dépend des qualités personnelles, ce que l'on fait ou non dépend des hommes, les circonstances que l'on rencontre ou non sont affaire d'époque tandis que vivre ou mourir, cela est l'affaire du destin. Si l'on ne rencontre pas le moment propice, comment pourrait-on, quelque sage que l'on soit, exercer ses talents ? Mais si l'on tombe au bon moment, nulle difficulté n'est insurmontable. Voilà pourquoi l'homme accompli cultive l'étude, approfondit son jugement, développe sa personnalité et se conduit irrépro-chablement en attendant son heure. » Et il ajouta : « Reste là encore que je te dise ceci : c'est lorsqu'il était dans l'adversité, au pays de Cao, que le Duc Zhong Er de Jin se découvrit le cœur d'un Hégémon ; c'est à Hui Ji que le Roi Gou Jian de Yue se découvrit le cœur d'un Hégémon et c'est à Ju que le Duc Huan de Qi se découvrit lui aussi le cœur d'un Hégémon. S'ils ne s'étaient pas ainsi trouvés dans l'adversité, ils n'auraient pas pensé si loin et leurs projets n'auraient pas été aussi vastes s'ils n'avaient pas été en si mauvaise posture. Comment pourrais-tu savoir si les épreuves présentes ne me réservent pas une telle issue [9]? »

Zi Gong [10] visita la salle Nord du Temple Ancestral des Princes de Lu. En sortant, il demanda à Confucius : « Je viens de visiter la salle Nord du Temple Ancestral Princier. Je ne m'y suis pas attardé mais suis retourné voir les vantaux de la porte Nord. Ils sont entièrement faits de morceaux séparés. Y a-t-il une raison à cela ou s'agit-il d'une maladresse du menuisier ? » Le Maître lui répondit : « La construction des salles d'un Temple Ancestral obéit à des règles précises, les fonctionnaires qui en sont chargés vont quérir les meilleurs artisans, les meilleurs bois sont ornés de la plus belle façon et l'élégance du résultat est le fruit des plus grands soins. »

9. Ou bien, si deux caractères de cette phrase sont un nom propre : « Comment pourrais-tu savoir si cela ne m'arrivera pas après avoir quitté Sang Luo ? »
10. Disciple de Confucius.

XXIX

LA VOIE FILIALE

Observer chez soi les règles de la piété filiale et au-dehors celles du respect dû aux aînés, c'est le moins que l'on puisse faire; obéir à ses supérieurs et se montrer bienveillant envers ses inférieurs, c'est ce qu'il est convenable de faire; suivre la Voie et non le Prince, suivre l'équité rituelle et non son père, c'est le mieux que l'on puisse faire. Modeler sa pensée sur les Rites et en imprégner son discours, c'est accomplir pleinement la voie de l'École confucéenne, même Shun n'aurait pas une virgule à y ajouter.

Il y a trois cas dans lesquels un fils pieux n'obéit pas aux ordres reçus : si en obéissant aux ordres il met ses parents en danger et qu'en n'obéissant pas il assure leur tranquillité, il n'obéira pas et ce sera loyauté de sa part. Si en obéissant il jette l'opprobre sur ses parents et qu'il sauve leur honneur en n'obéissant pas, il n'obéira pas et ce sera là agir conformément à l'équité rituelle. Si en obéissant il se comporte en bête sauvage alors qu'il cultive les valeurs morales en n'obéissant pas, il n'obéira pas, et ce sera respect de sa part. Ne pas obéir lorsqu'il est possible de le faire, ce n'est pas se comporter en digne fils, mais obéir lorsqu'il ne le faudrait pas, c'est manquer de loyauté. Comprendre clairement le sens que doivent avoir l'obéissance ou la non-obéissance tout en demeurant capable de bonté, de respect, de loyauté, de confiance, de droiture et d'intégrité en observant une conduite scrupuleuse, c'est être d'une grande piété filiale. C'est ce que veut dire la sentence que nous transmet la tradition : « Suivre la Voie et non le Prince, suivre l'équité rituelle et non son père. » Être capable de ne pas perdre le sens du respect au milieu des épreuves, des amertumes et des chagrins, ni le sens de l'équité rituelle malgré les malheurs et les difficultés de toutes sortes, pouvoir garder en son cœur l'amour pour ses parents lorsque par malheur on est en désaccord avec eux et que l'on s'en voit gravement désapprouvé, seul un homme de Haute Vertu y parvient. Le *Livre des Odes* dit bien : « Votre fils a rempli parfaitement son devoir [1]. »

---

1. *Cheu King, op. cit.,* Ode 247, 5e strophe.

Le Duc Ai de Lu demanda un jour à Confucius : « Le fils qui obéit à son père n'est-il pas un fils pieux ? Le sujet qui obéit à son Prince n'a-t-il pas un cœur droit ? » A trois reprises il posa la question mais le Maître ne répondait pas, puis Confucius sortit à pas pressés [2] et alla parler à son disciple Zi Gong : « Le Prince vient de me demander si le fils qui obéit à son père est un fils pieux et si le sujet qui obéit à son Prince a le cœur droit. Il m'a posé la question à trois reprises et je n'ai pas répondu. Qu'en penses-tu ? » Zi Gong répondit : « Le fils qui obéit à son père est certes un fils pieux et le sujet qui obéit à son Prince a certes le cœur droit, le Maître aurait-il là-dessus quelque chose à redire ? » « Quel petit esprit, s'exclama Confucius, et que tu comprends mal les choses ! Autrefois, un pays fort de dix mille chars avait quatre Ministres Censeurs et ses frontières demeuraient intactes, un pays fort de mille chars avait trois Ministres Censeurs et son territoire n'était pas en danger, un pays fort de cent chars avait deux Ministres Censeurs et le Temple Ancestral de ses Princes était en sûreté. Un père qui admet les conseils de son fils ne saurait rien faire en dehors des Rites, un gentilhomme qui admet les conseils d'un ami ne saurait rien entreprendre qui soit contraire à l'équité rituelle. Mais un fils qui obéit à son père, dans quelle mesure est-il un fils pieux ? Un sujet qui obéit à son Prince, dans quelle mesure a-t-il le cœur droit ? Réfléchir aux raisons qui portent à obéir, voilà qui s'appelle piété filiale et droiture. »

Son disciple Zi Lu demanda à Confucius : « Il y a près d'ici un homme qui se lève tôt, se couche tard, laboure tout le jour et sarcle et sème et plante. Il se fait des ampoules aux mains et aux pieds tant il travaille pour nourrir ses parents, et pourtant il a la réputation d'être un mauvais fils. Comment cela est-il possible ? » Confucius répondit : « Je suppose qu'il n'a peut-être pas une attitude respectueuse, ou qu'il parle sans modestie ou qu'il a un caractère difficile ? Un Ancien disait : " Vêtements ? Plats préparés ? Je ne veux pas dépendre de toi. " Voyons notre homme qui se lève tôt et se couche tard, qui laboure tout le jour et sarcle et sème et plante et qui a des ampoules aux mains et aux pieds à force de travailler pour nourrir ses parents. S'il n'avait aucun de ces trois défauts, comment aurait-il la réputation d'être un mauvais fils ? Il me semble qu'il a en outre des amis bien peu charitables. » Et le Maître d'ajouter : « Pense bien, Zi Lu, à ce que je te dis là. Le plus fort gaillard de tout le pays ne pourra jamais se soulever lui-même. Ce n'est pas qu'il manque de force, c'est une question de conformation. Ainsi un homme qui chez lui ne se conduit pas bien en porte lui-même

---

2. Ainsi que l'exigeait la bienséance.

la responsabilité mais si au-dehors il a mauvaise réputation, la faute en incombe à ses amis. C'est pourquoi l'homme accompli se comporte bien chez lui et il a pour amis des sages. Comment aurait-il la réputation d'être un mauvais fils ? »

Zi Lu demanda à Confucius : « Un Haut Fonctionnaire de notre pays de Lu, encore en deuil de ses parents, dort sur un lit [3], cela est-il conforme aux Rites ? » « Je ne sais pas », répondit Confucius. Zi Lu sortit et alla trouver Zi Gong : « Je croyais qu'il n'y avait rien que le Maître ne sût mais en fait il y a des choses qu'il ignore. » Zi Gong répliqua : « Que lui as-tu demandé ? » « J'ai demandé, raconta Zi Lu, s'il était conforme aux Rites qu'un Haut Fonctionnaire de notre pays de Lu, encore en deuil de ses parents, dorme sur un lit et le Maître m'a répondu qu'il ne savait pas. » « Je vais le lui demander pour toi », dit Zi Gong. Et il alla poser sa question : « Est-il conforme aux Rites de dormir sur un lit alors qu'on est encore en deuil de ses parents ? » « Non », répondit le Maître. Zi Gong sortit et s'en fut dire à Zi Lu : « Tu disais qu'il y a des choses que le Maître ignore ? En fait, il n'est rien qu'il ne sache mais c'est toi qui as mal posé la question. Les Rites n'admettent pas qu'on dise les fautes de celui sous la juridiction duquel on se trouve. »

Un jour, Zi Lu, superbement vêtu, alla rendre visite à Confucius. « Pourquoi t'es-tu donné si bel aspect, Zi Lu ? Il y avait autrefois un fleuve qui prenait sa source au Mont Min. Là où il sourdait, on pouvait en faire couler le filet d'eau dans une coupe, mais à son embouchure, il fallait pour le traverser faire un pont de bateaux et éviter les grands vents. Était-ce seulement en raison de la force du courant et de la largeur des eaux [ou aussi parce que les hommes étaient impressionnés]? Toi aussi, maintenant, [tu es impressionnant] pompeusement paré, l'air satisfait. Qui sous le ciel oserait te faire la moindre remontrance ? » Zi Lu s'empressa de sortir, alla se changer et revint, l'air soumis. Le Maître lui dit alors : « Pense bien à ce que je vais te dire : qui surveille ses propos parle sans fioritures, qui surveille sa conduite ne passe pas les bornes, qui prend ostensiblement la couleur de l'intelligence et du talent est un homme de peu. Car l'homme accompli dit qu'il sait lorsqu'il sait et qu'il ne sait pas lorsqu'il ne sait pas, c'est là la règle de son discours. Ce dont il est capable, il s'en dit capable et il se dit incapable de ce dont il n'est pas capable, c'est là le fondement de son action. Un discours réglé est intelligent, une action fondée est vertueuse et si l'on ajoute la Vertu Suprême à l'intelligence, en quoi serait-on défaillant ? »

Comme Zi Lu arrivait, le Maître un jour lui demanda : « Zi

---

3. Au lieu de la natte rituellement prescrite.

Lu, comment se comporte quelqu'un d'intelligent ? Comment se comporte un homme à la Haute Vertu ? » « Le premier, répondit Zi Lu, aide les hommes à se connaître eux-mêmes et le second les aide à s'aimer eux-mêmes. » « On peut dire que voilà la réponse d'un homme avisé », dit le Maître. Zi Gong survenant à son tour, Confucius lui demanda : « Zi Gong, comment se comporte quelqu'un d'intelligent ? Comment se comporte un homme de Haute Vertu ? » Zi Gong répondit : « Le premier connaît les hommes, le second les aime. » « Voilà la réponse d'un homme accompli », dit le Maître. Ce fut au tour de Yan Yuan d'entrer. Confucius lui demanda : « Yan Yuan, comment se comporte un homme intelligent ? Comment se comporte un homme de Haute Vertu ? » « Le premier, répondit Yan Yuan, se connaît et le second s'aime. » « Voilà la réponse d'un homme accompli et lumineux », s'exclama Confucius.

Zi Lu demanda à Confucius : « L'homme accompli a-t-il des soucis ? » Le Maître répondit : « S'il n'a pas obtenu encore ce qu'il désirait, l'homme accompli trouve sa joie dans ses pensées et s'il l'a obtenu, il trouva sa joie en en bien usant. Ainsi est-il toujours dans la joie et il ne connaît pas un seul jour de souci. L'homme de peu, quant à lui, vit dans le souci de n'avoir pas encore ce qu'il désirait, tant qu'il ne l'a pas obtenu et dès qu'il l'a, il vit dans la crainte de le perdre, aussi est-il perpétuellement en souci et il ne connaît pas un seul jour de joie. »

XXX

SE COMPORTER
SELON LES PRÉCEPTES

Gong Shu lui-même[1] n'aurait rien à ajouter à l'exactitude du cordeau et de l'encre, de même nul grand Sage ne saurait rien ajouter aux Rites. Les Rites, la masse les applique sans les comprendre et le Sage les applique en les comprenant.

Zeng Zi[2] dit : « Il ne faut ni traiter des parents en simples relations ni traiter familièrement des étrangers. Il ne faut rien reprocher aux autres si l'on n'est pas parfait soi-même. Il ne faut pas encourir des châtiments et s'en plaindre au ciel. Traiter des parents en relations et familièrement des étrangers, c'est agir à l'envers. N'être pas parfait et faire des reproches aux autres, c'est viser trop loin. Encourir des châtiments et s'en plaindre au ciel, c'est réagir trop tard. Il est dit dans le *Livre des Odes* : « Ne pas contenir ni maîtriser les eaux lorsqu'elles ne sont qu'une rigole, aller remettre des rayons à une roue dont le moyeu est cassé, se mettre à soupirer lorsque tout est perdu, à quoi cela sert-il[3] ? »

Zeng Zi était malade et son fils Zeng Yuan lui soutenait les jambes. Zeng Zi lui dit : « Souviens-toi, Yuan, de ce que je te dis là : pour certains poissons, pour les trionyx, pour certaines tortues et pour les crocodiles, les eaux qui nous paraissent profondes ne le sont pas et c'est en leur sein qu'ils aménagent leurs habitations. Pour les aigles et les milans, les montagnes sont basses et ils construisent leurs nids sur les sommets. S'ils vont s'installer en de tels endroits, c'est qu'ils y trouvent leur subsistance. L'homme accompli, pour peu qu'il se montre capable de ne pas offenser par intérêt les règles de l'équité rituelle, n'encourra ni honte ni déshonneur. »

Son disciple Zi Gong demanda un jour à Confucius : « Pourquoi l'homme accompli prise-t-il le jade alors qu'il fait peu de cas de l'albâtre ? Est-ce parce que le jade est rare tandis que

---

1. Célèbre menuisier du pays de Lu.
2. Disciple de Confucius.
3. Extrait d'une Ode perdue.

l'albâtre est répandu ? » « Que dis-tu là, Zi Gong, répliqua le Maître, comment un homme accompli mépriserait-il une chose parce qu'elle est répandue et en estimerait-il une autre parce qu'elle est rare ? S'il prise le jade, c'est qu'il le compare aux vertus. Il a la douceur et la beauté qui font l'éclat de la Vertu Suprême ; il a la dureté et la veine de l'intelligence ; il a la force, la constance et l'inflexibilité de l'équité rituelle ; il est résistant sans être blessant, telle la pratique des règles morales ; il rompt mais ne se trouble pas, tel le courage ; il montre à la fois ses défauts et ses merveilles, telle la franchise instinctive ; lorsqu'on le fait tinter, il rend un son pur, ample, qui s'entend de loin et qui s'arrête avec la netteté d'une parole. Aussi finement travaillé qu'il soit, jamais l'albâtre n'aura la noble élégance du jade. Il est dit dans le *Livre des Odes :* « Je pense à mon mari, il est doux comme le jade [4]. » Tel était le sens de mon propos.

Zeng Zi a dit : « Si ceux en compagnie de qui j'ai étudié ne m'aiment pas, c'est que je dois manquer d'aménité ; si ceux avec lesquels je suis en relation ne me respectent pas, c'est que je dois manquer de respectabilité ; si, dans les affaires d'argent, on ne me fait pas confiance, c'est que je ne dois pas inspirer confiance. Comment, après cela, irais-je faire des reproches aux autres ? Ceux qui font des reproches aux autres sont malheureux, ceux qui font des reproches au ciel sont inconscients. S'égarer soi-même et se retourner contre les autres, n'est-ce pas vraiment aberrant ? »

Nan Guo Hui Zi demanda un jour à Zi Gong : « Comment peut-il y avoir des gens si différents qui se pressent à la porte du Maître ? » Zi Gong répondit : « L'homme accompli se rectifie lui-même au contact d'autrui, il ne souhaite ni repousser ceux qui viennent à lui ni retenir ceux qui s'en vont. Les malades sont nombreux à la porte du bon médecin et il y a bien des pièces de bois près des outils du menuisier, c'est pour cela aussi qu'il y a des gens de toutes sortes à la porte du Maître. »

Confucius a dit : « L'homme accompli traite les autres comme il voudrait être traité lui-même, et cela de trois manières : il ne saurait se montrer incapable de servir son Prince tout en exigeant la soumission de ses inférieurs. Il ne saurait se montrer incapable de reconnaissance envers ses parents tout en exigeant de ses enfants des marques de piété filiale. Il ne saurait se montrer incapable de respecter son frère aîné tout en exigeant l'obéissance de son cadet. Celui dont la conduite est tout à fait claire en regard de ces trois points, on peut dire qu'il est irréprochable. »

---

4. *Cheu King, op. cit.,* Ode 128, 1re strophe.

Confucius a dit : « L'homme accompli a trois préoccupations incontournables : si, jeune, il n'étudie pas, il deviendra un adulte incapable. Si, âgé, il n'enseigne pas, il mourra sans laisser de trace. S'il ne donne pas lorsqu'il a, on ne lui donnera rien lorsqu'il viendra à manquer. Lorsqu'il est jeune, l'homme accompli pense à l'adulte qu'il deviendra et il étudie; lorsqu'il est âgé, il pense à ce qui se passera après sa mort et il enseigne; lorsqu'il est nanti, il pense à la misère qui peut survenir et il se montre généreux. »

XXXI

LE DUC AI DE LU

Le Duc Ai de Lu demanda un jour à Confucius : « Je souhaiterais choisir des hommes de valeur dans ce pays et gouverner avec eux. Oserai-je vous demander comment les trouver ? » Confucius lui répondit : « Vivre dans le monde d'aujourd'hui en se souvenant de la Voie Antique, être environné des mœurs de ce temps en revêtant le vêtement antique, être quelque part et faire le contraire de ce qui s'y fait, cela n'est-il pas bien rare ? » Le Duc Ai reprit : « Ceux qui portent la coiffe ancienne, qui mettent les chausses d'autrefois, ceignent la grande ceinture pendante et ont une tablette glissée dessous sont donc des sages ? » « Pas nécessairement, répliqua le Maître, mais ceux qui revêtent les habits de cérémonie, portent la coiffe des dignitaires et prennent place dans les chars officiels se souviennent bien qu'ils ne sont pas là pour de vulgaires ripailles et ceux qui, en grand deuil, chaussent des sandales de jonc, ont un bâton à la main et se nourrissent de bouillon clair se souviennent bien qu'ils ne sont pas en état de faire bombance. Vivre dans le monde d'aujourd'hui en se souvenant de la Voie Antique, être environné des mœurs de ce temps en revêtant le vêtement antique, être quelque part et faire le contraire de ce qui s'y fait, il y a certes des gens qui y parviennent mais ils sont rares. » « Bien », conclut le Duc.

Confucius dit : « Il y a cinq sortes d'hommes : l'homme médiocre, l'homme avisé, l'homme accompli, le sage et le Grand Sage. » Le Duc Ai interrogea : « Oserai-je demander à quoi l'on peut reconnaître un homme médiocre ? » « Celui, répondit Confucius, qu'on appelle *homme médiocre* tient des propos qui ne reflètent aucune qualité particulière, son cœur ne connaît pas l'humilité, il ne sait pas s'entourer de sages et de gens de qualité qui l'aideraient et se soucieraient de lui, lorsqu'il entreprend quelque chose, il ne sait pas sur quoi il faut faire porter son effort et s'il s'arrête et reste sur place, il ne sait pas choisir le bon endroit, il passe son temps à faire des choix mais il ne sait pas ce qui a de la valeur, il suit les choses comme porté par un courant et il ne sait pas vers quoi il se dirige, ce

sont ses sens qui le guident et son cœur leur obéit pour son
malheur. Voilà ce qu'est l'homme médiocre. » « Bien, répliqua
le Duc Ai, oserai-je maintenant demander à quoi l'on reconnaît
un homme avisé ? » « Celui qu'on appelle *homme avisé,* répondit
le Maître, même s'il ne parvient pas à appliquer entièrement
les méthodes qui mènent à la Voie, s'y conforme cependant
toujours et même s'il ne possède pas entièrement toutes les
qualités morales, bon nombre sont en lui. Ainsi ses connaissances
ne sont-elles pas très étendues, mais il sait bien ce qu'il sait,
son discours n'est pas très fourni mais il connaît bien ce dont
il parle, il n'agit pas beaucoup mais avec profondeur. A partir
du moment où ce qu'il connaît relève du déjà connu, ce qu'il
dit relève du déjà dit et ce qu'il fait, du déjà fait, tout cela lui
est aussi naturel que la peau et les os et il n'en varie jamais. Il
n'est ni riche à s'enrichir ni pauvre à s'appauvrir. Tel est celui
qu'on peut appeler un homme avisé. » « Fort bien, répliqua le
Duc Ai, mais oserai-je maintenant demander à quoi l'on
reconnaît un homme accompli ? » « Le discours de celui qu'on
appelle *homme accompli,* répondit Confucius, est loyal et digne
de confiance mais au fond de son cœur il ne se croit pas
vertueux; la Vertu Suprême et l'équité rituelle sont en lui mais
sans ostentation aucune; ses idées et ses pensées sont claires et
pénétrantes sans que ses propos soient jamais agressifs, de telle
façon que celui qui s'efface et qui paraît si aisé à égaler, celui-
là soit un homme accompli. » Le Duc Ai reprit : « Fort bien.
Oserai-je maintenant demander à quoi l'on reconnaît un sage ? »
« Celui qu'on appelle un *sage,* répondit Confucius, se conduit
d'une façon rigoureusement correcte sans léser en rien la nature,
son discours à soi seul est une loi pour l'Empire sans pour
autant le léser lui-même, riche de la richesse du monde, il ne
détourne rien à son profit mais distribue généreusement par
tout l'Empire sans crainte de s'appauvrir. Tel est celui qu'on
appelle un homme sage. » « Fort bien, dit le Duc Ai. Oserai-je
maintenant demander à quoi l'on reconnaît un Grand Sage ? »
Confucius répondit : « Celui qu'on appelle *Grand Sage* a une
intelligence à l'unisson de la Grande Voie, il n'est jamais en
peine de répondre à toute situation nouvelle, il discerne la
nature propre de chacun des dix mille êtres. La Grande Voie
est ce qui régit l'évolution et l'accomplissement de la destinée
des dix mille êtres, la nature propre de chacun est ce qui lui
permet de reconnaître le sens de ce qui pour lui est vrai ou
faux, de ce qu'il lui faut prendre ou laisser. C'est pourquoi
l'action du Grand Sage est aussi vaste que le ciel et la terre;
ses lumières sont aussi pénétrantes que la clarté du soleil et de
la lune; il apporte aux dix mille êtres ce dont ils ont besoin,
aussi bien que le vent et la pluie; il est d'une impeccable

précision et son action est inégalable, comme celle d'un Ministre
Céleste, elle demeure incompréhensible au commun des mortels
car le peuple est une eau peu profonde et il ne comprend pas
ce qu'il a sous les yeux. Voilà ce qui fait que l'on mérite d'être
appelé Grand Sage. » « Bien! » s'écria le Duc Ai.

Le Duc Ai de Lu questionna un jour Confucius sur la coiffe
de l'Empereur Shun. Comme le Maître ne répondait pas, bien
que le Duc eût plusieurs fois réitéré sa question, celui-ci finit
par s'écrier : « Nous avons posé au Maître une question sur la
coiffe de Shun, pourquoi ne Nous a-t-il pas répondu? » Le
Maître répliqua : « Les Souverains d'autrefois portaient un simple
casque et ils avaient le cou ceint d'une écharpe, leur gouvernement respectait la vie et ils détestaient recourir à la peine
capitale. C'est pour cela qu'il y avait des phénix dans les bois
et des licornes dans les landes, on pouvait voir des nids d'oiseau
bas placés. Mais ce n'est pas là ce qu'a demandé Votre Seigneurie,
Elle m'a posé une question sur la coiffe de Shun. Voilà pourquoi
je n'ai pas répondu. »

Le Duc Ai de Lu dit un jour à Confucius : « Nous sommes
nés entre les murs du Palais, Nous avons grandi entre les mains
des femmes et Nous n'avons pas eu l'occasion de connaître la
tristesse, ni le souci, ni le labeur, ni l'inquiétude, ni le danger. »
« Les propos de Votre Seigneurie, répondit le Maître, sont ceux
d'un Prince Sage, comment l'homme de peu que je suis pourrait-
il les comprendre? » « Si ce n'est vous, Maître, qui donc
m'instruira? » répliqua le Duc. Confucius reprit : « Lorsque
Votre Seigneurie franchit le seuil du Temple Ancestral et se
dirige vers la droite, que, depuis les marches de la terrasse, Elle
monte en portant Ses regards vers les poutres du toit, qu'Elle
voit ensuite les tables basses disposées avec les objets cultuels
qui y ont toujours été, alors que les hommes qui les y avaient
placés ont, eux, disparu depuis longtemps et que cela fait venir
à Votre Seigneurie de tristes pensées, comment ne connaîtrait-
Elle pas la tristesse? Lorsqu'à l'aube naissante Votre Seigneurie
vient à être peignée et coiffée, que, le jour levé, Elle tient Sa
Cour et que quelque chose, amorce de désordre, ne répond pas
à Son attente et La plonge en des pensées soucieuses, comment
Votre Seigneurie ne connaîtrait-Elle pas le souci? Lorsque le
soleil est à son zénith, Votre Seigneurie tient Sa Cour, puis
vient le moment où, l'astre du jour déclinant, on se retire et
c'est alors que les familles des Grands en détresse se présentent
dans la cour arrière du Palais. Votre Seigneurie se trouve alors
devant des questions difficiles, comment ne connaîtrait-Elle pas
le labeur? Lorsque Votre Seigneurie franchit les portes de Sa
capitale afin d'en inspecter les alentours, Elle voit les ruines
des pays disparus qui ont laissé là leurs traces et Elle en conçoit

des pensées pleines d'inquiétude. Comment l'inquiétude alors ne Lui viendrait-elle pas? J'ai entendu dire qu'un Prince est comparable à un navire et son peuple à de l'eau. Or, si l'eau peut porter le navire, elle peut aussi le renverser. Votre Seigneurie ne saurait manquer de voir là matière à danger. Comment, dans ce cas, ne connaîtrait-Elle pas le danger? »

Le Duc Ai de Lu demanda un jour à Confucius : « Le port des vêtements de cérémonie ajoute-t-il à la Vertu Suprême? » Avec le plus grand respect, le Maître fit cette réponse : « Est-il possible que Votre Seigneurie daigne me poser cette question? Si ceux qui portent l'habit de chanvre et la canne de bambou en signe de deuil de leurs parents ne vont pas entendre de la musique, ce n'est pas que leur oreille soit devenue incapable d'entendre, c'est que leur vêtement les en retient. Si ceux qui revêtent les robes de cérémonie noires et blanches ou bleues et noires ne mangent ni ail ni oignon, ce n'est pas que leur bouche soit devenue incapable d'en sentir la saveur, c'est que leur tenue les arrête. J'ai en outre entendu dire que ceux qui aiment faire du commerce se gardent bien de rien laisser perdre tandis que les gens élevés ne se livrent pas au négoce. Que Votre Seigneurie observe qui amasse et qui n'amasse pas. Elle comprendra. »

Le Duc Ai de Lu demanda à Confucius : « Indiquez-moi, je vous en prie, la manière de choisir les hommes. » Le Maître répondit : « Il ne faut les choisir ni trop volontaires, ni méchants, ni bavards. Trop volontaires, ils deviennent avides; méchants, ils sont source de désordre et la hâblerie devient médisance. Un arc doit être bien préparé pour donner toute sa puissance, un cheval doit être bien dressé pour donner toutes ses qualités, un homme doit être intègre et digne de confiance pour donner la mesure de son intelligence et de ses capacités. Celui qui a beaucoup d'intelligence et de compétences mais qui n'est ni intègre ni digne de confiance ressemble à un chacal ou à un loup, on ne peut pas l'approcher. On dit : "Le Duc Huan de Qi fit appel à un bandit et le Duc Wen de Jin à un voleur [1]." Ainsi un Souverain éclairé se fiera-t-il davantage aux qualités réelles de quelqu'un plutôt qu'au sentiment qu'il lui inspire, tandis qu'un mauvais Souverain écoutera d'abord ses sentiments avant de vérifier les qualités d'un homme. Si le réalisme l'emporte, le Souverain sera fort, sinon il court à sa perte. »

Le Duc Ding de Lu demanda un jour à Yan Yuan [2] : « Dong Ye Bi n'est-il pas un excellent conducteur de char? » A quoi Yan Yuan répondit : « Certes, mais ses chevaux s'enfuiront. » Mécontent, le Duc Ding sortit et s'en fut dire à ses courtisans :

1. Il s'agit respectivement du célèbre Guan Zhong et de Li Fu Xu.
2. Respectivement père du Duc Ai et disciple préféré de Confucius.

« Un homme accompli est décidément bien médisant! » Trois jours plus tard, un écuyer vint dire au Duc : « Les chevaux de Dong Ye Bi ont disparu! Les deux chevaux latéraux se sont détachés et les deux autres ont quitté l'écurie. » Le Duc se leva d'un bond en s'écriant : « Qu'un attelage aille immédiatement chercher Yan Yuan! » A l'arrivée de ce dernier, il lui dit : « L'autre jour, Maître, vous avez répondu à la question que Nous vous avions posée : " Certes, Dong Ye Bi est un excellent conducteur de char mais ses chevaux s'enfuiront. " Nous ne comprenons pas comment vous le saviez. » Yan Yuan répondit : « Votre serviteur a fait une comparaison politique : autrefois, Shun réussit à gouverner son peuple et Zao Fu réussit à maîtriser ses chevaux, or Shun n'épuisa pas plus son peuple que Zao Fu, ses chevaux. C'est pourquoi le premier ne perdit pas son peuple tandis que le second ne perdit pas ses chevaux. La façon dont Dong Ye Bi conduit son attelage consiste à être debout sur son char et à tenir fermement rênes et brides en demeurant lui-même fort droit. Si les chevaux ont tendance à s'emballer, il connaît la manière de les contenir, il les fait passer partout où il veut mais il veut aller trop loin et il épuise leurs forces. Il était facile de prévoir ce qui se passerait s'il leur en demandait encore davantage. » « Bien, dit le Duc Ding, mais ne sauriez-vous pousser un peu plus loin votre raisonnement? » « Votre serviteur, reprit Yan Yuan, a entendu dire qu'un oiseau réduit à la dernière extrémité becquette n'importe quoi, qu'une bête sauvage réduite à la dernière extrémité se saisit de n'importe quoi et qu'un homme réduit à la dernière extrémité dit n'importe quoi. Depuis l'Antiquité jusqu'à nos jours, il n'y eut jamais personne qui, ayant réduit ses inférieurs à la dernière extrémité, ne se trouvât pas en danger. »

XXXII

A PROPOS D'UNE QUESTION DE YAO

Yao demanda un jour à Shun : « Je voudrais faire converger l'Empire tout entier mais comment m'y prendre ? » « Tiens-t'en à l'unique et ne le perds pas, lui fut-il répondu, occupe-toi sans surseoir de la plus petite affaire, sois toujours loyal et digne de confiance et l'Empire viendra de lui-même. Tiens-t'en à l'unique comme le ciel et la terre, veille sur la moindre affaire comme le soleil et la lune, que la loyauté et la sincérité fleurissent en toi et soient visibles dans ton comportement, qu'elles se manifestent partout entre les quatre mers et que le monde entier ne soit qu'un lieu unique. Voilà ce qu'il faut pour que tu réussisses ! »

Le Marquis Wu de Wei était bon politique. Aucun de ses Ministres ne le valait et, un jour que, le Conseil étant terminé, le Marquis se retirait l'air satisfait, Wu Qi [1] entra et dit : « Savez-vous ce que l'on racontait à propos du Roi Zhuang de Chu [2] dans son entourage ? « Eh bien que disait-on du Roi Zhuang de Chu ? » interrogea le Marquis Wu. « Le Roi Zhuang de Chu, répondit Wu Qi, était bon politique. Aucun de ses Ministres ne le valait et, un jour que, le Conseil étant terminé, il se retirait l'air soucieux, Shen Gong Wu Chen s'avança et lui demanda : " La Cour vient de siéger et Votre Majesté semble soucieuse, comment cela se fait-il ? " Le Roi Zhuang répondit : " L'insuffisant Monarque que je suis réussit en politique mais aucun de mes Ministres ne me vaut, c'est pour cela que je suis soucieux. Cela me rappelle en effet le propos de Zhong Hui [3] qui disait que les Grands, s'ils rencontrent des Maîtres véritables, sont dignes d'être Rois ; s'ils rencontrent des amis véritables, ils sont dignes d'être Hégémons ; s'ils rencontrent des égaux, ils peuvent subsister mais ils disparaissent s'ils se persuadent que personne ne les vaut. Or l'insuffisant Monarque que je suis est un homme indigne et aucun de mes Ministres ne me vaut, mon pays est

1. Homme d'une Principauté homonyme (Wei, mais avec une autre orthographe) qui occupa d'importantes fonctions à Wei puis réforma la législation du pays de Chu.
2. Le dernier des Cinq Hégémons (613-591 A.C.).
3. Conseiller de Tang le Victorieux, fondateur de la dynastie Shang.

donc promis à la destruction! Voilà pourquoi je suis soucieux. ”
C'est donc cela même qui mettait le Roi Zhuang en souci qui
réjouit aujourd'hui Votre Seigneurie. » Le Marquis Wu fit un
pas en arrière et, levant ses mains jointes, s'écria : « Fasse le
Ciel, Maître, que vous Nous gardiez de Nos fautes! »

Bo Qin, fils de Zhou Gong, était sur le point d'aller prendre
possession de son fief, le pays de Lu. Zhou Gong dit à son
Précepteur : « Vous allez maintenant partir, ne me direz-vous
pas quelles vertus, quelles qualités vous trouvez à mon fils? »
« Il est généreux, lui fut-il répondu, il aime à compter sur lui-
même et il est scrupuleux. Ces trois traits sont les vertus et les
qualités de Votre fils. » « Hélas! s'exclama Zhou Gong. Irai-je
prendre des défauts pour qualités et vertus? L'homme accompli
aime à s'appuyer sur la Voie et la vertu et cela est cause que
le peuple regagne la Voie. Mais sa générosité est du ressort
d'un mauvais discernement et vous l'appelez une qualité? Cette
façon de ne compter que sur soi est la marque d'un caractère
petit. L'homme accompli aura beau être fort comme un bœuf
et courir aussi vite qu'un cheval, il n'ira mesurer ni sa force à
celle d'un bœuf ni sa vitesse à celle d'un cheval et s'il est aussi
intelligent qu'un autre, il n'ira pas faire assaut d'intelligence
avec lui. Ce genre de compétition est la marque d'un caractère
enclin à vouloir toujours tout égaler et vous appelez cela une
qualité? Ce que vous appelez caractère scrupuleux, c'est cela
même qui le rend peu profond. J'ai entendu dire qu'à moins
de dépasser les préjugés sociaux on ne voit pas la valeur des
hommes et que lorsqu'on rencontre un homme de valeur, il
faut lui demander où il nous trouve insuffisant. Ne pas poser
ce genre de question, c'est bien peu savoir sur les choses et
cette étroitesse est bien la marque de peu de profondeur. Or ce
caractère superficiel est la marque des hommes vils et vous
l'appelez une qualité? Je vais vous dire une chose : je me trouve
être le fils du Roi Wen, le frère du Roi Wu et l'oncle du Roi
Cheng et je ne passe pas, à la face du monde, pour un homme
vil. Cela étant, il y a une dizaine de personnes à qui je suis allé
moi-même faire les présents rituels, il y en a une trentaine à
qui je suis allé rendre leur visite en leur offrant les présents
rituels, plus d'une centaine avec qui j'ai échangé des Rites de
courtoisie et plus d'un millier d'humbles que j'ai reçus et
écoutés. Parmi tous ces hommes, j'en ai découvert trois qui
puissent m'aider à me corriger moi-même et à organiser
l'Empire, mais ces trois-là, je ne les ai trouvés ni parmi les dix
ni parmi les trente mais parmi les cent et les mille. C'est
pourquoi, si j'use des Rites simples envers les personnes haut
placées, j'use toujours des Rites complets envers les humbles.
Chacun sait que je vais au-delà des préjugés sociaux par intérêt

envers les gens de valeur c'est pourquoi les gens de valeur se présentent et ce n'est que lorsqu'ils sont là que l'on peut voir les choses en face. Alors, voyant les choses en face, on peut prendre conscience de ce qui est vrai et de ce qui est faux. Il faut veiller à cela! Méfiez-vous si vous faites le fier au pays de Lu. Ceux qui pensent surtout à l'importance de leur traitement se montrent arrogants mais certainement pas ceux qui ont le souci de se corriger. Ceux qui ont souci de s'améliorer laissent les honneurs et se font humbles, ils laissent les richesses et mènent une vie simple, ils délaissent l'oisiveté et se donnent de la peine, leur visage noirci ne leur fait pas perdre la place qui est la leur. C'est ainsi que l'Empire suivra sans relâche les bons principes et que la culture et l'élégance morale ne failliront point. »

On raconte qu'un feudataire de Zeng Qiu rendit visite à Sun Shun Ao, Premier Ministre du pays de Chu, et lui dit : « J'ai entendu dire que les gens n'aimaient pas les fonctionnaires qui restent longtemps en poste au même endroit, que le peuple murmurait contre ceux qui ont de gros traitements et que les hommes accomplis se méfiaient des dignitaires. Or vous-même, en tant que Premier Ministre, cumulez les trois et la population de Chu ne vous en tient nulle rigueur. Comment cela se fait-il ? » Sun Shun Ao répondit : « A trois reprises j'ai été nommé Premier Ministre de Chu et je me suis senti de plus en plus humble, chaque fois mon traitement a été augmenté et j'ai accru mes largesses, plus ma position s'est élevée et plus j'ai appliqué avec bonté les Rites, c'est pourquoi la population de Chu ne m'en a tenu aucune rigueur. »

Zi Gong dit un jour à Confucius : « Je voudrais être humble envers les autres mais je ne sais comment m'y prendre. » Confucius répondit : « Être humble envers autrui ? Cela ressemble au travail de la terre : si l'on creuse des sillons profonds, on reçoit les bienfaits de l'eau; si l'on ensemence, les cinq céréales poussent, plantes et arbres se développent, les animaux prospèrent, ce qui vit croît et ce qui meurt rentre en terre. La terre apporte bien des fruits mais il ne faut pas se reposer sur ses propres vertus. Être humble envers les autres, cela ne ressemble-t-il pas au travail de la terre ? »

Autrefois, le pays de Yu n'eut pas recours à Gong Zhi Qi et ce fut le pays de Jin qui l'employa, le pays de Lai n'eut pas recours à Zi Ma et ce fut le pays de Qi qui l'employa, le tyran Zhou fit ouvrir la poitrine du fils de Roi qu'était Bi Gan et ce fut le Roi Wu qui recueillit l'Empire. Ne pas s'entourer de sages, refuser de faire appel à l'intelligence, c'est vouer soi-même à la disparition et son pays à la ruine.

⁴ Certains prétendent que Maître Xun ⁵ ne vaut pas Confucius. On ne peut pas parler ainsi : Maître Xun a souffert d'une époque troublée, il a été frappé de lourdes peines. Il n'a connu, en haut, aucun Prince sage alors qu'en bas il a rencontré la violence du pays de Qin, les Rites et l'équité rituelle maltraités, l'éducation restant lettre morte, la Vertu Suprême étouffée, l'Empire plongé dans les ténèbres, les gens de mérite persécutés, les Grands se harcelant entre eux. En de pareils temps, l'intelligence n'a pas l'occasion de concevoir, le talent ne trouve pas à s'employer et la sagesse demeure impuissante. C'est pourquoi Princes et gouvernants sont empêchés d'y voir clair tandis que les sages sont muselés et ne sont point reçus. C'est dans de telles conditions que Maître Xun, dont le cœur était empreint de la plus haute sagesse, faisait figure de fou et que le monde le prenait pour un ignorant. Il est bien dit dans le *Livre des Odes :* « Il est habile, perspicace et sait conserver intacte sa vertu ⁶. » Telles sont donc les raisons qui ont empêché sa gloire de s'étendre, ses disciples d'être plus nombreux et sa pensée de rayonner davantage. Ceux qui étudient aujourd'hui ce qui subsiste de son enseignement peuvent y trouver de quoi rétablir dans l'Empire le respect de la loi et l'honnêteté car là où ses idées seraient appliquées, il régnerait un ordre divin tandis que là où son enseignement parviendrait, les fautifs s'amenderaient.

A voir les mérites de Maître Xun, on peut bien dire que Confucius ne le surpassait pas, mais son époque l'a méconnu et lui a dénié le nom de Grand Sage. Comment cela est-il possible ? C'est que le monde était alors en désordre et qu'il n'a pas rencontré l'époque propice. Il était vertueux comme Yao et Shun mais bien peu de ses contemporains en eurent conscience. En n'appliquant pas ses méthodes, on a plongé les hommes dans le doute. Son intelligence était lumineuse, il a suivi la Voie et s'est conduit avec assez de droiture pour servir d'exemple au monde. Hélas, voici un sage qui eût pu occuper le Trône et le monde ne l'a pas reconnu, ce monde qui encensa les tyrans Jie et Zhou et qui tua tant de sages et d'hommes bons. Bi Gan eut le cœur arraché, Confucius fut arrêté à Kuang, Jie Yu se retira du monde, Ji Zi simula la folie, alors que Tian Chang instaura le désordre et que He Lü abusa de sa force. Ceux qui se sont vautrés dans le mal ont été récompensés et

4. Comme toute la fin de cet ouvrage, ce passage n'est évidemment pas de la main de Xun Zi, il est même douteux que ses disciples eussent osé de telles comparaisons (alors qu'on peut raisonnablement leur attribuer ce qui, dans les pages qui précèdent, n'est pas du pinceau du Maître).

5. Il s'agit donc de Xun Zi, notre auteur.

6. *Cheu King, op. cit.,* Ode 260, 4ᵉ strophe.

ceux qui faisaient le bien furent dans le malheur. Les bavards d'aujourd'hui n'ont pas un regard pour la vérité, ils se fient aux racontars. Les temps changent, d'où viendraient les louanges [sur un homme que l'on s'obstine à méconnaître]?

A moins d'un bon gouvernement, d'où l'efficacité proviendrait-elle? Et qui, devant une pensée droite et des vertus solides, ne reconnaîtrait un sage?

INDEX DES NOMS PROPRES

CANG JIE : Inventeur légendaire de l'écriture, p. 253.

CAO (pays de) : Principauté de l'époque des ZHOU★ située dans l'actuel SHAN-DONG, p. 319.

CAO CHU LONG : Membre de l'entourage de ZHOU★ (1154-1122) des YIN, p. 186.

CHANG SHAN : Montagne située aux confins des pays de HAN★ et de ZHAO★, p. 199.

CHEN (pays de) : Principauté de l'époque des ZHOU★, située dans l'actuel HE-NAN, p. 198, 318.

CHENG (CHENG WANG) : Roi des ZHOU★ de 1115 à 1077, fils du Roi WU★, p. 88, 93, 101, 122, 150, 283, 306, 336.

CHENG : Marquis de WEI★ (361-333 A.-C.), p. 112.

CHENG (François) : Sinologue contemporain, auteur de « L'Espace du Rêve » (Paris, 1980), p. 21.

CHENG TANG : Roi des SHANG★, voir TANG★ le Victorieux.

CHEN XIAO : Disciple de XUN ZI, p. 186.

CHEU KING : Voir SHI JING.

« CHINE ANTIQUE » (LA) : Ouvrage de H. MASPÉRO★ publié en 1927, p. 34, 289.

CHONG (pays de) : Principauté de l'époque des ZHOU★, située dans le SHAN-XI, p. 187.

CHOU KING : Voir SHU JING.

CHU (pays de) : Principauté de l'époque des ZHOU★ érigée en Royaume, située dans les actuelles provinces du HU-NAN, HU-BEI, AN-HUI, JIANG-SU, ZHE-JIANG, HE-NAN et JIANG-XI, p. 30, 65, 72, 87, 89, 106, 113, 141, 146, 158, 169, 170, 179, 188, 194, 195, 196, 198, 199, 206, 215, 216, 242, 279, 286, 296, 309, 318, 335, 337.

CHUI : Inventeur mythique de l'arc, p. 254.

CHUI SHA : Lieu de la bataille au cours de laquelle fut défait le pays de CHU★ en 301 A.-C., p. 188.

CHUN QIU : Chroniques du pays de LU★, appelées « Annales du Pays de LU » ou « Annales des Printemps et Automnes », retranscrites et en partie réécrites par CONFUCIUS★ pour servir à son enseignement. Elles servent à désigner l'époque qui va de 722 à 481 A.-C., p. 40, 41, 100, 303, 307, 308.

CHUN SHEN JUN : Grand du pays de CHU★, contemporain de XUN ZI (≃ 310-230 A.-C.), p. 286, 296.

CONFUCIUS (KONG ZI) : Maître KONG (551-479). Penseur qui est à l'origine du confucianisme, on l'a appelé le « maître de la Chine », p. 20, 22, 25, 26, 28, 29, 30, 31, 40, 71, 72, 80, 81, 84, 87, 94, 100, 101, 103, 111, 112, 150, 153, 220, 245, 250, 254, 277, 283, 286, 296, 303, 305, 307, 309, 310, 311, 314, 315, 318, 319, 320, 322, 323, 324, 325, 326, 327, 329, 330, 331, 332, 337, 338.

CONG : Nom de l'épée du Duc HUAN★ (685-643 A.-C.) de QI★, p. 279.

COUVREUR (Séraphin) (1835-1919) : Missionnaire et sinologue français, auteur de nombreuses traductions de classiques chinois, p. 15, 37, 111, 253.

D

E

F

FU XI : Souverain légendaire, inventeur des trigrammes du YI JING★, p. 219-286.

FU YOU : Mythique inventeur des flèches, p. 254.

FU YUE : Ministre du temps de la dynastie SHANG-YIN ★, p. 72.

G

GAN (pays de) : Principauté de l'époque des ZHOU★, située dans l'actuel ZHE-JIANG, p. 37.

GAN JIANG : Nom de l'épée de HE LÜ ★, l'un des Cinq Hégémons (514-496 A.-C.), p. 279.

GAO : Grand du pays de QI★ au temps du Duc HUAN★ (685-643 A.-C.), p. 87.

GAO YAO : Ministre de l'Empereur SHUN★ (2257-2207 A.-C.), p. 72, 288.

GAO ZI : Lettré, interlocuteur de MENG ZI★ (371-289 A.-C.) qui donna son nom à un chapitre du *MENG ZI,* p. 277.

GAO ZONG : Roi des SHANG-YIN★ connu sous le nom de WU DING (1324-1266 A.-C.), p. 277.

GERNET (Jacques) : Sinologue français contemporain, auteur du « Monde chinois », Paris, 1972, p. 21.

GONG GONG : Géant mythique qui savait se rendre maître des eaux et fut vaincu par YAO★ (2357-2257 A.-C.), p. 187, 288.

GONG SHEN : Homme du pays de LU★, contemporain de CONFU-CIUS★ (551-479), p. 94.

GONG SHU : Menuisier du pays de LU★, p. 325.

GONG-SUN LONG : Penseur de l'École des Noms (333-250 A.-C.), auteur présumé de l'ouvrage qui porte son nom, p. 48, 97.

GONG-SUN LU : Ministre du Duc LING★ (534-494 A.-C.) de WEI★, p. 71.

GONG-SUN ZI : Lettré inconnu, p. 194.

GONG XING ZI ZHI : Haut fonctionnaire du pays de QI★ au Ve s. A.-C., p. 305.

GONG ZHI QI : Lettré du pays de YU★, Conseiller à JIN★, p. 337.

GOU JIAN : Roi du pays de YUE★, vainqueur du pays de WU★ en 473. L'un des Cinq Hégémons, p. 184, 319.

« GRANDE ÉTUDE » (LA) : DA XUE, l'un des quatre livres cano-niques confucéens dont le texte constitue un chapitre du LI JI★, p. 33.

GRANET (Marcel) : Sinologue (1884-1941) français, auteur de « La Pensée chinoise », Paris, 1934.

GUAN LONG FENG : Premier ministre de JIE★ (1818-1766 A.-C.) des XIA★, homme intègre condamné à mort par JIE, p. 319.

GUAN SHU : Fils du Roi WEN★ des ZHOU★, frère du Roi WU★ (1121-1115 A.-C.), rebelle exécuté sur ordre de son autre frère ZHOU GONG★, p. 93, 316.

GUAN ZHONG : Premier ministre exemplaire de HUAN★ (685-643 A.-C.) de QI★. Un texte porte son nom, mais lui est postérieur, p. 87, 112, 150, 170, 249, 283, 305, 316, 332.

HUA SHI : Homme condamné par TAI GONG★, p. 316.

HU BA : Joueur de guitare *SE*, p. 40.

HU-BEI : Province chinoise, p. 65, 288.

HU FU : Ville située dans l'actuel JIANG-SU, p. 62.

HUI JI : Ville située dans l'actuel ZHE-JIANG, p. 319.

HUI SHI (HUI ZI) : Penseur « sophiste » de l'École des noms (≃ 300-250 A.-C.), p. 48, 53, 80, 96, 250, 286.

HUI ZI : Voir HUI SHI.

HU-NAN : Province chinoise, p. 65, 288.

HUO SHU : Frère du Roi WU★ (1121-1115 A.-C.) des ZHOU★, de ZHOU GONG★ et de GUAN SHU★, p. 101.

HU SHI : Lettré chinois, mort en 1962, auteur d'ouvrages sur la pensée antique, p. 31.

I

I KING : Voir YI JING.

J

JI : Nom de clan de la Famille Royale des ZHOU★, p. 93, 101, 165, 249.

JI : Ermite taoïste, p. 254.

JIANG : Nom de clan de TAI GONG★, p. 165.

JIANG : Fleuve du pays de CHU★, p. 188.

JIANG NAN : Région dont s'est emparé le pays de QIN★ au temps de XUN ZI, p. 199.

JIANG-SU : Province chinoise, p. 62.

JIANG-XI : Province chinoise, p. 288.

JIAO YAO : Nain mythique, p. 138.

JIE : Dernier souverain des XIA★, tyran cruel et débauché, archétype du souverain de perdition (1818-1766 A.-C.). Il fut renversé par TANG★ le Victorieux, p. 42, 58, 66, 67, 72, 74, 89, 121,,122, 148, 162, 171, 180, 183, 187, 188, 196, 197, 201, 203, 205, 212, 213, 214, 220, 223, 248, 276, 282, 285, 293, 305, 338.

« JIE YONG » : Nom d'un chapitre du *« MO ZI »* prônant l'usage de l'épargne et la restriction des dépenses, p. 145.

JIE YU : Ermite du pays de CHU★, p. 338.

JI LU : Disciple de CONFUCIUS (551-479 A.-C.), p. 309.

JIN (pays de) : Principauté de l'époque des ZHOU★ située dans les actuels SHAN-XI et HE-BEI, p. 87, 170, 249, 307, 313, 319, 332, 337.

JI SUN : Conseiller du Duc de LU★ au temps de CONFUCIUS (551-479 A.-C.), p. 316.

JIU FAN : Ministre du pays de JIN, p. 170.

« JI XIA » : Centre intellectuel, sorte d'« université », fondé par le Roi de QI★ au IVᵉ s. A.-C., p. 30.

JI ZI : Homme intègre de l'entourage du tyran ZHOU★ (1818-1766

A.-C.) des YIN★ qui le fit mettre aux fers, p. 101, 171, 189, 213, 286, 304, 338.

JI ZI : Lettré inconnu par ailleurs, p. 286 (non homographe du précédent).

JU (pays de) : Principauté de l'époque des ZHOU★ située dans l'actuel SHAN-DONG, p. 87, 319.

JUAN SHU LIANG : Homme du Sud, si craintif qu'il avait peur de son ombre, p. 255.

JUE DANG : Ville où résida CONFUCIUS★ (551-479 A.-C.), située dans l'actuel SHAN-DONG, p. 95.

JU JUAN : Souverain du pays de YUE★, l'un des Cinq Hégémons, p. 141.

JUN SHOU : Maître de l'Empereur YAO★ (2357-2257 A.-C.), p. 298.

JUPITER : Planète du système solaire, p. 101.

JU SHU : Nom d'un arc fameux, p. 279.

JU QUE : Nom d'une épée, p. 279.

K

KAI YANG : Ville du pays de LU★, p. 196.

KANG : Roi (1078-1053 A.-C.) de la dynastie des ZHOU★, p. 306.

KANG : Roi du pays de SONG★, p. 249.

« KANG GAO » : Nom d'un chapitre du SHU JING ★, p. 126, 134.

KANG YOU WEI : Réformateur confucéen (1858-1927), p. 20, 24.

KUANG : Nom personnel de XUN ZI, p. 30.

KUANG : Ville située dans l'actuel HE-BEI, où CONFUCIUS★ (551-479 A.-C.), fut menacé, p. 296, 338.

KUI : Grand maître de musique de l'Empereur SHUN★ (2257-2207 A.-C.), p. 254, 288.

L

LAI (pays de) : Principauté de l'époque des ZHOU★ située dans l'actuel SHAN-DONG, p. 337.

LAN LING : Ville du pays de CHU★ où vécut XUN ZI, p. 30.

LAO ZI (LAO DAN) : Penseur du VIᵉ s. A.-C. auteur présumé du *DAO DE JING (TAO TÖ KING)*★, p. 20, 209.

LÉVI (Jean) : Sinologue français contemporain, p. 13.

LI : Roi (878-840 A.-C.) des ZHOU★, p. 289.

« LIANG » : Nom d'une musique rituelle des ZHOU★, p. 218.

LIANG : Autre nom du grand pays de WEI★, p. 71.

LIANG QI CHAO : Réformateur confucéen (1873-1929), p. 24.

LIE ZI : Penseur taoïste antérieur à ZHUANG ZI★ (369-286 A.-C.), auteur présumé du recueil qui porte son nom, p. 24.

LI FU : Homme très laid, p. 296.

LI FU XU : Ministre du Roi WEN★ (635-628 A.-C.) de JIN★, p. 332.

« LI JI » : (*Mémorial des Rites*) rituel supposé dater de la dynastie

M

R

S

SHAO GONG : Conseiiler du Roi WU★ (1121-1115 A.-C.) des ZHOU★, p. 150, 249.

SHAO RONG : Homme vertueux, victime de ZHOU★ (1154-1122 A.-C.) des YIN★, p. 304.

SHA ZHENG MAO : Homme du pays de LU★ farouchement opposé à CONFUCIUS★ (551-479 A.-C.), p. 315.

SHA YI : Nom d'une région conquise par le pays de QIN★ au IVe s. A.-C., p. 199.

SHEN BU HAI : Penseur légiste (≃ 400-340 A.-C.), p. 249.

SHEN DAO : Penseur légiste (≃ 340-280 A.-C.) qui donna des cours à JI XIA★, p. 48, 80, 96, 209, 249, 286.

SHENG DU : Inventeur de l'attelage, p. 254.

SHEN GONG WU CHEN : Ministre du Roi ZHUANG★ (613-591 A.-C.) de CHU★, p. 335.

SHEN HUI : Homme du pays de LU★, contemporain de CONFU-CIUS★ (551-479 A.-C.), p. 94.

SHEN SHENG : Fils du Roi KANG★ de SONG★, p. 249.

SHEN TU DI : Homme du XIIe s. A.-C., p. 53.

SHEN YOU : Homme du pays de LU★, contemporain de CONFU-CIUS★ (551-479 A.-C.), p. 94.

SHI FU : Homme condamné par ZI CHAN★, p. 316.

« SHI JING » (*LIVRE DES ODES*) : Recueil de textes poétiques supposés dater de la première partie de l'époque des ZHOU★ et qui, avec le SHU JING★, joua en Chine un rôle comparable à ceux de l'*Iliade* et de l'*Odyssée* dans la Grèce ancienne, p. 10, 28, 34, 37, 39, 40, 41, 42, 45, 46, 50, 53, 54, 55, 68, 69, 73, 77, 83, 84, 89, 95, 97, 98, 99, 100, 103, 106, 116, 128, 130, 132, 137, 143, 146, 157, 159, 162, 166, 171, 172, 173, 175, 178, 181, 186, 187, 191, 198, 201, 205, 212, 219, 229, 234, 237, 238, 241, 248, 252, 257, 258, 264, 265, 266, 281, 283, 284, 297, 298, 304, 307, 308, 309, 310, 312, 316, 317, 318, 321, 325, 326, 338.

SHI KUANG : Musicien du pays de JIN★, p. 313.

SHI QIU : Haut fonctionnaire du pays de WEI★, p. 59, 79.

« SHU JING « (*LIVRE DES DOCUMENTS*) : Recueil de textes suppo-sés remonter à la plus haute Antiquité, pour une partie d'entre eux, les autres étant datés des trois dynasties (XIA★, SHANG-YIN★, ZHOU★). Voir SHI JING★, p. 28, 34, 40, 41, 51, 68, 100, 103, 111, 120, 127, 133, 155, 162, 172, 177, 183, 209, 215, 253, 282, 298, 307, 317.

SHUN : Souverain de la période pré-dynastique, archétype du Prince Sage (2257-2207 A.-C.), p. 53, 55, 71, 72, 81, 84, 121, 138, 148, 187, 198, 199, 216, 218, 219, 238, 242, 253, 254, 276, 278, 280, 282, 287, 288, 294, 298, 305, 307, 321, 331, 333, 335, 338.

SI (Duc de WEI★) : Petit-fils du marquis CHENG★ (361-333 A.-C.), p. 112.

SI GUAN : Membre de l'entourage de JIE★ (1818-1766 A.-C.) des XIA★, p. 248.

SI-MA QIAN (SSEU-MA TSIEN) : Le premier historien chinois (185-86 A.-C.). Ayant déplu à son souverain, il préféra subir le supplice infamant de la castration plutôt que de mourir avant d'avoir achevé son œuvre, laquelle, de fait, a une importance inestimable, p. 30.

SI-MA ZI-QI : Fils du Roi PING★ (578-516 A.-C.) de CHU★, p. 72.

SOCRATE : Philosophe grec (470-399 A.-C.), p. 31, 211.

« SONG » : Nom d'une partie du SHI JING★ (Livre des Odes), p. 241, 242.

SONG : Nom d'une dynastie chinoise (960-1279), p. 33.

SONG (pays de) : Principauté de l'époque des ZHOU★, située dans l'actuel HE-NAN, p. 87, 141, 186, 192, 249, 286.

SONG XING : Contemporain de MENG ZI (371-289 A.-C.), p. 80.

SONG ZI : Penseur du temps de MO ZI★ (≃ 460-400 A.-C.), p. 209, 221, 222, 223, 224, 249.

SOPHISTES : Disciples de l'École des Noms, ainsi dénommés par analogie avec les Sophistes grecs fustigés par Platon et qui, comme eux, excellaient dans l'art du raisonnement au point de le pousser jusqu'à l'absurde. Les Sophistes grecs et les Sophistes chinois sont contemporains, p. 48, 53, 96, 211.

SUI REN : Inventeur du feu, p. 219.

SUN QIN : Ministre du pays de QI★, p. 169.

SUN SHU AO : Premier ministre du pays de CHU★, p. 71, 170, 337.

SUN ZI (SUN WU) : Théoricien de l'art militaire, auteur présumé du recueil qui porte son nom (IVe s. A.-C.), stratège du pays de WU★, p. 29, 179.

T

TAI GONG (le Duc TAI) : Nautonier qui devint Premier ministre de WEN★ des ZHOU★ (XIIe s. A.-C.), p. 165, 170, 279, 316.

TAI HUAN : Voir TAI ZI.

TAI SHAN : Montagne sacrée, située dans le SHAN-DONG actuel, p. 183, 223, 309.

TAI WANG : Arrière-grand-père du Roi WU★ (1121-1115 A.-C.) des ZHOU★, p. 116, 205.

TAI ZI (TAI HUAN) : Premier ministre du Roi KANG★ de SONG★, p. 249.

TANG : Dynastie chinoise (618-907), p. 33.

TANG (le Victorieux) : Roi fondateur des SHANG-YIN★ en 1765 A.-C., p. 67, 72, 75, 136, 140, 148, 150, 152, 174, 179, 183, 187, 188, 192, 196, 197, 198, 201, 212, 213, 214, 215, 238, 248, 280, 288, 293, 306, 316, 335.

TANG JU : Physiognomoniste, p. 71.

TANG JUN-YI : Lettré chinois contemporain, p. 12.

TANG MEI : Homme du pays de CHU★, p. 188.

TANG YANG : Ministre du Roi KANG★ de SONG★, p. 249.

TAO TÖ KING : Voir DAO DE JING.

TCHOUANG TSEU : Voir ZHUANG ZI.

TIAN CHANG : Homme qui s'empara du pouvoir au pays de QI★, p. 338.

TIAN DAN : Stratège du pays de QI★, p. 184, 192.

TIAN PIAN : Penseur probablement taoïste. Maître à JI XIA★, à la fin du IVᵉ s. A.-C., p. 80.

TIAN YI : Voir TANG le Victorieux★.

TIAN ZHONG : Grand du pays QI★ qui se fit cordonnier, p. 59, 79.

TUO XIAO : Lettré, p. 79.

V

VANDERMEERSCH (Léon) : Sinologue français contemporain. Auteur de « *La Formation du légisme* », Paris, 1965, p. 13, 23, 36, 200.

« *VOIE ROYALE* » (« *WANGDAO, La* ») : Ouvrage de L. VANDER-MEERSCH★, Paris, 1960, p. 13, 15, 23.

W

WAN : Lieu où l'on extrayait le fer, p. 188.

WANG LIANG : Fameux conducteur de chars, p. 149, 219.

WANG ZHONG LIN : Lettré contemporain, éditeur de XUN ZI, p. 256.

WANG XIAN QIAN : Lettré du XIXᵉ siècle, éditeur de XUN ZI, p. 33.

WEI (pays de) : Nom de deux principautés homophones (mais non homographes) de l'époque des ZHOU★. Le grand WEI fut issu de la désagrégation du pays de JIN★ et exerçait en fait sa souveraineté sur le petit WEI, situé dans le HE NAN, p. 59, 79, 112, 113, 171, 182, 183, 188, 192, 196, 199, 216, 243, 307, 335.

WEI MOU : Penseur taoïste issu de la famille princière de WEI★, contemporain de ZHUANG ZI★ (369-286 A.-C.), p. 79.

WEI YANG : Voir SHANG YANG.

WEI ZI KAI : Demi-frère de ZHOU★ (1154-1122 A.-C.) des YIN★, p. 186.

WEI ZI QI : Frère de ZHOU★ (1154-1122 A.-C.) des YIN★, p. 248, 286.

WEN (WANG) : Roi des ZHOU★. Son fils, le Roi WU★ (1121-1115 A.-C.), fondateur de la dynastie, en fit, par piété filiale, remonter la fondation à son père, p. 71, 72, 88, 93, 94, 101, 116, 150, 165, 187, 205, 238, 248, 279, 286, 306, 313, 316, 336.

WEN : Duc du pays de JIN★, l'un des Cinq Hégémons (635-628 A.-C.), p. 141, 183, 332.

WIEGER (Léon) : Sinologue français du XIXᵉ s., missionnaire, auteur de nombreuses traductions, p. 36.

WU (WANG) : Roi des ZHOU★, premier souverain effectif de la dynastie (1121-1115 A.-C.), frère de ZHOU GONG★, fils du Roi WEN★, archétype du Prince accompli, p. 24, 67, 88, 93, 94, 101, 140, 148, 150, 152, 155, 174, 179, 183, 187, 189, 192, 196, 197, 198, 212, 213, 214, 215, 238, 243, 279, 286, 293, 304, 306, 313, 336, 337.

WU : Marquis de WEI★, p. 179, 335, 336.

« WU » : Nom d'une musique rituelle des ZHOU*, p. 102, 218, 243, 302.

WU (pays de) : Principauté de l'époque des ZHOU*, située dans la vallée du bas-YANG-ZI, p. 179, 184, 279, 283, 286.

WU (WU QI) : Stratège du pays de WEI*, au service du pays de CHU* à partir de 384 A.-C. Il vécut de 412 à 381 A.-C., p. 179, 335.

WU CHENG ZHAO : Maître de l'Empereur SHUN* (2257-2207 A.-C.), p. 298.

WU HUO : Géant mythique, p. 138.

WU LAI : Homme de perdition. Ministre de ZHOU* (1154-1122 A.-C.) des YIN*, p. 101.

WU ZI XU : Sage du pays de WU*, il fut ministre. Le Roi FU CHA (495-473 A.-C.) le contraignit au suicide, p. 171, 283, 286, 289, 313, 319.

X

XIA : Première dynastie de l'Antiquité (2107-1766 A.-C.), après le temps des Empereurs mythiques, p. 28, 42, 64, 66, 72, 74, 75, 81, 89, 106, 107, 114, 121, 145, 155, 187, 188, 197, 212, 248, 250, 313.

XIA : Nom d'une rivière du Sud, p. 255, 256.

XIANG : Roi (650-637 A.-C.) du pays de SONG*, p. 139, 249.

XIANG : Frère indigne de l'Empereur SHUN* (2257-2207 A.-C.), p. 219.

« XIANG » : Nom d'une musique rituelle des ZHOU*, p. 102, 285, 287, 290, 302.

XIANG FEI : Ville du pays de LU*, p. 196.

XIAN LI : Cheval fameux, p. 279.

XIAN YANG : Capitale du pays de QIN*, p. 199.

XIAO CHENG : Roi (265-244 A.-C.) du pays de ZHAO*, p. 179, 181, 184.

XIAO JI : Fils de GAO ZONG (WU DING). Roi (1324-1266 A.-C.) des YIN*, p. 277, 313.

« XIAO YA » : Partie du SHI JING*, p. 310.

XIE (XUAN WANG) : Ministre de l'Éducation de l'Empereur YAO* (2357-2257 A.-C.), il est l'ancêtre mythique de la maison Royale des SHANG-YIN*, p. 288.

XING LING JUN : Conseiller du Prince de WEI*, p. 171, 173.

XI PENG : Ministre du Duc HUAN* (685-643 A.-C.) de QI*, p. 249.

XI QI : Fils d'une concubine du Roi KANG* de SONG*, il calomnia le Prince Héritier pour prendre sa place, p. 249.

XI SHI : Beauté célèbre du pays de YUE*, offerte au Roi de WU*, p. 223.

XI WANG GUO : Maître de YU* le Grand (2207-2197 A.-C.), p. 298.

XI ZHONG : Inventeur du char, p. 254.

XU (pays de) : Principauté de l'époque des ZHOU*, située dans l'actuel AN-HUI, p. 72, 157, 191.

XUAN : Roi (342-323 A.-C.) du pays de QI*, p. 30.

XUAN GONG : Ministre du Roi MIN* de QI* lors de la défaite de 284 A.-C., p. 141.

XUAN WANG : Voir XIE.

XU YOU : Homme vertueux du temps de YAO★ (2357-2257 A.-C.) et SHUN★ (2257-2207 A.-C.), qui aurait refusé le Trône.

Y

« YA » : Nom d'une partie du SHI-JING★ (*Livre des Odes*), p. 241, 242.

YAN : Roi du pays de XU★, p. 72.

YAN (pays de) : Principauté de l'époque des ZHOU★, située dans l'actuel AN-HUI, p. 113, 141, 164, 192, 196, 305.

YANG LIANG : Lettré du Xᵉ s. P.-C., éditeur et commentateur de XUN ZI, p. 30, 33.

YANG ZHU : Penseur vraisemblablement taoïsant de la fin du Vᵉ s. A.-C., fameux pour sa célébration de l'égoïsme, p. 148.

YAN YING : Capitale du pays de CHU★, p. 188.

YAN YUAN (YAN HUI) : Disciple préféré de CONFUCIUS★ (551-479 A.-C.), p. 314, 324, 332, 333.

YAN ZI : Lettré du pays de QI★, disciple de CONFUCIUS★ (551-479 A.-C.), p. 254, 305, 308.

YAO : Empereur mythique de la période pré-dynastique (2357-2257 A.-C.), archétype du Sage Souverain, p. 45, 66, 71, 72, 97, 121, 138, 145, 180, 187, 189, 203, 216, 218, 219, 223, 276, 278, 280, 286, 287, 288, 294, 298, 305, 307, 335, 338.

YE ZE GAO : Dignitaire du pays de CHU★, p. 72.

YI : Archer légendaire, p. 102, 146, 155, 179, 219, 254.

YI : Conseiller de YU★ le Grand (2207-2197 A.-C.), p. 288.

YI : Peuple barbare, p. 37, 216.

« YI JING » (I KING) : *Livre des Mutations* : le plus célèbre manuel de divination de la Chine. Il contient des commentaires attribués à CONFUCIUS★ (551-479 A.-C.), p. 34, 76, 302, 303, 307, 308.

YI LI : Rituel supposé remonter au début de l'époque des ZHOU★, p. 298.

YIN : Dynastie, voir SHANG-YIN. Nom du peuple habitant le fief du Trône, p. 93.

YIN : Ministre du Roi YOU★ (781-771 A.-C.), des ZHOU★, p. 317.

YING : Rivière du pays de CHU★, p. 188.

YING (marquis) : Originaire du pays de WEI★, il fut Premier ministre du Roi ZHAO★ (306-251 A.-C.), de QIN★, p. 199.

YIN XIE : Homme condamné par TANG★ le Victorieux (1765-1760 A.-C.), p. 316.

YI YA : Cuisinier célèbre du pays de QI★, p. 313.

YI YIN : Premier ministre de TANG★ le Victorieux (1765-1760 A.-C.), p. 72, 150, 170, 171, 248.

« YONG » : Nom de l'Ode n° 282 du SHI JING★ (*Livre des Odes*), p. 218.

YOU : Roi (781-771 A.-C.) des ZHOU★, petit-fils du Roi LI★ (878-840), p. 289.

YOU ZI : Disciple de CONFUCIUS (551-479 A.C.), p. 254.

ZHUANG : Duc du pays de LU* qui défit HUAN* de QI* vers 680 A.-C, p. 114.

ZHUANG JIAO : Stratège du pays de CHU*, p. 184, 188.

ZHUANG JUN : Roi (613-591 A.-C.) du pays de CHU*, il fut l'un des Cinq Hégémons, p. 141, 279, 335, 336.

ZHUANG ZI (TCHOUANG TSEU) : Penseur taoïste, auteur présumé du recueil qui porte son nom (369-286 A.-C.), p. 33, 250.

ZI CHAN : Disciple de CONFUCIUS* (551-479 A.-C.), réformateur du pays de ZHENG*, p. 112, 305, 316.

ZI FA : Général du pays de CHU*, p. 194, 195.

ZI GONG : Disciple de CONFUCIUS* (551-479 A.-C.), p. 20, 71, 81, 309, 310, 318, 320, 322, 323, 324, 325, 326, 337.

ZI GONG : Inconnu (non homographe du précédent), p. 103.

ZI JIA JU : Lettré du pays de LU* contemporain de CONFUCIUS* (551-479 A.-C.), p. 305.

ZI LU : Disciple de CONFUCIUS* (551-479 A.-C.), p. 307, 315, 319, 322, 323, 324.

ZI MA : Lettré originaire du pays de LAI*, conseiller au pays de QI*, p. 337.

ZI SHE : Jeune homme célèbre pour sa beauté, p. 296.

ZI SI : Petit-fils de CONFUCIUS* (551-479 A.-C.), p. 80, 81.

ZI XIA : Disciple de CONFUCIUS* (551-479 A.-C.), p. 84, 311.

ZI XU : Voir WU ZI XU.

ZI YOU : Disciple de CONFUCIUS* (551-479 A.-C.), p. 84.

ZI ZHANG : Disciple de CONFUCIUS* (551-479 A.-C.), p. 84.

TABLE DES MATIÈRES

PATRIMOINES

gnosticisme

Simone Pétrement
Le Dieu séparé. Les origines du gnosticisme.
Ouvrage couronné par l'Académie française.

islam

Olivier Carré
Mystique et Politique. Lecture révolutionnaire du Coran
par Sayyid Qutb, Frère musulman radical.

judaïsme

collection dirigée par Maurice-Ruben Hayoun

Samson Raphaël Hirsch
Dix-neuf épîtres sur le judaïsme.
Préface de Josy Eisenberg.

Schalom Ben Chorin
Le Judaïsme en prière. La liturgie de la Synagogue.

Gershom Scholem
Le Nom et les symboles de Dieu dans la mystique juive.

Gershom Scholem
La Mystique juive : les thèmes fondamentaux.

H.L. Strack et G. Stemberger
Introduction au Talmud et au Midrash.

orthodoxie

Michel Evdokimov
Pèlerins russes et vagabonds mystiques.

religions du Livre

Centre d'études des religions du Livre
Celui qui est – Interprétations juives et chrétiennes
d'Exode 3, 14. Éd. par Alain de Libera et Emilie Zum
Brunn.

Centre d'études des religions du Livre
Les Règles de l'interprétation.
Éd. par Michel Tardieu.

taoïsme

Lao-tseu
Tao-tö king. La tradition du Tao et de sa sagesse.
Traduit par Bernard Botturi.

*Cet ouvrage
a été composé
et achevé d'imprimer
en novembre 1987
par l'Imprimerie Floch
53100 – Mayenne.*

*Dépôt légal : novembre 1987.
Nº d'imprimeur : 25840.
Nº d'éditeur : 8438.
Imprimé en France.*